Kleine Bibliothek 100

Politik Wissenschaft Zukunft

Walter Markov
Albert Soboul

1789
Die Große Revolution der Franzosen

Pahl-Rugenstein

Diese Ausgabe folgt der Textfassung der 2. Auflage des Akademie-Verlages, Berlin. Die Literaturauswahl ist von den Verfassern auf den neuesten Stand gebracht worden.

Erschienen 1977 im Pahl-Rugenstein Verlag, Gottesweg 54, 5 Köln 51
Lizenzausgabe des Akademie-Verlages, Berlin
Gesamtherstellung: Fuldaer Verlagsanstalt GmbH, Fulda
ISBN 3-7609-0341-X

044

Inhalt

Vorwort

Die Revolution von 1789 war nicht allein das herausragende Ereignis in der langen und ruhmvollen Geschichte des französischen Volkes; sie entschied gleichzeitig — zusammen mit der von England ausgehenden industriellen Revolution — über die unwiderrufliche Ablösung der feudalen durch die kapitalistische Gesellschaftsordnung.
Die „klassische“ (Marx) unter den bürgerlichen Revolutionen, von Lenin „die Große“ genannt, war gefüllt bis zum Rand von erregendem Geschehen, verdichtet in unvergeßlichen Hauptschlachten und abgespiegelt in Männern und Frauen von kompromißloser Bereitschaft, ihre Sache auszukämpfen. Sie wurde notwendigerweise von derjenigen unter den unterdrückten Klassen angeführt, die unter den gegebenen sozialökonomischen Bedingungen eine Übereinstimmung zwischen dem Charakter der Produktivkräfte und den Produktionsverhältnissen am angemessensten zu erreichen vermochte. Die Bourgeoisie, schreibt Karl Marx in der *Rheinischen Zeitung* vom 15. Dezember 1848, war „die Klasse, die sich wirklich an der Spitze der Bewegung befand. Das Proletariat und die nicht der Bourgeoisie angehörenden Fraktionen des Bürgertums hatten entweder noch keine von der Bourgeoisie getrennten Interessen oder sie bildeten noch keine selbständig entwickelten Klassen oder Klassenabteilungen“.

Da jedoch die entfaltete Schöpferkraft der Massen dem Sieg der Revolution Tiefe und Breite gab, verlieh sie ihr alle Kennzeichen einer bürgerlich-demokratischen Revolution; das unmittelbare Eingreifen der Volkskräfte in den Gang der Auseinandersetzungen bestimmte eindeutig die drei Hauptetappen ihrer aufsteigenden Phase: die Herrschaft der Großbourgeoisie und des ihr verbündeten Reformadels durch die Erstürmung der Bastille am 14. Juli 1789; die Herrschaft der republikanischen Girondebourgeoisie durch den Tuileriensturm am 10. August 1792; ihre Krönung in der revolutionär-demokratischen Jakobinerdiktatur schließlich durch den Marsch auf den Konvent am 2. Juni 1793. Hingegen setzte die rückläufige Phase der Revolution, die in das napoleonische Kaiserreich ausmündete, mit einer Verschwörung bürgerlicher Kräfte am 27. Juli 1794 ein.

Die Französische Revolution prägte sich in vielfältiger Ausstrahlung einem ganzen Jahrhundert unauslöschlich ein. Während sich jedoch die Spätbourgeoisie mehr und mehr befleißigte, über ihre heroische Jugendsünde einen diskreten Schleier zu breiten, nahmen die sozialistischen und antikolonialen Bewegungen des 19. und 20. Jahrhunderts die demokratischen und sozialen Impulse der Französischen Revolution auf.

Aus der Revolution von 1789, ihren Ursachen, Triebkräften und Trägern zu lernen, kann nicht heißen, unter anderen Klassenvorzeichen erbrachte Erfahrungen auf heutige Bedingungen stereotyp zu übertragen. Wohl aber vermag eine Untersuchung der Bedingungen und des Ablaufs der Großen Revolution der Franzosen Aufschlüsse über das Verhältnis von Ökonomie und Politik, die Verschiebung von Kräfteverhältnissen, die Eigendynamik revolutionärer Prozesse zu geben, die dem demokratischen Leser unserer Tage von Nutzen sein können.

Die befreundeten Autoren, der Leipziger Revolutionshistoriker Walter Markov und sein französischer Kollege Albert M. Soboul, sind wie kaum zwei andere ausgewiesen, Größe und Grenzen dieser Revolution angemessen herauszuarbeiten. Beide gelten im jeweiligen Sprachraum als beste Kenner der Materie; in ihr Gemeinschaftswerk flossen Ergebnisse umfassender eigener Forschung ein.

Der Verlag

KAPITEL I

Frankreich am Vorabend der Revolution

1. Die Krise der Feudalgesellschaft

Die französische Feudalgesellschaft gliederte sich traditionell in drei Stände: Geistlichkeit, Adel und „Dritten Stand“ (*Tiers état*, abgekürzt „Tiers“). Ihr Ursprung reichte weit zurück ins Mittelalter, in dem sich die Unterscheidung zwischen Lehrstand, Wehrstand und Nährstand verfestigt hatte. Wer weder Geistlicher noch Edelmann war, zählte zu den *laboratores*, aus denen der Dritte Stand hervorging. Anfänglich umfaßte er nur Stadtbürger (*bourgeois*), die einen Freibrief besaßen und somit von keinem Feudalherrn abhingen. Die davor unfreien ländlichen Gemeinen (*roturiers*) erwarben die Standeseigenschaft später und beteiligten sich erstmalig 1484 an der Wahl von Abgeordneten. Allmählich entwickelten sich die Stände zu festen Einrichtungen und zwangen die Monarchie so ausdrücklich zu ihrer Anerkennung, daß die ständische Ordnung zu einem durch Gewohnheitsrecht geheiligten Grundgesetz des Königreichs wurde. Voltaire bezeichnete 1756 die Stände als „legitim“ und definierte sie als „Nationen in der Nation“.

Stände sind nicht mit Klassen gleichzusetzen. Jeder von ihnen wies mehr oder weniger gegensätzliche soziale Gruppen auf, denn die feudale Gesellschaftsordnung suchte noch im 18. Jahrhundert Klassenverhältnisse zu konservieren, deren Wurzeln im 10. Jahrhundert lagen – einer Zeit, in der aus der karolingischen Erbmasse Frankreich entstanden war. Der Boden bildete damals das einzige Produktionsmittel von Bedeutung; wer ihn besaß, war gleichzeitig Gebieter über die Hörigen, die ihn bearbeiteten. Seitdem waren viele gesellschaftliche Veränderungen erfolgt. Die Grundherren hatten sich zwar an der Spitze der Gesellschaftspyramide behauptet, die selbständige Ausübung ihrer Herrschaftsrechte jedoch aufgeben und dem König die uneingeschränkte Souveränität überlassen müssen. Die Wiederbelebung des

Fernhandels seit dem 11. Jahrhundert und die Entfaltung der Gewerbe erzeugte mit dem beweglichen Eigentum eine weitere Reichtumsform und damit den Keim einer neuen Klasse, der Bourgeoisie. Am Vorabend der Revolution nahm diese im Produktionsprozeß bereits die erste Stelle ein und lieferte der königlichen Zentralverwaltung Kader und Kapitalien, während der Adel zum kostspieligen Parasiten herabgesunken war. Der *pays légal*, die Rechtsstruktur der Gesellschaft, in der „Erster" und „Zweiter" Stand festumrissene Vorrechte – die Privilegien – genossen, deckte sich folglich nicht mehr mit dem *pays réel*, der sozialökonomischen Wirklichkeit.

Der Adel

Der Adelsstand hatte die Attribute einer öffentlichen Gewalt seit langem eingebüßt. Um den Preis hartnäckiger Anstrengungen war es den Kapetingern schon im 13./14. Jahrhundert gelungen, Steuererhebung, Truppenaufstellung, Münzprägung und Gerichtsbarkeit an sich zu bringen. Nach ihrer endgültigen Niederlage in der „Fronde" (1647–1653) wurde die aufsässige alte Feudalaristokratie von der Krone politisch „gebändigt"; ihre ökonomischen und sozialen Privilegien blieben indessen unberührt.

Der Adel umfaßte ungefähr 350000 Personen oder 1,5 vom Hundert der Gesamtbevölkerung – mit unbedeutenden örtlichen Schwankungen: 2 v. H. in Evreux, 1 v. H. in Grenoble und Marseille. Er bildete die herrschende Klasse im Königreich und genoß nicht nur Ehrenvorrechte wie Tragen des Degens, gesonderte Kirchenbank, im Falle einer Hinrichtung enthauptet statt gehenkt zu werden, sondern auch handgreifliche Vergünstigungen wie Befreiung von den Hauptsteuern und von Einquartierung, das ausschließliche Jagdrecht, Monopol des Zugangs zu den höheren Offiziersrängen, Kirchenwürden und Ämtern der Magistratur, d. h. in Justiz und Verwaltung. Außerdem bezogen jene Adligen, die über Grundbesitz (ihr Lehn – *fief*) verfügten, von ihren Bauern Feudalabgaben. Man konnte allerdings Edelmann sein, ohne ein Lehn zu besitzen, oder auch Roturier mit einem Feudalgut: Der unmittelbare Zusammenhang zwischen Adel und Feudalsystem war bereits erloschen. Ausnehmend umfangreich war der adlige Grundbesitz im Norden und Westen: In der Pikardie und im Artois betrug sein Bodenanteil 32, in den Mauges sogar 60 v. H.; in Zentralfrankreich, im Süden und Südosten war er geringer. Im Durchschnitt lag er bei 20 vom Hundert.

Gemeinsame und im Prinzip gleichmäßige Privilegien einten den Adel. Bei näherem Zusehen zerfiel er jedoch in recht verschiedenartige Schichten, die sich oft feindselig gegenüberstanden.

Der Hofadel (die „bei Hofe Vorgestellten") umfaßte nicht mehr als 4000 Personen, die meist in der Umgebung des Königs in Versailles und zudem auf großem Fuße lebten. Sie bestritten ihren Aufwand aus Pensionen und Schenkungen, die ihnen der Monarch großzügig gewährte, aus Hofämtern und Abteien, deren vom König ernannter „weltlicher Abt" ohne jede Gegenleistung ein Drittel ihrer Einkünfte für sich abzweigte. Hinzu kamen natürlich Erträge ihrer meist großen Liegenschaften.

Dennoch bewegte sich ein Teil des Hofadels am Rande des wirtschaftlichen Ruins. Der Hauptteil seines Einkommens diente der „standesgemäßen" Behauptung. Eine zahlreiche Dienerschaft, Kleiderluxus, Liebschaften, das Glücksspiel, Empfänge, Feste, Darbietungen und Jagden erforderten immer mehr Geld, und die großen Herren, die Grandseigneurs, verschuldeten. Heiraten mit reichen bürgerlichen Erbtöchtern genügten nicht mehr, um sie zu sanieren; das mondäne Salonleben führte jedoch zur Annäherung einer Fraktion des Hofadels an die für einige aufgeklärte Ideen gewonnene Hochfinanz. Es setzte so sogar auf höchster Ebene eine gewisse Deklassierung ein, und diese liberalisierende, obwohl an ihren gesellschaftlichen Vorrechten und Vorurteilen festhaltende Gruppe driftete in Richtung Großbourgeoisie, mit der sie bestimmte ökonomische Interessen wie Aktienbesitz und Hebung der Landwirtschaftserträge mehr und mehr verbanden.

Der bei weitem zahlreichere Landadel hatte ein weniger

glänzendes Los gezogen. Die Krautjunker lebten oft inmitten ihrer Bauern und mitunter nicht allzuviel besser als diese. Da Handarbeit, ein bürgerlicher Beruf oder die Bestellung des eigenen Landes über eine gewisse Anzahl von Katasterjoch hinaus den Entzug des Adelsprädikats bewirkten, reduzierten sich ihre Einnahmequellen in der Hauptsache auf die Feudalabgaben des Landvolkes. Sofern diese auf Geldbasis beruhten, deren Höhe vor Jahrhunderten festgelegt worden war, brachten sie nur noch wenig ein, weil der stetige Kaufkraftschwund der Livre und die ebenso konstant steigenden Lebenshaltungskosten ihren Realwert herabdrückten. So vegetierten nicht wenige Landedelleute kümmerlich in zerfallenen „Herrenhäusern", von den Bauern um so mehr verabscheut, als sie naturgemäß bei der Erhebung der Abgaben besonders scharf und auch unlauter vorgingen. Der Volksmund bezeichnete sie sehr bildhaft mit dem Namen des kleinsten unter den Raubvögeln, des Baumfalken: *hobereau*. Viele bildeten nach einem Wort von A. Mathiez eine „wahrhafte Adelsplebs", gehaßt von den Opfern ihrer Ausbeutung und verachtet von den Großen unter ihren Standesgenossen. Sie kompensierten ihre Dürftigkeit, indem sie sich vor den „Gemeinen" dünkelhaft aufblähten, und verzehrten sich in Neid auf die fetten Gnadenerweise des Königs an den Hofadel – und auf die Bourgeoisie, die sich in den Städten schamlos bereicherte.

Der Amts- und Dienstadel (*noblesse de robe*, daher „Robins") war infolge der Erweiterung des Verwaltungs- und Justizapparates durch die absolute Monarchie im 16. Jahrhundert aus dem vermögenden Bürgertum hervorgegangen; noch im 17. nahm er zwischen Bourgeoisie und altem Schwertadel eine Zwischenstellung ein. Im 18. Jahrhundert drängten die Robins jedoch zunehmend nach einer Verschmelzung mit der Erbaristokratie. Die hohe Magistratur suchte an den Staatsgeschäften teilzunehmen und die Regierung sogar zu beaufsichtigen. Sie war eine mächtige Kraft, die es auf Zusammenstöße mit dem Königtum ankommen ließ, jedoch verbissen an ihren einträglichen Privilegien festhielt und sich gegen jede Reform stemmte, die sie anzutasten wagte.

Der Feudaladel befand sich Ende des 18. Jahrhunderts in vollem Niedergang. Je kritischer sich seine Lage gestaltete, desto zäher klammerte er sich zur Sicherung der bedrohten Klassenhegemonie an seine herkömmlichen Rechte. Daher kennzeichnete die letzten Jahre der „alten Ordnung" – des *Ancien régime* – eine schroffe aristokratische Reaktion. 1781 beschränkte ein königliches Edikt die Vergebung von Offizierspatenten auf Anwärter, die wenigstens vier adlige Vorfahren nachweisen konnten. Die Grundherren erwirkten eine gesetzliche Verfügung, die ihnen einen Anteil am dörflichen Gemeindeland zusprach. Durch Korrekturen in den Grundbüchern setzten sie längst eingeschlafene Bräuche wieder in Kraft und drangen auf ihre Erfüllung.
Andererseits begannen sich Edelleute an bürgerlichen Unternehmungen zu beteiligen und in aufblühende Industrien zu investieren; andere führten auf ihren Gütern moderne holländische und englische Landwirtschaftstechnik ein. Bei solchem Wettlauf um mehr Geld gerieten sie in Tuchfühlung mit der Bourgeoisie. Die große Masse des Land- wie des Hofadels erblickte jedoch ihr einziges Heil in einem immer krampfhafteren Festhalten an ihrer Sonderstellung.
Der Adel trat nicht als einheitliche Klasse auf, die sich ihrer Kollektivinteressen wirklich bewußt gewesen wäre. Rechthaberische Robins, weltoffene Grandseigneurs und Landjunker, die von einer Rückkehr zur „alten Verfassung des Königreichs" träumten, die genau zu beschreiben ihnen schwergefallen wäre, grollten der Regierung aus unterschiedlichem Anlaß. Der frank und frei reaktionäre, oft ungebildete Provinzadel stand zum Absolutismus und seiner Bürokratie in Opposition. Der teilweise aufgeklärte Hofadel zog Nutzen aus den Mißbräuchen des Regimes, dessen Umgestaltung er bisweilen förderte, ohne zu bemerken, daß ihre Abstellung ihm den Gnadenstoß versetzen mußte. Die in sich zerfallene Aristokratie tat wenig und wenn, dann Widersprüchliches und Verkehrtes zur Verteidigung des Systems, auf dem ihre Existenz als Klasse – und gar als herrschende Klasse – beruhte.

Der Klerus, ungefähr 120000 Personen umfassend, genoß als erster der Stände im Staat gewichtige Vorrechte sowohl politischer und rechtlicher als auch steuerlicher Art. Seine ökonomische Macht beruhte auf Zehnt und Grundbesitz.
Die katholische Kirche war vermögend. Namentlich in den Bischofsstädten gehörten außer unbebauten Grundstücken zahlreiche Häuser den Klöstern. Noch bedeutsamer war der Landbesitz der Kirche. Voltaire bezifferte die daraus gezogenen Jahreseinkünfte auf 90, Necker auf 130 Millionen Livres. Das Kirchenland war überwiegend in Pachthöfe aufgestückelt; sein Anteil an der Bodenfläche Frankreichs war im Südwesten und Süden gering (5 vom Hundert und darunter), im Norden (Artois, Brie) bedeutend (15–20 v. H.), bei Extremen von weniger als 1 v. H. und fast 60 (Cambrai). Der Durchschnitt, früher höher geschätzt, mag zehn Prozent ergeben: immer noch sehr viel, wenn man die geringe Zahl der Geistlichen bedenkt.
Der Zehnt stellte jenen Anteil am Ertrag dar, den die Kapitulare von 779 und 794 den Grundeigentümern als Abgabe an die Kirche auferlegt hatten. Ihm war jeder Boden unterworfen, sogar derjenige des Adels oder das Privateigentum von Geistlichen. Der „große“ Zehnt lag auf den vier Hauptgetreidearten, der „kleine“ auf den anderen Bodenfrüchten; hinzu kam ein Viehzehnt. Die Abgabesätze lagen durchschnittlich bei einem Dreizehntel. Dessen Geldwert ergab 100–120 Millionen, mithin etwa ebensoviel wie die Einnahmen aus Grundbesitz.
Durch Zehnt, Kirchen- und Klosterland verfügte der Klerus über einen beträchtlichen Teil der Ernte zum Verkauf. Insofern gewann er an der Preissteigerung ebenso wie am Steigen des Mietzinses; wie dieser, scheint sich auch der Wert des Zehnten im 18. Jahrhundert verdoppelt zu haben.
Unter den Ständen wies nur der geistliche eigene Verwaltung und Gerichtsbarkeit auf. Alle fünf Jahre versammelte sich die Generalversammlung des Klerus zur

Aussprache und Beschlußfassung in Fragen der Religion und seiner ständischen Interessen; sie legte desgleichen die Höhe eines „freiwilligen Beitrags“ zu den Staatsausgaben fest. Er und die von geistlichen Einzelpersonen zu entrichtenden „Dezimen“ waren die einzigen Abgaben, die der Klerus leistete: runde $3^1/_2$ Millionen – eine lächerliche Summe im Verhältnis zu seinem Einkommen. Nützlicher machte sich die Geistlichkeit der Monarchie durch die Verrichtung einiger öffentlicher Funktionen: die Führung der Zivilstandsregister über Taufen, Eheschließungen und Begräbnisse, des Fürsorge- und des Unterrichtswesens.

Die Orden (20000 bis 25000 Mönche und ungefähr 40000 Nonnen) erlebten einen nachhaltigen moralischen Verfall. Vergeblich hatte eine 1766 gegründete Ordenskommission Reformen in die Wege zu leiten gesucht. 1789 zählte man fast tausend Klöster, die entweder Pfründnern unterstanden oder vom König willkürlich vergeben wurden. Der Verruf, in den die Mönche gerieten, war mit darauf zurückzuführen, daß die Einkünfte aus ihren großen Besitzungen an bereits entvölkerte Klöster oder noch öfter an gar nicht am Orte residierende Pfründenäbte gingen. Bischöfe, die den Balken im eigenen Auge geflissentlich übersahen, beklagten die Erschlaffung der Disziplin und die liederliche Aufführung zahlreicher Kuttenträger. Noch mehr bekümmerte sie, daß kritische Ideen unter den Ordensgeistlichen Eingang fanden und nicht wenige den Klöstern entliefen. Aus ihnen wird zu einem Teil die verfassungstreue Kirche der Revolutionszeit, zum anderen sogar ein kleiner, jedoch echter revolutionärer Kader hervorgehen. Weniger spürbar waren die Zersetzungserscheinungen in den Frauenklöstern, und Diderots *Nonne* mag eher einen Grenzfall darstellen. Praktisch betätigten sich in der Krankenpflege und im Erziehungswesen eingesetzte Schwesternkongregationen, die zugleich zu den allerärmsten zählten, während schmarotzende alte Abteien und Damenstifte oft steinreich waren.

Schärfer noch als die Ordensgeistlichkeit trennte unter den Weltpriestern eine soziale Schranke niederen und hohen Klerus, der streng darauf bedacht war, jedem Einbruch in sein Pfründenprivileg vorzubeugen: Alle im Jahr 1789 residierenden 139 Bischöfe waren Edelleute. Der allergrößte Teil der Einkünfte des Ersten Standes ging an die Prälaten: Bischöfe und Äbte, Domherren und Stiftsdamen „von Stande". An Pracht und Aufwand standen die Bischöfe den größten weltlichen Herren nicht nach. Ein einziger, La Luzerne von Langres, wurde als ernstzunehmender Theologe bestaunt, während sich die Mehrzahl bei Hofe vergnügte und nur nebenher um ihren Sprengel kümmerte. Erzbischof Loménie de Brienne von Toulouse litt an einer galanten Krankheit, und manche seiner Amtsbrüder stellten ihre Mätressen öffentlich zur Schau. Der Bischof von Straßburg, Kardinal Herzog Rohan, zugleich deutscher Reichsfürst und Landgraf, hatte 400000 Livres jährlich zu „verzehren" und war dennoch ein säumiger Kunde seiner zahlreichen Gläubiger. Der niedere Klerus aus 50000 Pfarrern und Hilfsgeistlichen kämpfte währenddessen oft mit echten Schwierigkeiten. Flossen den wenigen Pfarrherren großer und reicher Kirchspiele üppige Sporteln zu, so mußten sich manche Pfarrer und die meisten Vikare mit einem Hungergehalt oder „festem Anteil" (*portion congrue*) begnügen, den ihnen aristokratische Pfründner und Zehntner, ohne selber Amtspflichten auszuüben, von ihren Einkünften „abließen". 1786 wurde er aufgestockt, um die bedenkliche Unruhe unter der niederen Geistlichkeit zu dämpfen, die aus dem Volk hervorging und oft dessen Mühsale, Auffassungen und Erwartungen teilte.

Das Beispiel des Dauphiné ist dafür aufschlußreich. Stärker als in anderen Provinzen bahnte sich hier jener „Aufstand der Pfarrer" an, der in einer revolutionären Situation das Auseinanderbrechen des Ersten Standes heraufbeschwören wird. Materielle Nöte führten Pfarrer und Vikare dazu, ihre weltlichen Forderungen zu formulieren, die indessen bald auch auf theologisches Gebiet überglitten. 1776 veröffentlichte der spätere revolutionsfreundliche Bischof von Grenoble, Henri Reymond, ein Buch, das die Rechte des niederen Klerus auf die urchristliche Kirche, die ersten Konzile und die Lehren der

Kirchenväter stützte. 1789 werden die Pfarrer des Dauphiné diese Gedanken bis zu ihren äußersten Schlußforderungen vortreiben und ihr Heil in einer Allianz mit dem Dritten Stand suchen.

Obwohl eine solche Haltung vieler einfacher Geistlicher die Behauptung von Sieyès untermauerte, daß der Klerus weniger ein Stand als eine Berufsgruppe sei, hatte die katholische Kirche als privilegiertes Ganzes ihr Schicksal an dasjenige der Aristokratie gebunden. Diese hatte sich in dem Maße, in dem ihre Lebensbedingungen schwieriger wurden, immer fester abgeriegelt; konfrontiert mit dem Aufstieg der Bourgeoisie, erstarrte sie zu einer Kaste, die ihre soziale Mobilität verlor. Sie schloß die Bürgerlichen aus den leitenden Stellungen in Kirche, Armee, Justiz und Verwaltung zu einem Zeitpunkt aus, an dem sie Vorrechte und Vergünstigungen längst nicht mehr mit geleisteten Diensten rechtfertigen konnte. Die weltliche wie die geistliche Aristokratie schied sich von der Nation durch ihre Nutzlosigkeit, durch die Maßlosigkeit ihrer Ansprüche und durch ihre starrsinnige Weigerung, sich dem Gemeinwohl ein- und unterzuordnen.

Die Bourgeoisie

Der Dritte Stand umfaßte die erdrückende Mehrheit der Bevölkerung, die 1789 fast 25 Millionen betrug. Sein Gewicht hat Sieyès am Vorabend der Revolution in dem berühmten Traktat *Was ist der Dritte Stand?* treffend hervorgehoben:

Wer würde zu behaupten wagen, daß der Dritte Stand nicht alles Notwendige in sich trägt, um eine vollständige Nation zu bilden? Er ist der starke und kräftige Mensch, dessen einer Arm noch in Ketten liegt ...

Also, was ist der Dritte Stand? Alles, jedoch ein gefesseltes und unterdrücktes Ganzes. Was wäre er ohne den privilegierten Stand? Alles, jedoch ein freies und blühendes Ganzes. Nichts kann ohne ihn geschehen, alles würde ohne die anderen unendlich besser vor sich gehen ...

Der Dritte Stand umschließt mithin alles, was zur Nation gehört, und alles, was nicht Dritter Stand ist, kann nicht als Teil der Nation betrachtet werden.
Dieser „Tiers" bestand aus Besitzlosen und Besitzenden: den werktätigen Klassen in Stadt und Land, Kleinbürgern und ihnen verwandten Zwischenschichten, der Bourgeoisie. Ihr gemeinsamer Widerstand gegen die Privilegierten ließ jedoch in der Forderung nach staatsbürgerlicher Gleichheit vor dem Gesetz das Trennende zurücktreten. Sobald allerdings dieses erste Nahziel in der Revolution erreicht wird, löst sich die Solidarität des Standes im Kampf zwischen seinen Klassen auf.

Die Bourgeoisie bildete die vorherrschende Klasse innerhalb des Dritten Standes. Zahlenmäßig entschieden in der Minderheit, auch wenn man ihr eine kleinbürgerliche Peripherie zurechnet, nahm sie nach Besitz und Bildung in der Gesellschaft des Ancien régime den ersten Platz ein – eine Stellung, die dem politischen Primat der Privilegierten widersprach und ihn herausforderte.
Die „Rentenbourgeoisie" war die unproduktivste, daher konservativste und mit der alten Ordnung noch eng verzahnte Fraktion der Klasse. Sie hatte ihren ängstlich gehüteten Wohlstand beharrlich gemehrt, und die Anzahl der Rentiers war unaufhörlich gestiegen. In Grenoble zählte man 1773 auf hundert „Bourgeois" (im engeren Wortsinn der Zeit) einschließlich der Witwen 22 Rentner und 18 Kaufleute, 1789 schon 28 und elf; der Landesdurchschnitt mag um 10 v. H. gelegen haben. Unter ihnen gab es große Diskrepanzen. In Le Havre ist von „geduckten Klein- und Zwergrentnern" die Rede; in Rennes begegnet man den Rentiers ganz zu oben und ganz zu unten der gesellschaftlichen Skala.
Die Renten konnten aus Handelsbeteiligungen stammen oder als Pfandbriefe des öffentlichen Anleihedienstes erworben sein, aus Hausmieten oder aus Landverpachtung fließen. Der Anteil der Rentenbourgeoisie an Grund und Boden kann auf 12–15 v. H. veranschlagt werden. Viel höher war er im Umkreis der Städte, da die Anlage von Gewinnen in Immobilien mit Vorliebe in Nähe des Wohnsitzes vorgenommen wurde.

Die *bourgeoisie d'affaires*, kapitalistische Unternehmer oder, nach Adam Smith, die Klasse der „Betriebsführer", zerfiel nicht nur in eine große, mittlere und kleine; sie teilte sich ebenfalls in Gruppen, auf die historische und regionale Besonderheiten abfärbten.
Die Finanzbourgeoisie aus Bankiers, Heereslieferanten und höchsten Beamten der Finanzverwaltung stellte geradezu eine Aristokratie innerhalb der Großbourgeoisie dar, die sich mit dem Geburtsadel versippte. Ihre gesellschaftliche Geltung stand ihrem Reichtum wenig nach. Sie häuften aus der Steuerpacht, bei der Gewährung von Staatsanleihen und dem Gründergewinn bei der Bildung von Aktiengesellschaften Millionenvermögen, die es ihnen erlaubten, vor allem in Paris Hof und „blaues Blut" als Mäzene der Wissenschaft, Kunst und Literatur auszustechen.
Die Handelsbourgeoisie aus Großkaufleuten, Reedern, Wucherern und Wechselagenten entfaltete sich besonders in den großen Häfen. Städte wie Bordeaux, Nantes und La Rochelle bereicherten sich am Kolonialhandel mit den Antillen, am Import von Kaffee, Indigo und Baumwolle; auf dem Weltzuckermarkt rückte Frankreich dank der Produktionssteigerung auf Saint-Domingue (Haiti) an die erste Stelle. Noch gewinnreicher gestaltete sich der „Dreieckshandel" über Afrika, der die Plantageninseln mit Hunderttausenden Sklaven belieferte. Marseille hatte sich auf den Levantehandel spezialisiert, in dem Frankreich dank seiner alten guten Beziehungen zur Türkei die Vorhand hatte; Le Havre kam der steigende Verkehr mit Nordamerika zustatten.
Trotz eines vergleichsweise schwach entwickelten Kreditwesens vervierfachte sich von 1716 bis 1789 der Kolonial- und Außenhandel. Er ballte in den Seestädten Kapitalien zusammen, die nach Verwertung drängten. Die Bourgeoisie investierte sie großenteils in Landbesitz, Symbol des Sozialprestiges in dieser insgesamt noch feudal bestimmten Gesellschaft; mehr und mehr verwandte sie ihre Überschüsse jedoch auch schon zur Finanzierung einer allmählich entstehenden Großindustrie.
Die Manufakturbourgeoisie begann sich soeben erst vom Handelskapital zu trennen; lange war die Industrie nur

dessen Anhängsel gewesen, indem der Großkaufmann im Verlagssystem Heimarbeiter mit Rohstoff belieferte und von ihnen das Endprodukt zurückerhielt. Das sehr verbreitete Gewerbe auf dem Lande, die „Dorfindustrie“, beschäftigte Hunderttausende von Bauern für die „Negozianten“ der Städte. Die in neuen Industriezweigen aufkommende kapitalistische Großproduktion erforderte indessen eine kostspielige maschinelle Ausrüstung, die zur Konzentration zwang. Großunternehmen der Schwerindustrie entstanden im erzreichen Lothringen, und Edelleute wie de Wendel verschmähten es nicht, sich in Charleville, Homburg und Hayange ins Geschäft zu stürzen. Le Creusot, 1787 von einer Aktiengesellschaft entwickelt, verfügte über Dampfmaschinen, von Pferden gezogene Wagen auf Eisenschienen, vier Hochöfen und zwei Eisenhämmer; die Bohrerei war das bedeutendste Unternehmen dieser Art in der Welt. Baron Dietrich in Straßburg, der „Eisenkönig“ seiner Zeit, dessen eigene Fabriken immerhin 800 Arbeiter beschäftigten, stand an der Spitze der mächtigsten Industriegruppe Frankreichs. In der Kohlegewinnung gestattete die Bildung von Aktiengesellschaften eine Rationalisierung der Produktion und die Anhäufung von Arbeitskräften; der Bergbauverein von Anzin setzte 4000 Lohnarbeiter ein.
Der Rhythmus des industriellen Wachstums verlief sowohl örtlich wie in den einzelnen Produktionszweigen ungleichmäßig.
Sektoren langsamen Wachstums – mit 61 v. H. während eines Jahrhunderts – waren alte Gewerbe wie die Tuchmacherei und Leinenweberei: Im Languedoc sind es 143 v. H. und in der Champagne 127 v. H., wogegen Normandie, Auvergne und Poitou stagnieren, Limousin und die Provence sogar um 18 bzw. 36 v. H. abfallen. Schnelles Wachstum verzeichneten neuartige Industriezweige mit fortgeschrittener Technologie, denen der Hauptteil der Investitionen zugeleitet wurde: Steinkohlenbergbau, Metallurgie, Baumwolltextilien. In Anzin betrug 1744–1789 die Zunahme der Steinkohlenproduktion 681 v. H.; Gußeisenerzeugnisse erhöhten sich 1738–1789 um 72 v. H. (1738–1811 auf 1100 v. H.). Für Baumwollgewebe

fehlen Gesamtstatistiken; im elsässischen „Rekordgebiet" um Mülhausen ergibt sich allein 1758–1786 ein Wachstum um 738 v. H. Die Seidenweberei, obwohl ein altes Handwerk, machte den Trend mit, da zu dem bisher schmalen Kundenkreis aus Adel und Kirche jetzt breite Käuferschichten reicher Bürger und auf gesellschaftliches Ansehen bedachter Kleinbürger hinzutraten; in Lyon nahm die Zahl der „Gewerbe" 1720–1788 um 185 v. H. zu, im Dauphiné 1730–1767 gezwirnte Seide gar um 400 vom Hundert.

Trotz aller Expansionskraft der Industrie beeinflußten ihre Zuwachsraten das allgemeine Wirtschaftswachstum nur mäßig. Die Landwirtschaft reagierte mit einem Steigen der Grundrente; allerdings führte die Erhöhung der Agrareinkünfte den gewerblichen Unternehmungen wiederum zusätzliche Investitionsmittel zu. Unmittelbarer schlug sich das Industriewachstum in der Außenhandelsstruktur nieder: 1716–1787 stieg die Ausfuhr von Fertigwaren um 221 v. H., der Gesamtexport um 298 v. H. Sieht man vom Kolonialhandel ab, erhöhte sich gleichzeitig der Rohstoffanteil an der Einfuhr von 12 auf 42 vom Hundert.

Soviel ökonomischer Fortschritt weckte beim Bürgertum Klassenbewußtsein und ließ es seinen Widerspruch zum System der Feudalaristokratie nicht nur empfinden, sondern auch begreifen. Sieyès erkannte im Tiers nicht zuletzt deshalb die „ganze Nation", weil der Adel einen erheblichen Teil des Sozialprodukts verschlang, ohne das mindeste zu seinem Entstehen beizutragen. Barnave sah noch tiefer auf den Grund. Aufgewachsen im Dauphiné, nach einem Bericht des Manufakturinspektors Roland die gewerbereichste Provinz des Königreichs, wird er in seiner *Einleitung zur Französischen Revolution* 1791 den Grundsatz aufstellen, daß von der Aristokratie geschaffene und ihr angemessene Einrichtungen den Antritt des Industriezeitalters behindern und verzögern:

Seitdem Gewerbe und Handel das Volk zu durchdringen beginnen und neue Wohlstandsquellen für die produktive Klasse erschließen, bereitet sich eine Umwälzung in den politischen Gesetzen vor; eine Umverteilung des Reichtums bringt eine Neuverteilung der Macht hervor. Ebenso, wie der Besitz an Grund und Boden die Aristokratie emporgehoben hat, hebt das industrielle Eigentum die Macht des Volkes empor. Barnave schreibt „Volk“, wo wir Bourgeoisie verstehen; er hebt jedoch den Antagonismus zwischen den beiden Eigentumsformen und den Klassen, die sich auf die eine oder die andere stützen, hervor: Das industrielle Eigentum – oder weiter gefaßt, das mobile Eigentum überhaupt – zieht die politische Heraufkunft der Klasse nach sich, die darüber verfügt.

Die Intelligenz

Die Intelligenzberufe lieferten dem Dritten Stand seine hervorragendsten Sprecher. Mittlere Ämter im Rechtswesen und in der Finanzverwaltung, deren Bekleidung nicht den Erwerb des Adels nach sich zog, waren eine ihrer Hauptdomänen. Am begehrtesten, weil am einträglichsten, waren juristische Berufszweige: Staatsanwalt, Notar, Advokat, Kanzlist oder Gerichtsvollzieher. Vollausgebildete Ärzte waren selten und genossen kein sonderliches Ansehen mit Ausnahme von Berühmtheiten wie Tronchier, Guillotin oder Louis. Kleinstädte nahmen meist mit dem Apotheker, dem Wundscher, der weisen Frau oder dem Bader vorlieb, der auf dem Dorf mit dem Barbier, wenn nicht dem Schäfer identisch sein konnte. Noch geringere Bedeutung maß man den Professoren bei bis auf einige, die am Collège de France der Akademie oder an berühmten juristischen und medizinischen Fakultäten lehrten. Das argwöhnisch behütete Unterrichtsmonopol der Kirche hemmte ihre Entfaltung; sie waren zudem nicht zahlreich und werden sich in der Revolution weit weniger hervortun als weltliche und geistliche Pädagogen an den verhältnismäßig gut entwickelten höheren Schulen, *collège* oder *lycée*. Als Laienlehrer fungierten mehrheitlich Schulmeister der Unterstufe oder sogar bloße „Erzieher“ ohne fachliche Vorbildung.
Schriftsteller und Publizisten, die sich zumeist in materiell ungesicherter Lage befanden, wenn ihr Lebensunterhalt

allein vom Ertrag ihrer Feder abhing, übten indessen im Brennpunkt Paris vor und in der Revolution entscheidenden Einfluß auf die öffentliche Meinungsbildung aus. Weniger Beachtung fanden die oft von höfischen und adligen Auftraggebern abhängigen bildenden Künstler und Musiker. Am schwersten hatten es trotz ihrer Beliebtheit beim Publikum die Schauspieler, die kirchlich getränktes Vorurteil gleich Gauklern und Zigeunern zum „unehrlichen", fahrenden Volk außerhalb der Ständeordnung stempelte, dem sogar die gesetzliche Eheschließung versagt blieb.
Die Lebensbedingungen der mittleren Beamten wie der Freiberuflichen waren mithin uneinheitlich und schwer vergleichbar. Manche waren fest etabliert und grenzten an den Robenadel, während die Mehrzahl in bescheidenen, jedoch auskömmlichen Verhältnissen lebte und wieder andere als Intelligenzproletariat bezeichnet werden können. Rechtsanwälte, die mit der Führung von Prozessen der Bauern und Bürger gegen Übergriffe der Feudalaristokratie oder des absolutistischen Staates befaßt wurden, schufen ein Bindeglied zwischen den disparaten Elementen des Dritten Standes: 1789 werden sie als Programmatiker und wichtigstes Kaderreservoir der bürgerlichen Revolution in Erscheinung treten.

Das Kleinbürgertum

Das Kleinbürgertum, das zahlenmäßig etwa zwei Drittel der gesamten Mittelklasse ausmachte, verfügte großenteils über Produktions- oder Zirkulationsmittel. Die Abstufungen in seinen Reihen waren jedoch ebenfalls beträchtlich.
Diese Gesellschaftsschicht war an die altertümlichen Organisationsformen des Einzelhandels und des Handwerks in Gilden, Zünften und Innungen gebunden. Kapital und Arbeitskraft waren auf kleine und kleinste Werkstätten oder Läden verstreut; die Arbeitsweise folgte uralter Routine, Werkzeug und Ausstattung waren primitiv. Der gewerblichen Erzeugung der Handwerker kam indessen noch große volkswirtschaftliche Bedeutung zu,

und erst der technische Fortschritt drohte ihr mit einer tödlichen Krise.

Am Ende des 18. Jahrhunderts schwelte unter den Meistern Unzufriedenheit. Die einen beunruhigte die Aussicht, zu abhängigen Lohnempfängern abzusinken, andere fürchteten das ungezügelte Hochkommen überlegener Konkurrenten, die ihren Ruin bedeuten mochten, wenn die schützenden Zunftmauern einstürzten. Die Mehrheit war daher dem Wolfsgesetz einer kapitalistischen Produktionsordnung abgeneigt. Die Verunsicherung ihrer Existenz machte sie zwar in hohem Maße empfänglich für revolutionäre Ideen; im Gegensatz zur Bourgeoisie verfocht sie jedoch weder Gewerbe- noch Handelsfreiheit, sondern behördliche Reglementierungen. Ihre Denkweise wurde im übrigen weitgehend von der Höhe ihres Einkommens und dem Anteil, den Betriebskapital oder persönliche Arbeitsleistung daran hatten, beeinflußt; je weiter man die soziale Leiter herabstieg, desto mehr fiel letztere ins Gewicht. Direkt verkaufende Ladeninhaber erzielten bei steigenden Preisen auch höhere Einnahmen, und nicht wenige Söhne von Schankwirten stiegen über eine Kanzlistentätigkeit in die freien Berufe auf. Auch Zunftmeister, die ihre Kundschaft unmittelbar belieferten, zogen aus dem anhaltenden Preisauftrieb Vorteil. Unselbständige Handwerker hingegen, die vorwiegend gegen Verrechnung arbeiteten, wurden Opfer der Schere zwischen Preisen und Löhnen. Sie litten unter der allgemeinen Verschlechterung der Lebensverhältnisse, die am Ausgang des Ancien régime die städtischen Volksklassen traf.

Die städtischen Volksklassen

Die vorwiegend handwerkliche Produktion und die Warenzirkulation über den Kleinladen bewirkten beinahe unmerkliche Übergänge von den untersten Rängen der Bourgeoisie über das Kleinbürgertum zum Frühproletariat. Desungeachtet bezeichneten Aristokratie und Bourgeoisie die Masse, die sich von Handarbeit ernährte, mit unterschiedsloser Verachtung als „Volk“ (*peuple*). Von den

tatsächlichen Widersprüchen in seinem Schoß zeugt die oft zitierte Auskunft der Tochter des jakobinischen Tischlermeisters Duplay, wonach der zu Wohlstand gelangte und um seine Würde besorgte Hauswirt Robespierres niemals mit seinen „Bediensteten", nämlich den Arbeitern, an einem Tisch gegessen habe.
An der Nahtstelle zwischen Kleinbürgertum und Volksklassen befanden sich verlagsabhängige Handwerker von Art der Lyoner Seidenweber, der „Kanuten", denen ein auch „Kapitalist" genannter Großhändler Rohstoff zur Verarbeitung lieferte und den Absatz ihrer Erzeugnisse betrieb. Ein solcher Handwerker arbeitete in seinem Heim und meist mit eigenem Werkzeug; oft halfen ihm Familienmitglieder, seltener beschäftigte er Gesellen und erscheint dann als kleiner Arbeitgeber oder *patron*, währen der ökonomisch gesehen selber im Lohnverhältnis zum Handelskapitalisten stand. Die Abhängigkeit der Kanuten vom „Tarif", den der Grossist oder Verleger festsetzte, führte zu vielen Unruhen in Lyon, darunter dem großen Weberaufstand von 1744, gegen den der Intendant Militär aufbieten mußte.
Des weiteren ist zwischen Zunfthandwerkern, Manufakturarbeitern und Arbeitern der jungen Großindustrie zu unterscheiden.
In den Handwerkszünften bildete die Familienwerkstatt eine autonome Produktionszelle. Daraus ergab sich ein bestimmter Typus sozialer Beziehungen. In vielen Gewerben wohnten nicht nur die Lehrlinge, sondern auch die Gesellen – meist einer oder zwei – unter dem Dach des Meisters und wurden von ihm verköstigt. Sie blieben der Denkwelt der Meister um so mehr verhaftet, wenn sie darauf hofften, es selbst einmal zur Meisterschaft zu bringen. In dem Maße, in dem sich der alte Brauch zu verlieren begann, erfolgte eine schärfere Trennung zwischen Meister und Gesellen. Die Konjunktur beschleunigte die Zersetzung des traditionellen Zunftgeistes, indem sie die Zahl der Gesellen immer mehr anschwellen ließ. Diese bildeten nun nicht selten eigene Brüderschaften mit einem Heiligen als Schutzpatron oder sogar Geheimbünde und griffen bisweilen zum Mittel des Streiks, um ihre Arbeits- und

Lebensbedingungen zu verbessern. Manche machten sich ohne Meisterbrief selbständig, um ihr tägliches Brot im Einmannbetrieb, oft als „Bönhasen“ (*chambrelans*) in einem einzigen Raum, außerhalb der Zunft zu verdienen: häufig in den Vorstädten oder ehemaligen Vorstädten (*faubourgs*) von Paris wie St. Antoine, wo die Zunftschranken durchlässiger waren als in der Hauptstadt. Einigen gelang dabei – beispielsweise in der Kunsttischlerei – der Aufstieg ins Kleinbürgertum, in Einzelfällen ins Unternehmertum.
Die Arbeiter der königlichen Gobelin-, Porzellan- und Spiegelmanufaktur, die J. V. Tarle untersucht hat, besaßen Sonderrechte; ihre hochqualifizierten Fachkräfte betrachteten sich nicht als Handwerker (*artisans*), sondern als Kunstgewerbler (*artistes*) in Betrieben, denen Zuschüsse der Krone eine relative Unabhängigkeit von der Marktlage verliehen. Die Arbeiter der kapitalistischen Manufakturen und Fabriken hatten vor den Zunfthandwerkern voraus, daß ihnen keine genormte Lehrzeit vorgeschrieben war. Jedoch waren sie andererseits der streng reglementierten Arbeitsordnung der Großwerkstatt unterworfen, und der lange Arbeitstag war für sie infolgedessen physisch härter. Sie konnten ihrem Brotherrn nur unter Schwierigkeiten aufkündigen und bedurften seiner Entlassungsbescheinigung; 1781 wurde das Arbeitsbuch eingeführt. Das numerische Gewicht der Manufakturarbeiter, die das Industrieproletariat des 19. Jahrhunderts ankündigten, war noch vergleichsweise gering.
Das wahrscheinlich zahlreichste Element der städtischen Volksklassen bildeten ungelernte Lohnempfänger ohne sicheres Einkommen: Taglöhner, Transportarbeiter und Lastträger, Boten, Garten-, Erd- und Straßenarbeiter, Handlanger. Hinzu kamen Bedienstete und Gesinde des Adels und der Bourgeoisie: Lakaien, Kutscher, Köche, die in den „besseren“ Vierteln des Pariser Westens wie dem hochfeudalen Faubourg Saint-Germain besonders zahlreich waren. In der „schlechten Jahreszeit“ nach der Ernte zogen Bauern und Landarbeiter in die Städte, um ihre Arbeitskraft anzubieten; so in Paris die „Limousiner“, die sich von Herbst bis Frühjahr im Baugewerbe

als Hilfsarbeiter verdingten. Viele „ehrbare Arme": Witwen und Waisen, Arbeitslose, Gebrechliche und Kranke lebten in allergrößter Not. Auf ihre besondere Weise suchten sie lumpenproletarische Schichten abzuwenden, die namentlich in der Hauptstadt überaus stark vertreten waren: ein Heer von Bettlern, von Prostituierten, und das „Milieu" der Diebe und Hehler, das Deserteure und Landstreicher stetig auffüllten.

In der zweiten Hälfte des 18. Jahrhunderts war eine Tendenz zur Pauperisierung der Lohnarbeiter unverkennbar.
Im Handwerk unterschieden sich die Lebensbedingungen der Gesellen nicht grundlegend von jenen ihrer Meister. Ihr Einkommen lag niedriger, jedoch reichte für beide der Arbeitstag von Sonnenaufgang bis zum Anbruch der Nacht. In Paris waren 16 Stunden die Regel; Buchbinder und Drucker mit 14 Stunden galten als bevorzugt. Freilich war die Arbeit wenig intensiv, der Rhythmus langsam und die Zahl der Feiertage hoch.
Das Hauptproblem der Werktätigen war die ungewisse Kaufkraft des Lohns. Die Ungleichmäßigkeit des Preisauftriebs traf sie je nach der Zusammensetzung ihrer Ausgabenposten auf verschiedene Weise. Da die Getreidepreise stärker als alle übrigen stiegen, wurde das einfache Volk am stärksten belastet, weil einmal seine Kinderzahl am höchsten und zum zweiten Brot sein Hauptnahrungsmittel war. E. Labrousse errechnet dafür ungefähr 50 v. H. des Familienbudgets; 16 v. H. entfielen auf Gemüse, Obst, Speck und Wein, 10 v. H. auf Bekleidung, 6 v. H. für Heizung und Beleuchtung; Fleisch konnte nur ganz selten genossen werden. Der Autor schließt für den Zyklus 1771–1789 gegenüber 1726–1741 auf einen Anstieg der Lebenshaltungskosten um 45 und für den Jahresdurchschnitt 1785–1789 sogar um 62 Prozent. Noch stärker waren die Saisonschwankungen. Nach der schweren Mißernte von 1788 schnellte der Brotpreis so in die Höhe, daß die ärmeren Arbeiter an der Jahreswende 58 und 1789 gar 80 Prozent ihres Lohnes allein für Brot aufwenden mußten. Nicht zufällig wurde

die Bezeichnung *indigent* für den Armen und den Arbeiter bisweilen synonym gebraucht.
Facharbeiter konnten täglich bis zu 40 Sous – gleich 2 Livres – verdienen. Der Durchschnittslohn überschritt jedoch 20–25 Sous nicht, insbesonders in der größten, der Textilindustrie. Das Pfund Brot kostete in guten Jahren 2 Sous; die Kaufkraft des Tagelohns entsprach mithin 10 Pfund. Nach Labrousse betrug die Erhöhung des Nominallohnes von 1726–1741 auf 1785–1789 ungefähr 22 v. H. Die Löhne zogen also zwar nach, vermochten jedoch die Preissteigerungen nie einzuholen: der Reallohn sank um ein rundes Viertel. Zyklische und jahreszeitliche Lohnschwankungen machten die Schere noch weiter, da sie umgekehrt zur Preisentwicklung verliefen. Im 18. Jahrhundert bewirkte eine übermäßige Teuerungswelle Arbeitslosigkeit, weil eine schlechte Ernte die Bauern zu Zurückhaltung bei ihren Anschaffungen zwang. Die Agrarkrise wiederum hatte eine Industriekrise zur Folge, da der hohe Anteil des Brotes am Volkskonsum anderweitige Käufe einschränkte, sobald der Brotpreis zu klettern begann. Nachdem die dürftigen Lebensverhältnisse in Notzeiten keinen anderen Ausweg offenließen, als den Riemen noch enger zu schnallen, mußte die schleichende Inflation des Jahrhunderts das Elend der städtischen Volksmassen vermehren: Eines Tages wird ihr Hunger nicht mehr Resignation, sondern Bewegung erzeugen.
Die eingetretene Verschlechterung ist zeitgenössischen Beobachtern nicht entgangen. Als erster hat Turgot (*Betrachtungen über Entstehung und Verteilung des Reichtums*, 1766) ein „ehernes Lohngesetz“ formuliert: Es läge in der Natur der Dinge, daß das Lohneinkommen eines Arbeiters nicht jenes Minimum übersteigen kann, das seine Erhaltung und Reproduktion erfordern.

Trotz aller sozialen Konflikte zwischen der Bourgeoisie und den Werktätigen galt deren Feindschaft in erster Linie der Aristokratie und dem spätabsolutistischen Staat. Diesen Grundwiderspruch verstärkte der Umstand, daß viele Arbeiter bäuerlichen Ursprungs waren und ihre Bindungen zum Dorf bewahrt hatten; sie verabscheuten den Edelmann wegen seiner Privilegien, wegen seiner Grundherrschaft, wegen der Feudalabgaben, die er erhob. Vom Staat verlangte das niedere Stadtvolk insbesondere eine Senkung der direkten Steuern und der Mauten, aus denen die Stadtverwaltungen ihre Haupteinkünfte zogen, was wiederum die Reichen bevorteilte. Über den Nutzen der Zünfte und Gilden war die Meinung der Meister und Gesellen nicht einheitlich.

Politisch tendierten die Volksklassen auf eine ihnen noch unklare Weise zur bürgerlichen Demokratie; ihre wesentlichste Forderung jedoch blieb das tägliche Brot. Was sie 1788/89 so außerordentlich empfindlich und politisch hellhörig machte, war die Wirtschaftskrise, die ihre Existenz in Frage stellte. In der Mehrzahl der Städte hatte der Aufruhr 1789 seinen Ursprung in der Not, und sein erstes Ergebnis war die erzwungene Senkung des Brotpreises durch öffentliche Stützungsaktionen. Frühere Krisen waren gewöhnlich einer Aufeinanderfolge schlechter Ernten entsprungen, nach welchen die Getreidepreise scharf anzuziehen pflegten; diejenige von 1788/89 war indes die schwerste des Jahrhunderts. Im Winter schon meldeten sich Mangel und Teuerung; der Bettel als Folge der Arbeitslosigkeit vervielfachte sich. Die vom Verhungern bedrohten Arbeitslosen bildeten eins der Fermente der Massenrevolution.

Daß adlige Grundherren und geistliche Zehntherren, die Abgaben in Naturalien empfingen, von der Steilkurve der Getreidepreise profitierten, steigerte die Opposition der Massen gegen ihre „Obrigkeit"; es bildete sich die Legende von einem „Hungerpakt", den die Reichen gegen das Volk geschlossen hätten. Der Verdacht traf die Aufkäufer und sämtliche Verantwortlichen für die Lebensmittelversorgung, die Stadtverwaltungen wie den Staat.

Der Erbitterung entsprangen vielerorts Unruhen und Aufstände. In Paris wurden der Tapetenfabrikant Réveillon und der Salpeterfabrikant Hanriot abfälliger Reden über das notleidende Volk beschuldigt: Der „fortschrittliche" Réveillon soll in guter Lohndrückermanier geäußert haben, daß ein Arbeiter auch unter den obwaltenden Umständen sehr wohl von 15 Sous am Tag leben könne. Daraufhin

kam es am 27. April 1789 zu heftigen Protestkundgebungen, und am 28. wurden beide Betriebe gestürmt und geplündert. Der Polizeikommandant setzte Truppen ein, die erregte Menge leistete Widerstand, und es gab Tote.
Die ökonomischen und sozialen Beweggründe dieser Journée, des ersten „denkwürdigen Tages“ revolutionären Massenkampfes, liegen auf der Hand. Es handelte sich um keinen Aufstand mit politischer Zielsetzung. Die Massen hatten noch keine genauen Vorstellungen von den im Gange befindlichen Auseinandersetzungen auf höherer Ebene. Jedoch blieben die Erhebungen ihrerseits nicht ohne politische Folgen; sie versetzten den herrschenden Gewalten einen moralischen Stoß.
Nach Meinung des Stadtvolkes war das Problem von Mangel und Teuerung am einfachsten durch die öffentliche Hand zu lösen, wenn sie vor einer Beschlagnahme von Vorräten und der Festsetzung von Höchstpreisen nicht zurückschreckte. Diesbezügliche Erwartungen liefen dem Verlangen der Bourgeoisie nach freiem Spiel von Angebot und Nachfrage bei der Preis- und Lohngestaltung, nach Freizügigkeit der Kapitale und der Konkurrenz zuwider. Sie erklären jedoch in letzter Analyse den Einbruch der Massen auf die politische Szene und schließlich den großen Versuch in Demokratie vom „Jahre Zwei“.

Die Bauernschaft

Die Landwirtschaft war die Grundlage des französischen Wirtschaftslebens; daher bestimmte die Bauernfrage ganz wesentlich den Verlauf der gesellschaftlichen Umwälzung. Die bäuerliche Bevölkerung betrug etwa 20 Millionen; die Revolution hätte nicht gelingen und die Bourgeoisie nicht den Sieg davontragen können, wenn die ländlichen Massen passiv geblieben wären.
Die französische Bauernschaft besaß Eigenland. Hierin unterschied sie sich von den Erbuntertänigen oder Leibeigenen in Mittel- und Osteuropa ebenso wie von den englischen Tagelöhnern, die „unabhängig“, jedoch ohne

Grund und Boden waren, nachdem die Freibauern von den „Einhegungen“ ökonomisch erdrückt worden waren.

Allerdings kennen wir den Umfang des bäuerlichen Bodenanteils für ganz Frankreich nur annähernd. Er bewegte sich regional zwischen 18 und 70 v. H. An den ertragreichen Weizenböden und fetten Weiden des Nordens und Westens war er gering (18–30 v. H.). Viel höher lag er in Wald- und Berggebieten, deren Urbarmachung bei viel Arbeit auf armen Böden schmale Rendite versprach. Ganz geringfügig war er umgekehrt dort, wo Trockenlegung oder Entwässerung große Anfangsinvestitionen verlangte, oder in Stadtnähe, wo vorzugsweise Privilegierte und Bourgeois die Parzellen an sich brachten. Im Durchschnitt mag der bäuerliche Bodenanteil 35% betragen haben – wenig also in Anbetracht der großen Zahl der Bauern, und für viele gleich Null.

Die französischen Bauern konnten Eigentümer sein oder als Landlose zur Dorfarmut zählen. Im Hinblick auf die Rechtslage unterschied man zwischen einer großen Mehrheit schon seit dem Mittelalter persönlich freier Bauern und etwa einer Million Höriger (*serfs*) hauptsächlich um Nevers und im Franche-Comté, das erst im 17. Jahrhundert an Frankreich gekommen war. Auf letzteren lastete die sogenannte Tote Hand: Kinder konnten von ihren Eltern nicht einmal bewegliche Güter erben, ohne dem Seigneur hohe Abgaben zu entrichten; 1779 wurde die Tote Hand auf den königlichen Domänen und allgemein das Recht auf Verfolgung flüchtiger Höriger durch ihre Herren abgeschafft.

Die Proletarisierung des Dorfes verschärfte sich im Gefolge der Adelsreaktion. Um Dijon und in der Bretagne verdoppelte sich während des 18. Jahrhunderts auf Kosten der selbständigen Kleinbauernschaft die Zahl der Landarbeiter, Tagelöhner und Knechte.

Der Dorfarmut nahestehend, besaß eine große Zahl von Klein- und Zwergbauern zu wenig Land, um von ihm zu leben. Sie mußten durch Lohnarbeit oder in ländlicher Heimindustrie zusätzliche Einkommen erschließen. Die geistlichen, adligen und bürgerlichen Grundherren, die ihren Boden selten selber bewirtschafteten, gaben es ihnen in Pacht oder mehrheitlich gegen einen Anteil an der Ernte in „Halbpacht". Die Parzellen lagen verstreut und wurden einzeln vergeben; auf diese Weise konnten sich Landarbeiter ein Fleckchen Erde zu ihrer Kate hinzu pachten, während Kleinbauern damit ihre Wirtschaft abrundeten. Zwei Drittel von Frankreich befanden sich in Halbpacht, die südlich der Loire und in Lothringen vorherrschte. Typisch war sie für arme Regionen, in denen die Bauern weder Viehpacht noch Vorschüsse erhielten.

In den fruchtbaren Hauptanbaugebieten brachten Großpächter (*fermiers*) oft das gesamte Pachtland an sich. Sie bildeten eine wahre Dorfbourgeoisie, die den Zorn der ländlichen Massen entfesselte, zu deren Degradierung sie beitrugen. Obwohl gering an Zahl und auf die besten Böden beschränkt, war diese sozial einheitliche und ökonomisch wichtige Schicht in den Getreidebauzentren Urheber einer kapitalistischen Umwandlung der Landwirtschaft. In der Regel wurde eine größere Wirtschaftseinheit auf neun Jahre gepachtet, was beträchtliches Kapital voraussetzte. Diese Vollpacht, fast immer gegen bar und daher aus Preissteigerung und Geldwertminderung Nutzen schlagend, breitete sich in der Pikardie, Ostnormandie und im Pariser Becken stark aus.

Als *laboureurs* bezeichnete man wohlhabende, manchmal „spannfähige" Bauern, die von ihrem Acker auskömmlich und unabhängig leben konnten. Auch sie bildeten eine Minderheit, deren sozialer Einfluß auf die Bauernschaft hingegen bedeutsam war. Die „Dorfhähne" stellten die Notabeln der Dorfgemeinschaft, als deren Wortführer sie auftraten. Geringer war ihr ökonomisches Gewicht. Zwar brachten sie einen Teil ihrer Ernte auf den Markt, doch betrug er nur einen bescheidenen Prozentsatz des gesamten Marktaufkommens. In vielen Gebieten verkauften sie hauptsächlich Wein, der bis 1777/78 hohe Preise erzielte. Der Groß- und Mittelbauer zog mithin bis in die ersten Jahre der Regierung Ludwig XVI. Vorteile aus der Verteuerung landwirtschaftlicher Erzeugnisse.

So war die ländliche Gesellschaft nicht weniger reich an Nuancen und Widersprüchen als die städtische: Großpächter und spannfähige Bauern; Pächter, Halbpächter und Kleinbauern; schließlich die Tagelöhner und Kätner – von solchen, die Hütte mit Garten besaßen bis zu jenen, die nichts hatten als ihre Arme und oft eine vielköpfige Familie dazu.

Die traditionelle Art der Bodennutzung erlaubte den armen Bauern, ihren Landmangel bis zu einem gewissen Grad auszugleichen. Die mittelalterlichen Dorfgemeinschaften waren durchaus lebendig geblieben; ausgestattet mit einem einfachen Verwaltungskörper aus Gemeindeversammlung und Syndikus, übten sie meist auch eine ökonomische Funktion aus. Im Norden und Osten teilte sich der dörfliche Ackerboden in lange, enge und nicht abgezäunte Parzellen, gruppiert zu drei Schlägen, auf welchen die Kulturen – Winterweizen und Sommergetreide – alternierten. Ein Schlag lag stets brach, damit sich der schwach oder gar nicht gedüngte Boden erholen konnte; im Süden kannte man hingegen nur eine Zweifelderwirtschaft.
Das Brachland, die abgeernteten Felder und die Wiesen nach der ersten Mahd galten als Gemeinbesitz. Jeder konnte nach „freiem Weiderecht" sein Vieh darauf treiben, Ähren lesen und stoppeln; das Recht auf Nutzung des eigentlichen Gemeindelandes aus Weiden und Wäldern bot weitere Hilfsquellen. Blickten die wohlhabenden Bauern scheel auf diese herkömmlichen Kollektivrechte, die eine individuelle Verfügung über ihr Eigentum einschränkten, so hingen die armen um so mehr daran, denn ihnen verdankten sie praktisch ihr Überleben.
Aufs Ganze gesehen, war die ländliche kleine Warenwirtschaft noch vorkapitalistischer Natur. Der Kleinbauer und Dorfarme machte sich vom Eigentum demgemäß eine ganz andere Vorstellung als der adlige oder bürgerliche Grundherr, eine andere als der Großpächter, manchmal auch eine andere als der Großbauer in der eigenen Dorfgemeinschaft. Sie verletzte den bürgerlichen Begriff vom absoluten Recht des Einzeleigentümers auf seine Güter und leistete ihm Widerstand.
Je rückständiger die Landwirtschaft, desto schwerer die dreifachen Lasten der Bauern. Dem Staat entrichtete

er – fast allein – die hauptsächlichen Direktsteuern; er allein war zu Hand- und Spanndiensten, zum Dienst in der Miliz verpflichtet; schließlich waren die indirekten Steuern außerordentlich schwer. Seine Steuerlast erhöhte sich allein in den fünfzehn Regierungsjahren Ludwigs XVI. vor der Revolution um ein Viertel. Der Zehnt empörte die Bauern um so mehr, als er seinem ursprünglichen Zweck seit langem entfremdet, manchmal sogar an Laien abgeführt und nur zum geringsten Teil für den Dienst an der Gemeinde und die Unterstützung ihrer Armen verwendet wurde.

Die grundherrlichen Abgaben endlich wurden am tiefsten verabscheut. Das Feudalregime lastete auf allem nichtadligen Boden und leitete davon das Recht auf Abgaben her. Der Seigneur gebrauchte seine Gerichtsbarkeit als Instrument zur Erzwingung der Abgabenzahlung. Die grundherrlichen Rechte im engeren Sinn bestanden aus dem ausschließlichen Recht der Jagd, des Fischfangs und der Haltung von Taubenschlägen, aus Brücken- und Wegegeld, Marktzoll, persönlichen Frondiensten und Bannrechten wie Mahl-, Kelter- und Backzwang, die zu wahren Wirtschaftsmonopolen führten. Diese „dinglichen" Rechte ruhten nicht auf der Person, die sich jederzeit entfernen oder aufkündigen durfte, sondern auf dem Land. Der Seigneur bewahrte juristisch das „unmittelbare" Obereigentum am Grund und Boden, an dem die Bauern nur das Nutzrecht besaßen. Dafür entrichteten sie einen Jahreszins in Geld (*cens*, daher: „Zensitärbauern") und eine Naturalabgabe von der Ernte (Kornsteuer, *champart*); bei Besitzwechsel kassierte der Grundherr Kauf- und Erbschaftssteuer. Zu diesen gesetzlichen Belastungen kamen Plackereien und Mißbräuche hinzu, die sich die herrschende Klasse willkürlich herausnahm.

Die aristokratische Reaktion des 18. Jahrhunderts hat die Feudalordnung noch verhärtet. Die grundherrliche Gerichtsbarkeit drückte, wenn es zu Streitigkeiten kam, den Bauern nieder; sie engte die bäuerliche Nutzung des Gemeindelandes ein, über das der Seigneur plötzlich ebenfalls ein Obereigentumsrecht beanspruchte. In einigen

Provinzen war die Reaktion ausnehmend schroff; Im Maine, wo eine Konzentration der Grundherrschaften durch Zusammenlegung stattfand, trug das gewohnheitsrechtlich untermauerte Senioratsrecht zur Konservierung der Lehnsgüter bei; im Franche-Comté mußte die Eintragung des Edikts von 1779 gegen die Verfolgung flüchtiger Höriger vom widerspenstigen Parlement mit aufgepflanztem Bajonett erzwungen werden und sogar das erst 1788 nach einer Sitzung von 38 Stunden.
Die Adelsreaktion wirkte sich um so drückender aus, als Grundherr und Pfründner Kornsteuer und Zehnt in Naturalien empfingen. In die Zange genommen von der Vermehrung seiner Lasten, dem für ihn nachteiligen Preisauftrieb und dem demographischen Druck, hatte der Kleinbauer immer weniger Geld zu seiner Verfügung. Daher stagnierte von seiner Seite die an Investitionen gebundene Weiterentwicklung der Landwirtschaftstechnik. 1788/89 wurde alles noch schlimmer. Konnte der Kleinbauer seine Familie in Normaljahren gerade noch von seinem Stück Land ernähren, so mußte er nach Mißernten, auf die Feudalabgaben, Zehnt und indirekte Steuern keine Rücksicht nahmen, sogar Getreide und zwar jetzt zu Überpreisen zukaufen. Viele gaben in der Verzweiflung ihren Acker auf und zogen als Arbeitssuchende quer durch Frankreich. Bedurfte es einer Erklärung für den unauslöschlichen Haß der Bauern auf die Macht der Grundherren, für das Herannahen einer Kriegserklärung der Katen an die Schlösser?

Die Lage der Agrarwirtschaft stand zu den sozialen Zuständen in direktem Bezug. Die Zwei- und Dreifelderwirtschaft begünstigte den technischen Fortschritt nicht. Der veraltete Betrieb war wenig ergiebig, der Hektarertrag niedrig, Fruchtwechselfolge im Flurzwang entzog ein Drittel bis eine Hälfte des Bodens der Produktion, was den Landmangel der Bauern verschärfte. Der englische Agronom Arthur Young, der Frankreich am Vorabend der Revolution bereiste, vermerkte diese Rückständigkeit des Dorfes und die Allmacht des Schlendrians. Zwar erzeugte seit der Jahrhundertmitte die sogenannte Physiokratenschule eine „Agromanie", der einige aufgeklärte Grandseigneurs auf ihren Gütern und sogar die anakreontische „Schäferdichtung" einen gewissen Tribut zollten. Im allgemeinen jedoch suchten die Grundherren ihre Einkünfte zu steigern, ohne sich über die Lösung der brennenden Agrarfrage den Kopf zu zerbrechen; oft lieferten ihnen die Lehren der Ökonomisten lediglich Vorwände, um unter dem täuschenden Anschein des Gemeinwohls Unternehmungen der aristokratischen Reaktion zu verbergen.

Der bäuerliche Wunschkatalog hatte gewissermaßen zwei Seiten: die Feudallasten und die Bodenfrage.

Im ersten Punkt waren die Bauern solidarisch und werden dies 1789 gegenüber den privilegierten Grundherren bekunden. Ihre Beschwerdehefte werden für die Obereigentumsansprüche der Herren den dokumentarischen Nachweis und dazu das Recht auf „Rückkauf" verlangen: eine revolutionäre Forderung auf Prüfung des Ursprungs feudaler Unterdrückung und Ausbeutung. Die Bauern werden weiter Kornsteuer und Zehnt durch eine Leistung in Geld, dessen Entwertung sie mehr und mehr symbolisch macht, ersetzen und den Zehnt überdies auf seinen einstigen legitimen Zweck zurückführen wollen; schließlich sollten die Privilegierten Steuern zahlen wie sie. Es verstärkte die Einheit des Dritten Standes, daß die Bourgeoisie insoweit mit den Bauern in der Hauptsache übereinstimmte.

In der Bodenfrage hingegen gingen die Interessenrichtungen auseinander. Vielen Bauern fehlte es an Land, und zahlreich waren jene, die keines hatten und erst zu erhalten hofften. Dennoch wagten auch sie 1789 sehr selten, eine Aufteilung des Kirchengutes vorzuschlagen. Privateigentum, selbst das Eigentum eines Standes, schien der großen Mehrzahl unantastbar. Es genügte ihr, Land zu günstigeren Bedingungen zu pachten, und manche setzten sich für eine Aufteilung der Großpachten ein.

Obwohl die gegensätzlichen Auffassungen erst nach Beseitigung des Feudalsystems mit Schärfe in Erscheinung treten werden, standen die Nützlichkeitserwägungen agrarischer Großbetriebe den Massen der Parzellenbauern und Landproletarier bereits unvereinbar gegenüber. Während jene den technischen Fortschritt dem Profit aus ihrer Marktproduktion dienstbar machen wollten, strebten diese eine Verbesserung ihrer Selbstversorgung im Rahmen der herkömmlichen Wirtschaftsweise bei Erhaltung der Dorfgemeinschaft an. Reformen des Ancien régime – wie Einfriedung der Felder und Freigabe des Getreidehandels – fanden ein unterschiedliches Echo. Schon 1789 begannen die „Dorfhähne" Unrat zu wittern; einige werden auf den Ausschluß der Nichtsteuerzahlenden und Unterstützungsempfänger aus dem politischen Leben drängen. Jenseits der für notwendig erachteten Liquidierung des Feudalregimes begann sich die wohlhabende Bauernschaft um die Aufrechterhaltung ihrer gesellschaftlichen Geltung im Dorf zu sorgen. Künftige Widersprüche unter der Bauernschaft zeichneten sich so bereits unter der „alten Ordnung" ab. Die Struktur der dörflichen Gesellschaft läßt jedoch den vergleichsweise gemäßigten Charakter der Revolution auf dem Agrarsektor, nach einem Ausdruck von Georges Lefebvre „gleichsam eine Transaktion zwischen Bourgeoisie und bäuerlicher Demokratie", vorausahnen.

2. Die Krise der absoluten Monarchie

Die Einrichtungen des mittelalterlichen Königtums hatten ihre letzte Ausformung unter Ludwig XIV. (1643–1715) erfahren. Der „Sonnenkönig" hatte den Absolutismus auf die Spitze getrieben, jedoch keine logische staatliche Konstruktion hinterlassen; man konnte sagen, daß nach seinem Ableben „der Despotismus überall war und der Despot nirgends". Die Monarchie hatte fortwährend neue Institutionen geschaffen, ohne die alten hinwegzuräumen, und ihr Durcheinander wurde zum beherrschenden Kennzeichen der Verwaltungsorganisation. Indem es die Kluft zwischen gesellschaftlicher Realität und politischem Zustand vergrößerte, brachte es die öffentliche Meinung in Widerspruch zum Staat: Mirabeau nannte Frankreich eine „willkürliche Anhäufung entzweiter Völker".

Die unbeschränkte Monarchie, deren Anfänge im 15. Jahrhundert auf Ludwig XI. zurückgehen, festigte sich unter Heinrich IV., Richelieu und Mazarin endgültig; seit Ludwig XIV. erhielt sie sich wenig verändert auf der erreichten Stufe. Autonome Feudalkräfte verloren ihre Macht an die Zentralgewalt, ohne indessen alle zu verschwinden. Die von Bodin in Kurs gesetzten Theorien zur Untermauerung des Absolutismus verdichteten sich. Unter Heinrich IV. betrachtete Loyseau den König noch als Beamten des Volkes und gleichzeitigen Statthalter Gottes. Unter Ludwig XIII. folgerte Lebret schon, „daß unsere Könige, die ihr Zepter von Gott allein halten, nicht verpflichtet sind, sich irgendeiner irdischen Gewalt unterzuordnen, und sämtliche Rechte genießen, die Attribute der vollkommenen und unbeschränkten Souveränität sind“. Bossuet, der abschließende Ideologe der katholischen Monarchie aus göttlichem Recht, schrieb für den Kronprinzen das Werk *Die Politik, geschöpft aus den Worten der Heiligen Schrift.*
Als Repräsentant überirdischer Allmacht nennt sich der König in seinen Urkunden „von Gottes Gnaden König von Frankreich und Navarra“; die Salbung – normalerweise in der Kathedrale von Reims – verleiht ihm göttlichen Charakter. Die absolute Macht leitet Ludwig XIV. in seinen *Erinnerungen* daraus ab: „Derjenige, der den Menschen Könige gegeben hat, hat gewollt, daß man sie verehre als seine Stellvertreter.“
Es steht Untertanen schlecht an, eine Gewalt überwachen zu wollen, die ihren Ursprung auf Gott selber zurückführt. Der König, obwohl absolut, soll indessen „nach dem Herzen Gottes“ sein, wie de Thou 1572 zu Karl IX. sagt. Er hat außerdem die „Grundgesetze“ des Königreichs zu wahren: die dynastische Erbfolgeordnung und den Rechtsstatus des Kronlandes. Sie drücken die Bedingungen aus, unter welchen seinem Haus die Krone mit ihren Vorrechten angeblich in grauer Frankenzeit übertragen worden ist. Der König verpflichtet sich schließlich durch seinen Weiheschwur, das Volk bei der katholischen Kirche zu

halten und in allen Urteilen Rechtlichkeit und Barmherzigkeit walten zu lassen. Er ist mithin nach der Definition kein „Tyrann“, steht jedoch – sakrosankt und keinem Sterblichen rechenschaftspflichtig – über den Ständen und Korporationen des Reiches und verfügt unbegrenzt über alle Mittel politischen Handelns. Seine Gewalt ist unteilbar und unveräußerlich.

Der König ist Quelle aller Rechtsprechung. Laut Michel de L'Hôpital (1507–1573) sind „die Könige zuerst gewählt worden, um Recht zu sprechen. Auch im Siegel Frankreichs ist die Gestalt des Königs nicht eingeprägt in Waffen und zu Pferde, sondern sitzend auf seinem Throne und Recht sprechend.“ Er kann jedes Verfahren an seinen Rat ziehen, wiederaufnehmen oder durch Sonderbevollmächtigte unmittelbar in dasselbe eingreifen. Er ist Quelle aller Gesetzgebung, das lebendige Gesetz, *Lex Rex*. An und durch die Gesetze seiner Vorgänger ist er nicht gebunden, vermeidet jedoch tunlich, mit ihnen brüsk zu brechen.

Der König ist Quelle aller Verwaltung und besetzt die Stellen, verleiht Ämter und Ränge. Die Erfordernisse der Praxis haben ihn veranlaßt, einen Teil seiner Gewalt an Ausführende („Agenten“) zu delegieren, die seiner Aufsicht unterliegen. Für die Bedürfnisse „seines“ Staates erhebt er Steuern kraft eigener Autorität und ist gleichzeitig alleiniger Richter über ihre Verwendung. Er ist schließlich Quelle von Krieg und Frieden. Eine seiner ältesten Pflichten ist der Schutz des Reiches gegen den äußeren Feind. Er leitet Außenpolitik und Diplomatie nach Gutdünken und ist Oberbefehlshaber des Heeres. „Die öffentliche Ordnung,“ erfährt das Parlement von Paris 1766 aus dem Munde Ludwigs XV., „geht samt und sonders von Mir allein aus; die Rechte und Interessen der Nation sind notwendigerweise mit den Meinigen vereint und ruhen nur in Meinen Händen.“

Die Wirklichkeit entsprach solchen hohen Ansprüchen nicht ganz. Generalstände hatten sich den Königen in schwierigen Zeiten seit dem 14. Jahrhundert aufgezwungen. Ihre Befugnisse blieben jedoch beratender Art; der König kam um die Bewilligung neuer Steuern ein, die er zur

Not ohne sie ebenfalls einführen konnte, und um Rat, dem er folgte oder auch nicht. Die Generalstände erschienen gleichsam als Notbremse in angespannten Situationen. Seit 1614 verzichtete die absolute Monarchie auf sie, ohne sie formell abzuschaffen; ihre Einberufung 1789 kam der Wiedererweckung einer bereits entschlafenen Einrichtung gleich.

Gefährlicher war dem Monarchen der politische Ehrgeiz der Parlements. Als „Hüter der Grundgesetze des Königreichs" bedienten sich diese hohen Gerichtshöfe des „Rechts der Registrierung", um sich in den Vordergrund zu spielen. Die vom König erlassenen Gesetze traten in Kraft, nachdem ein Parlement, meist dasjenige von Paris, sie erörtert, auf ihre Richtigkeit geprüft und sodann eingetragen hatte; es konnte die Eintragung auf Grund seines „Rechtes auf Remonstranz" nach Begründung seiner Einwände auch zurückweisen. Die Parlements als Bollwerke ständischen Denkens legten dies als ihr historisches Recht aus, das Königtum als ein stillschweigendes, jedoch nicht bindendes Entgegenkommen der Krone; tatsächlich hatten sich die Befugnisse gewohnheitsrechtlich herausgebildet. Sie nötigten den König, im Weigerungsfall die Eintragung in feierlicher Sondersitzung (*lit de justice*), zu der er persönlich erschien, aufzuzwingen. Seit Ludwig XV. war das Recht auf Eintragung und Remonstranz zur wirksamen und sehr populären Waffe gegen die Allmacht des Monarchen geworden. Sie diente indessen vornehmlich der Abwehr von Reformen fiskalischer Natur, die die eigenen Privilegien der Parlementsaristokratie zu beschneiden drohten.

Die Regierung

Die Regierung übte unter der Autorität des Königs ein Ministerium aus einem Kanzler, vier Staatssekretären und dem Generalkontrolleur der Finanzen aus. Es wurde von keinem Premier geleitet, sondern bildete eine Vereinigung voneinander unabhängiger oberster Staatsbeamter. Die Minister hatten Kanzleien, an deren Spitze „Erste

Gehilfen“ standen. Die Einheit der Leitung wurde durch den König und seine Räte gewährleistet. Wöchentlich an einem bestimmten Tag erschien jeder Minister zum Vortrag; die Entscheidung des Königs ließ er durch seine Kanzleien in die Praxis umsetzen. War die Angelegenheit wichtig, wurde sie in den königlichen Räten, die so die Regierung steuerten, vorbesprochen.

Dem Kanzler unterstanden namentlich die Justizsachen. Die unter Heinrich II. (1547–1559) geschaffenen Staatssekretäre waren später auf Fachressorts festgelegt worden. Der Staatssekretär für Krieg trug gleichzeitig die Verantwortung für die Verwaltung der Grenzprovinzen, und der Staatssekretär für den königlichen Hof hatte verschiedene Nebenressorts am Bein: Klerus, Protestanten, die Stadt Paris. Die innere Staatsverwaltung rotierte unter den vier Sekretären; der König teilte Frankreich im Jahreswechsel unter sie so auf, daß auf jeden einige ad hoc zu einem „Departement“ zusammengefaßte Provinzen entfielen. Die Staatssekretäre hatten als Mittelsmänner zwischen dem König und den Provinzen, Städten, Korporationen und Ständen die Korrespondenz eines derartigen Departements zu führen; außerdem diente jeder der vier dem Monarchen umschichtig drei Monate im Jahr als persönlicher Sekretär. Sie wurden von alters her den Kreisen der Robins und zumeist den Räten des Königs entnommen; nach 1750 verschmähte auch der Schwertadel die an Bedeutung gewinnende Stellung nicht. Der Generalkontrolleur der Finanzen schließlich war der tatsächliche Erste Minister schon auf Grund der Vielzahl seiner Zuständigkeiten: Innere Verwaltung, Landwirtschaft, Industrie, Handel, Brücken und Straßen.

Die Räte hatte Ludwig XIV., der mit ihnen regelmäßig arbeitete, systematisiert; beides läßt sich von seinen Nachfolgern nicht behaupten. Da ihr Funktionieren von der Einstellung des Königs abhing, verzeichneten sie eine Schwächung, sobald es von seiner Seite an Beharrlichkeit und Tatkraft fehlte. Der Hohe oder Staatsrat befaßte sich mit der „Großen Politik“: Frieden, Krieg, Bündnisse. Der König berief für jede Sitzung fünf bis sechs Persönlichkeiten, die den Titel Staatsminister erhielten und auch nach ihrem Wiederausscheiden weiterführten; kein Minister gehörte dem Staatsrat allein kraft seines Amtes an außer der Staatssekretär für Auswärtige Angelegenheiten als Berichterstatter. Der Rat für Depeschen sorgte für die Einheitlichkeit der inneren Staatsverwaltung; der Rat für Finanzen verwaltete die Staatseinkünfte und schlüsselte die Hauptsteuer auf. Dem Kanzler unterstand ein weiterer Rat, der als Kassationshof und oberster Verwaltungsgerichtshof diente. Diese mächtige, jedoch schwerfällige Armatur verdeckte viele Unzulänglichkeiten und lähmte oft die Handlungsfähigkeit der absoluten Monarchie, zu deren Befestigung sie geschaffen worden war.

Die Verwaltung

Noch weniger als im Zentrum hatte die Monarchie eine Vereinheitlichung der Verwaltung auf regionaler und örtlicher Ebene vollendet. Die administrative Einteilung des Königreichs befand sich längst nicht mehr in Übereinstimmung mit den Bedürfnissen des Jahrhunderts. Sogar der Grenzverlauf war unbestimmt: Wo Frankreich aufhörte und das „Heilige Römische Reich" begann, wußte niemand genau. Navarra galt als gesondertes, lediglich in Personalunion seit 1589 mit der Krone Frankreichs verbundenes Königreich; in der Bretagne war der König nur Herzog, in der Provence Graf. Die Bistümer der katholischen Kirche gingen auf die römischen Verwaltungsbezirke Galliens zurück, die Vogteien oder Gerichtssprengel (*bailliages* im Norden, *sénéchaussées* im Süden) auf das hochfeudale 13. Jahrhundert; im 16. war die Einteilung in Militärbezirke (*gouvernements*) erfolgt und im 17. die fiskalische in „Generalitäten". In ihren Überschneidungen fand sich die königliche Verwaltung manchmal selber nicht zurecht. Frankreich war herkömmlich in Provinzen oder Länder (*pays*) gegliedert, die längere Zeit der Herrschaft eines Feudalgeschlechts unterstanden und sich unter ihr an eine bestimmte Rechtsordnung gewöhnt hatten. Sitten und Bräuche, manchmal die Sprache und unterschiedliche Traditionen hielten

provinzielle Besonderheiten am Leben. Im 18. Jahrhundert waren die „bretonische“ oder die „provençalische Nation“ mit eigenen Gesetzen und Dialekten, deren öffentlicher Gebrauch anerkannt war, noch Realitäten. Indessen bildete die Provinz keine Verwaltungseinheit. Die Zentralregierung ignorierte sie, wiewohl der König aus politischer Erwägung eher denn als aus verfassungsmäßiger den provinziellen Partikularismen Rechnung trug.
In der Blütezeit der Feudalmonarchie wirkten adlige Vögte als örtliche Bevollmächtigte des Königs. Nachdem ihre Würde käuflich geworden war, hatten die Baillis und Seneschälle nur Heerbann oder Landsturm aufzubieten und die Abgeordneten der Stände ihres Amtsbezirkes einzuberufen; daher bildete 1789 das Bailliage – im Süden die Sénéchaussée – sozusagen den Wahlkreis.
Im 16. Jahrhundert war der Gouverneur oberster Stellvertreter des Königs und sein Gouvernement die größte Verwaltungseinheit; unter der absoluten Monarchie trat er hinter dem Intendanten gänzlich zurück. Die dem Hochadel, meist den „ersten vier Baronen“ einer Provinz entnommen 39 Gouverneure behaupteten lediglich Ehrenvorrechte, residierten meist in Versailles und durften sich seit 1750 sogar nur mit ausdrücklicher Genehmigung in ihr Gouvernement begeben; dort wurden sie durch einen „Generalleutnant“ vertreten. Bei Ausbruch der Revolution bestanden noch alle drei Gewalten, jedoch hatte nur der Intendant wirklich etwas zu sagen.
Die Intendanten der Justiz, der Polizei und der Finanzen waren die eigentlichen Pfeiler der Zentralisation. In ständiger Verbindung mit den Staatssekretären, dem Generalkontrolleur der Finanzen und dem Rat für Depeschen verknüpften sie die Region mit der Regierung. Durch Richelieu gefördert, bildete sich die Einrichtung endgültig unter Colbert heraus. Man legte ihr die Steuerhauptbezirke zugrunde, wiewohl sich Generalität und Intendantur in der Folgezeit auch nicht immer haarscharf deckten: 1789 bildeten beispielsweise Toulouse und Montpellier gemeinsam die Intendantur Languedoc. Die „Subdelegierten“ an der Spitze der Unterbezirke (*élections*) konnte der Intendant beliebig versetzen oder entlassen.

Der Finanzspekulant Law soll zu Marquis d'Argenson gesagt haben: „Wissen Sie, Sie haben weder Parlements noch Stände noch Gouverneure. Dieses Königreich Frankreich wird durch 30 Intendanten regiert, von denen Unglück oder Glück, Überfluß oder Mangel der Provinzen, in die sie beordert werden, abhängt." Eine leichte Übertreibung: Die Intendanten mußten sich politischen Gegebenheiten und örtlichen Bedingungen anpassen; sie unterlagen zudem ständiger Aufsicht durch die Zentralgewalt.

Als unmittelbare Bevollmächtigte des Königs, die anfänglich der Großbourgeoisie oder frischgebackenem Robenadel entnommen und von der Aristokratie scheel angesehen wurden, verfügten die Intendanten über vielfältige Kompetenzen. Als Intendant der Justiz konnten sie allen Gerichtshöfen außer den Parlements vorsitzen; sie überwachten das Rechtswesen, sprachen bei Verbrechen gegen die Staatssicherheit, Hoch- und Landesverrat das Urteil in letzter Instanz. Als Intendanten der Polizei kontrollierten sie Stadtverwaltungen, Handel, Landwirtschaft, Gewerbe und Wegefron, präsidierten der Aushebung von Milizen. Als Intendanten der Finanzen fielen die Aufteilung und die Streitsachenabteilung der Steuer sowie sämtliche im 17. und 18. Jahrhundert neu eingeführte Steuern unter ihre Zuständigkeit. Diese Machtballung führte ungeachtet der Vorzüge ihrer Verwaltung eine Vereinigung aller Oppositionsgruppen gegen die Intendanten herbei, und die Wähler von 1789 werden fast unterschiedslos ihre Beseitigung verlangen.

Älteren Einrichtungen entzog der Aufbau des absolutistischen Apparates nach und nach ihren Daseinsinhalt oder jedenfalls ihre Vollmachten.

Die Provinzialstände bildeten eine anerkannte Versammlung; sie wurden periodisch einberufen und besaßen auf ihrem Gebiet das Recht der Steuerbewilligung. Vom Königtum zurückgedrängt, überlebten sie im 18. Jahrhundert nur in entlegenen oder spät angegliederten Provinzen: Bretagne, Languedoc, Provence, Bourgogne, Dauphiné. Sie waren oligarchische Körper, in denen der Dritte Stand durch die höchsten Spitzen des Stadtbürger-

tums vertreten war und die Abstimmung nicht nach Köpfen, sondern nach Ständen erfolgte.
Die Freiheiten der Stadtmagistrate waren gleichfalls fortschreitend beschnitten worden. Bürgermeister, Schöffen und Beamte wurden nicht mehr gewählt; die Städte gerieten unter die Vormundschaft der Intendanten. Das flache Land besaß bis 1787 überhaupt keine richtigen Gemeindevertretungen; die Versammlung der Dorfgemeinschaft kümmerte sich nach Weisungen des Grundherrn um die Verwaltung des Gemeindelandes.
Am Ausgang des 18. Jahrhunderts hatte das Königtum alles örtliche politische Eigenleben nahezu ausgelöscht. In Reaktion darauf wird sich die Revolution zunächst für eine Dezentralisierung aussprechen und einen Teilfortschritt unter dem Absolutismus verkennen, der sich geschichtlich dennoch durchsetzen wird.

Die Gerichtsbarkeit

Der König hat sich seiner Rechte als oberster Gerichtsherr nie begeben. Er „entäußert" sie nicht, erteilt nach Gutdünken Gnadenerweise oder die berüchtigten „Siegelbriefe" (*lettres de cachet*) zur Sicherungsverwahrung ohne Urteil in einem Staatsgefängnis. Gewöhnlich jedoch „überträgt" er die Ausübung der Rechtsprechung an Gerichtshöfe.
Die königliche Justiz hatte gegen die grundherrliche lange um ihre Durchsetzung kämpfen müssen. Im 18. Jahrhundert jedoch war die seigneuriale Gerichtsbarkeit nur noch Einnahmequelle und ökonomisches Druckmittel. Die Prevotalgerichte für Zivilsachen der städtischen Nichtprivilegierten in erster Instanz waren ebenfalls fast verschwunden, und die für Streitwerte bis 250 Livres geschaffenen Präsidialgerichte befanden sich in vollem Verfall; den Baillis und Seneschällen auf dem Lande verblieben lediglich Bagatellsachen.
Die Parlements waren „souveräne" Gerichtshöfe letzter Instanz. Sie entsprangen einer Aufteilung des alten Königshofes in spezialisierte Abteilungen; im 18. Jahr-

hundert erhoben sie jedoch Anspruch auf unbegrenzte Zuständigkeit. Die Ausdehnung des Königreichs und die Zunahme der zu bearbeitenden Fälle hatten vom 15. Jahrhundert an zur Gründung von zwölf Provinzparlements neben demjenigen von Paris geführt: Toulouse, Grenoble, Bordeaux, Dijon, Rouen, Aix, Rennes, Pau, Metz, Besançon, Douai und Nancy. Hinzu kamen vier sogenannte „souveräne Räte" in den Landerwerbungen des 17. und 18. Jahrhunderts: Roussillon, Elsaß, Artois und Korsika.

Das Richteramt wurde in der Regel käuflich erworben oder vererbt. Das Königtum, das dem Parlement im 14. Jahrhundert zugestanden hatte, für die freien Stellen vorzuschlagen, und im 15., dafür zu wählen, nahm die Gewohnheit an, an die Stelle ausscheidender Räte jene zu benennen, zu deren Gunsten sie verzichtet hatten: bei Todesfällen war das der Erbe. Franz I. legalisierte 1522 diese Praxis. Um die Bedürfnisse seiner Schatulle zu befriedigen, verkaufte er aber ohne Umschweife Ämter, die unbesetzt waren oder neu geschaffen wurden. Da die konkurrierenden gewohnheitsrechtlichen Abtretungen fortbestanden, schmälerten sie die Einnahmen aus dem Verkauf der Ämter, und Karl IX. (1560–1574) führte deshalb die Abtretung gegen Zahlung einer Gebühr ein. Damit war das System des Ämterkaufs komplett: Die Ämter der Judikatur wurden entweder durch ihre Inhaber oder durch den König verkauft.

Die Praxis der Vererbung schlich sich zuerst in Einzelfällen ein: Sie war vom König dem einen oder anderen Beamten als Huldbeweis, normalerweise zugunsten des Sohnes, genehmigt worden. Manchmal widerrief er alle auf einen Schlag, um neue Gebühren einzustreichen. 1604 wurde die Erblichkeit indessen durch eine vom Sekretär Paulet vorgeschlagene, daher *Paulette* genannte Maßnahme festgelegt: Gegen eine Jahresgebühr von einem Sechzigstel des Preises seines Amtes empfing dessen Inhaber zwei Vorteile: Halbierung der Gebühr bei Abtretung seines Amtes zu Lebzeiten, das dann neu verkauft werden konnte; verschied er im Amt, bildete das Recht auf Abtretung Bestandteil seines Nachlasses. So hatte

sich der König Einkünfte erschlossen, jedoch das Recht der Richterwahl verloren.
Vom Ämterkauf rührte einerseits die Unabsetzbarkeit des Richterstandes und andererseits das korrumpierende System der *„épices“*. Der König konnte, ohne ihm sein Geld zurückzugeben, keinen Beamten entlassen, der sein Amt gekauft hatte. Rechtsuchende händigten ihm nach altem Brauch kleine Geschenke („Süßigkeiten“) ein, die sich in Abgaben nach Ermessen, zahlbar in Silber, verwandelten. Da die niedrigen Gehälter der Richter in keinem Verhältnis zum Kaufpreis des Amtes standen, trieben sie diese „Süßigkeiten“ mit allen Mitteln in die Höhe. Damit entschwand die Unentgeltlichkeit der Rechtsprechung.
Der Ämterkauf erzeugte eine Mittelschicht zwischen Bourgeoisie und Aristokratie. Die Richter („die Herren vom Parlement“) waren bürgerlich (*de robe*), jedoch verliehen ihnen ihre Ämter von einer gewissen Stufe ab den übertragbaren – mithin erblichen – Adel. Auf ihre Ergänzung hatte der König keinen Einfluß mehr; sie erfolgte durch Kooptierung. So wurde der Richterstand unabhängig und konnte sich gegen das absolute Königtum wenden. Ende des 18. Jahrhunderts wurden die Parlementsräte immer exklusiver. Die „hohe Magistratur“ schloß sich ab, und die Parlements von Rennes, Aix und Grenoble ließen Bürgerliche nicht mehr zu. Die Beschwerdehefte von 1789 werden daher einhellig die Abschaffung von Ämterkauf und -erblichkeit verlangen.
Die Mehrschichtigkeit der Gerichtshöfe führte zu Kompetenzkonflikten, und die Vielzahl der Berufungsinstanzen zog die Prozesse über Ewigkeiten; Anwaltskosten und Abgaben – wenn nicht Schmiergelder – an die Richter schwollen übermäßig an. Der Ämterkauf bildete die Wurzel der Übel, doch wie daran rütteln, ohne eine soziale Gruppe anzugreifen, die eifersüchtig über ihre Prärogativen wachte, weil Stellen und Ämter einen bedeutsamen Teil ihres Vermögens, geradezu ihres Privateigentums darstellten?

In dem Maße, wie sich die Königsgewalt verstärkte, entzog sie den Feudalherren das Recht der Steuererhebung, und Ludwig XIV. bürgerte die Praxis ein, seine Untertanen nach Gutdünken zu beauflagen. Die fiskalische Organisation war durch Ungleichheit gekennzeichnet; sie kannte keine allgemeinen Steuern für sämtliche Einwohner oder Provinzen.

In die zentrale Finanzverwaltung teilten sich der Generalkontrolleur, der königliche Finanzrat, die Pariser Rechnungskammer und acht Rechnungskammern in der Provinz. In jeder Generalität verwaltete ein Finanzamt die *taille*, während Kopfsteuer und „Zwanzigster" der Regie des Intendanten unterstanden. Das gesamte Steuerwesen war äußerst verworren; die mittelalterliche Taille wurde durch theoretisch rationalere Steuern der absoluten Monarchie überlagert, die ihren Untergang nicht zuletzt den Gebrechen dieses Systems verdankte.

Die Taille lastete nur auf den Nichtprivilegierten. „Persönliche Taille" in Nordfrankreich war eine Gesamteinkommensteuer, „Sach-Taille" im Süden eine Grundsteuer auf Einkommen aus Immobilienbesitz. Sie wurde umgelegt. Der König bestimmte nicht, welchen Prozentsatz seiner Einkünfte der einzelne zu zahlen hatte; eine Steuergruppe oder Gemeinde haftete kollektiv für die Gesamtsumme. Jährlich legte die Regierung diese für ganz Frankreich fest, der Finanzrat teilte sie unter die Generalitäten und Steuerunterbezirke auf. In diesen erfolgte durch ein Büro von Gewählten die weitere Aufschlüsselung auf die Gemeinden. In jeder Gemeinde wiederum legten von den Steuerzahlern gewählte „Aufteiler" die Kopfquoten fest. Die Steuereinnahme erfolgte in der Gemeinde durch Steuereintreiber, im Unterbezirk durch einen Schatzmeister, in der Generalität durch einen Generalsteuereinnehmer.

Die Kopfsteuer (*capitation*), endgültig 1701 verfügt, sollten ursprünglich alle Franzosen leisten. Sie wurden hierfür in 22 Steuerklassen aufgeteilt, wobei auf jede eine gleiche Summe entfiel. An der Spitze der ersten stand der Thronerbe – der Dauphin, der auf 2000 Livres veranschlagt wurde; in der letzten zahlten Soldaten und Tagelöhner eine Livre. Die Geistlichkeit kaufte sich schon 1710 mit 24 Millionen ein für allemal los; dem Adel gelang es, sich ganz oder fast ganz davor zu drücken. Die Kopfsteuer blieb so am Dritten Stand hängen und wurde ein Aufschlag auf die Taille.

Der „Zwanzigste" (*vingtième*) wurde 1749 als Abgabe von Einkünften aus Häuserbesitz, Handel, Renten und sogar aus Feudalrechten eingeführt. Das Gewerbe entging ihm, und der Klerus ersetzte ihn durch die periodisch bewilligte „freiwillige Gabe" (*don gratuit*). Der Adel wurde oft freigestellt, und die sogenannten „Staatsprovinzen" (*pays d'Etat*) entrichteten eine Pauschale. Also wurde der Zwanzigste eine zweite Ergänzung zur Taille, und das Privileg tauchte zum Vorteil des Klerus und des Adels wieder auf. Die Bürde der Steuerzahler wurde um ebensoviel schwerer.

Die königliche Wegefron, 1738 zum Gesetz erhoben, nahm infolge der Erweiterung des Straßennetzes an Bedeutung zu. Die Anlieger mußten im Verhältnis zur Zahl ihrer Arme, Pferde und Wagen das Straßenbaumaterial anfahren. Diese *corvée* war an die Taille gebunden und ebenfalls Quelle vieler Mißbräuche. Turgot versuchte 1776, sie allen Grundeigentümern aufzuerlegen, indem er sie an den Zwanzigsten band und ihre Ableistung in Geld gestattete. Die Reform mißlang, und das Edikt wurde nach Turgots Sturz widerrufen. 1787 wurde die Wegefron dann zwar als Hand- und Spanndienst abgeschafft und durch eine zusätzliche Kopfsteuer im Ausmaß eines Sechstels der Taille ersetzt; jedoch fielen damit die Straßenbaulasten wiederum allein auf den Dritten Stand als Taillezahler zurück.

Die Verbrauchssteuern (*aides*) belasteten seit dem 15. Jahrhundert besonders Wein und Spirituosen; Klerus und Adel wurden von ihnen nicht betroffen.

Die *gabelles* wurden seit dem 14. Jahrhundert als Salzsteuer erhoben. „Losgekaufte" Provinzen wie Guyenne hatten bei der Vereidigung auf die Krone durchgesetzt, daß sie von ihr befreit würden, und „freigestellte" wie die

Bretagne unterlagen ihr ohnehin nicht. In den „Ländern der kleinen Salzsteuer" war der Verbrauch frei; in jenen der „großen Salzsteuer" mußten die Haushalte besteuertes Salz kaufen, während Wohltätigkeitseinrichtungen und Beamte unbesteuertes bezogen. Die einmütig gehaßte Salzsteuer lastete vor allem auf den Armen; sie gab Anlaß zu einem lebhaften Salzschmuggel, den Zöllner und Steuergendarmen bekämpften.

Binnenzölle und Mauten oder Torsteuern bestanden schon vor der Vereinigung Frankreichs in seinen historischen Grenzen. In den „Ländern der fünf großen Pachten", die Colbert mit der Isle-de-France als Zentrum vereinigt hatte, waren Zölle nur für den Warenverkehr mit dem Ausland oder dem restlichen Frankreich zu entrichten. „Als ausländisch angesehene Provinzen" (*réputées étrangères*) wie die Bretagne waren von einer Zollgrenze umgeben. Die drei „tatsächlich ausländischen" Provinzen Metz-Toul-Verdun, Lothringen und Elsaß konnten mit dem Ausland, nicht aber mit dem übrigen Frankreich zollfrei Handel treiben: eine Zersplitterung des nationalen Marktes, die den Warenaustausch ernstlich behinderte.

Wurden die direkten Steuern durch Beamte erhoben, so setzten sich bei den indirekten, für das Krongut und die Domanialrechte die Steuerpacht durch. Der Begriff *traites* weist auf ihre ursprüngliche Organisation hin: Der König überließ „Unterhändlern" die Hebung. Lange „verhandelte" er nur mit einzelnen Pächtern über eine bestimmte Steuer in einem begrenzten Steuerbezirk. Bestimmte Provinzen schrieben ihrerseits regionale Steuerpachten aus. Im 17. Jahrhundert bürgerte sich die Gewohnheit ein, solche Ausschreibungen beim königlichen Rat vorzunehmen, und gleichzeitig dehnten sich die Steuerbezirke aus. Die Konzentration senkte die Unkosten, woran der König interessiert war. Sie setzte sich fort und mündete 1726 in eine einzige Ausschreibung für ganz Frankreich.

Die Kontrakte liefen über sechs Jahre auf den Namen eines Strohmannes, für den 20, dann 40 und zuletzt 60 Männer der Hochfinanz als Generalsteuerpächter bürgten. Die „*Ferme*" schuf sich ihre eigene Verwaltung, stand jedoch unter Überwachung der Intendanten und der

Akzisekammern. Die Generalsteuerpächter scheffelten märchenhafte Gewinne, während dem Staat das System zu beschwerlich und kostspielig schien. Unter Ludwig XVI. nahm die Regierung einige bisher verpachtete Abgaben in Eigenregie; in Ermangelung ausreichenden Kredits konnte sie jedoch der Dienste der Generalsteuerpächter nicht entraten. Diese zogen den gesammelten Haß der Volksmassen auf sich; revolutionäre Unruhen begannen oft mit einer Niederbrennung der für sie arbeitenden Büros.

Den Finanznöten entsprang der akuteste unter den unmittelbaren Anlässen der Revolution. In einem prosperierenden Land, dem reichsten Europas, befand sich der Staat hart am Abgrund des Bankrotts. Die bornierte Selbstsucht der Privilegierten zwang das Königtum angesichts der unlösbaren Finanzkrise dazu, sein Heil durch einen Kopfsprung in unbekanntes Gewässer bei den Generalständen zu suchen.

Die ehrwürdige Staatsmaschine erscheint am Ende des 18. Jahrhunderts wie ausgeleiert; es klafft ein offener Widerspruch zwischen theoretischer Allmacht und realer Ohnmacht der Monarchie. Sie war zu einem zusammenhanglosen Gemengsel aus verknöcherten Einrichtungen, aus Überlagerungen und Wucherungen entartet. Trotz verstärkter Zentralisation war Frankreich von nationaler Einheit weit entfernt. Hilflos stand das Königtum den Gebrechen seines unergiebigen Systems gegenüber; sie wurden um so unerträglicher, als sie die Ärmsten am schwersten trafen. Unter solchen Bedingungen entsprach der Absolutismus nicht mehr den gesellschaftlichen Erfordernissen. Die Trägheit einer uninteressierten Bürokratie, die Schlaffheit eines ratlosen Regierungspersonals, das Chaos in der Verwaltung erlaubten es der Monarchie bei leeren Kassen nicht, wirksamen Widerstand zu leisten, als soziale Gegenkräfte die feudale Gesellschaftsordnung erschütterten und sogar traditionelle Verteidiger ihr die Unterstützung versagten.

3. Die Waffe der Aufklärung

Der objektive Prozeß, in dem eine vordringende kapitalistische Produktionsweise die ökonomischen Grundfesten der feudalen Gesellschaftsordnung aushöhlte und durchsetzte, führte im Verhältnis der Klassenkräfte zu Veränderungen, die alle Lebensbereiche erfaßten. Er vereinigte nicht nur die verschiedenen Elemente des Dritten Standes in der politischen Opposition gegen den spätabsolutistischen Staat. In ihm wurden sich die aufsteigenden Klassen und Schichten des Gegensatzes zu den herrschenden Zuständen in Erkennung ihrer geschichtlichen Perspektiven mehr und mehr auch subjektiv bewußt. Eine bürgerliche Weltanschauung formte sich als streitbare antifeudale Ideologie, die im Streben nach Verwirklichung ihrer Theorien zur geistigen Wurzel der Revolution wurde. Man faßt ihre Hauptströmungen gewöhnlich unter dem Begriff „Aufklärung“ zusammen.

Die Bewegung zur Befreiung der „Gemeinen“ von der Verpflichtung auf Leitbilder der Kirche, der Aristokratie und der monarchischen Willkürherrschaft ergriff ganz Europa, alle Zweige der Wissenschaft und Literatur. Sie floß aus mancherlei Quellen und machte eine vielgestaltige Entwicklung durch, die in Frankreich ihren Höhepunkt fand.

Die Vorläufer

Die Aufklärung knüpfte an die frühbürgerlich-humanistische Emanzipation der Wissenschaften von der Theologie im Zeitalter von Renaissance und Reformation an. Bacon, Descartes und Spinoza hatten sodann Methoden herausgearbeitet und Denksysteme aufgebaut, die sich ausschließlich auf Erfahrung und Vernunft (*ratio*, daher „Rationalismus“) gründen wollten. In den bürgerlichen Revolutionen der Niederlande und Englands erkämpften sich die neuen Wertvorstellungen Heimatrecht. Hier verdichteten sie sich zur Aussage einer jungen kapitalistischen Erwerbsgesellschaft, für die sie eine industrielle Revolution in Gang brachten. Ihre schöpferische Kritik büßte nach Erfüllung der inhaltlichen Hauptaufgabe im freien Raum einer parlamentarisch beschränkten Monarchie naturgemäß an Sprengkraft ein, obgleich das Gedankengut

Newtons, Lockes und Humes in Verbindung mit der wirtschaftlichen Erfolgsbilanz Englands den Kontinent nachhaltig beeinflußte. Wo andererseits Aufklärung auf dünnem sozial-ökonomischem Resonanzboden gegen eine noch mehr oder weniger intakte feudale Klassenherrschaft anrannte, blieb der politische Ausgriff auch ihren genialsten Vertretern von Leibniz bis Beccaria (*Über Verbrechen und Strafe*, 1764) und Kant (*Kritik der reinen Vernunft*, 1781; *Was ist Aufklärung?*, 1784) versagt. In Frankreich hingegen, das den Ballast eines im Niedergang befindlichen Feudalwesens unwillig durch das 18. Jahrhundert schleppte, wurde sie zur blanken Waffe einer im Vormarsch begriffenen Mittelklasse, die sie zur Brechung des moralischen Widerstandes der „Ordnungskräfte" zum Einsatz brachte.
Das Goldene Zeitalter einer Literatur, die mit dem Dreigestirn Corneille-Racine-Molière fatalere Handlungen am Hof des Sonnenkönigs überstrahlte, war noch vor dessen Tode von der Mißbilligung seiner ruinösen Kriege und der Verelendung des Volkes, seiner Unterdrückungsmaßnahmen und des Zwangs zu frömmelnder Heuchelei zugedeckt worden. Herbe Gesellschaftskritik durchwehte die *Charaktere* (1688) des Philosophen Labruyère und das *Historisch-kritische Wörterbuch* (1697) des nach Holland vertriebenen Hugenotten Pierre Bayle. Boisguillebert, der geistliche Prinzenerzieher Fénélon (*Telemach*, 1699) und Marschall Vauban (Der *Königszehnt*, 1707) hielten mit der Forderung nach Reformen nicht hinter dem Berg. Die „Modernen" – worunter Perrault, der alle Kinder der Erde mit *Rotkäppchen* und *Aschenbrödel* beschenkt hat – erklärten dem volksfernen höfischen Klassizismus einen erfolgreichen Krieg. Fontenelle verdankte die Bourgeoisie, wie Werner Krauss nachweisen konnte, die ersten Striche zu ihrem geschichtlichen Weltbild.

Die „Lumières"

Unter der Regentschaft für den minderjährigen Ludwig XV. (1715–1774), die aus innerer Unsicherheit unter dem Druck feudaler Reaktion einerseits und zunehmender

Ansprüche der wirtschaftlich erstarkten bürgerlichen Kräfte andererseits die Zügel lockerte, erzielten die Philosophen – mit „Kenntnissen“ (*lumières*) glänzende Denker – einen Durchbruch, den spätere Gegenmaßnahmen nicht mehr eindämmen konnten.

Sie waren keine Fachprofessoren, sondern Schriftsteller, Historiker, Ökonomen, Staatsrechtler, Naturwissenschaftler, Pamphletisten und anderes oft in einer Person. Obwohl ihnen ein gemeinsamer Grundkern bürgerlicher Einsichten und Ansichten eigen war, wurde er von spezifischen Schichtungen überlagert, die die Verschiedenartigkeit der sozialen Position verdeutlichen und bereits Interessen und Standpunkte abgrenzen, die in der Revolution untereinander um die Vorherrschaft ringen werden.

Das vom Bildungszugang ausgeschlossene werktätige Volk blieb in dieser Generaldebatte erlauchter Geister um die Zukunft der Nation zum Schweigen verurteilt. Ihm wurden die Losungsworte der bürgerlichen Intelligenz vorgegeben. Das besser unter dem Titel *Testament* bekannte *Mémoire* des Landpfarrers Jean Meslier (1664–1729), der die Not der Armbauern zu seiner eigenen machte und ein Reich der Arbeitenden ohne Adel, Kirche und König herbeisehnte, zirkulierte – bis 1864 – unverstümmelt nur unter Eingeweihten als sorglich gehütete Handschrift: Aus der gedruckten Fassung hatte Voltaire allen sozial-kritischen Sprengstoff bedachtsam entfernt. Freidenker werden sich daher in der Revolution wohl seiner atheistischen, nicht aber seiner kommunistischen Komponente erinnern.

Am oberen Ende der Hierarchie des Dritten Standes erlangte Montesquieu (1689–1755), aus südfranzösischem Robenadel und dessen Denkweise nicht verleugnend, schon zu Lebzeiten Weltruhm. Der Verfasser der *Persischen Briefe* (1721), einer Satire auf die Fragwürdigkeit der französischen Staatsordnung, und der anspielungsreichen *Betrachtungen über die Ursachen der Größe und des Falls der Römer* (1734), legte 1748 im *Geist der Gesetze* seine Verfassungsvorschläge vor. Gesetzmäßigkeiten in Natur und Gesellschaft nachspürend, die er allerdings vornehmlich dem geographischen Faktor zuschob, empfahl er die konstitutionelle Monarchie bei „Gewaltenteilung“ zwischen Exekutive, Legislative und Rechtsprechung: ein Programm liberaler Kompromisse, das im Gleichgewicht die beste Sicherung gegen despotische Herrschaft erblickte. Adlige und bürgerliche Reformer werden es auf ihre Fahnen schreiben und in der Revolution mit Nachdruck eintreiben.

Dem vielseitigen, ungemein einfallsreichen und mit der spitzesten Feder begabten Voltaire (eigentlich François Marie Arouet, 1694–1778) ist als „Sonne der Aufklärung“ gehuldigt worden, um die ihre Planeten in und außerhalb Frankreichs kreisten. Nach Herkunft und Gesinnung dem vermögenden Pariser Bürgerstand zugehörig, versprühte er seine ätzenden Sarkasmen zeitlebens gegen Muckertum und Anmaßung einer Klerisei, die Denkfreiheit und Menschenwürde unterdrückte, um aus Aberglauben Gehorsam zu züchten. Obgleich ein politisch zurückhaltender Ratgeber „aufgeklärter“ Herrscher in Preußen, Rußland und anderen Staaten; wiewohl ein vorsorglicher Deist, der, um die Massen im Zaum zu halten, Gott zu erfinden empfahl, sofern es ihn nicht schon gäbe, untergrub sein Angriff auf geheiligte Vorurteile der römisch-katholischen Kirche das letzte Bollwerk, das dem morschen Gottesgnadentum noch geistigen Feuerschutz gewährte. Voltaire siegte an einer Nebenfront, doch riß er damit des Gegners Flanke auf.

Der Freigeist, auf den sich ein Heer von „Voltairianern“ berief, der gefeierte Verfasser des *Brutus*, des *Candide* und des *Essays über Sitten und Geist der Völker* (1756) war zugleich ein mutiger Streiter gegen Intoleranz und Rechtsbeugung, der mehr als einmal den Nimbus der Mächtigen zerstörte, indem er sie zum Rückzug zwang. Vor allem aber war er auf Tätigkeit, nicht auf das Vergießen von Tinte gerichtet und brach eine Lanze für die bürgerliche Tüchtigkeit der zur Führung der Geschäfte der Nation befähigten Klasse.

Der wahre Philosoph, schrieb er 1765, *denkt, um zu verändern. Er macht jungfräulichen Boden urbar, vermehrt die Zahl der Pflüge und folglich der Einwohner, beschäftigt den Armen und hebt seinen Wohlstand. Er ermutigt die*

Heirat, versorgt die Waisen und murrt nicht gegen notwendige Steuern, sondern versetzt den Landmann in die Lage, sie gern zu zahlen.
Hierin näherte sich der „Weise von Ferney" auf seinem schützenden Alterssitz im Genfer Grenzland einer Schule von Ökonomisten, die sich in den fünfziger Jahren um das *Journal économique* scharten und als Physiokraten bekannt wurden.
Mit allen Aufklärern gingen die ersten Theoretiker des Kapitalismus in Frankreich von einem ewigen und unveränderlichen Naturrecht aus, worunter sie an erster Stelle die unbeschränkte Freiheit des individuellen Eigentümers verstanden, die sie vom absolutistischen Dirigismus unterdrückt sahen. Die von Quesnay (1694–1774), Turgot (1727–1781) und Gleichgesinnten verkündete Lehre vom unabdingbaren Vorrang der Unternehmerinitiative gipfelte in dem Schlagwort *„Laisser faire! Laisser passer!"* („Machen lassen, geschehen lassen!" oder „Freie Bahn!"). Den Staat gingen weder Produktion noch Zirkulation etwas an; ihm oblag nur, das Eigentum zu schützen. „Jeder Anschlag", sagt Dupont de Nemours, „der durch das Gesetz gegen das (ergänze: kapitalistische!) Eigentum geführt wird, ist gleichbedeutend mit der Zerstörung der Gesellschaft selber."
In einiger Hinsicht arbeiteten die Physiokraten der Rezeption der klassischen Theorie des Kapitalismus der freien Konkurrenz von Adam Smith (*Der Reichtum der Nationen*, 1776) vor. Beeindruckt von Sullys Wort: „Feldbau und Weidewirtschaft sind die beiden Brüste Frankreichs," lokalisierten sie die Entstehung des Mehrwerts ausschließlich in der Landwirtschaft, für deren Förderung sie sich auch in der Praxis stark machten – worin ihnen übrigens der manufaktur-begeisterte Voltaire nicht ganz folgte. Politisch mündete so die physiokratische Bewegung – immerhin in schroffster Antithese zu Seigneurie wie Intendantur – in ein Klassenprogramm zugunsten rationell wirtschaftender agrarkapitalistischer Grundbesitzer.

Um die Jahrhundertmitte gewannen die Aufklärer die Oberhand; eine neue Generation füllte die Reihen der Vorkämpfer und schlug schärfere Töne an. Nach Denis Diderot (1713–1784) „setzt sich der Philosoph über Tradition und Autorität kühn hinweg. Er wagt es, für sich selbst zu denken, zu den klarsten allgemeinen Grundsätzen vorzudringen und nichts anzuerkennen außer dem Zeugnis der Sinne und der Vernunft."
Die Vertiefung der jüngeren Aufklärung ging in mehrere Richtungen. Aus den Naturwissenschaften schälten sich selbständige Disziplinen heraus: die Naturgeschichte, über die Buffon 1749 den ersten von vielen Bänden vorlegte, und die Chemie, um die sich Lavoisier hoch verdient machte. Exaktes Denken, begleitet von einer fortschreitenden Mathematisierung der Astronomie durch Laplace und Lagrange, nährte eine materialistische Strömung in der Philosophie.
Dieser mechanische französische Materialismus, der gesellschaftliche Erscheinungen immerhin noch idealistisch deutete, trug den Primat des „Stofflichen" offen oder verdeckt vor, in atheistscher oder agnostischer Gewandung, einer Elite von Wissenden oder mit dem Wunsch nach Volksaufklärung. Seinen Hauptstoß richtete er gegen das Fundament der Kirche, die Religion: Lamettrie mit *Der Mensch als Maschine* (1748), Condillac mit der *Abhandlung von den Empfindungen* (1754), die den Sensualismus in Frankreich einbürgerte, Helvétius mit seinem Werk *Über den Geist* (1758), Holbach mit dem *System der Natur* (1770). Diderot verband im Gegensatz zu den Vorgenannten eine in der Sache materialistische Weltanschauung mit der Aufgabe, die Aufklärung zu demokratisieren (*Rameaus Neffe*, 1762; *D'Alemberts Traum*, 1769).
Nachdem die Aufklärer die „Freiheit " abgesteckt hatten, stießen sie auf die „Gleichheit": War das politische Problem der Regierungsform lösbar ohne gleichzeitige Berücksichtigung des sozialen Inhalts? Setzte die gepredigte Gleichheit der Bürger vor dem Gesetz nicht angemessene Eigentumsverhältnisse voraus? Spätestens hier schieden

sich die Geister. Diderot unterschied auf wirkliche Dienste gegründete Privilegien von unberechtigten. Voltaire hielt 1764 die wahre Gleichheit „für die natürlichste Sache und das größte Hirngespinst zugleich"; denn „das Menschengeschlecht ist so geartet, daß es nicht bestehen kann ohne eine unendliche Vielzahl von nützlichen Menschen, die nichts besitzen."

Dem Liberalismus der Großbourgeoisie hielt der Genfer Handwerkersohn Jean Jacques Rousseau (1712–1778) die politischen und sozialen Ideale einer kleinbürgerlichen Demokratie entgegen. Skeptisch gegenüber einer Zivilisation von Schmarotzern, schrieb er 1750: „Der Luxus nährt hundert Arme in unserer Stadt und läßt hunderttausend auf dem Lande sterben". Der Plebejer bestritt im *Diskurs über die Grundlagen und den Ursprung der Ungleichheit unter den Menschen* (1755) das „Naturrecht" auf Eigentum an den Produktionsmitteln; er stellte dieses vielmehr als schwerste Verletzung der natürlichen Rechte an den Pranger. 1762 verwarf er im *Gesellschaftsvertrag* jeden Ausgleich mit der absoluten Monarchie, aufgeklärt oder nicht, und erklärte die Gesamtheit des Volkes an Stelle des Königs zum „Souverän".

Die Ausübung der Volksmacht in einer sich selbst verwaltenden Republik band Rousseau an die Bedingung, daß es in ihr „weder Arme noch Reiche" geben dürfe. Dem Staat als Verkörperung des „Gemeinwillens" (*volonté générale*) wies er die Aufgabe zu, eine solche soziale Harmonie durch seine Gesetzgebung herzustellen und zu wahren, den Mißbrauch individuellen Eigentums zu verhindern und das Bildungsmonopol durch eine allgemeine Nationalerziehung zu sprengen. Obwohl er die Anwendung revolutionärer Gewalt im Prinzip nicht vorsah, werden gerade die entschlossensten Revolutionäre ihr theoretisches Rüstzeug seinen Lehren entnehmen und im strengen Tugendbild des „Jakobiners" dem kleinbürgerlichen Asketismus des *Savoyardischen Vikars* (1762) nacheifern. Mit seinen postumen autobiographischen *Bekenntnissen* (1781–1789) bleibt Rousseau unmittelbar gegenwärtig; sein Grab in Ermenonville wird zur Pilgerstätte der Heroen des Konvents.

Eine Gesellschaft aus Kleineigentümern hielt Rousseau selbst nicht unbedingt für der Weisheit letzten Schluß, sondern für das Beste unter dem – noch oder schon – Möglichen, da ihm eine Abschaffung des Privateigentums als Rückkehr ins „Goldene Zeitalter" klassenloser Urgemeinschaft zwar schön, doch undurchführbar erschien. Morelly, dessen Lebensweg bis heute im Dunkel liegt, übersprang 1755 in seinem kommunistischen Gesellschaftsentwurf *Das Gesetzbuch der Natur* diese Hürde; es wies das Ziel, nicht nur die bestehenden feudalen Privilegien aufzuheben, sondern Klassenunterschiede überhaupt. Allerdings beschrieb und begründete er seine präzise Utopie im Stil der beliebten Zukunftsromane, ohne einen Weg aufzuzeigen, der zu ihr hinführen könnte. Gedankengänge, die einem egalitären Kommunismus zuneigten, jedoch in eine komplizierte metaphysische Gesamterklärung der Welt und ihrer Gesetze geknüpft wurden, enthielt das *Wahre System* des Benediktiners Dom Deschamps (1716–1774) in Poitiers. Auch der adlige Pessimist Mably (1709–1785) rühmte in eingestreuten Abschnitten seiner breitgefächerten Werke eine auf Gemeineigentum wirtschaftende Gesellschaft von Gleichen, die allein er im Einklang mit den Naturgesetzen und dem menschlichen Glücksbedürfnis befand, ihrer konkreten Herbeiführung indessen im Unterschied zu Morelly keine Chance und deshalb in praktischer Hinsicht Teilerrungenschaften den Vorzug gab. Von den Zeitgenossen als gelehrte Spielereien abgetan, werden beider Ideen der äußersten Linken in der Revolution Denkanstöße geben: Unter ihren Lesern findet man Buonarroti und Babeuf.

Die Propaganda

Der „Kampf um die Seele der Nation" wurde von den Schriftstellern durchaus nicht nur in spontanen Alleingängen ausgefochten. Die Französische Akademie wurde zu einem Stützpunkt der Aufklärung entwickelt. 1750 schloß sich unter Diderots und D'Alemberts (1717–1783) Leitung die „Philosophenpartei" zum Kollektivunternehmen der *Enzyklopädie* (1751–1772) zusammen: Denkmal der „Vernunft" und Bekundung der turmhohen Überlegenheit bürgerlicher Wissenschaft über das unverständlich gewordene Gemurmel von Feudalgespenstern. Sie bekräftigten den Glauben an einen unaufhaltsamen, unumkehrbaren und unbegrenzten „Fortschritt" (*progrès*) in sämtlichen Bereichen der Gesellschaft. Indem die „Enzyklopädisten" eine Vielfalt von Strömungen, Meinungen und Individualitäten zu gemeinsamem Vorgehen vereinigten, arbeiteten sie der Frontbildung des ganzen Dritten Standes gegen die „alte Ordnung" vor.

Die Spätaufklärer der siebziger und achtziger Jahre fügten den Werken der Bahnbrecher keine umstürzenden Erkenntnisse hinzu. Es gelang ihnen jedoch, einer doppelten Aufgabe gerecht zu werden.

Sie verarbeiteten die konkurrierenden philosophischen Systeme in nachdrücklich politischer und sozialer Parteinahme gleichsam zu einem Ganzen. Aus der Synthese wird folglich, mehr oder weniger konsequent, eine bürgerliche Revolutionslehre hervorgehen, die aus der Abstraktion in den unmittelbaren Kampf gegen Feudalität und Absolutismus hinüberwächst. Die meisten aus dieser Schriftstellergeneration werden die Haltbarkeit ihrer Standpunkte an der realen Revolution überprüfen können und müssen.

Zum anderen fanden Werke in leicht zugänglicher Form immer lauteren Widerhall; sie bestimmten fortan, was man „öffentliche Meinung" nennen wird. Malesherbes verglich 1775 die gesellschaftliche Funktion der Schriftsteller mit jener der „lehrenden und die Gemüter bewegenden Redner von Rom und Athen". Der Exjesuit Raynal erlebte zwischen 1770 und 1780 über 20 Auflagen seiner die Gesamtthematik der engagierten Aufklärung umgreifenden *Geschichte der Niederlassungen und des Handels der Europäer in Ost- und Westindien*. Der Rousseau-Schüler Gosselin aus Genf spitzte (1787) des Meisters Gleichheitslehre zu einer in zwei Stufen vorzunehmenden egalitären Bodenumteilung zu. Louis Sébastien Mercier erzielte mit der so feinen wie kritischen Skizzenfolge *Bilder von Paris* (1781–1788) einen außergewöhnlichen

Publikumserfolg. Rétif de la Bretonne (1734–1806), aus Bauerngeschlecht, ließ in vordergründig erotischen Romanen gleichheitskommunistische Zukunftsvisionen durchscheinen, während Sylvain Maréchal (1750–1803) einen Meinungsstreit über den Atheismus herausforderte. Der sich groteskerweise selber in den Adel einkaufende „schwererziehbare" Uhrmacherssohn Beaumarchais gab in der von Mozart sogleich vertonten Sittenkomödie *Figaros Hochzeit* (1784) das „blaue Blut" einer tödlichen Lächerlichkeit preis.

Jean Paul Marat (1743–1793), Sprößling eines von Sardinien in die Schweiz geflohenen Sektierers und einer hugenottischen Mutter, der unter Entbehrungen in Frankreich und Großbritannien Medizin studiert hatte, erwarb sich auf seinem Fachgebiet einen Ruf, der bis zu Goethe dringen sollte. Geringere Beachtung fanden seine von Montesquieu und Rousseau beeinflußten politischen Schriften *Die Ketten der Sklaverei* (1774 englisch erschienen) und *Grundriß der Strafgesetzgebung* (1780); niemand erkannte in den Überlegungen zur Rolle der Gewalt bei der Entstehung des Staates und zum Widerstandsrecht der Unterdrückten die Handschrift des großen Revolutionärs.

Mundpropaganda ergänzte die Ausstrahlung des meist in niedriger Auflage gedruckten Wortes. Während Pariser Zeitungen im Gegensatz zur Londoner Presse wenig bedeuteten und Zeitschriften einen engen Kreis informierten, überzog sich Frankreich mit einem Netz von Salons und literarischen Cafés; gelehrte und landwirtschaftliche Gesellschaften, Provinzakademien und Lesekabinette, philanthropische Vereine fanden Zuspruch. „Es gibt keine Stadt und keinen Marktflecken mehr, der von der Ansteckung durch die Gottlosigkeit verschont geblieben ist," vermerkte schon 1770 die Generalversammlung des Klerus bündig und bekümmert.

Einen festen Abnehmerkreis versorgten die *Nouvelles à la main*, handschriftlich vervielfältigte Urteile über Zeit- und Kulturereignisse. Hieraus entwickelten sich Unternehmungen wie die von Raynal begonnene *Literarische Korrespondenz*, die unter dem Gottschedschüler Melchior Grimm zu einem gesamteuropäischen Organ der Aufklärung wurde. Der Buchhandel suchte das steigende Lesebedürfnis durch Literaten zu befriedigen, die seitenweise für den Händler arbeiteten und ein intellektuelles Proletariat bildeten, das sich an Popularisierung und Radikalisierung der Aufklärung durch Auslegungen von Schriften der führenden Philosophen beteiligte. Diese wiederum nutzten oft die Namen solcher zweitrangiger Schreiber, um ein besonders gefährliches Produkt aus eigener Hand zu decken, wie das Voltaire mit dem Namen des entlaufenen Mönches Dulaurens tat.

Philosophen gleich Condorcet (1743–1794), die sich um eine gelenkte Weitergabe der Aufklärung an breitere Schichten bemühten, kam ihre Verbindung mit der Freimaurerei zustatten, die im 18. Jahrhundert von der britischen Insel auf den Kontinent übergegriffen hatte. Ihre Lehren entsprachen teilweise den Idealen der Lumières: Humanismus verstanden als Vervollkommnung in innerweltlicher Ethik und Bildung, Freiheit als dogmengelöstes Denken in religiöser Toleranz, Gleichheit als Nivellierung der Standesunterschiede, Brüderlichkeit als Solidarität unter den „Logenbrüdern“. Allerdings wurde die Bedeutung der Freimaurerei für die ideologische Vorbereitung der Revolution oft tendenziös überschätzt. Die Bewegung war uneinheitlich, und längst nicht alles an ihr, was glänzte, war Gold. Die spielerische Geheimniskrämerei der „Rosenkreuzer“ wurde zur Modekrankheit, und nicht wenige fielen auf fahrende Glücksritter vom Schlage Giuseppe Balsamos herein, der sich Graf Cagliostro nannte und in Goethes *Großkophta* verewigt wurde. Seriöse Logen „englischer“ und „schottischer Observanz“ trugen untereinander Richtungskämpfe aus, und viele mieden prinzipiell heiße politische Eisen.

Da indessen die Freimaurerei mit ihren tausenden Mitgliedern über eine beachtliche Organisation und seit 1773 im Pariser „Großorient“ über eine nationale Leitung verfügte, boten sich ihre Logen mehr als alle anderen Gesellschaften der Opposition als Treffpunkte an: liberalen Adelsfrondeuren, selbstbewußten Unternehmern und Intellektuellen, von denen viele unter den ersten Wortführern der Revolution anzutreffen sein werden; seit den sechziger Jahren entstanden auch demokratische Logen, in denen der Mittelstand Handwerksmeistern und geistlicher Plebs begegnete.

Der Gegner

Die Männer, die laut Friedrich Engels „die Köpfe für die kommende Revolution klärten", mußten zwar hin und wieder Bekanntschaft mit dem Staatsgefängnis in der Bastille machen, anonym oder im Ausland veröffentlichen, ihre Werke auf dem Scheiterhaufen finden. Gemeiniglich jedoch konnten sie sich die Zerfahrenheit und Inkompetenz der herrschenden Klasse, deren Cliquenfehden und die Schwäche der Regierung zunutze machen. Die Aristokratie hielt philosophische Spekulationen oftmals für puren Denksport und liebte bisweilen den Prickel, selber mit dem Feuer zu spielen.

Die Pompadour, seit 1745 Chefmaitresse Ludwigs XV., die Unterstützung von der Hochfinanz genoß, stieß mit dem bigotten Kreis um die Königin und den Kronprinzen zusammen, die ihrerseits am Episkopat und an den Parlements Rückhalt fanden; so protegierte sie die Aufklärer als Feinde ihrer Feinde. 1744–1757 begrüßte Machault d'Arnouville im Bestreben, durch Abschaffung der fiskalischen Privilegien die Staatseinkünfte zu steigern, die Schützenhilfe der für Steuergleichheit eintretenden Philosophenpartei. Der aufgeklärte Jurist Malesherbes an der Spitze der staatlichen Zensur bezweifelte die Nützlichkeit seiner Dienststelle und unterband anfängliche Schikanen gegen die Enzyklopädie, deren Unentbehrlichkeit für die Technologie der Rüstung zu bescheinigen der Kriegsminister nicht anstand.

Unter Ludwig XVI. begann die Adelsreaktion Gefahr zu wittern und zog schärfere Saiten auf. Von 1775 bis 1789 verdammte das Parlement von Paris 65 Schriften. Zu den 1776 erschienenen *Nachteilen der Feudalrechte* von Boncerf erklärte es:

Die Schriftsteller machen es sich heutzutage zur Aufgabe, alles zu bekämpfen, alles zu zerstören, alles umzustürzen. Wenn sich der systematische Geist, der die Feder dieses Schriftstellers geführt hat, unglücklicherweise der Menge bemächtigte, würde man die Verfassung der Monarchie alsbald vollständig und gänzlich erschüttert sehen; die Vasallen würden sich binnen kurzem gegen ihre Herren und die Volksmassen gegen ihren Souverän erheben.

Man ersieht daraus jedoch, wie sehr die Klopffechter der Feudalordnung bereits in eine unfruchtbare Defensive gedrängt waren. Die wenigsten wagten noch, Privileg und Willkürherrschaft ungeschminkt zu loben; so suchte Guyots *Abhandlung über die Ämter* 1786 den Pelz zu waschen, ohne ihn naß zu machen:

Wir haben einen König, d. h. wir sind dem Willen eines Einzigen unterworfen; dieser Wille darf nicht willkürlich, muß aber der oberste sein. Die Macht, die ihm entspringt, darf nicht despotisch sein, ist jedoch unteilbar. Wenn es nützlich sein kann, ihre Handlungen zu verlangsamen, um sie aufzuklären, so ist es doch niemals erlaubt, sie auszusetzen, um sie zu behindern oder auszulöschen.

Die eigentliche Apologetik wurde der Kirche zugeschoben, deren Einfluß auf die schriftunkundige Mehrheit des Volkes und auf Teile der Mittelschichten noch bestimmend war. Die Ausrichtung der philosophischen Offensive gegen sie als die moralische Zelle des herrschenden Systems war somit strategisch gerechtfertigt. Die Aufklärer meinten jedoch, die rissigen Mauern einer Feudalkirche schon einrennen zu können, indem sie den Aberglauben vor den Richtstuhl der Vernunft zerrten und den Bürgerverstand einer verweltlichten „ewigen" Wahrheit und Gerechtigkeit als Maßstab anlegten. Sie unterschätzten die Macht einer mehr als tausendjährigen, durch Altar und Beichtstuhl, Kanzel und Katheder stetig vergegenwärtigten religiösen Gewöhnung. Die Aufklärung erzielte Einbrüche, traf indessen die Kirche nicht an der Wurzel.

Andererseits war der katholische Klerus um so weniger in der Lage, den Bannflüchen gegen die bürgerliche Ideologie kraftvolle Taten folgen zu lassen, als er im eigenen Hause nur mit Mühe den Schein einer Gesinnungseinheit wahrte. Weit verbreitet war unter dem Einfluß der Aufklärung der Verzicht auf den „Offenbarungsglauben" zugunsten einer humanistischen Morallehre, des „Deismus" oder der „natürlichen Religion". Auf kirchenpolitischer Ebene hatte die Aufhebung des Jesuitenordens – 1762 in Frankreich und 1773 durch Papst Clemens XIV. generell – der auf Rom eingeschworenen „ultramontanen" Richtung einen Schlag versetzt und „gallikanische" Vorstellungen über eine nationale Staatskirche in Vorteil gebracht. Auf theologischer Ebene erhielt der von Pascal verteidigte, 1713 jedoch durch die Bulle *Unigenitus* verdammte Jansenismus als Protest bürgerlicher Frömmigkeit gegen die Verderbtheit der aristokratischen Hierarchie erheblichen Zulauf. Die Anhänger Richers, die „Richeristen", wollten die Selbstherrlichkeit der Bischöfe durch eine Presbyterialverfassung beschneiden, während die nach dem Spanier Martinez Pasqualis benannte Sekte der Martinisten in der saturierten Geistlichkeit eher einen Auswurf denn eine Stellvertretung Gottes erblickte. Mit einem Fuß über dem Abgrund der Ketzerei stand ebenfalls der „Unbekannte Philosoph" Jean Claude de Saint-Martin (*Über Irrtum und Wahrheit*, 1775), dessen aus Jakob Boehme und Swedenborg schöpfende Mystik in eine Anstrengung ausmünden wird, die Revolution christlichem Verständnis zu erschließen.

So erwies sich die aufgeweichte Kirche zur schottendichten Schutzwehr gegen Unglauben und Unbotmäßigkeit als ungeeignet. Der Mengenausstoß ihrer Erbauungsschriften mochte die Aufklärer in den Schatten stellen: Ihr Effekt an den Brennpunkten der Schlacht blieb gleich Null.

Ideologie und Klasseninteresse

„Wir wissen jetzt," schrieb Engels im *Antidühring*, „daß das Reich der Vernunft weiter nichts war als das idealisierte Reich der Bourgeoisie ..." Wußte das diese Bourgeoisie selbst?

Mit der Mehrung ihres Reichtums und ihrer Kultur wuchsen ihre Ambitionen. Im selben Atemzug mußte sie mit ansehen, wie die Adelsreaktion vor ihr und ihrem Nachwuchs eine Tür nach der anderen zuschlug. Sie durfte nicht nach Ämtern greifen, für die sie sich völlig zurecht befähigter als die Edelleute hielt. Oft wurde sie von diesen in ihrer Selbstachtung oder auch in ihrer Eigenliebe gekränkt, und die Spannung stieg. Beide Lager vertrauten sie übereinstimmend ihren Tagebüchern an: der Hocharistokrat Bouillé wie Marie Phlipon-Roland, die sich, begabt und bürgerstolz, den Edeldamen unermeßlich überlegen fühlte.

Zwei Hauptprobleme stellten sich der Bourgeoisie: das politische und das ökonomische.

Das politische betraf die Gewaltenteilung. Das Klasseninteresse der Bourgeoisie deckte sich insoweit offenkundig mit dem Themenkreis der militanten Aufklärung: Kritik der Monarchie von Gottes Gnaden und Ablehnung der Willkürherrschaft; Angriff auf die Vorzugsstellung der weltlichen und geistlichen Aristokratie; Forderung nach staatsbürgerlicher Gleichberechtigung und gleichen Steuergrundsätzen; Zulassung aller zu allen Ämtern nach Talent und Bildung.

Im ökonomischen Bereich empfand die Bourgeoisie durchaus, daß die Entwicklung des Kapitalismus nach einer Umwandlung des Staates rief. Zehnt, Hörigkeit, Feudalrechte und die geltende Steuerveranlagung hemmten die Landwirtschaft und in der Folge jede ökonomische Tätigkeit. Die Aufhebung des Erstgeburtsrechtes und der Toten Hand sollte mehr Grund und Boden in die freie Zirkulation einbringen. Die Unternehmerschaft bestand auf unbeschränkte Freizügigkeit von Kapital und Arbeit. Gewohnheitsrechte, Binnenzölle und der Wirrwarr von Maßen und Gewichten behinderten den Handel und blockierten die Schaffung eines nationalen Marktes. Der Staat sollte nach denselben Grundsätzen der Ordnung, Klarheit und Einheit, die die Bourgeoisie bei der Führung ihrer eigenen Geschäfte anwandte, wohlfeil organisiert werden. Schließlich erforderte der expandierende kapitalistische Betrieb auch die Freiheit der Forschung; die Bourgeoisie wünschte daher die Fachwissenschaft wie die Philosophie der Zensur durch Kirche und Staat zu entziehen.

Sie ließ sich in alledem nicht ausschließlich von engsten Eigeninteressen leiten. Zweifellos hat sich ihr Klassenbewußtsein unter dem Eindruck der Exklusivität des Adels, durch den schreienden Kontrast zwischen ihrem wirtschaftlichen und intellektuellen Aufstieg einerseits und ihrer Zurücksetzung in Staat und Gesellschaft andererseits geschärft. Ihrer materiellen Macht eingedenk und von den Aufklärern mit einer angemessenen Doktrin ausgestattet, glaubte die Bourgeoisie jedoch auch an die höhere Gerechtigkeit ihrer Sache. Stolz auf ihr Leistungsvermögen und die Bedeutsamkeit ihres gesellschaftlichen Auftrags, war sie im Bestreben nach einer Umgestaltung von der Übereinstimmung ihrer Interessen mit der reinen wie mit der praktischen Vernunft und demzufolge mit der Nation felsenfest überzeugt.
Sicherlich wird man diese Behauptungen nuancieren müssen. Die Bourgeois bildeten noch keine homogene Klasse, und viele wurden von der Aufklärung kaum gestreift; manche widerstrebten ihr aus religiösem Vorurteil oder infolge ihres Festhaltens an anderen eingefahrenen Gleisen. War das Bürgertum auf Reformen aus, so nährte es doch nicht den leisesten Gedanken an einen *gewaltsamen* Umsturz. Der Tiers bewahrte der Krone, seinem Verbündeten aus „guten alten Tagen" des aufsteigenden Absolutismus, große Verehrung, die Hardy und Marmont in ihren *Memoiren* bezeugen. Der König verkörperte Idee und Einheit der Nation, und niemand dachte daran, ihn vom Thron zu stoßen. Insbesonders die Großbourgeoisie trug auch weniger im Sinn, die Aristokratie zu zerstören, als mit ihr „auf englische Weise" zu verschmelzen. Schließlich war sie von demokratischen Sehnsüchten gänzlich unbeleckt. Nichts war nach Cournots *Erinnerungen* „bezeichnender als die Strenge der Rangordnung in dieser Bürgergesellschaft, in der die Frau des Staatsanwalts oder des Notars Mademoiselle, die Frau eines Rates hingegen unbestritten Madame geheißen wurde". Die Bourgeoisie stand dafür, ein soziales Gefälle aufrechtzuerhalten und sich von den unteren Klassen, die sie nicht weniger verachtete, als sie selbst vom Adel verachtet wurde, unmißverständlich abzugrenzen. Dieser

Klassenhochmut wird ihren Zorn – und ihre Furcht – erklären, als sie bemerken muß, daß Volksmassen, die sie gegen die Aristokratie zu Hilfe rief, in der Revolution ihren Anspruch auf einen Anteil an der Macht erheben. Noch war es aber nicht so weit. Noch stand die aufgeklärte Bourgeoisie unangefochten an der Spitze der geschichtlichen Bewegung und durfte für sich in Anspruch nehmen, in der Niederringung des Feudalabsolutismus wenn nicht die „ganze leidende Menschheit", so doch den gesamten, vom Dritten Stand verkörperten Fortschritt zu vertreten.

KAPITEL II

Von der Krise zur revolutionären Situation

1. Die Agonie der Staatsmacht

Aus der finanziellen Ohnmacht des Staates und seiner Unfähigkeit zur Reform erwuchs eine zuletzt tödliche Krise. Jedesmal, wenn ein Minister den Versuch wagte, die absolute Monarchie durch Eingriffe in ihr feudales Gefüge zu modernisieren, erhob sich die Aristokratie zur Verteidigung ihrer Privilegien – die sie Freiheiten nannte – mit allen Mitteln und um jeden Preis. Eine solche Haltung verschärfte die Konfliktsituation und beschleunigte die revolutionäre Entladung.

Der Tanz auf dem Vulkan

Ludwig XV., dem bezeichnenderweise der Wahlspruch „Nach mir die Sintflut!" zugeschrieben wurde, hatte seinem Enkel 1774 in der Tat ein zerrüttetes Staatswesen mit dem Eingeständnis, schlecht regiert zu haben, hinterlassen. Ludwig XVI., als Landes- und Familienvater von hausbackener Frömmigkeit populär, jedoch schwächlich, unaufrichtig und träge, fand an der Jagd oder an seiner Schlosserwerkstatt mehr Gefallen als an Kabinettsitzungen und geistiger Anstrengung. Er unterlag dem Einfluß einer Hofclique, deren Mittelpunkt die hochmütige Königin Marie Antoinette, Tochter der Kaiserin Maria Theresia, abgab; durch maßlose Verschwendungssucht und leichtfertigen Umgang brachte die „Österreicherin" das Königtum in Verruf.

Hoffnungen, die sich an den Thronwechsel geknüpft hatten, zerrannen schnell. Zwar wanderte Großvaters letzte Favoritin, die Dubarry, in eine vergoldete Verbannung. Die „Regierung der Philosophen" unter Turgot und Malesherbes (1774–1776) wurde indessen bald von einer Hungersnot erschüttert, die 1775 schwere Unruhen, den sogenannten „Mehlkrieg", hervorrief; dieser wiederum machte es höfischen und geistlichen Querschlägern leicht, die „Gottlosen" als Schuldige anzuschwärzen und zu stürzen. Der protestantische Bankier Necker aus Genf, der seine Sanierungsmaßnahmen bedächtiger einfädelte, kam 1781 zu Fall, als die Kosten eines großen Krieges sie ohnehin überfluteten und ihren Erfinder entbehrlich machten.

Die militärische Unterstützung des amerikanischen Unabhängigkeitskampfes (1775–1783) trug der französischen Monarchie einen außenpolitischen Erfolg über den Rivalen England ein; sogar die Flotte hatte sich überraschend gut geschlagen. Die gänzliche Erschöpfung der Staatskasse stahl der Regierung jedoch die Früchte des Sieges und zwang sie zu äußerster Zurückhaltung auf internationalen Reibungsflächen. Sie mußte tatenlos zusehen, wie traditionelle Verbündete – die Türkei, Polen, Schweden, die Niederlande und das Genfer Patriziat – in größte Schwierigkeiten gerieten, und in Kauf nehmen, daß die anderen Großmächte des Kontinents einen Machtzuwachs erfuhren.

Nicht allein demütigende diplomatische Rückzüge nagten indessen am Ansehen der Monarchie, die sich bittere Kritik an der Lähmung ihrer Initiative gefallen lassen mußte. Aus Amerika heimkehrende Freiwillige von Adel wie Lafayette, Lameth und Saint-Simon trugen in ihrem Marschgepäck das Erlebnis einer triumphierenden bürgerlichen Revolution und eine *Erklärung der Menschenrechte* als Geburtsurkunde der überseeischen Republik. Deren bejubelte Abgesandte in Paris, die bedeutenden Aufklärer, Deisten und Freimaurer Benjamin Franklin und Thomas Jefferson, versinnbildlichten in den Augen der französischen Reformanhänger rousseauistische Volkssouveränität in Aktion und spornten sie zur Nacheiferung an.

Die Regierung schwamm in jeder Hinsicht gegen den Strom. Unter Neckers Nachfolgern Joly de Fleury und

Lefebvre d'Ormesson lebte sie von kurzfristigen Notbehelfen. Der 1783 zum Generalkontrolleur der Finanzen ernannte Calonne griff auf die Methoden zurück, deren sich Necker 1778 beim Kriegseintritt Frankreichs bedient hatte, und nahm seine Zuflucht zu weiteren Anleihen.

Obwohl ein ordentliches Budget unbekannt und die Buchführung lückenhaft war, erteilt ein Dokument Auskunft über die Situation: der *Rechenschaftsbericht* des Fiskus für 1788, erster und letzter, wiewohl unvollständiger Staatshaushalt der Monarchie. Danach betrugen die Ausgaben 629 und die Einnahmen 503 Millionen Livres; zur Schließung der Lücke waren Anleihen in Höhe von 136 Millionen vorgesehen. Die Zivilausgaben betrugen 145 Millionen, wovon für Schulwesen und Sozialbeihilfen ganze zwölf, für die Hofhaltung – nach vorgenommenen Kürzungen – und die Privilegierten 36 Millionen. Krieg, Marine und Diplomatie verschlangen 165 Millionen, wobei 12000 Offiziere allein mehr kosteten als alle Mannschaften zusammen, und der Schuldendienst gar 318 Millionen. Im Etat für 1789 betrugen die Vorschüsse auf die Einnahmen 325 Millionen; die „Notbehelfe" machten also 62 v. H. aller Eingänge aus.

Das Übel hatte vielfältige Ursachen. Die Zeitgenossen unterstrichen den Luxusaufwand und die Verschleuderung bei Hofe. 1780 hatte der König fast 14 Millionen seinem Bruder, dem Grafen der Provence, geschenkt, und mehr noch dem jüngsten, Graf Artois, der trotzdem zu Beginn der Revolution 16 Millionen Schulden eingestehen mußte. Die Herzöge von Polignac erhielten an Pensionen und Gratifikationen ohne Gegenleistung jährlich 500000 und später 700000 Livres. Der Ankauf des Schlosses Rambouillet durch den König kostete zehn, der von St. Cloud für die Königin sechs Millionen. Desgleichen hatte Ludwig zugestimmt, mit dem Hochadel Domänen auszutauschen oder für sie Gefälligkeitspreise zu zahlen; so erwarb er von Prinz Condé das Clermontois gegen 600000 Livres Jahresrente und sieben Millionen auf die Hand, was besagten Prinzen nicht abhielt, von dieser Domäne noch 1788 Feudaleinkünfte zu beziehen.

Die Staatsschuld fraß die königlichen Finanzen auf. Die auf zwei Milliarden geschätzten Kriegskosten verdoppelten sie annähernd, und Calonne fügte in drei Jahren 653 Millionen hinzu; 1789 erreichte sie bei 2,5 Milliarden Bargeldumlauf reichlich fünf Milliarden: In den 15 Regierungsjahren Ludwigs XVI. hatte sie sich verdreifacht.
Einen solchen Fehlbetrag konnte auch die uferloseste Steuererhöhung nicht abdecken; die Grenze des dem Dritten Stand Zumutbaren und sogar Unzumutbaren rückte in Sichtweite. Die Regierung stand vor einer Zwangsalternative: Das unübersehbare politische Risiko auf sich zu nehmen, den Konkurs anzumelden und ihre Gläubiger auf die Barrikaden zu treiben, oder gänzlich neue Steuerquellen dort zu erschließen, wo noch unberührte Reserven lagen: bei den Privilegierten.

Der Beginn der Adelsrevolte

Nachdem der Anleihequell versiegt war, da niemand mehr zeichnen mochte, unterbreitete Calonne, durch den drohenden Staatsbankrott in die Enge getrieben, dem König am 20. August 1786 einen umfassenden *Plan zur Verbesserung der Finanzen*. Zur Behebung des Defizits sah er ein Tabaksmonopol, eine Stempelsteuer und eine Umsatzsteuer auf Kolonialwaren vor. Seine Leitidee bestand jedoch in der Ersetzung des Zwanzigsten durch eine Grundsteuer, die nicht auf der Person, sondern auf dem Boden lastete und demzufolge kirchliche, adlige und bürgerliche Liegenschaften gleicherweise erfaßte. Die Staatsschuld sollte im Verlauf von 25 Jahren durch Veräußerung der Krondomänen getilgt werden. Der Produktion wollte der Plan Anreize geben: Freiheit des Getreidehandels, Abschaffung der Binnenzölle und einiger für die Handels- und Industriebourgeoisie lästiger Auflagen wie Maklergebühr und Ankergeld. Schließlich war an eine Beteiligung der Untertanen an der Verwaltung des Königreichs gedacht. Bereits Necker hatte „probeweise“ im Berry und in Guyenne aus Ständen zusammengesetzte Provinzialversammlungen geschaffen. Calonne schlug Gemeindeversammlungen vor, gewählt von allen Eigentümern mit mehr als 600 Livres Einkommen; ihre Delegierten sollten Distriktsversammlungen bilden, die wiederum Abgeordnete in Provinzialversammlungen zu entsenden hätten. Allerdings waren diese Körperschaften als rein beratende konzipiert; die Entscheidungsgewalt blieb den Intendanten vorbehalten.

Dieses Programm zur Mehrung der Königsgewalt durch Einführung eines rationelleren Steuersystems berücksichtigte bis zu einem gewissen Grade die Anliegen jenes Teils der Großbourgeoisie, der mit der Verwaltung verbunden und mit einer Abstellung allzu krasser fiskalischer Diskriminierungen zufriedenzustellen war. Nichts lag Calonne indessen ferner als ein Umsturz der traditionellen Gesellschaftspyramide, die auch er als unersetzlich für den Bestand der Monarchie erachtete. Obwohl er ihr einige Opfer zumutete, blieb die Aristokratie von Taille, Wegefron und Einquartierung verschont: Sie bewahrte ebenfalls sämtliche Ehrenvorrechte, ganz zu schweigen von ihrer politischen Sonderstellung als herrschende Klasse im Staat; der Minister war der Meinung, daß deren ureigenstes Interesse an ihrer Aufrechterhaltung eine gewisse Kostenbeteiligung nicht nur rechtfertigte, sondern ihr geradezu nahelegen mußte.

Eine „Notabelnversammlung" wurde einberufen, um die Reformen durchzubringen, da Calonne natürlich nicht erwarten konnte, die Parlements für ihre Eintragung zu gewinnen. 144 Prälaten, Hocharistokraten, Parlementsräte, Intendanten und Staatsräte, Mitglieder von Provinzialständen und einiger Stadtverwaltungen traten im Februar 1787 in Versailles zusammen. Da sie der Minister selbst ausgewählt hatte, rechnete er voreilig mit ihrer Gefügigkeit. Faktisch begab sich die Monarchie jedoch schon in eine Sackgasse, indem sie Zustimmung erbat, statt der Aristokratie ihren Willen aufzuzwingen. Die durchweg adligen Notabeln verteidigten ihre Privilegien; sie verlangten eine Überprüfung der Staatsfinanzen, protestierten gegen den Mißbrauch der Pensionen und verhökerten ihre Stimmen gegen politische Konzessionen. Die öffentliche Meinung unterstützte Calonne nicht: Das Bürgertum blieb reserviert, das Volk gleichgültig. Unter dem Druck seiner höfischen Umgebung entließ Ludwig am 8. April 1787 den unliebsam gewordenen Minister, der nach Ansicht seiner voreingenommenen Standesgenossen das eigene Adelsnest beschmutzte.

Unter seinen Hauptgegnern war Loménie de Brienne, Erzbischof von Toulouse, hervorgetreten. Auf Drängen Marie Antoinettes berief ihn der König zum Nachfolger Calonnes. Verschiedene Zwischenlösungen – unauffällige neue Steuerschrauben, kleine Einsparungen, eine unverhofft hereingeholte Anleihe über 67 Millionen – schoben den Offenbarungseid ein wenig hinaus.

Die Lage zwang Brienne jedoch, die Projekte seines Vorgängers in der Sache wiederaufzugreifen. Er verfügte die Freigabe des Getreidehandels und die Verwandlung der Wegefron in eine Geldabgabe. Um die Koalition der Bourgeoisie mit den widerspenstigen Privilegierten zu brechen, wurden einige Provinzialversammlungen gebildet, in denen der Dritte Stand die gleiche Kopfzahl erhielt wie Klerus und Adel zusammen. Als den Notabeln dann auch noch eine als „Territorialsubvention" verschleierte allgemeine Grundsteuer zugemutet wurde, erklärten sie, keine Vollmacht zu besitzen, ihr zuzustimmen, und wurden daraufhin am 25. Mai beurlaubt.

So endete der zweite Reformanlauf ebenfalls mit einem Mißerfolg. Die Unvermeidlichkeit, vor Eintritt der Katastrophe etwas zu unternehmen, nötigte Brienne, nunmehr doch den Parlements die Stirn zu bieten.

Der Widerstand der Parlements

Das Parlement von Paris, gefolgt von den beiden Rechnungshöfen, erhob sofort Einwände gegen ein Edikt über die Stempelsteuer und lehnte das Edikt über die Territorialsubvention ab. Am 6. August zwang ein *lit de justice* das Parlement zur Eintragung beider, tags darauf erklärte es sie jedoch für null und nichtig. Eine Verbannung nach Troyes bestrafte seine Auflehnung. Nun sprang die Agitation auf die Parlements der Provinzen und die gesamte Magistratur über, worauf Brienne seine Edikte zurückzog und das Parlement von Paris in seine Rechte wiedereinsetzte.

Briennes neuer Fehlschlag wog noch schwerer als sein erster. Gegen den Widerstand der Parlements, die diesmal als Dolmetscher der Gesamtinteressen der Aristokratie auftraten, erwies sich die Finanzreform als unvollziehbar. Um zu überleben, griff der Erzbischof einmal mehr zum Mittel der Anleihe. Er konnte aber nicht einmal mehr borgen ohne Zustimmung des Parlements von Paris, das sie vom Versprechen einer Einberufung der Generalstände abhängig machte. Um jede weitere Diskussion des heiklen Gegenstandes abzuschneiden, zwang ihm der Minister das Edikt im Verlauf einer „königlichen Sitzung" auf, die er in ein *lit de justice* umfunktionierte. Der Herzog von Orléans protestierte: „Majestät, das ist gesetzwidrig!" Der König: „Es ist gesetzlich, weil ich es wünsche." Eine Antwort im Stile Ludwigs XIV., jedoch freilich ohne dessen Macht im Rücken!

Die Streitfrage blieb auf der Tagesordnung. Am 4. Januar 1788 forderte das Parlement die persönliche Freiheit als „Naturrecht". Am 3. Mai veröffentlichte es eine Erklärung der Grundrechte des Königreichs, als deren Hüter es sich bezeichnete. Damit bestritt es die absolute Königsgewalt. In einer Mischung liberaler Grundsätze und aristokratischer Ansprüche verkündete es das ausschließliche Recht der Generalstände, also der Nation, auf Steuerbewilligung; verurteilte willkürliche Verhaftungen; bekannte sich zur Wahrung der Gewohnheitsrechte der Provinzen und der Unabsetzbarkeit der Gerichtspersonen. Da sich die Erklärung aus gutem Grund weder über die Rechts- und Steuergleichheit noch über eine Abschaffung der Privilegien ausließ, hafteten ihr allerdings keine revolutionären Merkmale an.

Die Regierung erklärte die Beschlüsse umgehend für ungültig. Zwei führende Räte, Duval d'Eprémesnil und Goislard de Montsabert, wurden nach einer dramatischen Nachtsitzung des Parlements von Paris, in dessen Schoß sie sich als „unter den Schutz der Gesetze" geflüchtet hatten, am 5. Mai verhaftet. Am achten erzwang der König gewaltsam die Eintragung von sechs Edikten, die

Siegelbewahrer Lamoignon vorbereitet hatte, um die Fronde der hohen Justiz gegen Eingriffe in das Rechtswesen zu brechen. Die der Hinrichtung vorausgehende Folter wurde abgeschafft; kleinere Jurisdiktionen oder solche von Sondercharakter wurden aufgelöst, und die Parlements sahen ihre Befugnisse zugunsten von 45 Berufungsgerichten beschnitten. Eine „Plenarkammer" (*Cour plénière*) aus hohen Beamten nahm dem Robenadel der Parlements die Kontrolle der Gesetzgebung und der Finanzen aus der Hand.

Obwohl Lamoignon aus finanziellen Erwägungen den Ämterkauf nicht antastete, schnitt seine Reform ziemlich tief, kam indessen zu spät. Die Aristokratie zog alle Gegner der Regierung mit und überspielte in beispielloser Kurzsichtigkeit den ursprünglich internen Konflikt unter den „Spitzen der Gesellschaft" auf die Ebene der Nation.

Der Weckruf des Dauphiné

Gegen Lamoignons Neuerungen lief die Aristokratie vor allem dort Sturm, wo sie neben den Parlements in Provinzialständen über einen Hebel zur Aktion verfügte. Die Justizreform schlug überdies gerade zu dem Zeitpunkt ein, als sich die ersten Provinzialversammlungen, für die Brienne dem Dritten Stand eine verdoppelte Vertretung und die Abstimmung nach Köpfen zugestanden hatte, sehr zum Mißvergnügen der Privilegierten zu regen begannen. Dauphiné, Franche-Comté und die Provence verlangten statt dessen die Wiederherstellung ihrer alten Provinzialstände. Beide Agitationsmomente berührten sich: Die Parlements zogen die liberale Fraktion des Hochadels und die Großbourgeoisie auf ihre Seite, um die Einrichtung der neuen Gerichtshöfe zu verhindern, die Rechtsprechung zu bestreiken, Unordnung hervorzurufen und Generalstände zu verlangen. Parlements und Provinzialstände organisierten den Widerstand mit ihrer zahlreichen Klientel an bürgerlichen Juristen; ihre Kundgebungen häuften sich. Der Schwertadel und die geistliche Aristokratie schlossen sich an; eine im Juni 1788

vorfristig einberufene Generalversammlung des Klerus erhob gleichfalls Einwände gegen die Plenarkammer.
Die Bewegung wurde handgreiflich. In Dijon und Toulouse brach bei der Einrichtung der neuen Oberlandesgerichte Aufruhr aus. In Pau belagerten von den adligen Provinzialständen angestiftete Bergbauern den Intendanten in seinem Amtssitz und zwangen ihn, das Parlement am 19. Juni wiedereinzusetzen. In Rennes führten Unruhen im Mai und Juni zu Zusammenstößen zwischen bretonischen Edelleuten, die das Parlement verteidigten, und dem Militär.
Die bedeutsamsten Begebnisse trugen sich jedoch im Dauphiné zu. Hier stellte sich die Bourgeoisie an die Spitze der Opposition. Das Parlement von Grenoble protestierte, als man es zwingen wollte, die Edikte vom 8. Mai einzutragen. Daraufhin in Ferien geschickt, trat es dennoch am 20. zusammen, worauf ihm der Generalleutnant der Provinz einen Befehl über seine Verbannung zustellte. An dem für die Abreise bestimmten 7. Juni erhob sich nach einem Propagandafeldzug nachgeordneter Justizorgane, die der Ruin des Parlements zur Verzweiflung trieb, weil er auch ihre eigene Existenz vernichtete, das Volk und besetzte die Stadttore. Von den Dächern aus überschüttete es Straßenpatrouillen mit einem Steinhagel. Vergeblich versuchte der Generalleutnant die aufgebrachte Menge zu besänftigen, indem er die Truppe in ihre Quartiere zurücknahm. Am späten Nachmittag waren die Aufrührer Herren der Stadt und setzten die abgehalfterten Gerichtspersonen wieder ein. Dieser „Tag der Dachziegel“ hatte keine unmittelbaren Folgen, weil die Räte der königlichen Order schließlich doch gehorchten und Stendhals Geburtsstadt in der Nacht zum 13. Juni unauffällig verließen; er bezeichnet dennoch den Beginn einer revolutionären Bewegung im Dauphiné.
Am 14. Juni wurde im Rathaus von Grenoble eine Zusammenkunft abgehalten, an der neun Domherren und Pfarrer, 33 Edelleute und 59 Mitglieder des Dritten Standes: Notare, Prokuratoren und Rechtsanwälte – worunter Mounier und Barnave – teilnahmen. Ein von Mounier ausgearbeiteter Beschluß forderte die Wieder-

einsetzung des Parlements in seine vollen Rechte, jedoch darüber hinaus die Einberufung „besonderer Provinzialstände, in die Mitglieder des Dritten Standes in gleicher Anzahl wie Klerus und Adel zusammen durch freie Wahl zu berufen sind“, schließlich die Einberufung der Generalstände des Königreichs „mit dem Zweck, die Übelstände der Nation abzustellen“.

Die Veranstaltung bereitete eine allgemeine Versammlung aller Gemeinden der Provinz vor. Einer der Wirtschaftskapitäne des Dauphiné, der wegen seines Reichtums „Mylord“ genannte Périer, stellte ein Schloß zur Verfügung, das er eigentlich erstanden hatte, um dort eine Baumwollmanufaktur einzurichten. Hier trat am 21. Juli die „Versammlung von Vizille“ aus 50 Geistlichen, 165 Adligen und 276 Vertretern des Dritten Standes zusammen, Vorform der Generalstände von 1789 im Provinzmaßstab. Ausgeschlossen blieben, nach Mounier, „die untersten Klassen des Volkes“: Die Städte hatten ausnahmslos Privilegierte oder bürgerliche Notabeln entsandt; von den 1212 ländlichen Kirchspielen waren nur 194 vertreten. Ein Beschluß verlangte die Rückberufung des Parlements, jedoch entkleidet seiner politischen Prärogativen, denn die Generalstände allein hätten „die erforderliche Kraft, um gegen den Despotismus der Minister anzukämpfen und den verheerenden Finanzzuständen ein Ende zu setzen“. Die Stände des Dauphiné seien wiederherzustellen unter der Bedingung, daß der Tiers eine gleichstarke Repräsentation wie die Privilegierten erhielt.

Danach erhob sich die Versammlung zu gesamtnationaler Verantwortung:

Die drei Stände des Dauphiné werden ihre Sache niemals von jener der anderen Provinzen trennen; indem sie ihre eigenen Rechte verteidigen, werden sie jene der Nation nicht preisgeben.

Auf Beispielwirkung bedacht, verzichteten die Versammelten für das Dauphiné zugunsten der Generalstände auf das Recht der Steuerbewilligung. Den Provinzrahmen überschreitend, in dem sich die Bewegung in der Bretagne und im Béarn hielt, proklamierten sie die Notwendigkeit der nationalen Einheit, um eine neue Staatsordnung zu schaffen. Damit rüttelten die vom Dritten Stand durchgesetzten Beschlüsse von Vizille an den Grundfesten der bestehenden Ordnung. In den anderen Provinzen wurden sie bewundert, jedoch nicht nachgeahmt.

Die Kapitulation der Regierung

Im Frühjahr und Sommer 1788 hielt vornehmlich die Vereinigung von Roben- und Schwertadel die Königsmacht in Schach. Für die ungeschmälerte Erhaltung ihrer „Freiheiten" hatte die Aristokratie ohne Zögern auch Gewaltmittel eingesetzt; ihre beiden Fraktionen hatten sich verbunden, um dem König den Gehorsam aufzusagen, und die Bourgeoisie zu Hilfe gerufen, die so ihre revolutionäre Lehrzeit durchlief. Wenn sich Aristokraten zu Anwälten verbürgter Grundfreiheiten unter einer verfassungsmäßigen Regierung, des Steuerbewilligungsrechts der Generalstände und einer Übertragung der örtlichen Verwaltung an gewählte Provinzialstände aufschwangen, so wollten sie indessen in allen diesen Einrichtungen nichtsdestoweniger ihre klassenmäßige Vorherrschaft behaupten. Sie haben – in Verkennung der geschichtlichen Gegebenheiten – den Kampf wohl eröffnet und sich den Beistand des Dritten Standes gern gefallen lassen, jedoch mit der Hinterabsicht, auf den Trümmern des Absolutismus ihre eigene unmittelbare politische Macht wiederzuerrichten, um ihre gefährdeten gesellschaftlichen Vorrechte ohne ernsthafte Abstriche zu erhalten.
Gegenüber einer Allianz des Dritten Standes mit den Privilegierten war Brienne ohnmächtig. Die nach seinem Willen geschaffenen Provinzialversammlungen lehnten Steuererhöhungen ab; das Heer, befehligt von Adligen, die dem Reformminister spinnefeind waren, konnte nicht mehr als zuverlässig gelten; die Staatskasse blieb leer, und keine noch so verlockend ausgeschriebene Anleihe hatte unter derart verworrenen Begleitumständen Aussicht auf Zeichnung. Der Erzbischof wußte sich keinen Rat mehr, löste am 8. August 1788 die Plenarkammer

auf und legte im Namen des Königs die Eröffnung der Generalstände auf den 1. Mai 1789 fest; am 24. August 1788 trat er zurück. Ludwig berief den 1781 in Ungnade gefallenen Necker zurück, der die Kapitulation zu Ende führte, Lamoignons Gerichtsreform rückgängig machte und die Parlements wieder in ihre Rechte einsetzte.
Ende September 1788 triumphierte auf dem Papier die Aristokratie. Hatte ihre Revolte der absoluten Monarchie den Weg verstellt, so erschütterte sie jedoch darüber hinaus deren ganzes morsches Gebäude dermaßen, daß sie damit gleichzeitig jener Revolution den Weg bahnte, zu der die ökonomische und soziale Entwicklung den Dritten Stand historisch vorbereitet hatte. Sobald sich dieser seinerseits zu Wort meldete, entstand eine revolutionäre Situation.

2. Die Generalstände

Die Finanzkrise und der Widerstand der Privilegierten gegen jede Reform, die unvermeidlich auch ihre Kostenbeteiligung vorsehen mußte, hatten der Monarchie als letzten Rettungsanker die Einberufung der Generalstände aufgenötigt. Die Frage war, ob sich der Dritte Stand mit den geringfügigen Zugeständnissen zufriedengeben würde, auf deren Angebot sich die große Mehrheit der Aristokraten beschränkte. Bleiben die Generalstände eine feudale Einrichtung, oder wird aus ihrer Arbeit eine andere, den ökonomischen, sozialen und politischen Bedürfnissen besser entsprechende Gesellschaftsordnung hervorgehen?

Der „friedliche" Auftakt zur Revolution

Necker, ohne klares Programm und mehr im Schlepptau der Ereignisse als sie lenkend, überschaute den Umfang der Krise nicht. Für ihren politischen und sozialen Aspekt fehlte ihm jedes Gespür. Auch der ökonomischen Krise, von der er eher etwas verstand, schenkte er jedoch ungenügende Aufmerksamkeit; es entging ihm, daß gerade sie der Bourgeoisie erlaubte, die Massen in Stadt und Land zu mobilisieren.

Vom Dritten Stand war die bindende Zusage einer Einberufung der Generalstände mit Begeisterung aufgenommen worden. War er bis dahin mehr oder weniger bescheiden im Kielwasser der Adelsrevolte mit den Parlements gegen den Absolutismus gesegelt, so besorgte ein Beschluß des Pariser Parlements vom 21. September 1788 eine schlagartige Abkühlung der Beziehungen. Indem es die Forderung erhob, die Generalstände nach dem Modus von 1614 zu wählen und zusammenzusetzen, enthüllte es, in welch reaktionärem Sinn es seinen Sieg auszubeuten gedachte, und brachte die unnatürliche Verbindung zwischen Aristokratie und Bourgeoisie zum Platzen. Letztere übertrug ihre Hoffnungen auf einen König, der sich bereit erklärte, die Beschwerden seiner Untertanen anzuhören. Die öffentliche Auseinandersetzung änderte infolgedessen nach Mallet du Pan im Januar 1789 ihren Gegenstand: „Es geht nur noch nebenbei um König, Despotismus und Verfassung; jetzt ist Krieg zwischen dem Tiers und den beiden anderen Ständen."

Eine „Patriotenpartei" stellte sich an die Spitze des Kampfes gegen die Privilegierten. Sie setzte sich aus Männern zusammen, die aus der Bourgeoisie hervorgegangen waren: Juristen, Schriftsteller, Geschäftsleute, Bankiers. Ihr zur Seite trat eine Minderheit von Edelleuten, die die neuen Ideen mit ihren angestammten Interessen zu vereinbaren wußten: Grandseigneurs wie die Herzöge La Rochefoucauld-Liancourt und La Rochefoucauld d'Anville oder der Marquis Lafayette, Parlementsräte wie Adrien Duport, Hérault de Séchelles und Lepeletier de Saint-Fargeau. Gleichheit der Bürger vor Gesetz und Fiskus, verfassungsmäßig verankerte politische Grundrechte und eine „repräsentative" Regierung waren ihre Hauptanliegen. Propagiert wurden sie zielstrebig unter Ausnutzung persönlicher Beziehungen, besonders aber durch Freimaurerlogen, Lesegesellschaften, Klubs und Vereinigungen gleich jener der „Freunde der Schwarzen", in der sich Männer wie Abbé Grégoire und der Publizist Brissot die Aufhebung der Sklaverei zum Ziel setzten. Das berühmte Literatencafé „Procope" und ähnliche wurden zu Mittelpunkten der Agitation. Es scheint,

daß ein zentraler Organismus den Werbefeldzug gesteuert hat: ein namentlich von Condorcet und anderen Mitgliedern der Pariser Loge „Neun Schwestern" positiv beeinflußtes „Komitee der Dreißig", das aufklärende Broschüren inspirierte und in ganz Frankreich modellhafte Beschwerdehefte als Wahlplattform verbreitete.
Der praktische Kernpunkt, den die Patriotenpartei ansteuerte, war die Verdoppelung der Kopfzahl des Dritten Standes. Sie hatte logischerweise nur dann einen Sinn, wenn nach Köpfen und nicht mehr nach Ständen abgestimmt wurde. Auf Zeitgewinn und Versöhnlichkeit bedacht, versammelte Necker eine zweite Notabelnversammlung und meinte, sie zur Verdoppelung des Tiers überreden zu können. Sie sprach sich, wie eigentlich vorauszusehen, im Gegenteil für die Beibehaltung der herkömmlichen Regel aus. Dazu unterbreiteten am 12. Dezember die Prinzen von Geblüt dem König in Gestalt einer Bittschrift ein wahres Manifest der Aristokratie. „Man hat bereits die Abschaffung der Feudalrechte vorgeschlagen. Könnten sich Ew. Majestät entschließen, Ihren getreuen, altehrwürdigen Adel zu opfern und zu erniedrigen?"
Der plumpe Frontalwiderstand der uneinsichtigsten Privilegierten schlug indessen zugunsten der Patrioten aus. Das Parlement von Paris schloß sich nunmehr ihrem Standpunkt an und stimmte am 5. Dezember einer Verdoppelung des Tiers zu; über die Abstimmung nach Köpfen oder Ständen schwieg es sich allerdings aus.
Im Bestreben, sich bei allen Parteien einzuschmeicheln, nahm Necker auf ähnliche Weise Stellung. Die entsprechend gefaßten Beschlüsse wurden veröffentlicht: *Ergebnis des königlichen Rates, gehalten zu Versailles am 27. Dezember 1788.* Einen Monat später, am 24. Januar 1789, erfolgte die tatsächliche Einberufung der Generalstände, begleitet von einer Wahlordnung. Der Abstimmungsmodus nach Köpfen oder nach Ständen wurde darin nicht festgelegt.

Die Kampagne löste eine Sympathiewelle für den König aus, in dem man den unparteiischen Gewährsmann einer großzügigen Reform an Haupt und Gliedern erblickte. Bei weitem überschattet wurde sie freilich von der Schwere der ökonomischen und sozialen Krise. Im Agrarbereich traf sie insbesondere den Weinbau, der damals verbreiteter war als heute. Vielen Bauern und Winzern lieferte er das einzige Markterzeugnis, das ihnen zu Bareinkünften verhalf. Eine Kette von Absatzkrisen und Preisstürzen 1778–1787 brachte sie in Not. 1789–1791 trieben schlechte Weinernten zwar die Preise in die Höhe, der Produktionsausfall nach den Frostschäden im Winter 1788/89 machte den Vorteil jedoch wieder zunichte. Da sich umgekehrt der Getreidepreis schon 1788/89 erholte, zahlten besonders Halbpächter und Taglöhner im Weinbau, die gleich vielen Kleinbauern ihr Brot hinzukaufen mußten, drauf, und wer über keine Reserven verfügte, wurde ruiniert. Gleichzeitig hatte der 1786 von Eden und Vergennes abgeschlossene und 1787 ratifizierte Freihandelsvertrag mit England eine Verlangsamung der Gewerbetätigkeit zur Folge. In einer Epoche, in der die kapitalistische englische Industrie die Modernisierung ihrer maschinellen Ausrüstung erfolgreich vorwärtstrieb und ihre Produkttionskapazität erhöhte, litt die französiche, die damit soeben erst begonnen hatte, unter dem englischen Wettbewerb sogar auf dem Binnenmarkt. Andere Branchen und auch das Bankgeschäft wurden in Mitleidenschaft gezogen. Die Arbeitslosigkeit griff namentlich im weitaus stärksten Gewerbezweig, der Textilindustrie, stark um sich.

Verschärft wurde das Elend der Volksklassen durch die Auswirkungen der furchtbaren Mißernte. Der Brotpreis wurde nicht nur für die Arbeitslosen unerschwinglich. Manchmal suchten die Stadtverwaltungen einige von ihnen mit Notstandsarbeiten über Wasser zu halten, doch reichten hierfür in den meisten Fällen die Mittel um so weniger aus, als hungernde Arbeitssuchende auch aus den Dörfern in die Städte strömten, während andere

in Bettler- und Landstreicherhaufen weite Gebiete verunsicherten. Wanderprediger drohten den hartherzigen Reichen mit dem Zorn Gottes.
In den ersten Monaten des Jahres 1789 brachen in mehreren Provinzen Hungerunruhen aus. Mitten im strengen Winter häuften sich Volksaufläufe. Die städtischen Massen verlangten eine behördliche Festsetzung – die „Taxation“ – des von Spekulanten und Wucherern hochgeschraubten Brot- und Mehlpreises. Nicht selten erhoben sie sich wie in Dünkirchen, Lille und Cambrai im Norden, in Toulon, Marseille und Aix im Süden; bisweilen leisteten sie sogar der eingesetzten bewaffneten Macht Widerstand. Die soziale Unruhe verflocht sich so mit der politischen und floß in sie ein.
„Es ist der Wunsch Seiner Majestät“, erläuterte die von den Kanzeln verlesene Wahlordnung, „bis zu den äußersten Enden des Königreichs jedermann zu versichern, daß seine Wünsche und Beschwerden bis zu Ihr gelangen.“ Die Männer des Dritten Standes zogen aus dieser Aufforderung Nutzen und brachten die öffentliche Meinung in Bewegung. Druck- und Pressefreiheit stellten sich im Ergebnis einer stillschweigenden Übereinkunft ein. Die Zensur verschwand in der Versenkung, und die politische Literatur nahm einen stürmischen Aufschwung. Allein im Dezember 1788 wurde Frankreich von fast 3000 Broschüren, Traktaten und Pamphleten überschwemmt; ungezählte Maueranschläge, die breiten Volksschichten die Zeitung ersetzten, bedeckten die Hauswände. Das gesamte Gesellschaftssystem wurde unter die Lupe genommen und neuaufgebaut, in der Provinz wie in Paris. In Aix verfaßte Mirabeau seinen *Aufruf an die Nation der Provence*, in Arras Robespierre den *Aufruf an die Nation des Artois*. Graf Mirabeau (1749–1791) war kein Unbekannter. Sohn eines der physiokratischen Wortführer und als heillos verschuldeter Lebemann in endlose Abenteuer und nachfolgende Händel verstrickt, glänzte er gleichzeitig als diplomatischer Agent mit scharfsinnigen Beobachtungen über die Verfallserscheinungen am preußischen Hof und als Aufklärer, der sich im Geiste Beccarias für eine Humanisierung des Strafvollzugs einsetzte.

Mit seiner Klasse zerfallen und von ihr gehaßt, doch auch von ihrer Dekadenz gezeichnet, wird sich sein blendendes Rednertalent ebenso wie sein bedenkenloser Opportunismus in der Revolution zu den höchsten Gipfeln aufschwingen.

Maximilien Robespierre (1758–1794), einer Familie entstammend, in der sich Robenadel und Provinzbourgeoisie mischten, durchlebte als mittellos zurückgelassene Waise und Jesuitenzögling eine harte Kindheit. Hochbegabt, von eisernem Fleiß und von pedantischer Ordnungsliebe, studierte er unter Entbehrungen Rechtswissenschaften; danach ließ er sich im heimatlichen Arras als Anwalt nieder und sorgte für seine beiden Geschwister. Seine Neigungen galten der Poesie und der Aufklärungsliteratur. Von Rousseau tief und für immer beeindruckt, bekannte er sich grundsatzfest und sittenstreng zu den demokratischen Idealen seines Vorbilds. Der Wahlkampf lenkte den bisher nur im engen Kreis geschätzten Verteidiger von Recht und Menschenwürde auf das Gebiet der Politik.

In Paris veröffentlichte Abbé Sieyès, bereits rühmlich bekannt durch seinen *Essay über die Privilegien*, im Januar 1789 die erfolgreichste aller Wahlkampfbroschüren: *Was ist der Dritte Stand? Alles. Was ist er bisher gewesen? Nichts! Was verlangt er? Etwas zu werden.*

Namhafte wie anonyme Schriftsteller verfaßten Studien, Betrachtungen, Ratschläge, Projekte, offene Briefe. Robespierres Jugendfreund Camille Desmoulins schrieb im Pamphlet *Das freie Frankreich* gegen Ämterkauf, Erbadel und Steuerprivilegien:

Ja, diese glückhafte Revolution, diese Läuterung wird vollendet werden; keine Macht auf Erden ist imstande, sie zu verhindern. Erhabenstes Ergebnis der Philosophie, der Freiheit und des Patriotismus! Wir sind unbesiegbar geworden.

Im Ganzen spiegelte die Tendenzliteratur als Werk von Männern des Bürgertums die Erwartungen einer besitzenden Klasse, die die Privilegien im wesentlichen deshalb abgeschafft wissen wollte, weil sie ihren realen Hauptinteressen zuwiderliefen. Das Los der werktätigen Massen, der Bauern, Handwerker und Arbeiter, beunruhigte sie entschieden weniger. Einige, wie Dufourny im *Beschwerdeheft des Vierten Standes*, Rétif de la Bretonne im *Thesmograph* oder Rutledge in seiner *Bäckerpedition* nahmen Anteil an den Nöten des Volkes. Solche Stimmen, obgleich beispielsweise in den Urwählerheften armer Dörfer nicht ganz so vereinzelt, wie man lange gemeint hat, drangen immerhin nur ausnahmsweise bis in die Literatur vor und übten im Jahr 1789 noch keine nachhaltige Wirkung. Sie lassen jedoch das politische Erwachen der „Sansculotten" vorausahnen: jener verachteten Plebejer, die „ohne Kniehosen" (*sans culottes*) in der langen Hose des Werkmannes ihrer täglichen Arbeit nachgingen.

Die von der Regierung ausgearbeitete Wahlordnung behielt die Vogtei als Wahlbezirk bei. In ihrer Hauptstadt versammelten sich die Angehörigen der beiden privilegierten Stände und bildeten je eine Wählerversammlung: einesteils Bischöfe und Äbte, Domkapitel, mit Renten ausgestattete kirchliche Gemeinschaften, Ordens- und Weltgeistliche – mithin alle Personen geistlichen Standes im Besitz einer Pfründe oder Kommende; anderenteils die Erbadligen mit Lehnbesitz. Eine Neuerung war die Teilnahme aller Pfarrer – nicht freilich ihrer Vikare – an der Versammlung des Ersten Standes; sie verlieh dem niederen Klerus gegenüber den Prälaten die Überzahl. Für den ungleich breiteren Dritten Stand war das Verfahren komplizierter. Stimmberechtigt waren alle männlichen Standesangehörigen über 25 Jahre, sofern sie einen festen Wohnsitz nachwiesen und in der Steuerrolle erfaßt waren. In den Städten versammelten sie sich zuerst in ihren Korporationen oder, falls sie keiner angehörten, in ihren Wohnvierteln (den *quartiers*); sie benannten einen bis zwei Wahlmänner auf hundert Urwähler. Diese „Elektoren" bildeten die Wählerversammlung (das Elektorenkollegium) der Stadt, die ihrerseits Wahlmänner zweiten Grades in die Versammlung des Tiers im Wahlbezirk entsandte; diese endlich wählte die Abgeordneten in die Generalstände. Auf dem Lande versammelten sich die Urwähler kirchspielweise, um auf 200 Herdstellen zwei Wahlmänner in das Elektorenkollegium der Vogtei zu delegieren.

Die Wahlordnung vom 24. Januar 1789 begünstigte die Bourgeoisie. Da die Vertreter des Dritten Standes stets indirekt gewählt wurden – auf dem Lande in zwei, in der Stadt in drei Stufen – und die Abstimmung nach Beratung und Beschließung eines „Beschwerdeheftes" in der Wahlversammlung stattfand, waren die Einflußreichsten und Redegewandtesten – letztere gemeinhin Juristen – in der Lage, die Diskussion sicher zu beherrschen und die Stimmen der Bauern und Handwerksmeister hinter sich zu bringen. Die Vertretung des Tiers in den Generalständen setzte sich daher aus Bourgeois beziehungsweise bürgerlichen Intellektuellen zusammen; kein einfacher Bauer, kein Angehöriger der städtischen Volksklassen zog in sie ein.

Die Wahlhandlung

Die Wahlen gingen langsam vonstatten, und die Versammlungen sollten in der Stille zusammentreten. Jene des Klerus wurden indessen mitunter durch das feurige Auftreten von Pfarrern, die auf ihre Majorität pochten, Patrioten zu Abgeordneten wählen wollten und einige kandidierende Bischöfe, die als besonders engstirnig oder hochfahrend galten, glatt durchfallen ließen, in Unruhe versetzt. In den Versammlungen des Zweiten Standes beargwöhnten sich oft zwei Fraktionen: konservativer Provinzadel und einige Grandseigneurs von liberaler Tendenz. Die Versammlungen des Dritten Standes waren von Würde durchdrungen, manchmal feierlich, besonders jene der Bauern, die zumeist in ihren Kirchen zusammenkamen.

Jede Versammlung verfaßte ein Beschwerdeheft, das *cahier de doléances*. Klerus und Adel, die im Wahlbezirk nur eine Versammlung abhielten, redigierten also nur je eins, das die Abgeordneten nach Versailles überbrachten. Die Wahlbezirksversammlung des Tiers hatte die Aufgabe, die Cahiers der Dörfer und der Städte, die selber bereits die Einzelhefte der Korporationen und Stadtviertel kombiniert hatten, in ein Dokument zusammenzugießen.

Viele ihrer Redakteure waren von Schriften beeinflußt, die in ihrer Gegend zirkulierten. „Modellhefte“ verbreiteten sich sogar über mehrere Wahlbezirke. Im Gebiet der Loire beispielsweise ist der Einfluß der *Instruktionen* deutlich zu spüren, die Laclos im Auftrag des Herzogs von Orléans, Großmeister der Freimaurer und Geldgeber der Patriotenpartei, verfaßt hatte. Manchmal formulierte derselbe Notar oder Pfarrer aus Gefälligkeit die Cahiers für mehrere Nachbargemeinden. In anderen Fällen tat es eine bedeutende Persönlichkeit: So ging das Cahier von Vicherey in den Vogesen, das 18 anderen als Muster diente, auf den Schriftsteller François de Neufchâteau zurück.

Es haben sich ungefähr 60000 Cahiers erhalten, die ein breites Bild von Frankreich am Ende des Ancien régime zeichnen. Hefte, die unmittelbar von Bauern und Handwerkern stammen, sind am aufschlußreichsten, obwohl auch sie oft ein Vorbild nachahmten oder sich auf eine lange Aufreihung von spezifischen Beschwerden beschränkten. Die Cahiers der Wahlbezirke sind gleichfalls bemerkenswert; man kennt noch 523 von insgesamt 615. Diejenigen des Tiers enthüllen nicht die Meinung des gesamten Standes, sondern jene der Bourgeoisie; Artikel der Einzelhefte, die ihr mißfielen, berücksichtigte sie bei der Endredaktion in den seltensten Fällen. Die Wahlbezirkshefte des Adels und des Klerus sind um so unentbehrlicher, als es von ihnen keine Primärhefte gibt mit Ausnahme einiger weniger, die von protestierenden Pfarrern oder religiösen Gemeinschaften verfaßt worden sind.

Die Cahiers aller drei Stände sind einmütig in der Ablehnung des Absolutismus. Klerus, Adel und Bürger wünschen alle eine Verfassung, die die Vollmachten des Königs einschränkt und eine Nationalvertretung einrichtet, die Steuern bewilligt, Gesetze erläßt und die örtliche Verwaltung gewählten Provinzialständen überträgt. Weiter stimmen die Stände überein in der Forderung nach einer Finanz-, einer Justiz- und Strafrechtsreform, nach Bürgschaften für die Freiheit der Person und der Presse. Hingegen schweigt sich der Klerus über die Privilegien und über die Gewissensfreiheit aus, sofern er diese nicht sogar offen verurteilt. Die Cahiers des Adels verteidigen im allgemeinen die Abstimmung nach Ständen, die sie als sicherste Garantie ihrer Vorrechte betrachten; sie akzeptieren die Steuergleichheit, lehnen jedoch mehrheitlich die Rechtsgleichheit und die Zulassung aller Franzosen zu allen Ämtern ab. Der Tiers verlangt in seiner Gesamtheit die integrale staatsbürgerliche Gleichheit, die Abschaffung des Zehnten und der Feudalabgaben, wobei sich aber viele Hefte mit dem Rückkauf, mithin einer geldlichen Ablösung der Feudalrechte begnügen.

Neben den Streitpunkten zwischen den drei Ständen spiegeln die Cahiers Konflikte innerhalb jedes Standes wider. Die Pfarrer wenden sich gegen Bischöfe und Orden, kritisieren die Häufung von Pfründen beim höheren und die ungenügende Entlohnung des niederen Klerus. Der Provinzadel widersetzt sich dem Hofadel, den er mit gutem Grund beschuldigt, die einträglichen leitenden Posten im Staat für sich in Beschlag zu legen. Die Hefte des Tiers verraten alle Schattierungen in den Interessen und Vorstellungen seiner verschiedenen sozialen Gruppen. Es gibt keine Einhelligkeit betreffs der Edikte über freie Weide und die Aufteilung des Gemeindelandes. In den Korporationen hat sich die Auffassung der Meister durchgesetzt: Von 943 Cahiers der Korporationen aus 31 Städten (wovon 185 der freien Berufe, 138 der Gilden der Goldschmiede und Großkaufleute, 618 der Zünfte) erklären sich nur 41 für die Abschaffung des Korporationszwangs. Der Widerwille ist vor allem in den bedeutenderen Städten ausgeprägt, wo sich das freie Spiel der Konkurrenz bereits fühlbar macht. Umgekehrt sind die Beschwerden der Kaufleute und Industriellen, ihre Proteste gegen die unseligen Folgen des Handelsvertrags mit England, die Erläuterung kapitalistischer Bedürfnisse in verschiedenen Produktionszweigen mannigfaltig, ausführlich und zahlreich.

Viele Abgeordnete des Dritten Standes nahmen die ihnen anvertrauten Dokumente sehr ernst und betrachteten sie als bindenden Wählerauftrag, auf den sie sich in Gewissensentscheidungen beriefen. Die Wahlergebnisse

und die in den Cahiers formulierten Beschwerden waren Beweise der Stärke, die die Patriotenpartei in allen Klassen der Gesellschaft gewonnen hatte.
Unter den 291 Abgeordneten des Klerus befanden sich fast 200 reformfreudige Pfarrer, unter denen sich der lothringische Abbé Grégoire alsbald rühmlich hervortun wird. Auch einige Prälaten kamen nach Versailles kompromißbereit, unter ihnen Boisgelin, Erzbischof von Aix, Champion de Cicé, Erzbischof von Bordeaux, und Talleyrand, Bischof von Autun. Die Verteidiger der alten Ordnung wurden von Abbé Maury, Schuhmachersohn und ein ebenso stürmischer Prediger wie Debattenredner, und Abbé Montesquiou, einem aalglatten Apologeten seiner Standesprivilegien, geführt.
Unter den 270 Abgeordneten des Adels herrschten die „Harten" vor. Auch unter ihnen waren die reaktionärsten nicht immer die höchstgeborenen: Parlamentsrat d'Eprémesnil als Wortführer des Robenadels und der als Diskussionslöwe gefürchtete Dragoneroffizier Cazalès aus dem Kleinadel des Südens. Umgekehrt fanden sich unter dem Hochadel liberale Deputierte; als Gönner oder Schüler der Aufklärer und bisweilen Freiwillige im Amerikanischen Unabhängigkeitskrieg waren sie bereit, mit der Spitze des Tiers gemeinsame Sache zu machen. Unter den 90 mehr oder weniger patriotischen Abgeordneten des Zweiten Standes zählten zu den Führern der in Riom nur knapp gewählte Lafayette, die Grafen Noailles und Clermont-Tonnerre, Herzog La Rochefoucauld und Herzog Aiguillon.
Von 578 Abgeordneten des Dritten Standes waren mehr als die Hälfte Juristen, die in der Wahlkampagne Gelegenheit fanden, sich hervorzutun; allein Rechtsanwälte gab es an 200. Mounier und Barnave waren in Grenoble gewählt worden, Petion in Chartres, Le Chapelier in Rennes, Robespierre in Arras. Rund hundert Mann stark waren die Geschäftsleute: Kaufleute, Bankiers oder Industrielle. Die ländliche Bourgeoisie war durch mehr als 50 wohlhabende Grundbesitzer vertreten. Zur Abordnung des Dritten Standes zählten weiter einige Gelehrte: der Astronom Bailly, der Philosoph Volney, der

Wirtschaftswissenschaftler Dupont de Nemours, ferner protestantische Pastoren wie der in Nîmes gewählte Rabaut Saint-Etienne. Schließlich hatte der Tiers zu seinen Vertretern auch ein gutes Dutzend Standesflüchtlinge aus den Reihen der Privilegierten erkoren: so in Aix und in Marseille den Grafen Mirabeau und in Paris den Abbé Sieyès.

Die Privilegierten kamen nach Versailles in tiefer Uneinigkeit. Sie hatte zur Folge, daß es keineswegs 561 Abgeordnete gab, die geschlossen für eine Verteidigung aller Vorrechte der beiden oberen Stände eingetreten wären. Ihnen stand an der Spitze des Dritten Standes eine Bourgeoisie gegenüber, die sich ihrer Rechte und ihrer Ansprüche voll bewußt war. Ihre Abgeordneten waren zumeist gebildet, voller Sachkenntnis und tüchtig, ihrer Klasse und deren Interessen, die sie nicht von denjenigen der Nation unterschieden, zutiefst verbunden. Die erste, wesentlich noch vom Kampf der Prinzipien bestimmte Etappe – oder genauer: Voretappe – der Revolution war in der Hauptsache ihre Gemeinschaftsleistung.

Der staatsrechtliche Konflikt: Stände oder Volksvertretung?

Die Wahlen hatten den Willen des Landes vernehmlich zum Ausdruck gebracht. Das Königtum jedoch konnte die Wünsche des Dritten Standes nicht erfüllen, ohne gleichzeitig das feudale Gesellschaftsgerüst, auf dem es selbst ruhte, zu Fall zu bringen. Als natürliche Stütze der Aristokratie glitt es schnell auf einen schlüpfrigen Weg des Widerstandes gegen diejenigen, die sie in Frage stellten.

Am 2. Mai 1789 wurden die Abgeordneten dem König vorgestellt. Von diesem Augenblick an gab der Hof zu erkennen, daß er gewillt war, die traditionelle Unterscheidung der Stände aufrechtzuerhalten. Während Ludwig XVI. streng nach Zeremoniell die Abgeordneten des Klerus bei geschlossenen, jene des Adels bei offenen Türen in seinem Kabinett empfing, ließ er die Abordnung des Tiers in seinem Schlafzimmer defilieren.

In der Eröffnungssitzung am 5. Mai warnte er die Abgeordneten in weinerlichem Ton vor dem Geist der Neuerung. Nach ihm plätscherte der ultrakonservative Siegelbewahrer Barentin eine gehaltlose Rede. Necker grenzte seinen dreistündigen Rechenschaftsbericht auf Finanzfragen ein und gab sich im Grunde so optimistisch, daß man sich fragen konnte, wofür er dann der Generalstände bedurfte: kein politisches Programm, nichts über eine Abstimmung nach Köpfen oder Ständen.

Die Krone hatte die Verdoppelung seiner Abgeordnetenzahl bewilligt, beabsichtigte jedoch nicht, noch weiter einzulenken; allerdings wagte sie auch nicht, frank und frei Stellung zugunsten der Privilegierten zu beziehen. Sie ließ die Stunde verstreichen, in der es noch in ihrer Macht lag, sich im Bündnis mit dem Dritten Stand – und das hieß mit der Nation – eine neue Existenz in einer bürgerlich-konstitutionellen Monarchie nach englischem Vorbild aufzubauen. Angesichts des Zauderns bei Hofe reifte in Tiers die Überzeugung, daß er nur auf sich selbst und auf niemand sonst zählen könne.

Die Verdoppelung der Abgeordneten bedeutete nichts, wenn die Abstimmung nach Ständen in Kraft blieb. Nach Ständen abstimmen, hieß den Tiers politisch ausschalten, da er in den entscheidenden Fragen damit rechnen mußte, einer Koalition der Privilegierten im Verhältnis von eins zu zwei zu unterliegen. Wurde umgekehrt eine gemeinsame Abstimmung nach Köpfen angenommen, so war ihm, der mit Sicherheit auf Zulauf aus Kreisen des niederen Klerus und des liberalen Adels rechnen durfte, eine breite Majorität sicher. Dieses Schlüsselproblem blieb über einen Monat lang Gegenstand der Debatten der Generalstände.

Noch am Abend des 5. Mai nahmen Abgeordnete des Dritten Standes aus derselben Provinz untereinander Verbindung auf. Deputierte der Bretagne um Le Chapelier und Lanjuinais waren darin besonders rührig; aus ihren Zusammenkünften wird als erste politische Vereinigung der „Bretonische Klub“, die Wiege des Jakobinerklubs, hervorgehen. Am 6. Mai nahmen in Anlehnung an die Commons des britischen Parlaments die Vertreter des

Dritten Standes die Bezeichnung „Abgeordnete der Gemeinen“ (*députés des Communes*) an und verweigerten die Konstituierung zu einer gesonderten Kammer. Sogleich mit diesem ersten politischen Akt enthüllte der Tiers seinen revolutionären Charakter: Die Gemeinen verwarfen bereits die traditionelle Einteilung in Stände. Der Adel lehnte währenddessen – 141 zu 47 – die Abstimmung nach Köpfen ab; beim Klerus fiel der Sieg der unnachgiebigen Rechten mit 133 zu 114 allerdings schon beträchtlich magerer aus.
Die Streitfrage war von solcher Tragweite, daß für gegenseitige Konzessionen kein Raum blieb. Entweder gab der Adel nach, der in beiden privilegierten Ständen die Regie führte: Dann war das Ende der Privilegien und der Beginn einer neuen Ära gekommen. Oder der Tiers gab sich geschlagen: Das hätte die Aufrechterhaltung der alten Ordnung bedeutet, die große Enttäuschung nach all den Hoffnungen, die die Einberufung der Generalstände geweckt hatte. Die Abgeordneten der Gemeinen verstanden mit Mirabeau, daß es für sie genüge, „bewegungslos standzuhalten, um ihren Feinden schrecklich zu werden“. Die öffentliche Meinung war für sie. Der Erste Stand schwankte, ausgehöhlt durch die Haltung einer patriotischen Gruppe des niederen Klerus unter Führung Grégoires.
Erst am 10. Juni kam Bewegung in die bis dahin starren Fronten. Die Gemeinen beschlossen auf Antrag von Sieyès, ihre Kollegen vom Ersten und Zweiten Stand in den großen Ständesaal einzuladen und zur gemeinsamen Prüfung der Vollmachten zu schreiten; der Namensaufruf aller Wahlkreise würde am gleichen Tag erfolgen und die Prüfung vorgenommen „bei Ab- wie bei Anwesenheit der privilegierten Deputierten“. Dem Klerus wurde die Aufforderung am 12. Juni übermittelt; er versprach, sie „mit ernsthaftester Aufmerksamkeit zu prüfen“. Der Adel begnügte sich mit der Erklärung, daß er darüber in seiner Kammer beraten werde. Am selben Abend begann der Tiers mit dem Aufruf der Wahlkreise, und schon zeigten sich erste Risse im Block der Privilegierten: Drei Geistliche antworteten am 13. Juni auf ihren Namensaufruf, sechs am vierzehnten, weitere zehn am sechzehnten.

Der Dritte Stand spürte den herannahenden Sieg und wagte sich einen Schritt weiter vor. Am 15. verlangte Sieyès von den Deputierten, „sich ohne Verzug mit der Konstituierung der Versammlung zu befassen“: Da er wenigstens 96 v. H. der Nation umfasse, könne er das Werk beginnen, das Frankreich von ihm erwarte. Sieyès schlug vor, die gegenstandslos gewordene Bezeichnung Generalstände aufzugeben zugunsten von „Versammlung der anerkannten und überprüften Vertreter der französischen Nation“. Mounier, der mehr an den Rechtsformen hing, bevorzugte eine „Gesetzmäßige Versammlung der Vertreter des größeren Teils der Nation, handelnd in Abwesenheit des kleineren Teils“. Mirabeau verteidigte die direktere Formel „Vertreter des französischen Volkes“. Schließlich griff Sieyès die von Legrand vorgeschlagene Bezeichnung Nationalversammlung auf. Am 17. Juni nahmen die Gemeinen einen dahingehenden Antrag von Sieyès mit 490 gegen 90 Stimmen an. Unmittelbar danach stimmten sie für ein Dekret, das die Steuererhebung und die Aufrechterhaltung des öffentlichen Schuldendienstes gewährleistete. Der Tiers erhob sich mithin zur Nationalversammlung und legte sich das Recht der Steuerbewilligung zu. Es ist jedoch bezeichnend, daß er sogleich nach der Bekräftigung, daß Steuern der Zustimmung der Nation bedürften, womit er der Regierung unausgesprochen mit dem Steuerstreik winkte, Wert darauf legte, die – natürlich bürgerlichen – Staatsgläubiger zu beruhigen.

Seine feste Haltung brachte die schon durchlässige Abwehrfront des Klerus zum Einsturz. Am 19. Juni entschied er mit 149 gegen 137 Stimmen für eine endgültige Prüfung seiner Vollmachten durch die allgemeine Versammlung. Am selben Tag richtete hingegen der Adel eine Protesterklärung an den König: „Es sind nicht nur unsere Rechte, die wir verteidigen, Sire, es sind die Ihrigen, jene des Staates; es sind schließlich jene des französischen Volkes.“

Ermutigt durch diese „Unbeugsamen“ und unter dem Einfluß der Prinzen raffte sich Ludwig XVI. zu einem Gegenzug auf. Am 19. Juni beschloß der königliche Rat, die Entscheidungen des Tiers für ungültig zu erklären

Jean Paul Marat

Georges-Jacques Danton

Abb. 1 Bettelnde Frau mit Kind

Abb. 2 Schwur im Ballhaussaal 20. 6. 1789

und eine Plenarsitzung der Stände vorzusehen, auf der der König seinen Willen diktieren würde. In Erwartung dieses Schauspiels und mit dem Ziel, den Klerus an gemeinsamer Tagung mit den Gemeinen zu hindern, wurde der Ständesaal unter dem Vorwand unaufschiebbarer Ausbesserungen gesperrt. Am Morgen des 20. Juni fand der Dritte Stand folglich die Türen zu seinem Versammlungsraum geschlossen. Auf einen Hinweis des Abgeordneten Guillotin begab er sich in das benachbarte Ballhaus. Unter dem Vorsitz von Bailly erklärte Mounier, daß sich „die in ihren Rechten und in ihrer Würde verletzten Vertreter der Nation in Kenntnis der wütenden Intrigen, mit welchen man den König zu verheerenden Maßnahmen zu drängen sucht, durch einen feierlichen Eid an das Staatswohl und die Interessen des Vaterlandes binden müssen". Inmitten eines Begeisterungssturms leisteten daraufhin alle Abgeordneten bis auf einen den „Ballhausschwur". Sie gingen die Verpflichtung ein,
niemals auseinanderzugehen und sich überall zu versammeln, wo es die Umstände verlangen sollten, bis die Verfassung geschaffen und auf dauerhaften Fundamenten verankert ist.
Die Thronsitzung wurde vom 22. auf den 23. Juni verschoben, damit die Zuschauerbänke abmontiert werden konnten, von wo man Kundgebungen befürchtete. Der Aufschub kam jedoch den Gemeinen zustatten. Am 22. nämlich brachte die Mehrheit des Klerus ihren Beschluß vom 19. zur Ausführung und vereinigte sich mit dem Tiers, der interimistisch in der Ludwigskirche tagte. Zwei Abgeordnete des Adels aus dem Dauphiné erschienen gleichfalls und wurden mit lebhaftestem Beifall empfangen: Sollte sich der Zweite Stand ebenfalls zum Nachgeben entschließen?
Schließlich fügte die Sitzung vom 23. Juni König und Adel eine Schlappe zu, die eine erste Klärung des Kräfteverhältnisses herbeiführte. Ludwig XVI. befahl den drei Ständen, in getrennten Kammern zu tagen, hob die Beschlüsse des Tiers auf, stimmte der Steuergleichheit zu, erhielt jedoch ausdrücklich „Zehnt, feudale und grundherrliche Renten und Verpflichtungen" aufrecht. Er schloß mit einer kaum verhüllten Dohung:

Wenn Sie mich bei einem so schönen Unterfangen im Stich lassen, werde ich das Wohl meiner Völker allein besorgen. Ich befehle Ihnen sogleich auseinanderzugehen und sich morgen früh in die Räume zu begeben, die Ihrem Stand zugewiesen sind, um die Beratungen wiederaufzunehmen.

Der Adel und ein Teil des Klerus verließen den Saal, der Dritte Stand hingegen rührte sich nicht vom Fleck. Ohne vom Weisungsrecht der beleidigten Majestät überhaupt Notiz zu nehmen, bekräftigte er nach deren Abgang seine Beschlüsse vom Vortag und erklärte seine Mitglieder für unverletzlich. Er ging weiter als am zwanzigsten und rebellierte offen gegen das Königswort: Die „versammelte Nation“ empfängt keine Befehle – so Bailly, so Mirabeau! Ludwig erwog, den Saal durch die Garde räumen zu lassen. Als jedoch Lafayette und andere zum Tiers übergegangene Adlige den Degen zogen, ließ er mit einem argen Kutscherfluch (*Eh bien, foutre, qu'ils restent!*) seine Absicht fallen. Die Versammlung blieb folglich Herr der Situation.

Von da an pflückte sie schnelle Erfolge. Am 24. Juni verschmolz in der Nationalversammlung die Mehrheit des Ersten Standes mit dem Dritten, und tags darauf ahmten 47 Adelsabgeordnete mit dem Herzog von Orléans an der Spitze ihr Beispiel nach. Am 27. entschied sich Ludwig, zu genehmigen, was er nicht hatte verhindern können, und forderte die Minorität des Klerus und die Majorität des Adels auf, sich gleichfalls mit der Nationalversammlung zu vereinigen.

Der 23. Juni 1789 steckte eine bedeutsame Wegstrecke zur Revolution ab. Ludwig XVI. selbst hatte auf der feierlichen Thronsitzung der Steuerbewilligung durch die Generalstände zugestimmt und in Garantien für die Freiheit der Person und der Presse eingewilligt. Das war nichts anderes als die Anerkennung der Grundsätze einer konstitutionellen Regierungsform. Indem es widerwillig die Vereinigung der drei Stände anbefahl, trat das Königtum einen weiteren und diesmal einschneidenden Rückzug an. Von da ab gab es keine Generalstände mehr, und die Autorität des Monarchen geriet unter die Aufsicht eines Körpers aus gewählten Abgeordneten. Sie gedachten, das neue Staatsgebäude auf den Trümmern des alten zu errichten. Am 7. Juli schufen sie einen Verfassungsausschuß, am 9. erklärten sie sich zur Verfassungsgebenden Nationalversammlung: *Assemblée nationale constituante*, abgekürzt „Konstituante" genannt.

Ihre staatsrechtliche Umwälzung vollzog sich zwar unter höchstem Einsatz von moralischem Druck durch ein vor Ungeduld fieberndes Land, jedoch ohne Anwendung von Gewalt. Im selben Augenblick indes, als sich König und Aristokratie der in freier und offener politischer Diskussion geschaffenen vollendeten Tatsache zu beugen schienen, nahmen *sie* zur Gewalt Zuflucht, um den ihnen über den Kopf wachsenden Dritten Stand zum Gehorsam zurückzuführen. Die Entscheidung der Frage: Wer – wen? war nicht mehr zu umgehen.

KAPITEL III

Die Volksrevolution vom 14. Juli und ihre Folgen

1. Der bewaffnete Aufstand

Anfang Juli mußte die absolute Monarchie dank dem Bündnis der Abgeordneten des Dritten Standes mit den Vertretern des niederen Klerus und der liberalen Fraktion des Adels dem Souveränitätsanspruch der Nation weichen. In der Theorie vorerst; indessen hatte sich die Unfähigkeit der herrschenden Klasse, auf bisherige Weise weiter zu regieren, bereits schlagend erwiesen. Das Volk hatte die politische Arena zu diesem Zeitpunkt noch nicht unmittelbar betreten. Angesichts eines drohenden Gegenschlages hingen jedoch von seinem Eingreifen das Schicksal der Revolution und damit Sieg oder Niederlage der Bourgeoisie ab, denn sowohl dem König als auch der Aristokratie erschien ein Rückgriff auf die Armee bereits als der einzige noch offenstehende Ausweg aus ihrer verfahrenen Lage. Am Vorabend des Tages, an dem Ludwig XVI. die privilegierten Stände anwies, der Nationalversammlung beizutreten, hatte er sich entschlossen, im Raum von Paris und Versailles 20000 Mann bereitzustellen, um zum gegebenen Zeitpunkt die Unbotmäßigen auseinanderzujagen.

Das Volk von Paris

Äußerste Wachsamkeit hatte während der Monate Mai und Juni die Haltung der Volksmassen gekennzeichnet. Ihr politisches Verständnis war mit den Ereignissen gereift, und das ganze Land folgte den Auseinandersetzungen in Versailles mit gespanntester Aufmerksamkeit. „In Zeiten der Revolution“ – schreibt Lenin – „lernen Millionen und aber Millionen Menschen in jeder Woche mehr als in einem Jahr gewöhnlichen trägen Lebens.“

Die Abgeordneten des Tiers unterrichteten ihre Wähler regelmäßig über die Entwicklung der Situation. Auf Straßen und Plätzen bildeten sich Diskussionsgruppen, in denen die neuesten Nachrichten kritisch durchgesprochen wurden; oft lauschte man Volksrednern und Vorlesern, die größere Zusammenhänge erläuterten, oder sammelte sich um einen der vielen Maueranschläge. Unbekannte – und zum Unwillen der Offiziere besonders Zivilisten mit einfachen Soldaten – verbrüderten sich im Zeichen der Freiheit.
In Paris fanden sich die 407 Elektoren, die ihre Deputierten mit örtlicher Verspätung gewählt hatten, am 25. Juni erneut zusammen, um einen gewissermaßen halbamtlichen Gemeinderat zu seiten der bestallten Stadtväter zu bilden. In Rouen und in Lyon, wo es zu Demonstrationen und zur Besetzung des Rathauses durch die aufgebrachte Menge gekommen war, gliederten sich die aus den Fugen geratenen patrizischen Magistrate, um ihre Haut zu retten, bereitwillig bürgerliche Wahlmänner und Notabeln an. Nicht selten ging die örtliche Macht sogar schon in die Hände der Bourgeoisie über. Als sich ein Gewaltstreich des Hofes deutlicher abzuzeichnen begann, trug ein nicht unerheblicher Teil der Großbourgeoisie zur Organisierung seiner Abwehr bei und förderte für seine politischen Zwecke die Widerstandsbewegung kleinbürgerlicher Kräfte, die in allen Erhebungen dieser Revolution eine Schlüsselstellung einnehmen werden: die vor allem in Paris so zahlreichen Handwerksmeister und kleinen Ladeninhaber, denen wiederum in der Regel ihre Gesellen, Arbeiter und Gehilfen folgten.
Die Einberufung der Generalstände hatte in diesen Massen ein unermeßliches Hoffen auf einen großartigen Wandel zum Besseren geweckt. Und da verhinderte nun die Aristokratie eine solche Erneuerung aller Dinge! Die Opposition des Adels gegen die Verdoppelung des Tiers, dann gegen die Abstimmung nach Köpfen hatte die Meinung eingewurzelt, daß er sich starrköpfig an das Vorrecht seiner Geburt klammere. Daraus schälte sich die populäre Vorstellung von einem „aristokratischen Komplott". Ganz natürlich war das Volk gesonnen, etwas gegen die Feinde der Nation zu unternehmen, ehe diese selber angreifen

konnten, und die über das gewöhnliche Maß hinausgehende Verschärfung der ökonomischen Krise trug zu einer solchen Aktivierung der Massen das ihrige bei. Die Agrarkrise hatte sich nach der Mißernte auf die ohnehin unter den Folgen des Handelsvertrages mit England leidende Gewerbeproduktion übertragen und die Arbeitslosigkeit im selben Augenblick ansteigen lassen, als sich die Lebenshaltungskosten erhöhten. Die Arbeiter konnten keine Lohnerhöhungen durchsetzen, solange die Produktion stagnierte oder sogar zurückging. 1789 verdiente ein Arbeiter in Paris 30 bis 40 Sous; im Juli kostete das Pfund Brot hier vier und in der Provinz bis zu acht Sous. Das Volk machte für die Teuerung die Zehnt- und Grundherren verantwortlich, die ihre Abgaben in Naturalien einstrichen, und die Aufkäufer, die mit dem Getreide spekulierten. Die seit dem Frühjahr im größeren Teil Frankreichs ausbrechenden Hungerunruhen vermehrten sich im Juli, als Not und Elend bei aufgezehrten Vorräten in der Erntelücke ihren Höhepunkt erreichten.

Aristokratisches Komplott und Wirtschaftskrise flossen insbesonders in der Pariser Volksmeinung zusammen. Die Privilegierten wurden beschuldigt, Getreide zu hamstern, um den Dritten Stand in die Enge zu treiben; die Leidenschaften erhitzten sich, und es kam zu Zusammenstößen. Das Volk zweifelte nicht daran, daß der König gegen die Versammlung, in die es sein ganzes Vertrauen setzte, eine „militärische“ Lösung erwog. Die Patrioten bezichtigten die Regierung, die Pariser provozieren zu wollen, um einen Anlaß zu finden, die um die Hauptstadt konzentrierten Heeresteile einrücken zu lassen, vor allem die aus Ausländern – vornehmlich Deutschen und Schweizern – zusammengesetzten Söldnerregimenter, die vom Geist der Revolution nicht „angesteckt“ waren. Schon am 1. Juli mahnte Marat in seinem Pamphlet *Warnung an das Volk oder Die entlarvten Minister:*

Mitbürger! Beobachtet immer die Aufführung der Minister, um die eurige danach zu richten! Ihre Absicht ist die Auflösung unserer Nationalversammlung, ihr einziges Mittel der Bürgerkrieg ... Sie umzingeln euch mit einem furchtbaren Apparat von Soldaten und Bajonetten!

Der Ernst der Lage konnte der Nationalversammlung nicht entgehen. Am 8. Juli beschloß sie eine Adresse an den König, worin sie den Abzug der Truppen forderte: „Warum läßt ein Monarch, den 25 Millionen Franzosen verehren, mit großem Kostenaufwand einige Tausend Ausländer um den Thron zusammenziehen?“ Am 11. Juli ließ Ludwig durch seinen Siegelbewahrer antworten, daß sie dazu bestimmt seien, Unruhen zu unterdrücken oder vielmehr ihnen vorzubeugen. Danach beschleunigte er den Gang der Geschehnisse. Am selben Tag noch entließ er Necker, verbannte ihn aus Frankreich und berief den erklärten Reformfeind Breteuil zu seinem Nachfolger; der erzkonservative Marschall de Broglie wurde Kriegsminister.

Eine Volkserhebung rettete die Konstituante.

Am 12. Juli nachmittags sprach sich Neckers Entlassung in Paris herum. Das Volk hatte die vollauf richtige Empfindung, daß sie nur ein erster Schritt auf dem Wege zur schrankenlosen Reaktion war. Den Rentiers und Finanzleuten erschien mit Neckers Abgang das Gespenst eines bevorstehenden Staatsbankrotts. Die Wechselagenten kamen sofort zusammen und verfügten zum Zeichen des Einspruchs die Schließung der Börse; an einem Tag fiel das Papier der Diskontkasse um 100 Livres. Auch die Theater schlossen.

Die Bevölkerung ging auf die Straße und machte ihrem Unmut in improvisierten Kundgebungen Luft. Im Palais Royal, dem hauptstädtischen Vergnügungszentrum, das dem Herzog von Orléans gehörte, hielt Camille Desmoulins flammende Ansprachen an die Menge. Schließlich zog das deutsche Dragonerregiment des Prinzen Lambesc am Abend gegen einen Demonstrationszug im Tuilerienpark die Säbel. Auf diese Nachricht hin wurde in der Nacht die Sturmglocke geläutet; die Waffenläden waren schnell geplündert, und das Volk begann sich zu bewaffnen. Am 13. Juli erklärte die Nationalversammlung, daß Necker – dessen Büste den Umzügen in Paris vorangetragen wurde – und die mit ihm in Ungnade gefallenen Ministerkollegen „ihre Wertschätzung und ihr Bedauern" mit sich nähmen. Sie dekretierte die Verantwortlichkeit der amtierenden Minister vor der Versammlung. Gegenüber dem Versuch einer Gewaltlösung blieb sie jedoch wehrlos, da ihr keine ausführenden Organe zu Gebote standen.

Währenddessen war eine neue Macht schon im Entstehen begriffen. Am 10. Juli hatten sich die Wahlmänner des Dritten Standes von Paris erneut im Rathaus versammelt und die Absicht geäußert, baldmöglichst eine städtische Bürgergarde aufzustellen. Am zwölften beschlossen sie die sofortige Schaffung eines „Ständigen Ausschusses" und forderten jeden der 60 Distrikte – d. h. Wahlbezirke – auf, eine Liste von 200 wehrfähigen Bürgern „mit gutem Leumund" anzulegen; die Eingeschriebenen waren zu einem Korps der „Pariser Miliz" zusammenzufassen, um über die öffentliche Sicherheit zu wachen. Es handelte sich im vollen Wortsinn um eine bürgerliche Miliz, bestimmt zum Schutz aller Besitzenden nicht nur gegen Ausschreitungen der Königsgewalt und ihrer Soldateska, sondern ebenso gegen Bedrohungen von seiten sozialer Elemente, die von der Bourgeoisie als „gefährlich" betrachtet wurden. „Die – umgehend am 13. Juli erfolgte – Aufstellung der Bürgermiliz", erklärte eine Abordnung von Paris am vierzehnten morgens der Nationalversammlung in Versailles, „und die gestern ergriffenen Maßnahmen haben der Stadt eine ruhige Nacht verschafft. Es steht fest, daß eine Anzahl von Personen, die sich in Eigeninitiative mit Waffen versehen haben, wieder entwaffnet und durch die Bürgermiliz zur Ordnung gerufen wurden."

Am 13. Juli hatte der Aufstand um sich gegriffen. Gruppen durchzogen die Stadt und drohten mit einer Durchsuchung der Adelspaläste. Gräben wurden ausgehoben, Barrikaden errichtet. Seit dem Morgengrauen schmiedeten die Arbeiter Piken. Was fehlte, waren Feuerwaffen; die Menge verlangte sie vergebens vom Stadtoberhaupt. Am Nachmittag jedoch verweigerten Soldaten des Regiments der Französischen Garde, das mit einigen anderen Truppenteilen wegen seiner „Unzuverlässigkeit" den Befehl erhalten hatte,

Paris zu räumen, den Gehorsam und stellten sich zur Verfügung des inzwischen im Rathaus konstituierten Ständigen Ausschusses.

Am 14. Juli gewann die Erhebung eine neue Qualität. Die Massen entzogen sich der Leitung durch das Komitee der Bourgeoisie und rissen das Gesetz des Handelns an sich. Sie erhoben die Forderung nach allgemeiner Volksbewaffnung, drangen in das Zeughaus ein und bemächtigten sich stattlicher 32000 Gewehre. Danach ergriffen sie die Offensive und zogen vor die als Staatsgefängnis berüchtigte Bastille. Mit ihren acht Türmen, 30 Meter hohen Mauern und 25 Meter breiten doppelten Wassergräben spottete die uralte Zwingburg, obgleich nur von 80 Invaliden und 30 Schweizer Söldnern verteidigt, ihrer Angreifer. Der Gouverneur de Launay eröffnete nach erstem Geplänkel sogleich das Feuer, und eine Artilleriesalve tötete unter der dichtgedrängten Menge über hundert Menschen. Ein friedlicher Vermittlungsversuch des Ständigen Ausschusses, der dem Volk noch in letzter Minute die Initiative wieder entwinden wollte, stieß ins Leere. Die Handwerker des der Bastille vorgelagerten Faubourg St. Antoine erhielten Verstärkung durch Angehörige der jungen Miliz und zwei Abteilungen der Französischen Garde unter Hulin und Elie, die fünf Geschütze heranführten, wovon drei vor dem Tor der Festung in Stellung gingen und Bresche schossen. Dies zeitigte entscheidende Wirkung und nötigte den Kommandanten zur Kapitulation. Sobald die Zugbrücke fiel, stürmten vom angerichteten Blutbad bis zur Weißglut getriebene Männer und Frauen unter Führung des Gerichtsdieners und ehemaligen Unteroffiziers Maillard das verhaßte Wahrzeichen der Despotie, befreiten die in ihren Kellern angeschmiedeten Häftlinge und richteten de Launay hin.

Von Versailles aus hatte die Nationalversammlung die Pariser Ereignisse, die sie nicht mehr zu steuern vermochte, mit Beklemmung verfolgt. Am 14. Juli entsandte sie zwei Abordnungen zum König, um ein Einlenken zu erbitten. Alsbald traf die Kunde von der Einnahme der Bastille ein. Welche Stellung würde Ludwig beziehen? Die Unterwerfung von Paris hätte einen schwierigen Straßenkampf mit ungewissem Ausgang notwendig gemacht. Liberale Grandseigneurs rieten dazu, im Eigeninteresse der Monarchie das Heer aus der Feuerlinie zu nehmen, und der König besann sich, lieber auf Zeitgewinn zu setzen. Am 15. begab er sich in die Nationalversammlung und teilte ihr die gänzliche Zurückziehung der Truppen aus Stadt und Bannmeile mit; gleichzeitig sicherte er sich durch eine geheime Protestnote an ausländische Höfe ab, in der er sämtliche Handlungen, zu denen er von nun an durch höhere Gewalt gezwungen sein könnte, vorsorglich für null und nichtig erklärte.

Die Bourgeoisie nutzte den Sieg des Volkes und bemächtigte sich der Verwaltung der Hauptstadt. Der Ständige Ausschuß im Rathaus wurde zur Commune, d. h. zum Gemeinderat von Paris, die Bailly zum Bürgermeister (*maire*) wählte, während Lafayette zum Kommandanten der Bürgermiliz, die kurz danach die Bezeichnung „Nationalgarde" erhielt, ernannt wurde. Ludwig vollendete seinen Rückzug; er stimmte nicht nur am 16. Juli der Wiedereinsetzung Neckers, der in vielsagender Erwartung eines solchen Verlaufs seine Abreise in die Schweiz nicht überhastet hatte, in sein altes Amt zu, sondern besuchte am 17. sogar Paris. Durch sein Erscheinen bestätigte er stillschweigend die Ergebnisse des Aufstandes. Im Rathaus schmückte er seine Brust mit der dargebotenen „Trikolore" (blau und rot: die Farben von Paris, dazwischen weiß: die Farbe des Königs), Sinnbild des „erhabenen und ewigen Bundes zwischen Monarch und Volk", und stammelte unsicher, daß „sein" Volk immer auf seine Liebe zählen könne.

In eindeutigerer Gemütsbewegung soll Marie Antoinette nach seiner Heimkehr beim Anblick der Kokarde anders reagiert haben: „Ich wußte nicht, daß ich einen Bürgerlichen geheiratet habe." Mit ihr trug die ganze aristokratische Fraktion schwer am „Kniefall" des Monarchen. Ihre Häupter zogen es vor, Frankreich zu verlassen, als sich mit einem Königtum solidarisch zu erklären, das sich zu solchem Paktieren mit „Plebejern" herbeiließ. Graf Artois machte sich am 17. Juli noch bei Morgengrauen mit Kind und Kegel nach den österreichischen Niederlanden davon; die Prinzen Condé und Lambesc folgten alsbald; die Polignacs gingen nach der Schweiz, Marschall de Broglie wich nach Luxemburg aus und Graf des Cars nach Aachen. Diese „erste Welle" eröffnete den Reigen der konterrevolutionären Emigration.

Das Ansehen des Königtums war in der Kraftprobe bedenklich angeschlagen worden. Der Triumph heftete sich an die Fahnen der Pariser Bourgeoisie; es war ihr gelungen, in der Hauptstadt ihre Herrschaft aufzurichten und den Monarchen höchstselbst zur nachträglichen Anerkennung ihrer souverän gefaßten Beschlüsse zu bewegen.

Obwohl im Resultat ein Sieg der Bourgeoisie und sogar ihrer oberen Ränge, wird der 14. Juli jedoch als Symbol einer vom Volk aus eigener Kraft gegen die höchste Autorität im Lande errungenen Freiheit weitaus mehr bedeuten. Er weihte den Aufstieg einer neuen Klasse zur Macht ein. Darüber hinaus stand er für den Zusammenbruch des despotischen Ancien régime, dessen Schattenseiten die Bastille, gleichsam an einem Punkt zusammengefaßt, verkörpert hatte: vorbereitet und sichergestellt durch tapferes einiges Handeln des ganzen Dritten Standes gegen den erkannten gemeinsamen Klassenfeind, erstritten jedoch im ersten Glied von opferbereiten Handwerkern, Arbeitern, unbekannten Soldaten der Revolution, von einer Massenschub- und -triebkraft, die ihren demokratischen Charakter bestimmen wird. In diesem Sinne gab die große Journée als Wendemarke zur Revolution nicht nur Frankreich, das den 14. Juli bis heute als Nationalfeiertag begeht, sondern allen feudalunterdrückten Völkern ein ermutigendes Flammenzeichen.

Die Munizipalrevolution

Die Provinz, mit der die Männer der Nationalversammlung im brieflichen Kontakt verblieben, hatte an dem Kampf des Tiers gegen die Privilegierten keinen geringeren Anteil genommen als die Hauptstadt, und die Entlassung Neckers versetzte sie in ebensolche Erregung wie die Pariser. Der Fall der Bastille wurde – je nach der Entfernung – zwi-

schen dem 16. und 19. Juli bekannt. Er entfesselte einen Freudentaumel und beschleunigte eine Bewegung, die sich in einigen Städten schon seit Monatsbeginn angekündigt hatte.
Die „Munizipalrevolution“ erstreckte sich ungefähr über sechs Wochen: von Anfang Juli – im Anschluß an Hungerunruhen – in Rouen bis in den August, so in Auch und Bourges. In Dijon brach sie auf die Meldung vom Rücktritt Neckers hin aus, in Montauban auf die Kunde von der Erstürmung der Bastille.
Sie verlief nicht überall gleichmäßig. In Straßburg wurde das patrizische Stadtregiment gewaltsam gestürzt; in Dijon erhielt sich die alte Munizipalität als Minderheit innerhalb eines revolutionär eingesetzten Komitees. In Bordeaux wurde die Zuständigkeit der alten Verwaltung auf die „gewöhnliche Polizei“ beschränkt, während sich ein Ausschuß alle Befugnisse „von revolutionärem Charakter“ vorbehielt; in Angers und Rennes übten solche Ausschüsse die Kontrolle über eine in ihrer Zusammensetzung nahezu unveränderte Stadtverwaltung aus. An anderen Orten blieben die alten Gewalten Seite an Seite mit neugeschaffenen revolutionären am Ruder wie in der Normandie, wo man „der Zukunft nicht vorgreifen wollte“.
Manchmal ergab das relative Gleichgewicht von Gruppen, von denen sich keine eindeutig durchsetzte, eine Art Doppelherrschaft: infolge sozialer Spannungen in Metz und Nancy; aus einem Klassengegensatz, der in Feindseligkeiten zwischen einer katholischen Mehrheit und protestantischem Mittelstand einmündete, in Montauban und Nîmes, wegen persönlicher Reibereien in Limoges. Mitunter blieb die Munizipalrevolution auch in einem Provisorium stecken. In Lyon und Troyes hatten Gegenoffensiven der alten Kräfte Erfolg. Anderorts schließlich blieb der Umsturz aus, weil die Stadtväter das Vertrauen der Patrioten genossen wie in Toulouse, oder weil Armee und Gerichtshof ihren Fortbestand schätzten wie in Aix.
Diese Buntscheckigkeit ergab sich sowohl aus der uneinheitlichen Stellung der Städte im Ancien régime wie

auch aus der Verschiedenartigkeit der Klassengegensätze. In Französisch-Flandern war die Bewegung schwach, weil die Forderungen der Bourgeoisie rein politischen, die Volksforderungen hingegen sozialen Charakter trugen, beide aber zeitlich auseinanderfielen. Im allgemeinen verlief die Munizipalrevolution dort flacher, wo die Bourgeoisie bereits starke Positionen innehatte oder Konsulatsverfassungen mit lebendigen kommunalen Traditionen bestanden: In Tarbes wie in Toulouse vertrat der alte Stadtrat die verschiedenen Schichten und Gruppen der Mittelklasse auf angemessene Weise; daher bezeigten die Patrioten keinerlei Interesse, ihn auszuwechseln. In Bordeaux wie in Montauban hatte hingegen die Monarchie jegliche Selbstverwaltung zerstört: Die Gemeindebeamten, die nichts und niemand vertraten, wurden folglich hinweggefegt.

Die Munizipalrevolution wurde von der Schaffung bürgerlicher Nationalgarden begleitet. In den meisten Fällen beeilten sich die neuen Gemeindeausschüsse, in Nachahmung des Pariser Beispiels eine Bürgergarde zum Schutz von Besitz und Ordnung aufzustellen. Manchmal – so in Angers – rührte sich die alte Verwaltung selber nicht vom Fleck, worauf die Nationalgarde ihrerseits, patriotischer als ihre Gründer, die Einrichtung eines Stadtkomitees erzwang. In Toulouse wurde eine Nationalgarde geschaffen, ohne daß es eine Munizipalrevolution gegeben hätte; in Albi wurde die herkömmliche Bürgermiliz einfach umgetauft.

Bei aller Unterschiedlichkeit in den Formen war die Wirkung der Munizipalrevolution überall dieselbe: Die Königsmacht verflüchtigte sich, die Zentralisation verschwand, fast alle Intendanten und Subdelegierten gaben ihre Posten auf und verkrochen sich; die Steuereintreibung setzte aus. „Es gibt“ – nach einem Zeitgenossen – „keinen König, kein Parlement, keine Armee, keine Polizei mehr.“ Die lange schikanierte örtliche Selbstverwaltung gewann volle Bewegungsfreiheit.

Der soziale Aspekt trat besonders im Zusammenhang mit Not und Teuerung hervor. Die Bevölkerung erwartete eine Abschaffung der indirekten Steuern und strenge Über-

wachung des Getreidehandels. In Rennes zählte es zu den ersten Aufgaben des neuen Stadtregiments, die Vorräte zu erfassen. Caen ordnete eine Brotpreissenkung an, ergriff jedoch die Vorsichtsmaßregel, gleichzeitig eine Bürgergarde zu bilden. In Pontoise wurde ein Aufruhr wegen unbefriedigender Getreidezuteilung erst durch ein aus Paris zurückkehrendes Regiment gedämpft. In Poissy mußte eine Abordnung der Nationalversammlung einen des Hamsterns Verdächtigten aus der Schlinge ziehen. In St. Germain-en-Laye lynchte die Menge einen betrügerischen Müller, und in Flandern wurden Zollämter demoliert. In Verdun setzte das Volk die Mauten in Brand und bedrohte Häuser, in welchen es Getreidehorte vermutete. Der Gouverneur der Festung forderte das Bürgertum auf, sich zu einer Stadtmiliz zusammenzuschließen und die Ordnung wiederherzustellen, jedoch mußte eine Brotpreissenkung zugestanden werden. Marschall de Broglie geriet auf seiner Durchfahrt in die Emigration in diese Gärung; mit fehl angewandter Mühe entrissen ihn Garnisonstruppen dem Volkszorn.
Furcht vor dem aristokratischen Komplott bedrückte die Provinz; jede Bewegung schien verdächtig. So wurden Transporte überwacht, Kutschen durchsucht, hohe Herren, die im Lande reisten oder es verlassen wollten, angehalten. An den Grenzen liefen Gerüchte um: Die Piemontesen seien im Begriff, in das Dauphiné einzufallen; die Engländer, sich Brests zu bemächtigen. Beklommenheit lag über dem ganzen Land. Davon genährt, brach die „Große Furcht“ aus.

Die Große Furcht

Während des Konflikts zwischen den Ständen wartete die Bauernschaft, die zur Zeit der Wahlen für einen Augenblick von der allgemeinen Begeisterung mitgerissen worden war, mit einiger Ungeduld auf die Beantwortung ihrer Beschwerdehefte. Die Bourgeoisie hatte sich um den Preis eines Volksaufruhrs in den Besitz der Macht gesetzt – sollte die Landbevölkerung noch länger stillsitzen? Keine

ihrer Forderungen war bisher befriedigt, das Feudalsystem unangetastet.
Die Teuerung lastete schwer auf den vielen Kleinbauern, die nicht genug ernteten, um sich davon zu ernähren. Die Industriekrise traf jene Gegenden, wo sich das Hausgewerbe angesiedelt hatte. Arbeitslosigkeit und Teuerung vermehrten die Zahl der Bettler und Vagabunden nach Hunderttausenden; schon im Frühjahr 1789 begannen sie Banden zu bilden. Die „Furcht vor Banditen" wiederum speiste die Furcht vor dem „Komplott der Aristokratie", das sich ihrer bedienen mochte. Die Wirtschaftskrise, die die Zahl der Notleidenden vermehrte, erhöhte die Unsicherheit auf dem flachen Lande, während sie gleichzeitig die Bauern gegen die Grundherren aufbrachte.
Es drohte eine Agrarrevolte. Während des ganzen Frühjahrs war es zu Unruhen in verschiedenen Landschaften gekommen, in der Provence, im Gebiet von Cambrai, in der Pikardie und sogar in der unmittelbaren Umgebung von Paris und Versailles. Der entscheidende Anstoß ging jedoch vom 14. Juli aus. Vier große Bauernaufstände brachen nun nahezu gleichzeitig los: im Bocage der Normandie, an Scarpe und Sambre, im Franche-Comté und um Macon. Sie setzten sich vor allem die Abschaffung der Feudalabgaben zum Ziel.
Die „Große Furcht" (*La Grande Peur*) im engeren Sinn, Ende Juli 1789, machte diese Aufstandsbewegung unwiderstehlich. Die seit Monatsanfang aus Paris und Versailles eintreffenden Meldungen, entstellt und aufgebläht, schwollen von Dorf zu Dorf zur Lawine an. Agrarrevolte, Wirtschaftskrise, aristokratisches Komplott, Banditenfurcht bewirkten zusammen eine Atmosphäre der Panik. Gerüchte wurden kolportiert, wonach Großbanden vorrückten, die die Ernte am grünen Halm absichelten und Dörfer niederbrannten. Gegen diese eingebildeten Gefahren bewaffneten sich die Bauern mit Sensen, Dreschflegeln, Mistgabeln und auch Jagdgewehren, während von Dorf zu Dorf die Sturmglocken läuteten. Die Verwirrung nahm in dem Maße zu, als sie weiter um sich griff.
Die Nationalversammlung, die Hauptstadt, die Presse gerieten nun ihrerseits in Erregung. Mirabeau verdächtigte

in Nummer 21 seines *Kurier der Provence* die Feinde der Freiheit, zur Verbreitung dieses falschen Alarms beizutragen, und riet zu kühler Vorsicht:

Nichts verblüfft den Beobachter mehr als die allgemeine Neigung, in schwierigen Zeiten schlechte Nachrichten zu glauben und zu übertreiben. Es scheint, daß die Logik nicht mehr darin besteht, den Grad der Wahrscheinlichkeit abzuschätzen, sondern den unbestimmtesten Gerüchten Wahrscheinlichkeit zuzusprechen, sobald sie Anschläge ankündigen und durch finstere Schreckbilder die Phantasie entzünden. Wir gleichen dann Kindern, die den fürchterlichsten Geschichten immer am liebsten zuhören . . .

Sechs ursprüngliche Panikausbrüche: im Franche-Comté im Gefolge der Bauernrevolte, in der Champagne, im Beauvais, im Maine, um Nantes und um Ruffec im Angoumois lösten Ströme aus, die sich zwischen 20. Juli und 6. August schnell ausbreiteten und den größten Teil Frankreichs erfaßten. Verschont blieben nur Randgebiete: die Bretagne, Lothringen, das Elsaß, der Hennegau und Korsika.

Die Große Furcht blieb nicht ohne Auswirkung auf die tatsächliche Bauernerhebung. Bald stellte sich die Grundlosigkeit der „Schreckbilder" heraus. Die Bauern blieben jedoch unter Waffen. Während sie die Verfolgung eingebildeter Räuberhaufen aufgaben, wandten sie sich gegen die Schlösser ihrer Grundherren, ließen sich aus deren Archiven unter Drohungen die Urkunden ausliefern, die eine Zahlung von Abgaben in grauer Vorzeit rechtlich begründet haben sollten und die verhaßten Feudallasten verzeichneten; auf dem Dorfplatz entzündeten sie mächtige Scheiterhaufen und verbrannten die „Titel". Wenn ihnen die Herausgabe der Pergamente verweigert wurde, zerstörten sie feudale Symbole, töteten aus Haß auf den Jagdbann die herrschaftliche Meute, setzten auf das Schloß mitsamt seinem Archiv oft den roten Hahn und hingen bisweilen den Schloßherrn auf. Nicht selten wurde der Notar des Ortes herbeigeholt, um einen Verzicht des angstschwitzenden Seigneurs auf seine Feudalrechte unter Einhaltung aller gesetzlichen Formen zu beglaubigen.

Abb. 3 Sturm auf die Bastille 14. 7. 1789

Abb. 4 Erklärung der Menschen- und Bürgerrechte

Das Menschenunwürdige jahrhundertelanger Knechtung, Angst vor dem Hunger, unbestimmte und übertriebene – vielleicht mitunter auch gezielt von der Konterrevolution ausgestreute – Gerüchte, Besorgnis vor streunenden Haufen, der Wunsch schließlich, die Feudallasten abzuschütteln: alle diese Elemente haben zusammen das Klima der Großen Furcht erzeugt. Das flache Land ging aus ihr verändert hervor. Agrarrevolte und Bauernaufstand zwangen die Feudalordnung zu Boden. Bauernkomitees und Dorfmilizen entstanden. Ebenso, wie sich das Bürgertum in Paris und anderen Städten bewaffnet und die Gemeindeverwaltung in eigene Regie genommen hatte, bemächtigten sich jetzt die Bauern der örtlichen öffentlichen Gewalt.

Indessen stellte sich bald ein Gegensatz zwischen Stadtbürgertum und Bauernschaft heraus. Gleich dem Adel waren auch die Bourgeois der Städte Grundeigentümer. Sie besaßen sogar Seigneurien und strichen unter diesem Titel von den Bauern die herkömmlichen Feudalabgaben ein. Demgemäß fühlten sie sich von dem „Bauernkrieg", der auf die erste Phase einer ziellosen Panik folgte, unmittelbar in ihrem ökonomischen Nerv getroffen. Angesichts der eingetretenen Ohnmacht der Staatsgewalt und der Anzweiflung jeder behördlichen Befugnis auf dem Lande kümmerten sie sich selber um die Durchsetzung von Ruhe und Ordnung. Die Ständigen Ausschüsse und Nationalgarden der neuen Stadtverwaltungen übernahmen es, in den Dörfern die Rechte der bürgerlichen wie der adligen Eigentümer zu verteidigen. Diese Unterdrückungsaktionen waren oft blutig; zwischen Bauernabteilungen und Stadtmilizen kam es zu ernsthaften Gefechten. Vor dem heraufziehenden Schatten einer sozialen Revolution von tief unten taten sich die beiden besitzenden Klassen, Bourgeoisie und Aristokratie, gegen die Bauern, die für die Befreiung ihres Bodens kämpften, zusammen. Der Klassencharakter der Auseinandersetzung trat mit besonderer Deutlichkeit im Dauphiné hervor, wo die Bourgeoisie den Adel unterstützte, während die städtischen Unterschichten mit den aufständischen Bauern sympathisierten. Jedoch konnten sogar Strafexpeditionen das grundlegende Ergebnis der Großen Frucht nicht mehr in Frage stellen: Die Feudalordnung überlebte die Bauernerhebung vom Juli 1789 nicht.

2. Die Konsequenzen der Erhebung

Die mehrheitlich aus Besitzbürgern zusammengesetzte Nationalversammlung hinkte den Ereignissen ratlos nach. Sollte sie den neu entstandenen Verhältnissen auf dem Dorf trotz aller Fragwürdigkeit ihren Segen ebenso geben wie jenen begrüßenswerten in den Städten, oder sich jedem ernsthaften Zugeständnis widersetzen und das Risiko eingehen, damit einen unüberschreitbaren Graben zwischen Bourgeoisie und Bauernschaft zu legen?

Die Nacht des 4. August

Die ersten Reaktionen der Nationalversammlung auf den Aufstand der Bauern waren negativ: Sie sprach tadelnd davon, daß sich „bewaffnete Menschenhaufen der Gewalttätigkeit schuldig machten". Insbesonders war sie der Ansicht, daß keine wie immer geartete Ursache die Verweigerung der Steuern und jeder anderen Zahlung rechtfertigen konnte, ehe sie nicht selber über die verschiedenen strittigen Rechte befunden hatte.
Sie war sich über die Gefahren einer repressiven Politik jedoch im klaren und verspürte keine Neigung, das Kommando von Einsatztruppen einer königlichen Regierung anzuvertrauen, die es zu einem Anschlag auf die Volksvertretung selber benutzen könnte. Wenn die Bourgeoisie also zögerte, ihrerseits einer Gewaltlösung das Wort zu reden, konnte sie andererseits eine Enteignung des Adels nicht zulassen, ohne für ihren eigenen Grundbesitz zu fürchten. Sie entschied sich, den Bauern ein Stück entgegenzukommen, und räumte ein, daß die Feudalrechte einen Sondertyp des Eigentums darstellten, oft usurpiert oder durch Zwang erpreßt waren und es daher rechtens sei, jene Titel einer Überprüfung zu unterziehen, die zur Begründung der grundherrlichen Abgaben dienten oder auch nur herhalten mußten. Geschickt wurde die Durch-

führung der Operation einem der größten Grundbesitzer, dem reformwilligen Herzog Aiguillon, übertragen. Seine Mittlerrolle brachte die Privilegierten in Verwirrung und spornte den liberalen Adel zur Nacheiferung an. Die Führer der revolutionären Bourgeoisie nötigten so die Versammlung, sich dem Einfluß von allzu bornierten Einzelinteressen zu entziehen.

Die demgemäß gut vorbereitete Abendsitzung vom 4. August eröffnete Graf Noailles – übrigens als jüngerer Sohn eines Herzogs ohne eigenen Grund und Boden. Von Aiguillon sekundiert, schlug er die Abschaffung aller Steuerprivilegien, der Fron, der Toten Hand und anderer persönlicher Dienstleistungen vor; die dinglichen Feudalrechte sollten zum Rücklauf freigegeben werden. Dem wurde mit um so größerer Bereitwilligkeit zugestimmt, als die geforderten Abstriche mehr scheinbar als wirklich waren: Die Privilegierten entsagten einem Teil von jenen angemaßten Vorrechten, die ihnen die Massen faktisch bereits entrissen hatten. Nachdem das Eis einmal gebrochen war, wurden auch alle Sonderrechte der Stände, Provinzen und Städte „auf dem Altar des Vaterlandes geopfert". Die Exklusivrechte auf Jagd, Kaninchengehege und Taubenschläge, die Patrimonialgerichtsbarkeit und der Ämterkauf wurden abgeschafft. Auf Antrag eines Adligen verzichtete der Klerus auf den Zehnt. Zum Abschluß dieser großartigen Abschwörungsaktion, gegen zwei Uhr morgens, wurde der aus dem Bett geholte Ludwig XVI., der mit der Sache eigentlich nichts zu tun hatte, zum „Wiederhersteller der französischen Freiheit" proklamiert. Die verwaltungsmäßige und politische Einheit des Landes, deren Zuendeführung der absoluten Monarchie nicht gelungen war, schien hergestellt. Mit dem feudalen Ancien régime war es nun auch an der Basis unwiderruflich vorbei.

Näher besehen, bedeutete die kollektive „Orgie des Selbstverzichts" in der Nacht des 4. August eher ein Zugeständnis an die Erfordernisse des Augenblicks als eine freiwillig gewährte Befriedigung der bäuerlichen Forderungen. Man mußte an erster Stelle die Wogen der Unruhe in der Provinz glätten. Mirabeau meinte in Nummer 26 seiner Zeitung am 10. August recht treffend:

Alle Arbeiten der Nationalversammlung seit dem 4. August haben zum Gegenstand, im Königreich die Herrschaft der Gesetze wiederherzustellen, dem Volk eine Anzahlung auf sein Glück zu geben und seine Unruhe dadurch zu mindern, daß es unverzüglich in den Genuß der ersten Wohltaten der Freiheit kommt.

Als es darum ging, die Beschlüsse in Gesetzform zu gießen, suchte die Versammlung die Tragweite der Maßnahmen abzuschwächen, die unter dem noch frischen Eindruck der Volkserhebungen in Stadt und Land gebilligt worden waren. Die Gegner, in der Schrecksekunde steuerlos treibend oder sogar vom Pathos mitergriffen, fingen sich wieder. Vor allem der Klerus suchte an dem Wegfall des Zehnten zu deuteln. Laut Beschluß schaffte die Nationalversammlung „die Feudalordnung vollständig ab“; in die endgültigen Dekrete jedoch führte sie einige Einschränkungen ein. Wenn die auf der Person ruhenden Lasten entfielen, während die auf dem Boden liegenden zurückgekauft werden mußten, hieß das zugeben, daß die Feudalabgaben auf Grund eines seinerzeit zwischen Grundherrn und Zinsbauern abgeschlossenen Vertrags erhoben wurden. Der Bauer war befreit, nicht jedoch seine Parzelle; er wurde gewahr, daß er dafür Zahlungen noch über eine Laufzeit von vielen Jahren leisten mußte.

Die Ausführungsbestimmungen zum Rückkauf dehnten die Restriktionen weiter aus. Sie verlangten vom Seigneur keinen Nachweis seiner Rechte auf den Boden noch der Verträge, die seine Vorfahren angeblich mit ihrem Lehnsvolk ausgehandelt hätten. Entweder war der Bauer zu arm, um sein Land freizukaufen; oder, wenn er wohlhabend war, verwehrten ihm die auferlegten Bedingungen den Rückkauf, falls sich der Grundherr dagegen sperrte. Das theoretisch liquidierte Feudalsystem überlebte so praktisch in nicht unwesentlichen Teilen, und die Enttäuschung unter den bäuerlichen Massen war folglich groß. In mehreren Landstrichen widersetzten sie sich. Nach stillschweigender Übereinkunft verweigerten sie die Leistung jedweder Abgaben, und die Unruhen

lebten wieder auf. Die Konstituante blieb dennoch fest bei ihren Absichten und erhielt ihre Klassengesetzgebung bis zu Ende aufrecht. Die Mehrzahl der Bauern mußte die Agrardekrete des Konvents im Jahr 1793 abwarten, ehe sie wirkliche Ergebnisse aus der Nacht des 4. August sehen und die völlige Zerstörung der Feudalität miterleben konnte.
Trotz solcher Einschränkungen waren die Resultate der legendären Nacht, bestätigt durch Dekrete vom 5. bis 11. August, von Bedeutung. Nach Abschaffung der gesetzlichen Standesunterschiede, Vorrechte und Partikularismen hatten alle Franzosen formell dieselben Rechte und Pflichten, konnten zu allen Ämtern zugelassen werden, unterlagen demselben Steuersystem. Die Privilegierten hatten den geforderten Preis gezahlt, um dafür Schutz vor dem Volk zu finden. Das Territorium wurde geeint, die vielfältige Zersplitterung der Feudalperiode beendet; örtliches Gewohnheitsrecht, Sonderrechte von Provinzen und Städten verschwanden. Die Nationalversammlung hatte insoweit reinen Tisch gemacht und konnte sich dem Neuaufbau von Staat und Gesellschaft zuwenden.

Grundgesetz und Hindernisse

Schon am 9. Juli hatte Mounier in der Nationalversammlung Leitgedanken zur auszuarbeitenden Verfassung entwickelt und die Notwendigkeit hervorgehoben, ihr eine „Erklärung der Menschenrechte“ voranzustellen:
Damit eine Verfassung gut sei, muß sie sich auf die Menschenrechte gründen und sie schützen; man muß die Rechte kennen, die die natürliche Gerechtigkeit allen Individuen zugesteht; man muß an alle Grundsätze erinnern, die die Basis für jede Art von Gesellschaft bilden, und jeder Artikel der Verfassung muß aus einem Grundsatz folgern . . . Die Erklärung soll kurz, einfach und genau sein.
Am 1. August nahm die Versammlung die Diskussion über den Gegenstand wieder auf. Obwohl das Beispiel der Verfassungen Virginias und der Vereinigten Staaten von Amerika dafür sprach und deren Gesandter Thomas

Jefferson als einer ihrer Haupturheber von französischen Freunden dazu konsultiert wurde, herrschte bei weitem keine Einmütigkeit über die Notwendigkeit einer Grundsatzerklärung. Abbé Grégoire und andere wünschten sie durch einen Pflichtenkatalog ergänzt. Mehrere Redner bezweifelten ihre Zweckmäßigkeit; von den Unruhen verschreckte Gemäßigte wie Malouet hielten bindende Festlegungen an allgemeine Wahrheiten für unnütz oder sogar gefährlich. Am 4. August morgens entschied sich die Versammlung jedoch in positivem Sinne. Die Artikel 16, 17 und 18, die sich auf die Meinungsfreiheit und die Achtung des öffentlichen Kultus bezogen, wurden des langen erörtert. Die Kleriker suchten die Versammlung auf die Anerkennung einer katholischen Staatsreligion festzulegen, der Mirabeau mit Erfolg zugunsten einer uneingeschränkten Gewissens- und Religionsfreiheit entgegentrat.

Am 26. August 1789 nahm die Konstituante den Text einer Erklärung der Menschen- und Bürgerrechte an. Indem sie in der Sache, wenngleich nicht im Wortlaut selbst, eine Verurteilung der aristokratischen Klassengesellschaft und der Mißbräuche der absoluten Monarchie einschloß, stellte sie dem Ancien régime sozusagen den amtlichen Totenschein aus. Gleichzeitig brachte sie im Geiste der Aufklärungsphilosophie die Ideale der Bourgeoisie zum Ausdruck und legte die Fundamente einer neuen Ordnung, die auf die gesamte Menschheit und nicht auf Frankreich allein anwendbar schien.

Hatte die Nationalversammlung einen Schlußstrich unter das Feudalsystem gezogen, indem sie den Ergebnissen der Volkserhebungen – wenn auch nicht uneingeschränkt – Rechtskraft verlieh, so begann sie mit der Erklärung der Menschen- und Bürgerrechte die Erneuerung Frankreichs. Sogleich im September zeigten sich die dabei zu bewältigenden Schwierigkeiten. Vor allem besserte sich die Finanzlage nicht. Der enge Ressortmensch Necker, der auf seinen Ministersessel umringt vom allgemeinen Jubel zurückgekehrt war, zeigte sich der neuen, komplizierten Situation nicht gewachsen und ruinierte selber seine Volkstümlichkeit. Steuern, die unter den gegebenen Umständen niemand mit Zwangsmitteln einzutreiben wagte, gingen so gut wie gar nicht mehr ein, und von einer Staatsanleihe über 30 Millionen wurden knapp drei gezeichnet.

Das politische Bild verdunkelte ferner die passive Resistenz, die der König der Konstituante entgegensetzte. Den Dekreten vom 5.–11. August wie auch der Erklärung der Menschen- und Bürgerrechte verweigerte er seine Unterschrift: „Nie werde ich einwilligen, meine Geistlichkeit und meinen Adel zu berauben." Er verzögerte mit solcher Hinhaltetaktik die Umgestaltung der Staatseinrichtungen.

Auch die weitere Verfassungsdebatte lief nicht glatt und ermutigte ihn zu Winkelzügen. Der Volksaufstand und seine Konsequenzen hatten den rechten Flügel der Patriotenpartei bedenklich gestimmt; von da an trachtete er danach, den Lauf der Revolution anzuhalten und in der Macht der Krone und sogar der des Adels wieder für Gegengewichte zu sorgen. Die Berichterstatter in der Konstituante empfahlen ein vom König zu benennendes erbliches Oberhaus nach englischem Muster, das naturgemäß ein Bollwerk der Aristokratie geworden wäre. Dazu sollte der Monarch mit dem uneingeschränkten Einspruchsrecht gegen jeden Beschluß der gesetzgebenden Gewalt ausgestattet werden. Die Anhänger einer Pairskammer und des absoluten Veto erhielten die Bezeichnung „Monarchisten" oder „Anglomanen".

Die „Revolution der Notabeln", auf welche ihre Wünsche hinausliefen, kam freilich bald zu Fall. Sieyès argumentierte, daß dem Willen eines Einzelnen in gar keinem Fall Vorrang vor dem Gemeinwillen – Rousseaus *volonté générale* – gebühre; die Mehrheit der gesetzgebenden Gewalt müsse unabhängig von der Exekutive handeln. Moralisch unterstützt von Demonstrationen in Paris „gegen das Vetorecht *eines* Mannes und für das Vetorecht von 25 Millionen", setzten Barnave, Duport und die Brüder Lameth als Führer der patriotischen Majorität in der Konstituante am 10. September mit 849 zu 89 Stimmen die Ablehnung des Zweikammersystems durch. Über das Veto ließen sie hingegen mit sich handeln.

Am 11. September wurde es „mit aufschiebender Wirkung während zweier Legislaturperioden“ bei 575 Ja- und 325 Gegenstimmen angenommen. Das gezeigte Entgegenkommen sollte den König erweichen, die Augustdekrete doch noch durch seine Unterschrift in Kraft zu setzen. Ludwigs Haltung blieb indessen starr, und die Patrioten gelangten allmählich zu der Überzeugung, daß nur eine neue Volksaktion sie zu brechen vermöchte.

Die wirtschaftliche Situation brachte in der Tat das Volk von Paris wiederum in Bewegung. Die emigrierenden Aristokraten entzogen Frankreich nicht allein große Mengen Gold- und Silbergeld; die Schrumpfung oder Zurückhaltung eines entscheidenden Kundenkreises traf ebenfalls das in Paris vorwiegende Luxusgewerbe und den mit ihm verbundenen Handel. Die Arbeitslosenkurve stieg abermals, während das Brot auch nach der Ernte teuer blieb: über drei Sous das Pfund. Der Drusch des Getreides war noch nicht beendet, und im September mußten die Frauen schon wieder nach Brot anstehen. Arbeiter veranstalteten Kundgebungen für Lohnerhöhungen oder Arbeitsplätze. Die Schuhmachergesellen versammelten sich auf den Champs Elysées, beschlossen einen Lohntarif und wählten ein Kampfkomitee, das ihre Interessen wahrnehmen und Beiträge sammeln sollte, um daraus die Arbeitslosen unter ihnen zu unterstützen. Die Unfähigkeit der Nationalversammlung, das Getreideproblem zu lösen, und die Fahrlässigkeit der neuen Pariser Stadtverwaltung in der Lebensmittelversorgung erschwerten die Lage zusätzlich. Marat nagelte in der zweiten Nummer seiner Zeitung *Der Volksfreund* (*L'Ami du peuple*) die Verantwortlichkeit des Versorgungsausschusses im Rathaus fest:

Heute (Mittwoch, den 16. September) haben sich die Schrecken des Lebensmittelmangels erneut bemerkbar gemacht, die Bäckerläden werden belagert, dem Volk fehlt es an Brot; und ausgerechnet nach der reichlichen Ernte, inmitten des Überflusses sogar sind wir drauf und dran, Hungers zu sterben. Kann man daran zweifeln, daß wir von Verrätern umgeben sind, die unseren Untergang herbeizuführen suchen? Sollten wir dieses Unheil nicht dem Grimm der Volksfeinde,

der Habgier der Monopolisten, der Unfähigkeit oder der Untreue der Verwaltung verdanken?
Die Wirtschaftsengpässe lieferten der politischen Agitation zusätzlichen Zündstoff. In Paris verwalteten Bürgerversammlungen die 60 Distrikte und bildeten gewissermaßen ebensoviele Volksklubs, die zu den Ereignissen Stellung nahmen. Das Hauptquartier der politischen Aktivisten blieb das Palais Royal. Eine patriotische Presse schoß aus dem Boden. Die revolutionären Publizisten veröffentlichten außerdem ungezählte Broschüren und Pamphlete zur Aufklärung des Volkes über die freiheitsfeindlichen Hinterabsichten der Aristokraten, über die Notwendigkeit einer Säuberung der Nationalversammlung von Prälaten und Adligen, die keinen Anspruch erheben konnten, die Nation zu vertreten. Camille Desmoulins legte der großen Laterne am Grève-Platz vor dem Rathaus, deren starkes Eisengestänge im Juli einigen summarischen Hinrichtungen von Volksfeinden gedient hatte, seine aufreizende *Rede der Laterne an die Pariser* in den Mund. Namenlose Flugschriften mehrten sich, aus denen die allgemeine Unzufriedenheit sprach: überaus kennzeichnend eine, die beschriftet war: *Die Warum des Monats September 1789.*

Der Zug nach Versailles

An diesem Septemberende drohte der Revolution erneut Gefahr. Der König, der den Augustdekreten weiterhin die Anerkennung verweigerte, machte sich noch einmal zum Angriff bereit und verstärkte sich in Versailles durch Truppen, die in seinem Sinne als verläßlich galten. Ihrerseits bereiteten seit einiger Zeit Abgeordnete der Linken, Pariser Journalisten und streitbare Männer aus den Distrikten, die fühlten, daß der Konflikt ausgetragen und die zähe Opposition des Königs gebrochen werden mußte, eine Aktion vor, in der das Volk der Hauptstadt abermals seinen Willen durchsetzen sollte. Marat forderte im Volksfreund vom 2. Oktober die Pariser zum Handeln auf, ehe der Winter ihre Übel vermehre. Noch ungestümer *Die nationale Peitsche*, in Nummer 3:

Pariser, öffnet endlich die Augen, erwacht aus eurer Betäubung! Die Aristokraten umzingeln euch von allen Seiten; sie wollen euch in Eisen schlagen, und ihr schlaft! Wenn ihr euch nicht beeilt, sie zu vernichten, werdet ihr der Knechtschaft, dem Elend, der Verzweiflung zur Beute fallen. Wacht auf, noch einmal: wacht auf!

Unter den Patrioten kam der Gedanke auf, der König müsse inmitten seines guten Volkes von Paris Wohnung nehmen; umgeben von den Vertretern der Nation, würde er dem Einfluß der Aristokraten entzogen, und das Heil der Revolution wäre gesichert.

Nachdem sich das Volk einmal im Alarmzustand befand, genügte ein Zwischenfall zur Auslösung des Aufruhrs. Zu einem solchen kam es tatsächlich.

Am 1. Oktober gaben die Offiziere des Gardekorps ihren Kameraden vom Regiment Flandern im Schloß von Versailles ein Bankett. Als die königliche Familie erschien, intonierte das Orchester „Oh Richard, mein König, die Welt läßt dich im Stich". Vom Wein erhitzt, traten die adligen Zechgenossen die nationale blauweißrote Kokarde mit Füßen und hefteten sich die weiße Kokarde des Königs oder die schwarze der Königin an.

Paris erfuhr zwei Tage später davon, und seine Empörung war grenzenlos. Am 4. Oktober, einem Sonntag, bildeten sich Zusammenrottungen. Die Journalisten geißelten den Vorfall als Kundgebung des aristokratischen Komplotts. *Die nationale Peitsche* schrieb: „Seit Montag haben die guten Pariser die größte Mühe, sich mit Brot einzudecken. Nur Herr Große Laterne könnte es ihnen besorgen, und sie verschmähen es, zu diesem guten Patrioten ihre Zuflucht zu nehmen." Abermals wurde das Hungergespenst zum entscheidenden Faktor, der das Volk in Bewegung setzte.

Am Morgen des 5. Oktober versammelten sich Gruppen von Frauen aus dem Faubourg St. Antoine und dem Markthallenviertel vor dem Rathaus und verlangten Brot, das sie nicht erhielten. Danach beschlossen sechs- bis siebentausend von ihnen, nach Versailles zu ziehen –

unter Führung Maillards, jetzt an der Spitze der „Freiwilligen der Bastille“, einer Bürgerschutztruppe, die sich aus Kämpfern vom 14. Juli zusammensetzte. Gegen Mittag läutete die Sturmglocke, die Distrikte versammelten sich, die Nationalgarde strömte zum Grève-Platz und rief: nach Versailles! Lafayette wurde gezwungen, das Kommando zu übernehmen. Gegen fünf Uhr nachmittags brachen diese rund 20000 Männer ihrerseits auf. Um dieselbe Stunde waren die Frauen mit ihren männlichen Begleitern in Versailles angelangt. Sie entsandten eine Abordnung in die Nationalversammlung, danach zum König; beide versprachen Mehl und Brot. Die Nationalgarde erschien gegen 10 Uhr abends am Schauplatz. Der König, nun schleunigst darauf bedacht, seine Gegner zu veruneinigen, übermittelte der Konstituante, daß er ihre Dekrete vom August annehme. So hatte die Journée erst einmal den politischen Erfolg der Patriotenpartei mit einem Schlag sichergestellt.
Am Morgen des 6. Oktober drangen Haufen der Manifestanten in das Schloß und bis in das Vorzimmer der Königin. Zwischen der Menge und den Leibgarden brach eine Schlägerei aus. Die Nationalgarde ließ sich Zeit, ehe sie ihr ein Ende setzte und die Eindringlinge zur Räumung der Gemächer bewog. Ludwig, begleitet von der Königin und dem Kronprinzen, dem Dauphin, willigte ein, sich zusammen mit Lafayette auf dem Balkon zu zeigen. Die Menge, zuerst unentschlossen, welche Haltung sie einnehmen sollte, spendete ihnen schließlich Beifall, jedoch unter dem Ruf: nach Paris! Der König gab nach. Die Nationalversammlung erklärte auf Befragen, daß sie von der Person des Königs nicht zu trennen sei.
Um ein Uhr mittags eröffnete die Nationalgarde unter Kanonenschüssen den Marsch; ihr folgte ein langer Zug aus Getreide- und Mehlkarren unter Bedeckung der Frauen. Hinter Truppenteilen die königliche Familie in ihrer Kutsche und Lafayette auf seinem tänzelnden Schimmel am Wagenschlag; danach etwa hundert bereits reisefertige Abgeordnete zu Wagen, abermals Menge und zum Abschluß wieder Nationalgarden. Um 10 Uhr abends erst betrat Ludwig XVI. das seit längerem unbewohnte

Tuilerienschloß im Herzen von Paris. Die Nationalversammlung verlegte am 12. ihre Sitzungen ins Erzbischöfliche Palais, da der ihr zugedachte Reitsaal der Tuilerien, die Manege, noch nicht hinreichend für seinen neuen Zweck instandgesetzt war.
Die „denkwürdigen Oktobertage“ änderten die Position und das Kräfteverhältnis der Parteien. Die „Monarchisten“ unter Mounier und Malouet, seit August Bremser vom Dienst, waren die großen Besiegten; sie verstanden und zogen sich aus der Kampflinie: eine erste „Mitte“, die in der Auseinandersetzung hoffnungslos zerrieben wurde.
Für viele Patrioten, worunter Camille Desmoulins in der ersten Nummer seiner neuen Zeitung *Die Revolutionen Frankreichs und Brabants* („Paris wird die Königin der Städte sein, und der Glanz der Hauptstadt wird der Größe und Majestät des Französischen Reiches entsprechen“), handelte es sich um nichts anderes als die Vollendung der nationalen Erneuerung in der Gemeinschaft aller Bürger mit ihrem König. Nur einige ungewöhnlich hellsichtige Männer waren vor allzu großem Optimismus auf der Hut; so Marat in Nummer 7 des *Volksfreundes:*
Es ist ein Fest für die guten Pariser, endlich ihren König zu besitzen. Seine Gegenwart wird sehr rasch das Antlitz der Dinge ändern. Das arme Volk wird nicht mehr Hungers sterben. Dieses Glück wird sich jedoch bald wie ein Traum verflüchtigen, wenn wir den Aufenthalt der königlichen Familie nicht für so lange in unserer Mitte festlegen, bis die Verfassung vollständig unter Dach und Fach ist. Der Volksfreund teilt die Freude seiner teuren Mitbürger, aber er wird nicht in Schlaf verfallen.
Die wechselvollen Ereignisse von Juli bis Oktober 1789 und die Zielrichtung, in der die Konstituante ihr Werk in Angriff nahm, rechtfertigten die Wachsamkeit der besten Patrioten in der Tat vollauf.

Aus der revolutionären Situation war eine Revolution hervorgegangen, weil sich die revolutionäre Klasse stark genug gezeigt hatte, die alte Regierung und ihr ganzes System durch revolutionäre Massenaktionen bis auf den

Grund zu erschüttern. Die Massen, die sich – so Lenin – „in der ‚friedlichen' Epoche ruhig ausplündern lassen", wurden in dieser stürmischen Zeit „dagegen sowohl durch die ganze Krisensituation *als auch durch die ‚oberen Schichten' selbst* zu selbständigem Handeln gedrängt". Der Volksaufstand verbürgte der Bourgeoisie den Sieg, und neue Massenaktionen erstickten Anläufe der Konterrevolution im Keim. Die Nationalversammlung, dank den Parisern erfolgreich über die Monarchie von Gottes Gnaden, fürchtete indessen, sich dem Volk auf Gnade und Ungnade auszuliefern, und mißtraute fortan ebensosehr der Demokratie wie dem Absolutismus. Sie wollte gewiß ihren Primat gegen jede offensive Rückkehr eines Aristokratenregimes schützen; so befleißigte sich die bürgerliche Mehrheit, dem auf das aristokratische Prinzip eingeschworenen Königtum als Institution möglichst die Schwingen zu stutzen. Weil sie jedoch davor zurückschreckte, die werktätigen Klassen am politischen Leben und an der Leitung des Staates teilhaben zu lassen, hütete sie sich, aus den pompösen Versicherungen der Erklärung der Menschen- und Bürgerrechte jene Schlüsse abzuleiten, die sich aus ihnen natürlicherweise ergaben.
Das Königtum geschwächt, das Volk unter Vormundschaft: Unter dieser Devise machte sich die Konstituante Ende 1789 an die Arbeit, das Staatsgefüge zum Nutzen der Bourgeoisie zu verändern.

KAPITEL IV

Das Werk der Konstituante

1. 1790 – Das Jahr der Versöhnler

Mit den „Oktobertagen" ging nach manchen – auch unliebsamen – Überraschungen die erste Sturm- und Drangperiode der Revolution zu Ende. In der Folgezeit geriet sie in vorerst ruhigeres Fahrwasser; Stagnationserscheinungen waren mithin nicht ausgeschlossen.

Bei der Umgruppierung der Klassenkräfte hatte die Großbourgeoisie die Vorherrschaft im neuen Staat zu erringen gewußt und setzte alles daran, sie zu behaupten und auszubauen. Sie fand, daß sie alle Ursachen hätte, mit dem Erreichten zufrieden zu sein und fortan evolutionäre Maßnahmen im Rahmen der Legalität zu bevorzugen.

Die Aristokratie streckte jedoch die Waffen nicht, und die werktätigen Klassen blieben unter dem Druck der wirtschaftlichen Schwierigkeiten unruhig. Die Großbourgeoisie, die ihre Stellung demnach nach beiden Seiten verteidigen mußte, gab einer Politik des Klassenbündnisses mit den breiten Volksmassen nunmehr den Abschied; sie war hingegen nicht abgeneigt, den reformwilligen Teil des Adels ihrem System einzugliedern und ihm nach englischem Beispiel sogar die dekorative Repräsentation des Staates nach außen weithin zu überlassen.

Lafayette und der „Fayettismus"

Ein Ausgleich, der nach dem Vorbild der Glorious Revolution von 1688 über den wieder unterworfenen Volksmassen die Herrschaft von bürgerlichen Notabeln und liberalen Adelsreformern aufgerichtet hätte, setzte das Einverständnis der entscheidenden Fraktionen der Bourgeoisie und der Aristokratie, besonders aber die Mitwirkung des Königs voraus. Diesen zu überzeugen und jene zu überreden, daß nur so ein abermaliger Rückgriff auf die Kampfkraft des Volkes vermeidbar wäre, setzte sich eine Kompromißpolitik zur Aufgabe, deren Hauptexponent Lafayette wurde.

Die französische Aristokratie von 1789 war mit der englischen des 17. Jahrhunderts indessen nicht vergleichbar. In England gab es keine Steuerprivilegien; der militärische Charakter der Aristokratie war dort nahezu verschwunden, und der Edelmann verlor sein Adelsprädikat nicht, wenn er Geschäfte betrieb. Seefahrt und Kolonialhandel hatten ihn zum Partner des kapitalistischen Bourgeois gemacht; er nahm an der Entfaltung der neuen Produktivkräfte teil. Die Feudalstrukturen in Staat und Kirche waren längst beseitigt, Produktion und Eigentum von feudalen Fesseln befreit worden. In Frankreich hingegen bewahrte der Adel seine wesenhaft feudalen Merkmale. An Waffenhandwerk und Hofdienst gebunden, von einträglichen Handels- und Industrieunternehmungen bis auf seltene Ausnahmen unter Androhung des Adelsverlustes ausgeschlossen, blieb er verknöcherten Traditionen um so mehr verhaftet, als sie seiner Existenz als Klasse und seiner führenden Rolle in Gesellschaft und Staat zum Unterpfand dienten.

Wäre ein Kompromiß im Frühjahr 1789 möglich gewesen? Dazu hätte die Krone eine kühne Initiative ergreifen, der König selber auf die Seite der neuen Kräfte übergehen müssen. Seine Haltung bewies im Gegenteil, daß die französische Monarchie weiter nichts war als das – freilich schon schartige – Instrument einer einseitig feudalaristokratischen Klassenherrschaft. Der Appell an die Säbel, zu dem sich Ludwig XVI. Anfang Juli entschloß und den er im Frühherbst zumindest nicht ausschloß, schien das Ende einer sich gerade erst am Horizont abzeichnenden bürgerlichen Revolution zu bedeuten. Die Kraft des Volkes hatte sie am 14. Juli gerettet und am 6. Oktober gesichert.

Kam danach eine mittlere Lösung noch in Frage? Manche dachten so, und Mounier hielt 1789 – wie 1788 in Vizille – die Zustimmung aller drei Stände zu einer „begrenzten

Revolution" für erzielbar; die Mehrheit des weltlichen und geistlichen Adels betrachtete jedoch schon Teilabstriche an den gewichtigen unter ihren feudalen Vorrechten als unannehmbar und zeigte ihm die kalte Schulter. Daraufhin resignierte er, verließ am 10. Oktober Versailles und emigrierte am 22. Mai 1790.

Der ehrgeizige Lafayette (1757–1834) hielt länger durch. Obwohl mäßig begabt, verfügte er über einige Eigenschaften, um die Großbourgeoisie zu verführen. Jung, beliebt und berühmt, glaubte er sich vom Schicksal berufen, in der Französischen Revolution die Rolle seines Freundes Washington in der Amerikanischen nachzuspielen. Seit ihn der Pariser Juliaufstand an die Spitze der Nationalgarde trug, gebot er dazu über eine bewaffnete Macht. Seine Politik zielte auf einen Vergleich des grundbesitzenden Adels mit der Finanz- und Handelsbourgeoisie in einer Monarchie britischen Typs. Die bürgerlichen Notabeln gefielen sich darin, sich in einem solchen Führeridol, das ihnen Gewähr gegen die doppelte Gefahr aristokratischer Anschläge und ungesteuerter Volksbewegungen zu bieten schien, selbst zu bespiegeln. Der Hof indessen verabscheute den Abtrünnigen aus den eigenen Reihen. Obwohl er ein Jahr lang die politische Vorderszene beherrschte, gelang es ihm weder, das Königspaar noch eine zuverlässige Mehrheit in der Konstituante für seine Pläne zu gewinnen.

Mirabeau ging dabei geschickter zu Werke. Er erdrückte jedoch die Nationalversammlung durch seine unvergleichliche Beredsamkeit und verärgerte sie gleichzeitig durch sein Lotterleben und mehr noch durch seine Charakterlosigkeit. Eigens, um ihn von der Macht fernzuhalten, dekretierte sie am 7. November 1789, daß keiner ihrer Abgeordneten ein Ministeramt bekleiden dürfe. Daraufhin verschrieb sich der Erboste gegen bare Zahlung dem Hof, und Ludwig vermittelte zwischen ihm und Lafayette; gemeinsam drückten sie im Mai 1790 für den König das Recht durch, Krieg zu erklären und Frieden zu schließen.

Die Achtung Marats hatte Mirabeau längst verloren.

Was Riquetti den Älteren (d. i. Mirabeau) *anlangt, schrieb er im Volksfreund am 10. August 1790, so fehlt ihm zum erlauchten Patrioten nur ein ehrliches Herz ... Wie schade, daß er keine Seele hat! ... Ich habe mit Schrecken beobachtet, wie er gleich einem Rasenden um sich schlug, um in die Generalstände zu gelangen, und ich sagte mir damals: Heruntergekommen auf den Punkt, sich zu prostituieren, um zu leben, wird er seine Stimme an den Meistbietenden verhökern. Zuerst gegen den Monarchen, ist er jetzt von ihm gekauft, und wir danken seiner Käuflichkeit fast alle ... Dekrete, die seit jenem über das Veto angenommen wurden, bis zum Dekret über das Recht der Kriegserklärung. Was kann man von einem sitten- und ehrlosen Menschen ohne Grundsätze erwarten? Da ist er nun die Seele der Bestochenen und der ministeriellen Kreaturen geworden, die Seele der Verschworenen und der Verschwörer.*

Mirabeau seinerseits verachtete den „Hohlkopf“ Lafayette, und ihr Einvernehmen stellte sich auf längere Sicht als brüchig heraus.

Lafayettes Grundkonzept scheiterte jedoch nicht so sehr an den Klippen persönlicher Eifersüchteleien als an seiner inneren Widersprüchlichkeit. Ungestrafte bäuerliche Widerspenstigkeit gegen das Ausführungsgesetz vom 15. März 1790 über die Ablösung der Feudalrechte versteifte die Gegenwehr der Aristokratie, die sich weniger von den legislativen Maßnahmen als vom Massendruck zusehends in die Enge getrieben fühlte. Solange ihm ein Schimmer Hoffnung verblieb, seine Klasseninteressen durch eine Rückkehr zur absoluten Monarchie oder noch besser zu einem aristokratischen Ständestaat, wie er Fénélon oder Montesquieu vorgeschwebt hatte, gewahrt zu sehen, leistete der Adel der Durchsetzung kapitalistischer Verhältnisse unter Führung einer revolutionären Bourgeoisie unbedingten Widerstand. Um diesen zu brechen, blieb der Bourgeoisie letzten Endes nur die Aktionsgemeinschaft mit den Volksmassen in Stadt und Land. Um damit zu einem Schluß zu kommen, wird sie später die napoleonische Diktatur hinnehmen. Erst, nachdem die Feudalität für immer zerstört und jeder Versuch ihrer Wiederherstellung praktisch unmöglich erschien, wird die Aristokratie in den Kompromiß einwilligen, der ihr im 19. Jahrhundert unter der Julimonarchie einen ruhigen Platz an der Seite der definitiv zur Macht gelangten Bourgeoisie einräumt. 1790 jedoch war sie um so weniger gewillt, ihren eigenen Klassenzielen zu entsagen, als Umtriebe der Emigranten, Intrigen der ausländischen Höfe und die Anfänge organisierter Konterrevolution ihren Hoffnungen frische Nahrung gaben. Unter solchen Umständen wurde dem Versöhnlertum Lafayettes die reale politische Grundlage entzogen.

Organe und Instrumente der Politik

Die Nationalversammlung hatte sich mittlerweile im Reitsaal der Tuilerien mehr schlecht als recht eingerichtet. Sie tagte jeden Vormittag und abends nach 18 Uhr. Der Vorsitz wechselte alle 15 Tage. Der Kontakt mit dem Volk wurde gewahrt, indem man Petitionären gestattete, vor den Schranken der Versammlung zu defilieren; die Öffentlichkeit konnte den Beratungen auf den Tribünen folgen. Vorbereitet wurde die Arbeit durch insgesamt 31 Ausschüsse, deren Berichterstatter die Beschlußanträge stellten.

Die Gruppierungen in der Versammlung lassen sich nicht mit modernen Parteien vergleichen, wiewohl sie die Bezeichnungen „Rechte" und „Linke" einbürgerten. Der Klub der „Schwarzen" oder „Aristokraten" war der „Französische Salon". Die gemäßigteren „Monarchisten", die sich im „Klub der Freunde einer monarchischen Verfassung" trafen, näherten sich Ende 1789 als erste Fraktion des alten Tiers der Rechten und gingen 1790 großenteils in ihr auf.

Auf der Linken umfaßte die „Verfassungspartei" (*Constitutionnels*) die Masse der ursprünglichen Patriotenpartei. Im Geiste der 1789 verkündeten Grundsätze vertraten sie – mit Lafayette als ihrem „starken Mann" – die Interessen der Großbourgeoisie, deren Macht sie in einer verfassungsmäßig beschränkten Monarchie am besten aufgehoben wähnten. Unter ihren Wortführern trat der mit den „Monarchisten" liebäugelnde Sieyès 1790 bereits in den Hintergrund. Juristen wie Camus und Target standen in ihren Reihen neben Klerikern wie die Erzbischöfe Champion de Cicé und Boisgelin; das sogenannte Triumvirat Barnave – Duport – Lameth war noch um eine Spur liberaler als sie. Eine Handvoll Demokraten endlich trat mit Petion und Robespierre für die Anliegen des Volkes und das allgemeine Wahlrecht ein.

Die Patrioten schufen haltbare Organisationen. Seit dem Mai 1789 hatten sie die Gewohnheit angenommen, sich zu versammeln, um anstehende Fragen unter sich zu besprechen. So war in Versailles der „Bretonische Klub“ entstanden, dem nach und nach auch Abgeordnete anderer Provinzen beigetreten waren. Nach den „Oktobertagen“ zog er in ein leerstehendes Pariser Kloster der Dominikaner, die in der Umgangssprache Jakobiner (*jacobins*) geheißen wurden, in der St. Honoré-Straße und änderte seinen Namen in „Gesellschaft der Verfassungsfreunde“; als Mitglieder ließ er fortan gegen Entrichtung eines – nicht geringen – Beitrags außer den Deputierten der Nationalversammlung auch angesehene Bürger zu. Dieser „Jakobinerklub“ schuf ein Korrespondenznetz mit Klubs und Gesellschaften, die sich in den meisten größeren Provinzstädten gebildet hatten: Mitte 1790 waren es rund hundert, Mitte 1791 schon über vierhundert. So gelang es ihm verhältnismäßig schnell, die militanteste Schicht der revolutionären Bourgeoisie in ganz Frankreich hinter sich zu bringen und gewissermaßen um die Pariser „Muttergesellschaft“ zu konzentrieren. Camille Desmoulins schrieb über ihn am 14. Februar 1791:

In der Verbreitung des Patriotismus, d. h. der Philanthropie, scheint diese neue Religion, die die ganze Welt für sich erobern wird, der Klub oder die Kirche der Jakobiner, zum selben Primat berufen zu sein wie die Römische Kirche in der Ausbreitung des Christentums. Schon ersuchen alle Klubs oder Vereine oder Kirchen, die sich bilden, mit ihr in Korrespondenz zu treten ... Die Gesellschaft der Jakobiner ist den guten Bürgern weniger gefährlich als der Untersuchungsausschuß der Nationalversammlung, weil Beratungen über Denunziationen hier öffentlich sind. Sehr viel furchtbarer ist sie den schlechten Bürgern, weil ihre Korre-

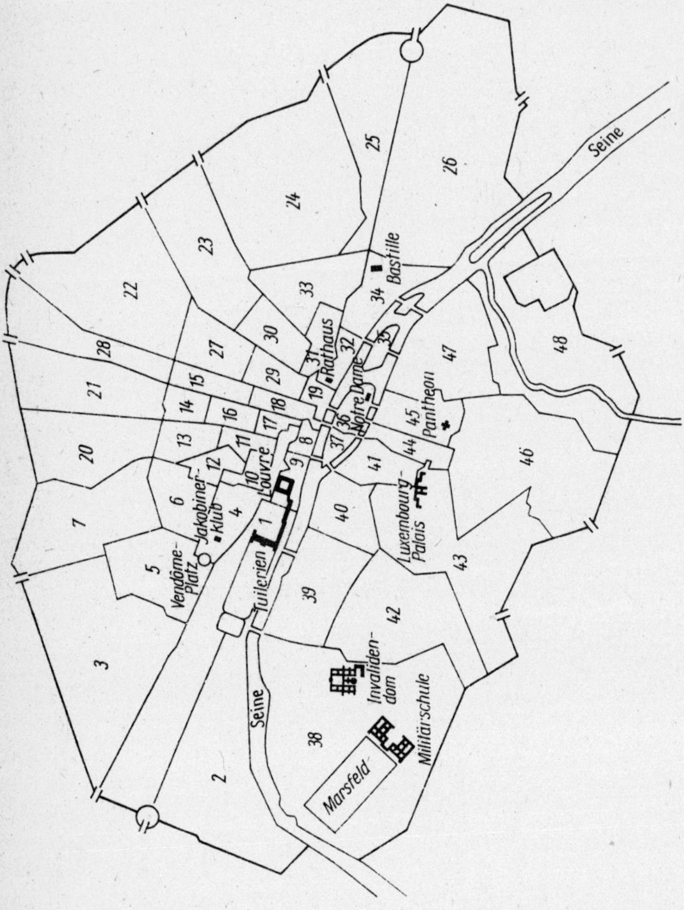

Seine
Bastille
Rathaus
Notre Dame
Pantheon
Luxembourg-Palais
Louvre
Tuilerien
Vendôme-Platz
Jakobiner-Klub
Invaliden-dom
Militärschule
Marsfeld
Seine

Die 48 Sektionen

1 Tuileries
2 Champs-Elysées
3 Roule (République)
4 Palais-Royal (Butte-des-Moulins; Montagne)
5 Place-Vendôme (Piques)
6 Bibliothèque („1792“; Le Peletier)
7 Grange-Batelière (Mirabeau; Mont-Blanc)
8 Louvre (Muséum)
9 Oratoire (Gardes-Françaises)
10 Halle-au-Blé
11 Postes (Contrat-Social)
12 Place-Louis XIV (Mail; Guillaume Tell)
13 Fontaine-Montmorency (Molière-et-La Fontaine; Brutus)
15 Ponceau (Amis-de-la-Patrie)
14 Bonne-Nouvelle
16 Mauconseil (Bon-Conseil)
17 Marché-des-Innocents (Halles; Marchés)
18 Lombards
19 Arcis
20 Faubourg-Montmartre
21 Poissonnière
22 Bondy
23 Temple
24 Popincourt
25 Montreuil
26 Quinze-Vingt
27 Gravilliers
28 Faubourg-Saint-Denis (Faubourg-du-Nord)
29 Beaubourg (Réunion)
30 Enfants-Rouges (Marais; L'Homme-Armé)
31 Roi-de-Sicile (Droits-de-l'Homme)
32 Hôtel-de-Ville (Maison-Commune;Fidélité)
33 Place-Royale (Fédérés; Indivisibilité)
34 Arsenal
35 Ile-Saint-Louis (Fraternité)
36 Notre-Dame (Cité; Raison)
37 Henri IV (Pont Neuf; Révolutionnaire)
38 Invalides
39 Fontaine-Grenelle
40 Quatre-Nations (Unité)
41 Théâtre-Français (Marseille) Marseille-et-Marat; Marat,
42 Croix-Rouge (Bonnet-Rouge)
43 Luxembourg (Mutius-Scaevola)
44 Thermes-de-Julien (Beaurepaire; Chalier)
45 Sainte-Geneviève (Panthéon-Français)
46 Observatoire
47 Jardin-des-Plantes (Sans-Culottes)
48 Gobelins (Finistère)

spondenz mit den angeschlossenen Gesellschaften alle Winkel und Schlupfwinkel der 83 Departements erfaßt. Sie ist nicht nur der große Ankläger, der die Aristokraten entsetzt; sie ist auch der große Initiator, der Mißstände abstellt und den Bürgern zu Hilfe kommt. In seinen Schoß werden von überall her die Beschwerden der Unterdrückten niedergelegt, ehe sie vor die erlauchte Nationalversammlung gebracht werden. In den Saal der Jakobiner strömen unablässig Abordnungen, sei es, um sie zu beglückwünschen oder die Gemeinschaft mit ihnen zu verlangen, ihre Wachsamkeit zu wecken oder ein Unrecht abzustellen.

Der Klub der Cordeliers – benannt nach seinem ersten Tagungslokal, der Kirche der Franziskaner (volkstümlich: *cordeliers*) – oder, offiziell, die „Gesellschaft der Freunde der Menschen- und Bürgerrechte" – wurde im April 1790 von Bewohnern des gleichnamigen Pariser Distrikts südlich der Seine als ein demokratisches Forum eröffnet. Er begnügte sich mit niedrigen Mitgliedsätzen und nahm bald auch Frauen auf. Volksvertreter beehrten ihn selten. Dafür wurde er zur Tribüne junger Revolutionäre, die sich hier in heißen Redeschlachten vor einer zahlreichen kritischen Hörerschaft erste Sporen verdienten: Der Schauspieler und Stückeschreiber Ronsin, sein hitziger Freund Vincent, der Buchdrucker Momoro, der stimmgewaltige und „löwenköpfige" Advokat Danton (1759 bis 1794). Zu seinen Autoritäten rechnete er Marat und den Rechtsanwalt Robert, der zusammen mit seiner Frau, der Schriftstellerin Kéralio, als einer der ersten für die Republik eintrat. In anderen Stadtvierteln erlaubten zahlreiche Klubs und Volksgesellschaften, deren erste – die „Brüderliche Gesellschaft beider Geschlechter" – der Lehrer Dansard am 2. Februar 1790 gründete, auch einfachen Bürgern, am politischen Leben teilzunehmen, sich über die in der Konstituante, in der Commune und in den Distrikten – später den Sektionen – erörterten Probleme zu unterrichten, sie und die Behörden anzuspornen oder zu tadeln, Petitionen abzufassen und vorzubringen.

Zeitungen, die seit dem 14. Juli wie Pilze aus dem Boden schossen, wurden in ihrer Bedeutung als Mittel zur Beeinflussung der öffentlichen Meinung, von der in revolutionären Zeiten soviel abhing, von allen Seiten erkannt. Für die Verbreitung konterrevolutionärer Auffassungen sorgten zahlreiche Blätter, die aus königlichen Geheimfonds subventioniert wurden, worunter der *Freund des Königs* des Abbé Royou und die *Apostelgeschichte* des geschliffenen Satirikers Rivarol, der den „Patrouillotismus" ins Lächerliche zog. Lafayette und die Verfassungspartei unterstützte besonders die „Große Presse": der von Panckoucke mit Amsterdamer Erfahrung kommerziell betriebene *Moniteur* als bestinformierte Zeitung der Epoche, das *Journal von Paris* und der *Freund der Patrioten.* Einige Blätter waren ungeachtet eines starken Individualismus ihrer Herausgeber jakobinisch beeinflußt: der *Kurier* von Gorsas, die *Patriotischen Annalen* von Carra, der *Französische Patriot* Brissots, Desmoulins' *Revolutionen Frankreichs und Brabants;* dasselbe traf auf Prudhommes *Revolutionen von Paris* – mit der zeitweilig höchsten Auflage – insbesonders zu, solange Loustalot ihr geistiger Kopf war. Das Cordeliers-Ehepaar Robert redigierte einen *Nationalmerkur* und Bonneville einen *Eisenmund.* Am scharfsichtigsten und unerbittlichsten trat trotz aller Verfolgungen, die er sich deshalb frühzeitig und fortgesetzt zuzog, Marat in seinem *Volksfreund* für die Rechte der Volksmassen ein, die die Revolution zum Sieg geführt hatten und über ihn wachen mußten.

Das Fest der Föderation

Die „Föderationen" bildeten eine Art Erwiderung der Patrioten auf Umtriebe der Konterrevolution. Bewohner des Landes und der Städte fraternisierten in örtlichen Verbündnissen, indem sie sich untereinander Beistand zusicherten, als erste am 29. November 1789 die Nationalgarden des Dauphiné und des Vivarais in Valence.

Die „nationale Föderation" zur ersten Jährung des 14. Juli schloß 1790 diese Bewegung zur Einheit der Nation mit einer großartigen Kundgebung ab. Auf dem Marsfeld zelebrierte Talleyrand am Altar des Vaterlandes eine

Festmesse. Lafayette als Glanzfigur des Festes sprach im Namen aller Föderierten der Departements den Eid, „der die Franzosen unter sich und die Franzosen mit ihrem König vereinigt, um Freiheit, Verfassung und Gesetz zu beschirmen". Der König schwur seinerseits – meineidig – der Nation und dem Gesetz Treue. 300000 Menschen grüßten die „wiedergefundene Eintracht" in Hochstimmung.

Die Föderationsbewegung gab Aufschluß über das partiotische Streben nach nationaler Einheit und bezeugte, daß die Massen zur neuen Ordnung standen. Merlin (von Douai) konnte am 28. Oktober darauf Bezug nehmen, als er anläßlich des Streitfalles mit den im Elsaß begüterten deutschen Reichsfürsten dem Dynastenstaat die Nation als freiwillige Assoziation entgegensetzte. Dennoch verdeckte das jubelnde Volk vom 14. Juli 1790 nicht den politischen und sozialen Sinn der Rolle, die Lafayette während der Feier spielte. Die vom Abgott der Bourgeoisie befehligte Nationalgarde war eine Truppe, in der die Besitzenden bereits wieder unter sich waren und vorerst bleiben werden trotz Robespierres peinlicher Frage am 27. April 1791: „Zu seinem persönlichen Schutz bewaffnet zu sein, ist das Recht jedes Menschen ohne Unterschied; zum Schutz des Vaterlandes bewaffnet zu sein, ist das Recht jedes Bürgers: Werden diejenigen, die arm sind, deshalb Ausländer und Sklaven?" Beim Fest der Föderation war das Volk weniger Handelnder als Zuschauer: Die Nationalgarde verkörperte die bewaffnete Macht der Bourgeoisie im Gegensatz zur Armee, der bewaffneten Macht des Königtums.

Armee in der Auflösung: Nancy

Der Klassenkonflikt ergriff indes auch das durch die Fahnenflucht adliger Offiziere ins Ausland desorganisierte und im übrigen seit Jahren infolge der Mittelknappheit vernachlässigte Heer. Offiziere, die aus diesem oder jenem Grunde ausharrten, fühlten sich von den Reformen der Konstituante mehr und mehr betroffen. Ihre dadurch

versteifte Haltung wiederum brachte sie in Gegensatz zu patriotisch gestimmten Soldaten, deren Bürgersinn durch den Besuch von Klubs und Volksgesellschaften genährt wurde. Das wechselseitige Mißtrauen wuchs sprunghaft.
Die Nationalversammlung erwies sich als unfähig, das Militärproblem zu lösen. Zwar ging sie davon aus, daß nationale Verteidigung und Verteidigung der Revolution miteinander verbunden seien. Wie jedoch die Armee des Königs dem Einfluß der Aristokratie entreißen, ohne eine demokratische Revolution in sie hineinzutragen? Die Männer der Konstituante, in ihren sozialen Schranken Gefangene ihrer Vorurteile, begnügten sich mit halben Maßnahmen wie Solderhöhung, Verbesserung der Heeresverwaltung und Milderung der barbarischen Dienst- und Disziplinarvorschriften.
Zwar hatte schon am 12. Dezember 1789 Dubois-Crancé unter Pfuirufen der Rechten und bei betretenem Schweigen der Linken die allgemeine Wehrpflicht und die Schaffung nationaler Streitkräfte vorgeschlagen. In der Debatte entrüstete sich Herzog Liancourt, es sei hundertmal besser, in Marokko oder Konstantinopel zu leben als in einem Staat, in dem solches Gesetz würde – und die Konstituante konnte sich tatsächlich nie dazu durchringen, obwohl es an Warnungen an ihre Adresse nicht fehlte und noch am 10. Juni 1791 Robespierre ihre Inkonsequenz aufs Korn nehmen wird: „Ihr habt den Adel zerstört, und der Adel lebt noch an der Spitze der Armee!"
Als sich Meutereien in Garnisonen und Kriegshäfen mehrten, konnte Lafayette als Adliger und Berufsoffizier nicht schwanken und ergriff die Partei der Truppenführung. Nachdem es in Nancy nach einer Weigerung der Offiziere, den Soldaten die Kontrolle der Regimentskassen zuzugestehen, zu schwerem Aufruhr gekommen war, dekretierte die Konstituante am 16. August 1790 die Verletzung der von ihr erlassenen und vom König bestätigten Gesetze durch Waffengewalt umgehend zum Verbrechen ersten Grades an der Nation.
Marquis Bouillé, Kommandant des Militärbezirks Metz und Schwager Lafayettes, erstickte daraufhin die Meuterei in Blut. Zwanzig der Anführer ließ er erschießen und etwa

vierzig Schweizer Söldner vom Regiment Châteauvieux auf die Galeeren schicken; Lafayette stellte sich hinter ihn. Damit gab er der Konterrevolution ein Stichwort, und seine Popularität schmolz – so bald nach dem Fest der Föderation! – dahin. „Kann man noch zweifeln," schrieb Marat im *Volksfreund* vom 12. Oktober 1790, „daß der große General, der Held zweier Welten, der unsterbliche Wiederhersteller der Freiheit, nicht das Oberhaupt der Konterrevolutionäre, die Seele aller Verschwörungen gegen das Vaterland ist?"
Zum selben Zeitpunkt beschwor der Episkopat einen Kirchenkampf herauf. Die Aristokratie begann sich trotz aller Beteuerungen über die Notwendigkeit einer nationalen Harmonie auf den Bürgerkrieg einzustellen. Ja, Ludwig XVI. selbst bereitete sich ernsthaft darauf vor, das Ausland um Hilfe anzurufen. So wankte der Boden unter Lafayettes Politik des Klassenkompromisses und einer Versöhnung von Nation und Monarchie; gegen Ende des Jahres 1790 beschleunigte infolgedessen die Revolution abermals ihren Lauf.

2. Die bürgerliche Neuordnung Frankreichs

Inmitten aller Konflikte widmete sich die Nationalversammlung mit Beharrlichkeit ihrer eigentlichen Arbeit. Sie zeigte keine Eile, die fertige Verfassung auf den Tisch des Hauses zu legen und auseinanderzugehen, sondern faßte ihr Mandat weiter. Als Kinder der Aufklärung wollten die Männer der Konstituante die Gesellschaft und ihre Einrichtungen rationalisieren; sie sprachen den Prinzipien, auf denen sie beruhen sollten, universelle Gültigkeit zu. Als Vertreter der Bourgeoisie jedoch, bereits konfrontiert mit einer handelnden Konterrevolution wie mit den vordringenden Volkskräften, bogen sie die Verfassung im Sinne ihrer Klasseninteressen zurecht und scheuten sich nicht, wo nötig sogar die von ihnen selbst feierlich verkündeten Grundsätze zu umgehen. Sie rangen mit einer Wirklichkeit in voller Bewegung, hüteten sich vor Abstraktionen und paßten sich den Umständen an. Dieser Widerspruch erklärt sowohl die Hinfälligkeit ihres politischen Werkes, das schon 1792 zugrunde ging, als auch das Echo der von ihnen verkündeten Prinzipien, das bis heute nicht gänzlich verhallt ist.

Diese Prinzipien fanden ihren klassischen Ausdruck in der Erklärung der Menschen- und Bürgerrechte, deren „Unkenntnis, Vergessen oder Mißachtung" laut Präambel die einzigen Ursachen der Mißgeschicke von Staaten oder der Verderbnis von Regierungen seien. Von nun ab würden „einfache und unbestreitbare Grundsätze" die „Aufrechterhaltung der Verfassung und das Glück aller" verbürgen: optimistischer Glaube einer aufsteigenden Klasse an die Allmacht der Vernunft im Einklang mit dem Zeitgeist der Aufklärung.

Die am 17. August 1789 angenommene Erklärung bildete sozusagen den Katechismus der neuen Ordnung. Gewiß birgt sie nicht das gesamte Gedankengut der Konstituante; so wird die Wirtschaftsfreiheit, auf die die Bourgeoisie soviel Nachdruck legte, nicht ausdrücklich genannt. Jedoch präzisieren die Präambel, die die Theorie des Naturrechts heranzieht, und die 17 planlos angeordneten Artikel das Wesen der Rechte des Individuums und der Nation. Ihr Anspruch auf Gemeingültigkeit überschreitet merklich den empirischen Charakter der im 17. Jahrhundert verkündeten britischen Freiheiten. Die amerikanischen Deklarationen aus der Zeit des Unabhängigkeitskrieges hatten die Universalität des Naturrechts für sich ebenfalls in Anspruch genommen, jedoch mit Einschränkungen, die ihre Tragweite begrenzten.

Die Menschenrechte stehen dem Individuum vor jeder Gesellschaft und vor jedem Staat zu. Es sind natürliche und unverjährbare Rechte, deren Bewahrung das Ziel jeder politischen Vereinigung ist (Art. 2). „Die Menschen werden frei und gleich in ihren Rechten geboren und bleiben es" (Art. 1). Diese Rechte sind: Freiheit, Eigentum, Sicherheit und Widerstand gegen Unterdrückung (Art. 2). Das Recht auf Widerstand sollte allerdings mehr die vergangenen als künftige Erhebungen rechtfertigen.

Freiheit ist definiert als das Recht, „alles zu tun, was dem Anderen nicht schadet"; sie wird nur von der Freiheit der Anderen begrenzt (Art. 4). Sie besteht vor allem aus der Freiheit der Person, der Garantie gegen willkürliche

Anklage und Verhaftung (Art. 7), der Unterstellung ihrer Unschuld bis zum Erweis des Gegenteils (Art. 9). Als Herren über ihre Person können die Menschen frei reden und schreiben, drucken und veröffentlichen, sofern ihre Meinungsbekundung nicht die gesetzliche Ordnung stört (Art. 10) oder in bestimmten vom Gesetz festgestellten Fällen die Freiheit mißbraucht (Art. 11). Frei sind die Menschen auch, zu erwerben und zu besitzen. Das Eigentum ist laut Artikel 2 ein unverjährbares Naturrecht, laut Artikel 17 unverletzlich und heilig. Niemandem kann also sein Eigentum entzogen werden außer im Falle einer gesetzlich festgestellten Staatsnotwendigkeit und unter der Bedingung einer gerechten und vorausgehenden Entschädigung (Art. 17): Damit wird konkret die Bestätigung des Rückkaufs der Feudalrechte umschrieben.

Die Gleichheit wird in der Erklärung mit der Freiheit verbunden. Die Bourgeoisie hatte sie gegenüber dem Adelsstand, die Bauernschaft gegenüber ihren Grundherren nachdrücklich gefordert. Natürlich handelt es sich nur um die Gleichheit der Staatsbürger vor dem Gesetz. Würden, Stellen und öffentliche Ämter sind allen ohne Ansehen der Geburt zugänglich (Art. 6). Soziale Unterschiede gründen sich nur noch auf die gesellschaftliche Nützlichkeit (Art. 1), Tugend und Talent (Art. 6). Die Steuern sind auf die Bürger unter Berücksichtigung ihrer Möglichkeiten nach einem einheitlichen System aufzuteilen.

Der Staat ist nicht mehr Endzweck in sich. Er hat kein anderes Ziel, als den Bürgern den Genuß ihrer Rechte zu sichern. Wenn er darin versagt, werden sie der Unterdrückung Widerstand leisten (Art. 2). Die Nation, d. h. die Gesamtheit der Bürger ist souverän (Art. 3), das Gesetz Ausdruck des Gemeinwillens. Alle Bürger haben persönlich oder durch ihre Vertreter das Recht, zu seiner Bildung beizutragen (Art. 6). Verschiedene Leitsätze dienen der Sicherung der Souveränität der Nation: die Gewaltentrennung, ohne die es – Montesquieu zufolge – keine Verfassung gibt (Art. 16); das Aufsichtsrecht der Bürger oder ihrer Vertreter über die öffentlichen Mittel und die Verwaltung (Art. 14 und 15).

Die Deklaration von Jüngern der Philosophen, die sich zeitlos an alle Völker wenden, trägt nichtsdestoweniger einen Klassenstempel. Von besorgten Eigentümern redigiert, strotzt sie von kleinlichen Verbotstafeln, die sogar schon Mirabeau in Nr. 31 seines *Kurier der Provence* auffielen:

Eine nackte Erklärung der Menschenrechte, anwendbar auf jedes Zeitalter, auf alle Völker, alle moralischen und geographischen Breitengrade des Erdballs, war zweifelsohne eine große und schöne Idee. Es wäre jedoch vielleicht gut gewesen, die Grundlagen unseres eigenen Gesetzbuches wenn nicht zu legen, so wenigstens zu vereinbaren, ehe man so großzügig an dasjenige für andere Nationen dachte. Bei jedem Schritt, den die Versammlung bei der Ausbreitung der Menschenrechte unternimmt, sieht man sie befremdet vom Mißbrauch, den der Bürger damit treiben könnte . . . Deshalb die vielfältigen Einschränkungen, pedantischen Vorsichtsmaßregeln und Bedingungen in allen folgenden Artikeln, die fast überall Rechte durch Pflichten ersetzen. Das sind wahre Fesseln der Freiheit, die in mehr als einer Hinsicht in die lästigsten Einzelheiten der Gesetzgebung eingreifen und den an die rechtlichen Regeln seines Zivilstandes gebundenen, nicht den von Natur aus freien Menschen darstellen werden.

Die Männer der Konstituante dachten zweckmäßig. Unter einer Formulierung, die Anspruch auf Weltgeltung erhob, verrichteten sie die Arbeit, die ihnen die Umstände abverlangten. Die vorausgegangenen Erhebungen gegen die königliche Autorität rechtfertigend, wollten sie sich gleichzeitig schützen vor Aktionen der Volksmassen gegen das von ihnen errichtete Werk: Daher die auffälligen Inkongruenzen ihres Dokuments. Artikel Eins erklärt alle Menschen zu Gleichen, ordnet jedoch die Gleichheit der gesellschaftlichen Nützlichkeit unter. Artikel Sechs erkennt die Gleichheit vor der Steuer und dem Gesetz an, ohne die Ungleichheit der Besitzverhältnisse anzutasten. Eigentum ist laut Artikel Zwei ein unverjährbares Naturrecht des Menschen, während eine dazu im Widerspruch stehende faktische Mehrheit von Besitzlosen die Versammlung nicht im geringsten bedrückt. Die „Religionsfreiheit“ duldet laut Artikel 10 nichtkatholische Kulte in dem Maße, als „ihre Kundgebungen nicht die gesetzlich festgelegte Ordnung stören“; nur für die katholische Kirche kommt der Staat jedoch materiell auf; Protestanten und Juden, die vor 1789 diskriminierenden Beschränkungen und zeitweise üblen Verfolgungen ausgesetzt waren, werden zwar in den Staatsbürgerverband eingegliedert, haben sich jedoch mit der Freiheit privater Religionsausübung zu begnügen. Jeder Bürger darf reden, schreiben und drucken, was er will, behauptet Artikel Elf; indessen kann das Gesetz in bestimmten Fällen den „Mißbrauch der Freiheit“ ahnden.

Wir sind schnell von der Sklaverei zur Freiheit fortgeschritten, – kommentierte Loustalot in Nr. 8 der *Revolutionen von Paris,* – *wir marschieren noch schneller von der Freiheit zur Sklaverei. Die erste Sorge jener, die die Absicht haben werden, uns zu verknechten, wird sein, die Pressefreiheit zu beschränken oder sogar zu vernichten. Und es ist unglücklicherweise im Schoße der Nationalversammlung dieses Wechselbalg eines Prinzips geboren worden, „daß niemand für seine Meinungen belangt werden kann, solange ihre Bekundung nicht die gesetzlich begründete Ordnung stört“. Diese Bedingung ist wie ein Riemen: Man kann sie nach Belieben weiter oder enger schnallen ... Sie wird ... jedem Intriganten dienlich sein, der zu einem Posten gelangt ist, um sich darauf zu behaupten. Man wird seinen Mitbürgern nicht die Augen öffnen können darüber, was er gewesen ist, was er gemacht hat, was er tun will, ohne daß er sagen wird, man störe die öffentliche Ordnung.*

Die übertretenen Grundsätze

Als es in der Sache darauf ankam, Frankreich umzumodellieren, ließen sich die bürgerlichen Juristen und Logiker der Konstituante weder durch allgemeine Prinzipien noch durch die reine Vernunft in Verlegenheit bringen. Als Realisten, die gezwungen waren, den einen entgegenzukommen, um die anderen im Rahmen zu halten, kümmerten sie Diskrepanzen ihres Grundgesetzes wenig.

Die vollen Bürgerrechte wurden nur zögernd auf alle Franzosen ausgedehnt: auf die Protestanten am 24. Dezember 1789, auf die sephardischen Juden spanisch-portugiesischer Herkunft am 28. Januar 1790, auf den östlichen Glaubenszweig der Aschkenazim im Elsaß sogar erst am 27. Dezember 1791. Die Sklaverei wurde am 28. September 1791 im Mutterland für abgeschafft erklärt, jedoch in den Kolonien beibehalten, weil ihre Aufhebung die Interessen der großen Pflanzer geschädigt hätte. Sogar den persönlich freien „Farbigen", meist Mulatten, wurden die politischen Rechte bestritten, nachdem die Versammlung unter Ausklammerung der Philosophie entschieden hatte, daß in den Kolonien die weiße Hautfarbe Vorbedingung der Staatsbürgerschaft sei. Den Arbeitern schließlich verweigerte die Konstituante das Koalitions- und Streikrecht.

Die Erklärung der Menschen- und Bürgerrechte verkündete das Recht aller Bürger, zur Gesetzgebung beizutragen. Ein Gesetz vom 22. Dezember 1789 bewilligte das Stimmrecht jedoch nur den Besitzenden und teilte die Männer Frankreichs in drei Kategorien auf.

„Passivbürger" wurden vom Wahlrecht ausgeschlossen, weil sie vom Eigentum ausgeschlossen waren. Nach Sieyès, der diese Nomenklatur erfand, haben sie Anrecht auf „den Schutz ihrer Person, ihres Eigentums, ihrer Freiheit", jedoch nicht darauf, „tätigen Anteil an der Bildung der Staatsgewalt zu nehmen". Drei Millionen Franzosen wurden so mit einem Federstrich ihres Wahlrechts beraubt.

Die „Aktivbürger" waren nach Sieyès „die wahren Aktionäre des großen Gesellschaftsunternehmens": jene rund vier Millionen, die direkte Steuern jährlich mindestens in Höhe des örtlichen Wertes von drei Tagelöhnen zahlten. Sie vereinigten sich zu Primär- oder Urwählerversammlungen, um auf ihnen die Gemeindevertreter und die Wahlmänner zu bestimmen.

Die Wahlmänner oder Elektoren, jeweils einer auf 100 Aktivbürger, demnach knapp 50000 in ganz Frankreich, qualifizierten erst Direktsteuern im Wert von mindestens zehn Tagelöhnen. Sie versammelten sich in Wahlmännerkollegien der Departementshauptstädte, um die Abgeordneten der Nationalversammlung, die Richter und die Mitglieder der Departementsverwaltung zu wählen. Die Abgeordneten schließlich, aus denen sich die gesetzgebende Versammlung („Legislative“) zusammensetzte, mußten erstens Grund und Boden besitzen und Direktsteuern nicht unter „einer Mark Silber“ (etwa 52 Livres) zahlen.

Dieses Zensus- oder Steuerklassenwahlrecht lief darauf hinaus, die Vorherrschaft des Geburtsadels durch eine solche der Geldaristokratie in zwei Stufen zu ersetzen und die Volksmassen von politischer Betätigung fernzuhalten.

Gegen die Lesart des Verfassungsausschusses, daß die Einführung des Wahlzensus einen gewissen „Wetteifer“ unter den Passivbürgern hervorrufen werde, ihren Reichtum zu mehren, um Aktivbürger und sodann Elektoren zu werden – ein Vorgriff auf Guizots: „Bereichert euch!“ –, protestierte die demokratische Opposition vergeblich. Gregoire wies auf ihre Unvereinbarkeit mit dem Geist der Erklärung der Menschen- und Bürgerrechte hin, und Robespierre wandte am 22. Oktober 1789 ein: „Jedes Individuum genießt nach der Verfassung das Recht zur Mitwirkung an den Gesetzen, die es verpflichten, und an der Verwaltung, die es betrifft. Anderenfalls ist es nicht wahr, daß alle Menschen gleich sind in ihren Rechten, daß jedermann ein Staatsbürger ist.“

Kein Blatt nahm die fortschrittliche Presse vom Munde. Loustalot brandmarkte in Nr. 17 der *Revolutionen von Paris* die „neue Aristokratie des Geldes“. Camille Desmoulins schrieb in Nr. 3 der *Revolutionen Frankreichs und Brabants:*

Um den ganzen Widersinn des Dekrets aufzuzeigen, genügt es zu sagen, daß nach ihm Rousseau, Corneille, Mably nicht wählbar gewesen wären ... Aber was wollt ihr eigentlich mit diesem so oft wiederholten Wort „Aktivbürger“ sagen? „Aktivbürger“ sind jene, die die Bastille erstürmt haben, jene, die den Boden urbar machen, wohingegen die Müßiggänger des Klerus und des Hofes trotz der gewaltigen Ausdehnung ihrer Domänen weiter nichts sind als Kümmer-

Abb. 5 Bewaffnete Sansculotten

Abb. 6 Zentrum von Paris

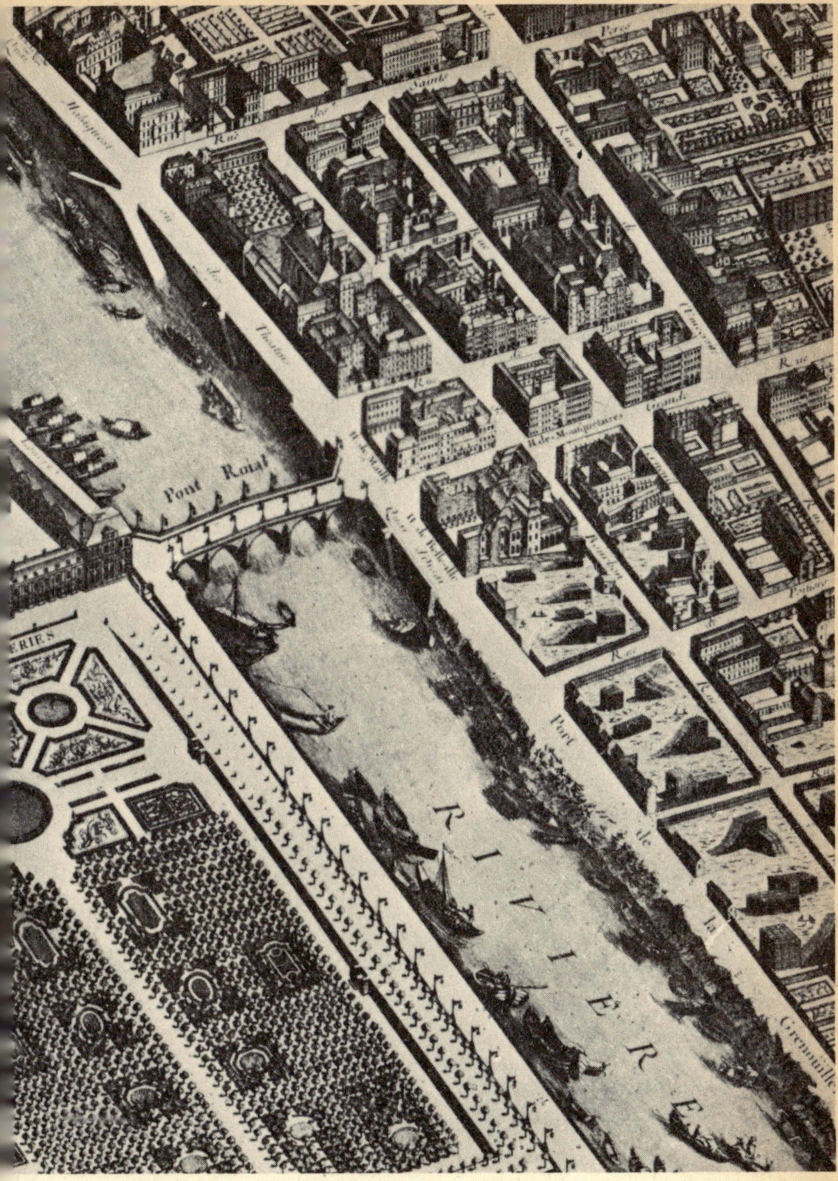
Pont Roial
RIVIERE
Port
de
la
Grenouille
ERIES
Rue
Grande
Rue

Abb. 7 Die Gemüsehändlerin

pflanzen, vergleichbar jenem Baum des Evangeliums, der keine Früchte trägt und den man ins Feuer werfen soll.

Marat sah im *Volksfreund* vom 18. November 1789 die verhängnisvollen Auswirkungen der Wahlordnung auf die Volksklassen voraus und rief sie zur Gegenwehr auf: *So wird die Volksvertretung, nachdem sie proportional zur Direktsteuer geworden ist, das Reich in die Hände der Reichen zurückgeben, und das Los der stets unterworfenen, stets unterjochten und stets unterdrückten Armen wird sich niemals durch friedliche Mittel verbessern lassen. Hier haben wir ohne Zweifel einen schlagenden Beweis für den Einfluß des Reichtums auf die Gesetzgebung. Im übrigen erstreckt sich die Herrschaft der Gesetze nur soweit, als sich die Völker ihnen unterwerfen möchten. Und wenn sie das Joch des Adels gebrochen haben, werden sie ebenso dasjenige des großen Reichtums brechen.*

Der politische Überbau

Die Konstituante bekannte sich zur „Freiheit" in all ihren Formen. Darunter verstand sie politische Freiheiten in ihrer zensitären Beschränkung und Freiheit der ökonomischen Tätigkeit von reglementierendem Zwang. Frei sollte das Individuum sein zu schöpferischer und produktiver Gestaltung, in seinem Streben nach Gewinn und darin, von ihm beliebigen Gebrauch zu machen.

Die politische Reform war seit der Einsetzung des Verfassungsausschusses am 7. Juli 1789 im Gang. Im August war die Erklärung der Menschen- und Bürgerrechte und im Oktober die Annahme der ersten Verfassungsartikel erfolgt, im Dezember die Wahlordnung ergangen. Im Sommer 1790 machten sich schon erste Umarbeitungen erforderlich. Erst im August 1791 kam die Aussprache über die Endredaktion zum Abschluß und am 3. September zur Abstimmung: Das wurde die großbürgerliche Verfassung von 1791.

Die Exekutivgewalt behielt die monarchische Form bei; kaum jemand konnte sich damals einen großen Staat anders vorstellen, und am 22. September 1789 erhob sie die Nationalversammlung zum Beschluß.

Sie engt die Vollmachten des Königs freilich ein. Sein Wille hat nicht mehr Gesetzeskraft; alle Gewalt geht von der Nation aus, und die Gesetzgebung ruht bei der Nationalversammlung:

Es gibt in Frankreich keine höhere Autorität als das Gesetz; der König regiert nur durch dieses, und er kann allein kraft der Gesetze Gehorsam heischen.

Andererseits sollte das Königtum immerhin stark genug erhalten werden, um die Bourgeoisie notfalls gegen das Volk abzusichern. In diesem Sinne hatte sich die Versammlung schon am 11. September für ein Veto ausgesprochen, das dem König erlaubte, vorpreschender demokratischer Gesetzgebung einen Riegel vorzuschieben. Da nur von aufschiebender Wirkung, beließ es immerhin der Versammlung das Amt des Schiedsrichters, falls der König eine Rückkehr zum Absolutismus bewerkstelligen oder sich – wie Mirabeau ihm riet – auf das Volk stützen sollte, um die Vormundschaft der bürgerlichen Notabeln abzuschütteln. Ein Oberhaus verfiel der Ablehnung, um den Erbadel auszuschalten, der mit der alten Monarchie nun einmal verklammert war. Das Recht der Kammerauflösung wurde dem König verweigert, um ihm gegenüber der Großbourgeoisie, die als Herr über den gesetzgebenden Körper dessen Permanenz verkünden ließ, die Hände zu binden.

Die Konstituante wagte nicht, den sakralen Charakter des Monarchen unumwunden zu leugnen, und begnügte sich – und ihn – am 10. Oktober 1789 mit der Berufsbezeichnung „Ludwig, von Gottes Gnaden und durch das Verfassungsgesetz des Staates König der Franzosen". Hervorgehoben wurde damit seine Unterordnung unter das Gesetz, Ausfluß des Gesetzgebenden Körpers, dieser selbst wieder Repräsentanz der Bourgeoisie, noch drastischer in den am 9. November beschlossenen Artikeln über Einbringung und Bestätigung der Gesetze. Der König konnte sie nicht „ablehnen", sondern allenfalls aufschiebend „prüfen". Offenherzig unterstrich die Formel der Gesetzesverkündung den Vorrang der Legislative vor der Exekutive: „Die Nationalversammlung hat verfügt, und wir wünschen und befehlen wie folgt . . ."

Noch weniger als in der Regierung hat der König in der örtlichen Verwaltung zu sagen. Das Gesetz vom 22. Dezember 1789 über die Neueinteilung Frankreichs in Departements räumte mit allen Bevollmächtigten der Exekutive in den neuen Verwaltungsbezirken auf. Die letzten Intendanten und Subdelegierten stellten ihre Tätigkeit ein, sobald die Administratoren der Departements ihre Arbeit aufgenommen hatten.
Dieser „König der Franzosen“, erblich, jedoch der Verfassung untergeordnet, auf die er einen Eid zu leisten hat, ist ernannter Beamter mit 25 Millionen Zivilliste. Er bewahrt das Recht, seine Minister zu wählen, jedoch außerhalb des Kreises der Abgeordneten. Ohne ihre Unterschrift vermag er nichts. Diese Verpflichtung zur Gegenzeichnung nimmt ihm alle Macht der eigenen Entscheidung und macht ihn von seinem Rat abhängig, der wiederum von der Nationalversammlung abhängt: Der König ist ohne Verantwortung und kann nicht verantwortlich gemacht werden. Er ernennt die obersten Beamten, die Gesandten und Generäle; er leitet die Diplomatie. Jedoch kann er weder Krieg erklären noch Verträge schließen ohne vorherige Zustimmung der Nationalversammlung.
Die zentrale Verwaltung besteht aus sechs Ministerien: Inneres, Justiz, Krieg, Marine, Auswärtige Angelegenheiten, Finanzen; die alten Räte verschwinden. Die Minister können durch die Nationalversammlung in Anklagezustand versetzt werden; sie legen, ehe sie aus dem Amt scheiden, Rechenschaft ab und bedürfen der Entlastung. Im Widerspruch zur Theorie der Gewaltenteilung behält der König durch sein Vetorecht einen Teil der gesetzgebenden Gewalt; allerdings bezieht es sich nicht auf Verfassungs- und Finanzgesetze.
Die legislative Gewalt liegt bei einer einzigen Kammer, gewählt für zwei Jahre nach dem Zensuswahlrecht in zwei Stufen: der Gesetzgebenden Nationalversammlung aus 745 Abgeordneten. Sie ist unverletzlich, besitzt die Initiative der Gesetzeseinbringung, überwacht die Amtsführung der Minister, die vor einem Hohen Nationalgericht verfolgt werden können für Vergehen „gegen

die nationale Sicherheit und die Verfassung". Sie kontrolliert die Außenpolitik durch ihren Ausschuß für Diplomatie und beschließt das Militärkontingent. In Finanzangelegenheiten ist sie souverän: Der König kann weder über Mittel verfügen noch selbst den Haushalt vorschlagen. Indem sie sich ohne Einberufung durch den König am ersten Montag im Mai aus eigenem Rechte versammelt, ihren Tagungsort und die Dauer ihrer Sitzungen bestimmt, ist die Nationalversammlung unabhängig vom König, der sie nicht auflösen darf. Wenn sie sich in Ausrufung des nationalen Notstands direkt ans Volk wendet, kann sie sich sogar über sein Veto hinwegsetzen.

Der Kapitalismus der freien Konkurrenz

Befand sich die reale politische Macht unter monarchischem Aushängeschild in den Händen der durch den Wahlzensus geschützten Großbourgeoisie, so beherrschte sie erst recht das Wirtschaftsleben.
Die Erklärung der Menschen- und Bürgerrechte erwähnt die Wirtschaftsfreiheit sicher deshalb nicht, weil sie der Mehrheit der Konstituante selbstverständlich schien; wahrscheinlich aber auch, weil die Volksklassen dem alten System der behördlichen Reglementierung und Preisfestsetzung anhänglich blieben. Riefen die Kapitalisten nach Freiheit der Konkurrenz, so bezeigten die Volksklassen eher eine vorkapitalistische Denkweise. Die Wirtschaftskrise, in der nach der Mißernte von 1788 eine zehnjährige Rezessionsphase gipfelte, barg ein Element der Zersetzung des Dritten Standes. Der von Brienne dekretierte und von Necker sogleich wieder aufgehobene freie Getreidehandel hatte einen Produktionszuwachs bewirkt, dessen Gewinn im wesentlichen der Bourgeois davontrug, während das Volk die Kosten bestritt. Es hatte dem Seigneur und dem geistlichen Zehntherrn vorgeworfen, „Aufkauf" zu betreiben; es wird seine Kritik bald gegen die Müller und dann gegen die Bäcker richten.

Die Solidarität des Tiers war bedroht. Die Frage: freies Spiel der Wirtschaftskräfte oder Wirtschaftskontrolle? Freiheit des Profits oder Recht auf Existenz? wird während der gesamten Dauer der Revolution die Vorstellung beeinflussen, die sich die verschiedenen Klassen und Schichten von der Nation machen.

Die Freiheit des Eigentums ergab sich aus der „Abschaffung der Feudalität“ durch die Dekrete vom 5. bis 11. August 1789. Das Ausführungsgesetz vom 15. März 1790 hatte die Unterscheidung von entschädigungslos liquidierten vollfeudalen Überbleibseln und „allen anderen“ Rechten, die zurückgekauft werden mußten, übernommen. Die Sätze für diesen Rückkauf wurden daraufhin am 3. Mai – außerordentlich hoch – auf das Zwanzigfache des Jahreswertes für Rechtsansprüche in Geld, auf das Fünfundzwanzigfache für Naturalabgaben festgelegt; der Bauer mußte außerdem Zins- und Zahlungsrückstände begleichen. Kleinbauern waren um so weniger in der Lage, sich unter so schweren Bedingungen loszukaufen, als keinerlei Kreditmöglichkeiten geschaffen wurden. Reichlichen Gebrauch vom Loskauf machten hingegen wohlhabende Landwirte und den Boden nicht selbst bewirtschaftende Stadtbürger; für letztere lag die Versuchung nahe, die Raten des Loskaufs auf ihre Pächter und Halbpächter abzuwälzen. Auch die Abschaffung des Zehnten fiel zugunsten der Eigentümer aus: Der Pächter schuldete ihm den Gegenwert in Geld, der Halbpächter seinen Anteil an der Ernte. Eine so verstandene Abschaffung der Feudalität konnte die Masse des Landvolkes keineswegs zufriedenstellen, und ihr Verdruß schlug schon 1790 in Unruhen und manchmal in Bauernaufstände um.

Mit der Abschaffung der Feudalität setzte sich eine neue Auffassung vom Eigentum durch. Es wurde unter die unverjährbaren natürlichen Rechte des Menschen aufgenommen: Eigentum in der bürgerlichen Bedeutung des Wortes. Frei, persönlich, total, seinen Gebrauch oder Mißbrauch erlaubend wie nach römischem Recht, hat das Eigentum keine andere Grenze als jene eines anderen Eigentums, in weit geringerem Maße allenfalls noch die

Staatsinteressen. Eine Konzeption, die nicht nur dem Begriff des feudalen Obereigentums diametral entgegenstand, sondern ebenso der gemeinwirtschaftlichen Vorstellung eines Kollektiveigentums am Gemeindeland und eines Privateigentums, das Verbindlichkeiten gegenüber der Dorfgemeinschaft belasten.

Die Anbaufreiheit krönte eine lange soziale und rechtliche Evolution zum landwirtschaftlichen Einzelbetrieb. Sie zersetzte das alte System des dörflichen Gemeinschaftsanbaus. Der Eigentümer konnte sein vom Flurzwang befreites Land nach Belieben bebauen und einhegen, die Brache in Nutzung nehmen. Eine Forderung nach der „Freiheit des Dorfes", die zur Abschaffung der „dem natürlichen und verfassungsmäßigen Recht auf Eigentum" widersprechenden freien Weide geführt hätte, lehnte die Konstituante jedoch als zu radikal ab; sie nahm nur die Kunstwiesen aus. Die endgültig erst am 27. November 1791 verabschiedete Landordnung (*Code rural*) zog ebenfalls nicht alle Konsequenzen aus den bestätigten Grundsätzen. Einhegung wurde gestattet, freie Weide und Triftrechte hingegen aufrechterhalten, wo sie sich auf Urkunden oder anerkanntes Gewohnheitsrecht stützten.

Die Freigabe der Produktion auf dem Agrarsektor wurde vervollständigt durch die Abschaffung der Korporationen und Monopole. Allerdings ging die Konstituante, da hierbei verschiedentlich gegensätzliche Interessen der Bourgeoisie aufeinanderprallten, auch darin zögernd vor. Die theoretische Einziehung korporativer Privilegien war noch in der Nacht des 4. August beschlossen worden, und Desmoulins hatte verstanden:

Es wird einen Laden haben, wer kann. Der Schneidermeister, der Schuhmachermeister, der Meister Perückenmacher werden weinen. Aber die Gesellen werden sich freuen, und in den Dachfenstern wird es Festbeleuchtung geben.

Das war zu früh gefreut. Im Dekret vom 11. August war nur von territorialen Körperschaften die Rede; die Zünfte blieben über anderthalb Jahre unangetastet. Erst im Verlauf einer Diskussion über die Gewerbesteuer brachte d'Allarde die Problematik auf einen Nenner: Zunft wie Monopol sind Faktoren der Verteuerung, Ausschließlichkeitsprivilegien, die zu beseitigen sind. Ein Gesetz vom 2. März 1791 (*loi d'Allarde*) machte demnach mit Innungen, Gilden, Zünften und privilegierten Manufakturen Schluß. Die kapitalistischen Produktivkräfte streiften ihre Fesselungen ab. Jedermann wurde zur Leitung eines beliebigen selbständigen Unternehmens oder Gewerbes zugelassen. Die Handelskammern der Großkaufleute, die Gewerbeordnung, Warenzeichenzwang und Gütekontrolle, schließlich die staatliche Manufakturinspektion verschwanden. Das Gesetz von Angebot und Nachfrage allein sollte Produktion, Preise und Löhne regieren.

Die Freiheit der Arbeit ist in einem solchen System an diejenige der Unternehmer gebunden. Der Arbeitsmarkt muß frei sein wie der Produktionsmarkt, Vereinigungen der Gesellen werden ebensowenig geduldet wie die Zünfte der Meister: Der Wirtschaftsliberalismus kennt nur Individuen. Im Frühjahr 1791 kam es zu mächtigen Arbeiterkoalitionen und Streikwellen, die die Bourgeoisie in Unruhe versetzten; die Zimmerergesellen besonders versuchten bei der Pariser Stadtverwaltung einen Lohntarif, den sie den Meistern auferlegen sollte, durchzusetzen. In diesem Klima von stürmischen Arbeiterforderungen erließ am 14. Juni 1791 die Konstituante das „Gesetz Le Chapelier". Es untersagte Bürgern desselben Berufszweiges – Meistern wie Arbeitern – bei strenger Strafe, Vorsitzende, Sekretäre oder Geschäftsführer zu wählen und „Beschlüsse über vorgeblich gemeinsame Interessen zu fassen oder über sie zu beraten", kurz: Es verbot Koalition und Streik, was eigentlich mit dem anerkannten Recht auf Vereins- und Versammlungsfreiheit nicht zu vereinbaren war. Die „Freiheit der Arbeit" lief jedoch der Freiheit der Assoziation den Vorrang ab. Die Gesellenbünde und die gemeinschaftlichen Hilfskassen der Arbeiter, die der Verteidigung ihrer Klasseninteressen gegen die Arbeitgeber dienen konnten, wurden wegdekretiert; das hieß in der Praxis Arbeiter und Gesellen dem Ermessen der Unternehmer ausliefern, die in der

Theorie ihresgleichen waren. Am 20. Juli wurden die Bestimmungen auf das flache Land ausgedehnt; sie untersagten verabredete Handlungen mit dem Ziel einer Einflußnahme auf die Lohn- und Preisgestaltung Grundbesitzern und Pächtern „ebenso“ wie dem Gesinde und den Landarbeitern.

Das Streik- und Koalitionsverbot, wovon ersteres in Frankreich bis 1864, letzteres formal bis 1884 überdauerte, bildete einen der Grundsteine des Kapitalismus der freien Konkurrenz. Der Liberalismus, gegründet auf die Abstraktion eines sozial egalitären Individualismus, erwies sich als vorteilhaft – für die ökonomisch Stärksten.

Die Freiheit des Binnenhandels wurde allmählich verwirklicht: Zuerst, am 29. August 1789, auf dem Getreidemarkt; am 18. September wurde freie Preisbildung zugelassen. Am 21. März 1790 entfiel die Salzsteuer, am 21. Oktober folgten die Binnenzölle und am 2. März 1791 die städtischen Eingangszölle. So verschwanden die von Physiokraten und Aufklärern verurteilten Verbrauchssteuern nahezu, wobei allerdings die Steigerung der Massenkaufkraft durch den Preisauftrieb mehr als aufgewogen wurde. Ein echter nationaler Markt entstand unter Einschluß der sogenannten „tatsächlich ausländischen“ Provinzen Elsaß und Lothringen, wo sich erst von da an politische und Zollgrenze deckten. Die Freizügigkeit für finanzielle Transaktionen vervollständigte die Freiheit des Handels. Der Wertpapiermarkt wurde jeder Aufsicht ebenso ledig wie der Warenmarkt, was dem Finanzkapital mächtigen Auftrieb gab.

Der Außenhandel erfuhr Lockerungen durch die Abschaffung der privilegierten Handelskompanien. Die 1785 wiedergegründete Ostindien-Kompanie verlor ihr Monopol östlich des Kaps der Guten Hoffnung zur Genugtuung der Bourgeoisie der Hafenstädte am 3. April 1790. Der Senegalhandel wurde am 18. Januar 1791 freigegeben, und Marseille büßte seine Sonderrechte im Levantehandel am 22. Juli ein. Jedoch ließen die Freihandelsschwüre der Konstituante die Auslandskonkurrenz deshalb nicht aus den Augen: ein weiteres Zeugnis für den Realismus der Männer von 1789, die im Tarif vom 2. März 1791 der nationalen Industrie einen mäßigen Schutzzoll gewährten. Sie erließen Einfuhrverbote für einige Textilien und Ausfuhrverbote für knappe Rohstoffe und für Getreide. Im Kolonialhandel blieb das merkantilistische System in Kraft: Auch nach dem Tarif vom 18. März 1791 durften die Kolonien ausschließlich mit beziehungsweise über ihr „Mutterland“ Handel treiben. So mächtig war der Druck der „Zuckerbarone“, die bereits die Aufrechterhaltung der Sklaverei und die Verweigerung der politischen Rechte sogar an die freien Farbigen durchgesetzt hatten.

Zweifelsohne hatte die Bourgeoisie schon vor 1789 Produktion und Zirkulation weitgehend beherrscht. Das durchgesetzte *„laisser faire, laisser passer“* befreit jedoch ihre kommerzielle und industrielle Tätigkeit ein für allemal von den Fesseln des Privilegs. Die kapitalistische Produktionsweise hatte sich noch im Rahmen der feudalen Eigentumsordnung zu entfalten begonnen; das zu eng gewordene Korsett war nun gesprengt, und die Konstituante setzte die Segel für die Beschleunigung ihres Wachstums.

Dezentralisierung und Justizreform

Mit dem Gesetz vom 22. Dezember 1789 trat an die Stelle der früheren Landeseinteilung in Bezirke (*circonscriptions*) ein einheitliches System von Departements, unterteilt in Distrikte, diese in Kantone und diese in Gemeinden (*communes*). Am 3. November 1789 wurde eine geometrische Einteilung vorgeschlagen: jedes Departement zu 320 Quadratmeilen mit je neun Gemeinden zu 36 Quadratmeilen. Mirabeau trat gegen soviel Schematismus auf.

Ich wünsche mir eine Einteilung, die örtliche Umstände berücksichtigt, nicht nur eine fast ideale mathematische, die mir undurchführbar scheint. Ich wünsche mir eine Einteilung, die nicht nur eine proportionale Vertretung ergibt, sondern auch die Verwaltung der Menschen und Sachen einander annähert, um eine stärkere Mitwirkung der Bürger zuzulassen. Schließlich verlange ich eine Ein-

teilung, die nicht als allzu umstürzende Neuartigkeit erscheint; die erlaubt, wenn ich so sagen darf, auf Vorurteile Rücksicht zu nehmen und sogar auf besondere Umstände; die ebenfalls von allen Provinzen gewünscht wird und sich auf schon bestehende Beziehungen gründet.

Das Dekret vom 15. Januar 1790 setzte die Zahl der Departements auf 83 fest; ihre bis heute wenig veränderten Grenzen wurden nach den von Mirabeau geäußerten Grundsätzen gezogen. Sie waren keine papierenen Zuschneidungen nach dem Zirkel, sondern entsprachen historischen und geographischen Gegebenheiten. Trotzdem haben sie den traditionellen Rahmen des Provinzlebens gesprengt und Frankreich klar definierte Verwaltungseinheiten gegeben, die in vielen Ländern nachgebildet wurden.

Die Gemeindeverwaltungen wurden durch das Gesetz vom 14. Dezember 1789 reorganisiert. Die Aktivbürger jeder Gemeinde wählten für zwei Jahre einen Generalrat, bestehend einerseits aus politischen Notabeln und andererseits aus der Gemeindeverwaltung (*corps municipal*). Letztere umfaßte die Gemeindebeamten, den Maire und einen Gemeindeprokurator – in größeren Städten mit Stellvertretern –, der die Interessen der Bürgerschaft wahrnehmen sollte. Der Magistrat (*municipalité*) besaß ausgedehnte Vollmachten: Steuerveranlagung und -erhebung, Aufrechterhaltung der Ordnung mit dem Recht, die Nationalgarde aufzubieten und das Kriegsrecht zu verkünden, schließlich die einfache Polizeigerichtsbarkeit. Aus direkter Wahl hervorgehend, waren die Gemeindeverwaltungen demokratischer als die Departementsverwaltungen, die in zwei Stufen gewählt wurden. Die Intensität des Gemeindelebens war eins der Kennzeichen des revolutionären Frankreichs.

Die Departementsverwaltung bestand nach dem Gesetz vom 22. Dezember 1789 aus einem Rat, der für zwei Jahre von der Wahlmännerversammlung des Departements als beratendes Organ gewählt wurde. Er benannte aus seiner Mitte ein Direktorium, das in Permanenz tagte und seine bevollmächtigte Exekutive bildete. Bei jedem Direktorium überwachte ein stellvertretender Generalprokurator die Anwendung der Gesetze. In Direktverbindung zu den Ministern sollte er das allgemeine Staatsinteresse vertreten; tatsächlich war er der Sekretär des Verwaltungsdienstes. Das Direktorium kontrollierte die Verwaltung im Departement; es erbte die alten Vollmachten der Intendanten. Das Departement, in dem die Regierung durch keinen unmittelbaren Bevollmächtigten vertreten war, bildete also gewissermaßen eine kleine Republik in den Händen der Großbourgeoisie. Die Distrikte waren mit Rat, Direktorium und Distriktsprokurator Departements im Kleinen. Ihre Aufgaben bestanden im Verkauf der Nationalgüter und der Steueraufschlüsselung auf die Gemeinden. Die Kantone besaßen keinen eigenen administrativen Apparat.

So folgte auf die zentralisierte Monarchie eine bürgerliche Dezentralisierung, die die örtliche Macht in die Hände der höheren Steuerklassen legte. Zwar konnte der König Regional- oder Lokalbehörden suspendieren und die Nationalversammlung sie wiedereinsetzen. Beide verfügten indessen über kein Mittel, um die Bürger gegen den Willen ihrer auf unterer Ebene gewählten Körperschaften zur Steuerzahlung oder zur Befolgung der Gesetze zu zwingen. In einer verschärften politischen Krisensituation konnten daraus ernste Gefahren für die Einheit der Nation entstehen.

Eine Justizreform ersetzte die zahllosen Sondergerichtsbarkeiten des Ancien régime durch eine neue Hierarchie nachgeordneter Gerichtshöfe, vor denen alle gleich waren. Die Rechtsprechung wünschte der Freiheit der Person einen Schutzbrief und daher dem Angeklagten eine Menge Garantien zu geben: Vernehmung 24 Stunden nach der Festnahme, öffentliche Urteilsprechung, Verpflichtung zur Verteidigung durch einen Rechtsanwalt. Die Anwendung des Grundsatzes der Souveränität der Nation führte zu Richterwahl und Geschworenengericht. Die Richter wurden unter den Absolventen der Rechtswissenschaft gewählt und sprachen Recht im Namen der Nation. Die Bürger wurden aufgefordert, im Verfahren die Tatsachen aufzuführen, und es dem Richter zu überlassen, sie vom rechtlichen Standpunkt zu beurteilen.

Schwurgerichte wurden nur im Bereich des Strafrechts eingerichtet. Für das Zivilrecht übernahm die Konstituante einen englischen Begriff und setzte laut Gesetz vom 16. August 1790 je Kanton einen „Friedensrichter“ ein. Unter den Aktivbürgern auf zwei Jahre von den Primärversammlungen gewählt, sprach er Urteile in letzter Instanz bei Bagatellsachen, in erster Instanz bis 100 Livres. Er spielte eine Rolle als Schiedsrichter, denn das Gesetz ließ viel Raum für Schiedsgerichte, die beispielsweise in Familiensachen verbindlich waren. Obwohl es bei der Zusammensetzung der Friedensgerichte Schwierigkeiten gab, weil die ehrenamtlichen Beisitzer wenig Eifer an den Tag legten, erwiesen sie sich als eine der dauerhaftesten Schöpfungen der Konstituante. Das aus fünf gewählten Richtern und dem vom König benannten Staatsanwalt zusammengesetzte Amtsgericht fungierte als Berufungsgericht und war letzte Instanz für Streitwerte bis 100 Livres. Für darüber hinausgehende Streitwerte gab es keinen besonderen Appellationshof: Ein Amtsgericht sprang dann für das andere ein.
Die Strafgesetzgebung kannte – nach Gesetzen vom 20. Januar, 19. Juli und 16. September 1791 – drei Instanzen: das aus Gemeindebeamten bestehende Polizeigericht, den kantonalen Gerichtshof der „Besserungspolizei“ (*police correctionnelle*) aus Friedensrichter und zwei Schiedsrichtern, die den Tatbestand aufnahmen, und das Kriminalgericht in der Departementshauptstadt mit Präsident, drei gewählten Richtern, einem Öffentlichen Ankläger und einem Bevollmächtigten des Königs, der die Ausführung der Strafe zu fordern hatte; acht Geschworene entschieden über Strafverfolgung; andere zwölf befanden „schuldig“ oder „unschuldig“. Die Geschworenen wurden aus Listen begüterter Aktivbürger gelost, und gegen ihren Spruch gab es keine Berufung. Am 25. September 1791 nahm die Konstituante ein Strafgesetzbuch an, das „imaginäre“ Vergehen wie Ketzerei oder Majestätsbeleidigung abschaffte und drei Kategorien von Straftaten einführte: leichte, mittlere und schwere.
An der Spitze gab es zwei nationale Gerichtshöfe. Das Kassationsgericht (27. November 1790), mit einem Richter

aus jedem Departement, konnte die Urteile der verschiedenen Gerichtshöfe aufheben, jedoch nur auf Grund von Formfehlern in der Prozeßführung oder von Verstößen gegen das Gesetz. Die Fälle wurden an einen anderen Gerichtshof derselben Instanz zurückverwiesen. Das „nationale Oberste Gericht“ (*Haute Cour nationale*, 10. Mai 1791) war ein Staatsgerichtshof, zuständig für Vergehen von Ministern und hohen Staatsbeamten, namentlich aber für Verbrechen gegen die Staatssicherheit.
Die Rechtsprechung war vom König unabhängig. Obgleich die Urteile in seinem Namen verkündet wurden, waren sie Sache der Nation geworden. Tatsächlich befand sich die Judikatur indessen ebenso wie die politische und administrative Macht in den Händen der durch den Wahlzensus ausgewiesenen Bourgeoisie.

Die endlose Finanzspirale

Die Steuerreform, eins der Hauptanliegen der Cahiers, brachte der Masse der Steuerpflichtigen Erleichterungen. Die indirekten Steuern wurden mit Ausnahme einer Eintragungsgebühr für Grundbesitz und bewegliche Güter, der Stempelsteuer und der Zölle abgeschafft.
Das neue System beruhte auf drei großen direkten Steuern. Die Grundsteuer vom 23. November 1790 wurde als Hauptsteuer gemäß der Lehre der Physiokraten auf das Einkommen vom Boden gelegt, jedoch hätte eine gerechte Veranlagung die Einrichtung eines Landeskatasters verlangt. Die Konstituante begnügte sich, die vom Departement einzufordernde Summe nach der Höhe der früheren Steuern festzulegen; die Gemeindelisten wurden nach den Steuererklärungen der Steuerpflichtigen geführt. Die Haussteuer vom 13. Januar 1791 richtete sich nach dem Mietseinkommen oder dem Ortswert des Gebäudes; sie sah Vergünstigungen für Familienunkosten und Aufschläge für Ledige vor. Die Gewerbesteuer vom 2. März 1791 betraf Einkommen aus Handel und Industrie.
Die den Gemeinden überlassenen Aufschlüsselung dieser Steuern verursachte Verdruß. Sie besaßen meist weder

die Mittel und oft auch nicht den guten Willen, die undankbare Aufgabe gerecht zu erfüllen. Der Notbehelf, die Aufteilung mit einigen Korrekturen nach dem Schlüssel des früheren Zwanzigsten vorzunehmen, löste schwere Unzufriedenheit aus. Es stellte sich im besonderen heraus, daß die Haussteuer die Bauern benachteiligte und dem Stadtbürgertum Vorteile brachte.

Die immerhin übersichtliche Steuerorganisation erhielt sich in den Grundzügen über ein Jahrhundert. Für den Augenblick vermehrte sie jedoch die Finanznöte, denn sie brauchte Zeit, sich einzuspielen. Die alten Steuern wurden zum 1. Januar 1791 aufgehoben, während die Grundsteuer kaum angelaufen war und die beiden anderen Hauptsteuern noch nicht bestanden.

Die Unruhen in Stadt und Land hatten sich für die Staatskasse verheerend ausgewirkt. Die jetzt bewaffneten Bauern weigerten sich schlankweg, zu zahlen. Die Nationalversammlung sah in der Geldklemme der Monarchie zuerst ein ausgezeichnetes Mittel, auf Ludwig und seine Minister Druck auszuüben. Die beiden Anleihen, die sie Necker am 9. und 27. August 1789 schließlich bewilligte, erwiesen sich als Fehlschläge. Daß der König sein Tafelsilber in die Münze schickte, bedeutete lediglich eine symbolische Geste, und auch die am 6. Oktober beschlossene „Patriotische Sonderabgabe“ eines Viertels vom Einkommen verschaffte nur einen einmaligen Zugang. Währenddessen wuchsen die Ausgaben unausgesetzt infolge der Übernahme neuer Verpflichtungen, und die Regierung lebte wie gehabt von der Hand in den Mund aus Vorschüssen der Diskontkasse.

Die Finanzkrise erlegte der Konstituante zwei ihrer großen Maßnahmen auf, die die soziale Revolution vertiefen sollten: den Verkauf des Kirchengutes nach seiner Nationalisierung und die Schaffung eines Papiergeldes, des Assignaten. An ihnen läßt sich das Gewicht der Umstände ermessen, die auf das Werk der Konstituante drückten und die Bourgeoisie trieben, die systematische nationale Konstruktion, die ihre Interessen befriedigte, zu überschreiten. Gezwungen, ihre Entscheidungen zu verhärten, beschleunigte sie im Endergebnis eine Umwälzung, die sie so weder gewünscht noch vorhergesehen hat, die jedoch der neuen Ordnung ihr dauerhaftes bürgerliches und bäuerliches Fundament verschaffte.

Am 10. Oktober 1789 schlug der gefällige Bischof Talleyrand von Autun vor, das – auf drei bis vier Milliarden geschätzte – Kirchengut zur Verfügung der Nation zu stellen, um sie endlich aller Geldverlegenheiten zu entheben. Am 2. November wurde ein entsprechendes Dekret nach harter Auseinandersetzung mit 568 zu 346 Stimmen angenommen. Um den unbeweglichen Reichtum zu realisieren, beschloß die Konstituante am 15. Dezember, für 400 Millionen Land zu verkaufen, über diese Summe „Assignaten" auszugeben und (am 19. Dezember) für die Durchführung der riesenhaften Finanzoperation eine Sonderkasse einzurichten.

Noch war der Assignat eine nur in Stückelungen von 1000 Livres ausgegebene und in „Nationalgütern" einlösbare Schatzanweisung, die sich mit fünf Prozent verzinste und eine Schuldforderung an den Staat darstellte. Bei ihrem Rückfluß nach Verkauf der Güter sollten die Assignaten zwecks sukzessiver Tilgung der Staatsschuld vernichtet werden. Gleichermaßen wurden die Krondomänen zum Kauf angeboten, ausgenommen jene Schlösser und Wälder, deren Nutznießung sich der König vorbehalten wollte. Assignaten waren jedoch nicht leicht unterzubringen, solange der Geistlichkeit die Verwaltung der nationalisierten Güter belassen wurde. Die Konstituante entzog sie ihr daher am 20. April 1790 und legte am 14. Mai die Modalitäten des Verkaufs fest. Da die Kassen währenddessen trotzdem leer blieben und der Fehlbetrag von Tag zu Tag wuchs, kam sie nicht umhin, den Assignat aus einem Bonus in Papiergeld zu verwandeln, das in beliebiger Menge gedruckt werden konnte. Am 27. August 1790 wurde er zur Banknote, die Emission erhöhte sich auf 1200 Millionen, und Scheine zu 50 Livres wurden in Erwartung noch kleinerer zu fünf ausgegeben. So war die ursprünglich zur Liquidierung der Staatsschuld bestimmte Maßnahme in ihr Gegenteil umgeschlagen und wurde zur Schließung des Haushaltsdefizits verwandt. Die Folgen waren von unberechenbarer Tragweite:

Das Assignatengeld verwandelte sich aus einem finanziellen Überbrückungstrick in einen mächtigen Hebel politischer und sozialer Aktionen.
Es führte zu schneller Inflation, da sich die Emissionen mehrten. Die Konstituante selber begünstigte die Abwertung, indem sie am 17. Mai 1790 den Handel und Wechsel von Hartgeld freigab. Natürlich verschwanden Gold und Silber schlagartig aus dem Verkehr; bald unterschied man zwei Preise, einen in Münze, den anderen in Papiergeld. Die Schaffung kleiner Scheine beschleunigte die Entwertung. Der Kursverlust der Livre stieg 1790 von fünf Punkten auf 25; im Mai 1791 stand sie auf dem Londoner Markt 27 unter pari.
Die Inflation traf einige Schichten des Bürgertums: Beamte, deren Ämter und Stellen aufgelöst wurden, und Rentiers, die ihre Ersparnisse in Staatsschuldscheinen oder Hypotheken angelegt hatten, sahen ihre Einkünfte mit der Abwertung dahinschmelzen. Ihre hauptsächlichen Opfer wurden jedoch die Volksklassen. In Papiergeld entlohnte Gesellen und Arbeiter sahen sich um die Kaufkraftdifferenz betrogen. Das Anziehen der Lebensmittelpreise führte zu denselben Folgen wie die Mangellage und mehrte die soziale Spannung: Die Teuerung errichtete eine neue Front zwischen den städtischen Massen und der Großbourgeoisie.
Der Verkauf der Nationalgüter und der Mechanismus der Assignaten führten zu einer Umschichtung der Grundeigentumsverhältnisse, die den sozialen Charakter der Revolution kennzeichnete. Da die Bauern mehrheitlich nicht genügend eigenes Land besaßen, um von ihm zu leben, hätte durch eine Stärkung des bäuerlichen Eigentums die Agrarfrage gelöst werden können, indem man die Nationalgüter in kleine Lose aufteilte und für ihren Ankauf Anreize und Erleichterungen schuf; damit konnte die mit der Abschaffung der Feudalrechte eingeleitete Bodenreform vervollständigt werden. Die Finanzbedürfnisse gaben jedoch, da sie mit den Interessen der Bourgeoisie übereinstimmten, den Ausschlag. Der Verkauf der Nationalgüter wurde ebensowenig wie der Rückkauf der Feudalrechte im Sinne der armen bäuerlichen Massen

durchgeführt; er erhöhte vielmehr das Übergewicht der besitzenden Klassen.
Ein Gesetz vom 14. Juli 1790 bestimmte, die Nationalgüter als geschlossene Besitztümer in der Distriktshauptstadt an den Meistbietenden zu veräußern, und die Pachten wurden aufrechterhalten. Allerdings bewilligte die Konstituante, um einen Teil der Bauernschaft an sich zu binden, Zahlung in zwölf Jahresraten (mit fünf Prozent Zinsaufschlag) und Parzellierung, sofern dabei ein höheres Angebot heraussprang. Mancherorts taten sich Bauern zusammen, um Ländereien in ihrem Dorf gemeinsam zu ersteigern. Anderswo vertrieben sie auswärtige Kauflustige mit Handgreiflichkeiten. So nahm insgesamt, obwohl die Bourgeoisie den Hauptnutznießer im Landesmaßstab stellte, das bäuerliche Eigentum schon zu. Im Cambrésis kauften die Bauern zehnmal mehr Boden als die Bourgeoisie; ähnlich in der Pikardie, um Laon und Sens. Das waren jedoch in der Regel spannfähige Mittel-, wenn nicht Großbauern und dazu kapitalistische Großpächter. Selten konnten arme Bauern oder Tagelöhner eine Parzelle erwerben. Die Agrarfrage blieb mithin ungelöst, obwohl die Parzellierung der Kirchendomänen natürlich eine Aufsplitterung auch der Bebauung bedingte und zahlreiche Bauern ihr Land durch Pacht und Halbpacht aufrundeten.
Als eine Wohltat erwies sich der Assignat im Gegenteil für die Spekulanten. Er erlaubte „Schwarzen Banden“ von Abenteurern und dunklen Geschäftemachern, Nationalgüter sozusagen auf Vorschuß aufzukaufen und bei geschickter Ausnutzung der Inflation in kurzer Zeit Millionenvermögen anzuhäufen.

Nation und Kirche

Der Eingriff der Konstituante in die geistliche Sphäre ergab sich mit einer gewissen Zwangsläufigkeit aus dem durchaus weltlichen Bedürfnis, mit der Nationalisierung des reichen Kirchengutes die Finanzen auf Kosten des politisch schwächsten der drei Stände mit einem Schlag

zu sanieren. Nachdem sie dem Klerus schon den Zehnt gestrichen hatte, beschlagnahmte sie am 29. September 1789 das zur Kultusausübung nicht benötigte Kirchensilber und griff Talleyrands Aufforderung zur totalen Beschlagnahme am 10. Oktober mit Freuden auf.
Ein Dekret vom 2. November verpflichtete die Nation, auf angemessene Weise für die Kosten des Kultus, den Unterhalt der Geistlichen, Kranken- und Armenfürsorge aufzukommen. Inhaber einer Pfarre sollten mindestens 1200 Livres jährlich erhalten, die im Durchschnitt einer Aufbesserung gleichkamen; im Verhältnis noch günstiger wirkte sich die Neuregelung für die Hilfsgeistlichen aus.
Die Sequestrierung des Kirchengutes mit ihren Nebenwirkungen machte eine Reorganisierung der Kirche selbst unumgänglich. Die Konstituante ließ sich dabei von keiner Feindseligkeit gegenüber dem Katholizismus leiten. Die Abgeordneten erwiesen der traditionellen Religion, obwohl sie selber diese mehrheitlich nicht mehr praktizierten, unausgesetzt ihre Hochachtung und bewahrten ihr das Vorrecht der Anerkennung als subventionierter „öffentlicher Kultus“. Durchdrungen von gallikanischen Auffassungen, hielten sie sich als Vertreter der souveränen Nation jedoch für zuständig, die kirchliche Organisation und Disziplin ebenso zu regulieren, wie dies davor das Königtum für sich in Anspruch genommen hatte. Den religiösen Zwiespalt, in den ihre Reform einmündete und der Wasser auf die Mühlen der Konterrevolution trieb, haben die Männer der Konstituante weder gewollt noch vorausgesehen.
Die Umgestaltung begann am 13. Februar 1790 mit der Aufhebung der geistlichen Orden und Klöster. Nonnen und Mönchen wurden freigestellt, entweder eine beliebige Tätigkeit zu ergreifen oder sich in Wohngemeinschaften niederzulassen und vom Staat Rente zu beziehen; Neueintritte wurden durch das Verbot, ein Gelübde abzulegen, verhindert. Am 20. April wurde dem Klerus sodann die Verwaltung seiner ehemaligen Güter entzogen. Hiernach setzte die Aussprache über einen Entwurf zur Neuordnung der Kirchenorganisation ein. Gegen den Einspruch von Erzbischof Boisgelin, der zwar eine „lange Folge von

Mißbräuchen“ anerkannte, im Projekt des Kirchenausschusses der Nationalversammlung jedoch Grundprinzipien des katholischen Kirchenlebens selber verletzt sah, nahm eine große Mehrheit der Konstituante am 12. Juli eine „Zivilverfassung des Klerus“ an, die mit Billigung des Königs am 26. verkündet wurde.
Die territoriale Verwaltungseinteilung wurde auch der Rahmen für die neue Kirchenorganisation: ein Bischof je Departement. Kirchliche Amtsträger wurden wie andere Beamte gewählt, die Bischöfe durch die Departementsversammlung, die Pfarrer durch die Distriktsversammlung. Sie wurden zur Wahrnehmung der kanonischen Form durch ihre kirchlichen Vorgesetzten „eingewiesen“, die Bischöfe jedoch durch die Erzbischöfe, nicht mehr durch den Papst. Die Kapitel wurden als privilegierte Korporation betrachtet und durch bischöfliche Räte ersetzt, die an der Verwaltung der Diözesen teilhatten. Die „Kirche von Frankreich“ wurde zur Nationalkirche. Derselbe Geist sollte Staat und Kirche erfüllen. Laut Dekret vom 23. Februar 1790 erläuterten die Geistlichen von der Kanzel die Dekrete der Nationalversammlung.
Die Bande zwischen der Kirche von Frankreich und dem Papsttum lockerten sich. Die Kanzelabkündigung päpstlicher Rundschreiben wurde der Regierungszensur unterworfen, die Zahlung der Annaten an Rom eingestellt. Der Papst behielt den Primat über die französische Kirche, verlor jedoch jede Jurisdiktion. Die Konstituante überließ ihm – nach Boisgelin – die Sorge, die neue Kirchenordnung „zu taufen“. Bei dieser Kanonisierung der Zivilverfassung begannen die Schwierigkeiten: Sollte sie durch den Papst oder durch ein Nationalkonzil erfolgen? In Befürchtung einer Sabotage durch konterrevolutionäre Bischöfe lehnte die Konstituante ein Konzil ab und lieferte sich so dem Gutdünken des Papstes aus. Am 1. August 1790 erhielt Kardinal Bernis, Botschafter beim Vatikan, den Auftrag, die Weihe durch Pius VI. einzuholen. Dieser Kardinal von mehr als zweideutigem Benehmen war der Verfassung feindlich gesonnen; er übermittelte dem Papst gleicherweise flammende Send-

schreiben der aristokratischen Bischöfe, beglückwünschte ihn zu seinem Widerstand und freute sich über den eigenen Mißerfolg.

Der Papst hatte bereits die Erklärung der Menschen- und Bürgerechte als gottlos gebrandmarkt und beschwerte sich über die ausbleibenden Annaten. Dazu lehnte die Patriotenpartei der päpstlichen Enklave Avignon in Südfrankreich seine Herrschaft ab und begehrte den Anschluß an das Königreich. Pius VI. wollte zuerst wissen, woran er mit der französichen Regierung in dieser Hinsicht war und gedachte nicht, durch eine voreilige Stellungnahme seine zeitlichen Belange den geistlichen zu opfern; er zog also in die Länge und ließ sich auf ein wahres Feilschen ein. Auch die Konstituante verstand sich indessen auf Temporisieren; sie lehnte es am 24. August 1790 ab, in der Avignon-Frage Stellung zu beziehen und schob eine Petition der Avignoner Patrioten als schwarzen Peter dem König zu. Die berechnende Diplomatie des Papstes versetzte jedoch die Gewissen in Aufruhr und bedrohte Frankreich mit Kirchenspaltung und Bürgerkrieg.

Inzwischen intervenierte der Episkopat wiederholt, um von König und Papst eine bindende Zusage zu erhalten. Wenn es zum Bruch kam, so gegen den Willen und die Erwartung vieler Bischöfe. Am 30. Oktober 1790 veröffentlichten diejenigen, die Mitglieder der Konstituante waren, eine Darlegung der Grundsätze über die Zivilverfassung des Klerus. Sie verdammten sie nicht, verlangten jedoch vor ihrem Inkrafttreten die päpstliche Zustimmung. Nach geltendem kanonischen Recht mußte sie nicht als schismatisch gelten: 1790 war die Unfehlbarkeit des Papstes nicht einmal in Fragen der Lehre allgemein anerkannt. Bis zum letzten Augenblick hoffte Boisgelin vergeblich auf ein gegenseitiges Entgegenkommen; er hielt es für die Aufgabe des Papstes, die neue Kirchenordnung mit den notwendigen kanonischen Formen zu umkleiden, ohne welche sich die Bischöfe außerstande fühlten, die Reform ihrer Sprengel und Räte durchzuführen. Pius VI. wurde schließlich aus verschiedenartigen Motiven, die keineswegs alle der Religion entsprangen,

zur ausdrücklichen Ablehnung getrieben, und die katholischen Mächte, worunter besonders das bourbonische Spanien, steiften ihm dabei den Rücken.
Des Abwartens müde, forderte die Konstituante am 27. November 1790 von allen amtierenden Priestern einen Eid „auf die Verfassung des Königreichs", der unausgesprochen die Kirchenordnung einschloß. Nur sieben Bischöfe, wovon vier residierende, schworen. Die Pfarrer zerfielen in zwei ungefähr gleich starke Gruppen, die jedoch sehr ungleichmäßig über Frankreich verteilt waren. Die Eidesleister oder Verfassungstreuen (*assermentés, jureurs* oder *constitutionnels*) überwogen im Süden und Südosten, die Eidverweigerer (*insermentés* oder *réfractaires*) im Norden und Nordwesten.
Man hat gefragt, warum die Konstituante nicht anders handeln konnte. Eine Trennung von Staat und Kirche war jedoch unmöglich; sie konnte erst dem Scheitern der bürgerlichen Nationalkirche entspringen, und niemand hat sie damals in Betracht gezogen. Die noch gänzlich in der katholischen Tradition stehenden Volksmassen hätten alles abgelehnt, wovon sie ihr Seelenheil bedroht wähnten. Eine Trennung hätten sie als Kriegserklärung an Gott und die Religion aufgefaßt und der Aristokratie eine fürchterliche Waffe in die Hand gedrückt. Nicht weniger eindrucksvoll als die moralischen waren die materiellen Gegengründe. Nach dem Sequester des Kirchengutes mußte man den Priestern Unterhalt gewähren und ein Kultusbudget einrichten. Es geschah auch aus wirtschaftlichen Überlegungen, daß man fast die Hälfte der Bistümer einsparte und die Klöster aufhob; überhaupt war die Kirchenreform aufs engste mit dem Gesamtkomplex der Verwaltungserneuerung verbunden.
Entgegen den guten, obgleich nicht völlig durchdachten Absichten der Konstituante besiegelte jedoch ein Machtspruch des Papstes den Bruch. In seinen beiden Breven vom 10. März und 13. April 1791 verdammte er feierlich die Prinzipien der Revolution und ihre bürgerliche Kirchenordnung. Die Spaltung war vollzogen, Frankreich in zwei Lager zerrissen; den politischen Konflikt begleitete und vertiefte fortan der religiöse.

Das Werk der Konstituante umfaßte alle Lebensbereiche; Frankreich wurde neu geordnet, die Grundlage einer neuen Gesellschaft gelegt. Als Anhänger des Vernunftglaubens errichteten die Abgeordneten ein logisches Gerüst, klar und uniform; als Sachwalter der Bourgeoisie haben sie den Prinzipien der Freiheit und Gleichheit indessen einen Neigungswinkel zu den Interessen ihrer Klasse gegeben. Damit riefen sie sowohl bei den werktätigen Massen und Demokraten wie auch bei den Aristokraten und allen ehemals Privilegierten, deren Vormachtstellung sie zerstörten, Unzufriedenheit hervor. Ehe noch die Konstituante auseinanderging, bedrohten sie bereits mannigfaltige Schwierigkeiten. Gezwungen, eine unversöhnliche Aristokratie zu bekämpfen, jedoch auch das ungeduldige Volk abweisend, fand sie auf dem schmalen Grat einer elitären Großbourgeoisie zu keiner Ruhelage.
Neue ökonomische Bindungen, die nur kapitalistischer Natur sein konnten, kitteten eine neue Einheit. Der nationale Markt war durch eine radikale Ausmerzung der feudalen Zersplitterung und die Freiheit der Binnenzirkulation geschaffen worden. Die Wirtschaftsbeziehungen zwischen den Landesteilen festigten sich und stärkten ihre Gesamthaftung. Die Nation bestimmte sich gegenüber dem Ausland durch nationale Zollschranken und Zollschutz. Gleichzeitig jedoch mit der Vollendung dieser Vereinheitlichung Frankreichs zersetzte die Konstituante den alten Dritten Stand durch ein „freies Spiel der Wirtschaftskräfte“. Die Abschaffung der Korporationen und der Fabriksreglementierung stieß die Meister vor den Kopf. Der freie Getreidehandel stimmte sowohl die städtischen wie die ländlichen Volksmassen aus Furcht vor der Spekulation feindselig. Die Bedenken des Dorfes gegen die Anbaufreiheit waren nicht geringer, weil damit Kollektivrechte, die für die armen Bauern eine Existenzsicherung darstellten, zum Untergang verurteilt schienen. Die Enttäuschung der Massen drohte sie von einem Vaterland abzuwenden, das in die engen Grenzen eines einseitigen Klasseninteresses gezwängt worden war.
Gewiß legte die Konstituante mit der theoretischen Verkündigung der Gleichheit, mit der Niederreißung stän-

discher und korporativer Trennwände, mit der Bestätigung – wenngleich individualistisch aufgefaßter – sozialer Beziehungen Grundlagen zu einer Nation, in der alle ihren Platz fanden. Indem sie das Eigentum in den Rang eines ewigen Naturrechts erhob, impfte sie jedoch ihrem Werk einen Widerspruch ein, den sie nicht überwinden konnte. Die politischen Rechte wurden entsprechend dem Reichtum gestuft. Von den Sklaven in den Kolonien ganz zu schweigen, wurden Millionen Passivbürger ihrer beraubt. Sollte also die Nation aus den Aktivbürgern, die die Urwählerversammlungen bildeten, allein bestehen? Oder konzentrierte sie sich gar in den 50000 Wahlmännern der Elektorenkollegien?

„Nation, König, Gesetz“: Die berühmte Formel, die unter dem täuschenden Schein des Grundsatzes der nationalen Souveränität das Werk der Konstituante versinnbildlichte, konnte keine Illusionen züchten. Sie schnitt die Nation auf den engen Rahmen des Besitzbürgertums zurück, in dem sie sich alsbald unfähig erweisen sollte, den Schlägen der Konterrevolution und des Krieges zu widerstehen.

KAPITEL V

Frankreich und Europa

1. 1791: Das zerbrechliche Gleichgewicht

1791 verlangsamte die vom Druck gegensätzlicher Kräfte gelähmte Konstituante den Ausbau des bürgerlichen Staatswesens. Während die Aristokratie wiederholt vorgebrachte Kompromißangebote mehr denn je in den Wind schlug, rückte die wachsende Furcht vor einer Invasion die nationale Frage in den Vordergrund und trug ihrerseits zur Vertiefung der Klassenspannungen im Schoße des Dritten Standes bei. Sie wird die fragwürdige soziale Symmetrie, auf welche die Großbourgeoisie ihre Macht gegründet hatte, aus den Angeln heben.

Die Brutstätten der Konterrevolution

Jene Kräfte, die der dahingeschwundenen Feudalordnung je länger, desto mehr nachtrauerten, hatten auch im Vorjahr nicht geruht. 1791 jedoch vereinigten sich in der Sache alle drei Hauptelemente der Konterrevolution zu einem Block und krochen aus den Schmollwinkeln und Mauselöchern, in die sich die meisten von ihnen in Ungewißheit über den weiteren Lauf der Dinge zunächst verkrochen hatten.
Die Emigranten beunruhigten vom Rheinland – Koblenz, Mainz und Worms –, von Italien und England aus vor allem die Grenzgebiete, die der Sabotage, den Schmähschriften und der Flüsterpropaganda ihrer Agenten am stärksten ausgesetzt und Augenzeugen ihrer täglichen Provokationen waren. In Südfrankreich hatten sie schon davor eine Revolte eingefädelt, wozu ihnen die Weigerung der Nationalversammlung, dem Katholizismus als „Staats-

religion“ Vorrechte einzuräumen, das Stichwort geliefert hatte: In Montauban waren am 10. Mai, in Nîmes am 13. Juni 1790 blutige Kämpfe zwischen royalistischen Katholiken und patriotischen Protestanten ausgebrochen. Vor allem jedoch spannen die Emigranten ihre Fäden, um den ausländischen Mächten Schwäche, Unfähigkeit und Verhaßtheit der Revolutionspartei in Frankreich vorzuspiegeln, um sie zu einer „Intervention ohne Wagnis“ zu überreden. Von der Bevölkerung ob ihres mit Sittenlosigkeit und Müßiggang gepaarten Hochmutes bald als lästige Schmarotzer verachtet, fanden sie hingegen bei den Fürsten, die ihre gemeinsamen heiligsten Güter in Frankreich auf dem Spiel sahen, ein offenes Ohr, Unterstützung ihrer Diversionsakte und der Aufstellung von bewaffneten „Freiwilligenformationen“. Freilich ging die feudale Klassenbruderliebe der großen wie der kleinen Despoten deshalb nicht soweit, ihre Haut unbesehen in einem Kreuzzug zu Markte zu tragen, ehe sie nicht über Lastenverteilung, Erfolgs- und Gewinnaussichten untereinander ins Reine kamen. Im Januar 1791 weigerte sich Kaiser Leopold II., Calonne, der bei ihm vorfühlen sollte, zu empfangen. Noch im Mai hütete er sich bei seiner ersten Zusammenkunft in Mantua mit Graf Artois selbst, der sein Hauptquartier in Turin als der Residenz seines Schwiegervaters aufgeschlagen hatte, vor Zusicherungen, die der österreichischen Diplomatie die Hände binden mochten.

Die Aristokraten auf dem flachen Land hatten 1790 vergebens auf eine „Beruhigung“ der bäuerlichen Gemüter gehofft. Da die Konstituante nur halbe Lösungen gefunden und halbe Maßnahmen ergriffen hatte, flackerten vielmehr Monat für Monat mit wiederkehrender Regelmäßigkeit, auf die A. V. Ado hingewiesen hat, kleinere oder auch größere bewaffnete Erhebungen in der Mehrzahl der Departements auf; in der Bretagne, der Auvergne, im Périgord und Bourbonnais nahmen sie zeitweise besorgniserregende Ausmaße an. Überall bedrohten sie in erster Linie unmittelbare Interessen des grundbesitzenden Adels, stornierten nicht nur die Rückkaufzahlungen, sondern ließen die Schloßherren bisweilen um Leben und Eigentum zittern. Gar manchem 'Liberalen' gefroren angesichts der anrückenden Haufen, vor denen ihn kein Gendarm mehr schützte, spritzige Voltaire-Sprüche auf der Zunge, und er hastete Hals über Kopf zur rettenden Grenze. Am 19. Juni 1790 schaffte die Konstituante den Erbadel samt Titeln und Wappen ab; bald danach ereilte die Robins, deren Hochburgen – die Parlements – der Auflösung verfielen, das gleiche Geschick.

Die folglich anschwillende Opposition der Aristokraten, die man 'Ehemalige' (*ci-devants*) zu nennen begann, beschränkte sich nicht mehr auf Verfassungsfragen. Die „Schwarzen" brachten die Assignaten in Verruf und störten, wo sie konnten, den Verkauf der Nationalgüter nach Kräften. Bewaffnete Aktionen häuften sich. Im August 1790 bildeten 10000 royalistisch gestimmte Nationalgarden das „Lager von Jalès" im Vivarais (Departement Ardèche), das Anfang 1791 gewaltsam zur Auflösung gebracht werden mußte. Am 28. Februar schlug ein Versuch von adligen „Dolchrittern" fehl, den König aus den Tuilerien zu entführen. Im Mai versuchte Baron Lezardière erstmals die Vendée zur Erhebung zu bringen.

Die geistlichen Eidverweigerer verbanden ihre Sache beinahe vom ersten Tag an mit der Aristokratie und wurden aktive Exponenten der Konterrevolution. Bischof Dillon von Narbonne – im übrigen ein Freigeist – wird später bekennen: „Wäre ich nur Bischof gewesen, hätte ich vielleicht nachgegeben, aber ich war Edelmann!" So fuhren die Refraktäre fort, Gottesdienst zu halten und die Sakramente zu erteilen. Die Gläubigen wurden irre. Viele fürchteten ihr Seelenheil aufs Spiel zu setzen, wenn sie die „guten Priester" verließen, die das benutzten, um ihre Pfarr- und Beichtkinder von der Revolution abzuwenden. Als die Beunruhigung – namentlich unter den Frauen – zunahm, ordnete die Konstituante am 7. Mai 1791 an, den Gottesdienst durch Refraktäre unter den Bedingungen eines „geduldeten Kultes" zu gestatten. Die Verfassungstreuen empörten sich dagegen aus der naheliegenden Befürchtung, vor traditionellen Kirchgängern nicht wettbewerbsfähig zu erscheinen, und der „Religionskrieg" begann in Stadt und Land zu züngeln.

Der Kirchenkampf stärkte in seinen Auswirkungen nicht nur die aristokratische Partei; er setzte auch eine antiklerikale Strömung frei. Um der verfassungsmäßigen Kirche beizuspringen, griffen die Jakobiner den römischen Katholizismus, Aberglauben und „Fanatismus“ scharf an:

Man hat uns vorgeworfen, – schrieb die *Dorfzeitung (Feuille villageoise),* – *daß wir selber etwas Intoleranz gegenüber dem Papismus gezeigt hätten. Man hat uns vorgeworfen, daß wir nicht immer den unsterblichen Baum des Glaubens verschont haben. Betrachtet man diesen Baum indes aus der Nähe, so sieht man, daß der Fanatismus so in alle seine Zweige hineinverwoben ist, daß man den einen nicht treffen kann, ohne scheinbar auch den anderen zu treffen.*

Antiklerikale Schriftsteller stießen kühner vor, schlugen die Abschaffung des Kultusbudgets vor und regten Gedanken über einen patriotischen Bürgerkult an, dessen Vorform gewissermaßen das große Nationalfest der Föderation am 14. Juli 1790 gewesen war.

Das Zusammenspiel des frömmelnden Königs mit den Eidverweigerern hatte zur logischen Folge, daß sich mit der Aufzeigung revolutionsfeindlicher Machenschaften der Romhörigen ein Mißtrauen gegenüber dem Monarchen verband. Die demokratische Bewegung nahm den hingeworfenen Fehdehandschuh auf und wurde ihrerseits offensiver. Namentlich in Paris begann sie die Massen zu ergreifen.

Im Jakobinerklub, der Anfang 1791 noch von der großbürgerlich-liberalen Verfassungspartei beherrscht wurde, machten die von den Abgeordneten Petion und Robespierre geführten demokratischen Kräfte merkliche Fortschritte. Es gelang ihnen insbesonders, Einfluß auf die Zusammensetzung des wichtigen Korrespondenzbüros zu gewinnen, das die Verbindung zu den etwa 400 angeschlossenen Gesellschaften in der Provinz hielt und ihnen jakobinische Direktiven übermittelte. Robespierres Volkstümlichkeit wuchs, und man begann ihn den „Unbestechlichen“ zu nennen; sogar Rivalen mußten seiner unerschütterlichen Grundsatzfestigkeit und Uneigennützigkeit widerwillig Anerkennung zollen.

Mittelpunkt der demokratischen Bewegung war indessen der mit Marat oft gemeinschaftlich wirkende Klub der Cordeliers, eine wahre Kampfgruppe, die die Winkelzüge der Aristokraten überwachte, die Verwaltungen kontrollierte, Untersuchungen und Unterschriftensammlungen durchführte, Petitionen vorbrachte, Kundgebungen veranstaltete und notfalls das Volk zum Aufruhr rief wie im April 1791, als es eine „Generalprobe“ des Königs für seine beabsichtigte Flucht durch eine Massenaktion zu verhindern galt. Marat ahnte dessen offenen Verrat voraus und ging zu offenen Angriffen auf den Hof und seine Mitverschworenen über.

Die Cordeliers, aus Schikane zur Räumung ihres Lokals im Franziskanerkloster gezwungen, und Marat, den man wegen seiner „Brandreden“ im *Volksfreund* vor Gericht zerrte, ließen sich nicht einschüchtern. Sie ermutigten die Gründung immer neuer patriotischer Volksgesellschaften in den Pariser Sektionen, in denen die Passivbürger ihre politische Heimat finden konnten, und im Mai 1791 vorübergehend sogar ihren von der Bourgeoisie heftig beanstandeten Zusammenschluß in einem Zentralkomitee.

Bedeutung gewann an der Jahreswende der „Gesellschaftsklub“ (*Cercle social*), den noch im Januar 1790 der ehemalige Hofprediger, Bastillestürmer und Seelsorger der Pariser Nationalgarde Claude Fauchet (1744–1793) zusammen mit dem Literaten, Germanisten und rührigen Freimaurer Nicolas de Bonneville (1760–1828) als Vereinigung revolutionärer Intellektueller gegründet hatte. Der Diskussionszirkel zog zeitweilig bedeutende Geister des In- und Auslandes an. Massenwirksamkeit erreichte er im Herbst durch den Aufbau der volkstümlicheren Organisation „Weltbund der Wahrheitsfreunde“, dessen Versammlungen im Palais Royal Tausende anlockten. Gestützt auf eine eigene Druckerei, gab Bonneville seit Oktober die Zeitung *Der Eisenmund* (*La Bouche de fer*) heraus, die Forderungen eines sozialen Egalitarismus befürwortete und die Debatte unter den Revolutionären in dieser Richtung nachhaltig beeinflußte. Die praktische politische Ausstrahlung des Cercle social allerdings litt seit dem Frühjahr 1791 unter einem Zerwürfnis zwischen seinen beiden Urhebern, nachdem Fauchet von den Verfassungstreuen zum Bischof gewählt worden war und auf „Mäßigung" schaltete.

Der 1790/91 mehrstimmig ertönende Ruf nach einer „Gleichheit des Besitzes" von unterschiedlicher Radikalität bediente sich des Schlagwortes „Ackergesetz" (*loi agraire*), das seine gelehrte Herkunft aus der Literatur belegt; Morelly, Mably und andere hatten es in Erinnerung an die – vor der Zeitrechnung – in Blut erstickten Reformversuche der „umstürzlerischen" Gracchen gebraucht, und die Revolution hatte die Erwärmung der Aufklärer für antike Römertugend nicht gemindert, sondern gemehrt. Nichtsdestoweniger jagten solchermaßen geäußerte Zweifel an der Recht- und Zweckmäßigkeit des soeben erst „geheiligten" bürgerlichen Eigentums der Bourgeoisie gehörigen Schrecken ein. Das Gespenst eines aufbegehrenden „Vierten Standes" warf seine Schatten im Bereich der Theorie voraus: keineswegs allein im Cercle social und in Bonnevilles Zeitung, sondern auch im *Schmelztiegel* (*Le Creuset*) des anglo-irischen Cordeliers Rutledge, in manchen Nummern der *Revolutionen von Paris*, in denen der junge Chaumette (1763–1794) aus Nevers erste Gehversuche unternahm, in den Flugschriften des Professors Cournand und des freimütigen Atheisten Sylvain Maréchal, der sich in *Die Bourgeois von Paris und Andere* einem modernen Klassenbegriff näherte. Die „Idee des neuen Weltzustandes", deren eine Brutkammer Karl Marx im Cercle social erblickte, wird sogar so „besonnene" Männer wie Brissot, den protestantischen Pastor Rabaut Saint-Etienne und den großen Philosophen Condorcet streifen.

Das Aufwerfen der sozialen Frage ergab sich aus Klassenauseinandersetzungen, deren die Konstituante auch 1791 nicht Herr wurde. Der schwelenden Unzufriedenheit auf dem Lande war nicht beizukommen, weil die Spekulation trotz der reichen Ernte von 1790, die die Versorgung an sich sicherstellen konnte, den Markt nicht zur Ruhe kommen ließ. Die Pariser Arbeiter gerieten im Frühjahr in Bewegung. Obgleich sich die Arbeitslosigkeit nur wenig verringerte, wurden die Nationalwerkstätten, in denen die Hauptstadt viele tausend Arbeitslose seit 1789 nach altem Brauch mit Notstandsarbeiten beschäftigt hatte, am 16. Juni geschlossen, nachdem die Gefahr eines Hungeraufstands nunmehr gebannt schien. Im Cercle social hatten diese „Betriebe ohne Unternehmer" zum Nachdenken über eine staatlich geleitete Organisation der Arbeit geführt. Die Arbeiter selber, deren Löhne das Überangebot an Arbeitskräften drückte, während das Leben fortlaufend teurer wurde, suchten in Paris, aber auch in Städten wie Lyon und Toulon, vor allem garantierte Mindestlöhne durchzusetzen; einige Berufsgruppen wie die Buchdrucker, Hufschmiede und Zimmerleute organisierten sich, um ihren Forderungen Nachdruck zu verleihen. Volksgesellschaften und demokratische Zeitungen mit dem *Volksfreund* an der Spitze unterstützten ihre Sache oft und nagelten die „neue Feudalität" der Unternehmer und Großkaufleute fest, die sich auf das freie Spiel der Wirtschaftskräfte und die neue Verfassung beriefen. Soziale und demokratische Bewegung gerieten so in eine gemeinsame Frontstellung gegenüber der von der Großbourgeoisie gesteuerten Konstituante.

Die Bourgeoisie und die gesellschaftliche Konsolidierung

Nachdem Lafayette einerseits seine Popularität wie andererseits seinen Einfluß auf den König eingebüßt hatte, war es Mirabeau gewesen, der von seiner ersten Denkschrift vom 10. Mai 1790 an Ludwig XVI. zu einem umfassenden Propaganda- und Bestechungsplan geraten hatte: Es gehe darum, eine ihm ergebene Partei zu gründen; danach solle der König Paris verlassen, die Konstituante auflösen und sich direkt an die Nation wenden. Der Hof, der Mirabeau ebensowenig traute wie Lafayette, beschränkte sich auf eine Vermehrung seiner Agenten und Soldschreiberlinge.
Mirabeau fand keine Zeit, weitere Netze auszuwerfen, denn er verstarb unerwartet am 2. April 1791. Mit ihm

trat einer der ersten Hauptakteure von der Revolutionsbühne ab, und das „Triumvirat“ Barnave-Duport-Lameth nahm seinen Platz ein. Mehr beunruhigt vom Aufschwung der Volksbewegung als von den Umtrieben der Aristokraten, startete es mit dem Geld der Zivilliste eine neue Zeitung, den *Logograph*, und näherte sich sowohl Lafayette als auch der gemäßigten Rechten. Es veranlaßte die Konstituante, die Passivbürger endgültig aus der Nationalgarde auszuschließen, Kollektivpetitionen zu verbieten und das arbeiterfeindliche Gesetz Le Chapelier anzunehmen.

Das Verhalten der Linken dazu erklärt sich aus dem Vorrang, den sie der politischen vor der sozialen Demokratie gaben. Robespierre, der immerhin die Volksrechte noch am 27. und 28. April während der Debatte über die Nationalgarde mit Festigkeit verteidigt hatte, schwieg zum Streik- und Koalitionsverbot. In bestimmtem Maße entging auch Marat der Sinn des Gesetzes, das – nach Marx – „den Konkurrenzkampf zwischen Kapital und Arbeit staatspolizeilich innerhalb dem Kapital bequemer Schranken einzwängt“. Er sah darin vor allem politische Reaktion, als er am 18. Juni im *Volksfreund* schrieb:

Sie haben der zahllosen Klasse der Handwerker und Arbeiter das Recht genommen, sich zu versammeln, um ordentlich über ihre Interessen zu beraten. Sie wollen nichts anderes, als die Bürger vereinzeln und sie hindern, sich gemeinsam mit den öffentlichen Angelegenheiten zu beschäftigen.

Aus Furcht vor der Demokratie nahmen die Triumvirn im Bunde mit Lafayette Kurs auf eine Revision der Verfassungsbestimmungen, eine Verschärfung des Steuerklassenwahlrechts und eine Erweiterung der Vollmachten des Königs. Wiederum ging eine solche Strategie, über die sich zudem bereits der Schatten außenpolitischer Verwicklungen legte, von einer doppelten Voraussetzung aus: dem Einlenken der Aristokratie und dem Einverständnis des Hofes. Ihre Gegenstandslosigkeit erwies die Flucht Ludwigs XVI.

Der Ausreißversuch der königlichen Familie war von langer Hand durch den Grafen Axel Fersen, den schwedischen Geliebten Marie Antoinettes, vorbereitet worden. Unter dem Vorwand, eine Kriegskasse zu schützen, die durch die Post an Bouillés Armee in Metz befördert werden sollte, wurden Relais- und Kavallerieabteilungen entlang der Straße bis über Sainte-Menehould postiert: So sollte Ludwig über Châlons-sur-Marne und die Argonnen Montmédy erreichen. Am 20. Juni gegen Mitternacht verließ er als Kammerdiener verkleidet mit seiner Familie die Tuilerien. Um dieselbe Zeit inspizierte Lafayette die Posten des Schlosses, zu dem er jedoch als Kavalier, der schweigt, seit langem eine Gartenpforte, die der Königin ungestörte Schäferstunden mit Fersen erlaubte, unbewacht ließ.

Eine große Kutsche, in welcher die Familie Platz fand, war eigens für den Zweck gebaut worden. Sie hatte allerdings fünf Stunden Verspätung, und da infolgedessen zur abgemachten Zeit niemand zu sehen war, zogen sich die Posten hinter Châlons zurück. Als der König in der Nacht vom 21. zum 22. in Varennes eintraf, fand er die vorgesehenen Auswechselpferde nicht vor und hielt an. In Sainte-Menehould indes war er vom Sohn des Postmeisters Drouet erkannt worden, der nach Varennes eilte, den Wagen anhalten und die bei einer Weiterfahrt zu passierende Brücke verbarrikadieren ließ. Die Sturmglocke läutete, die Bauern erhoben sich, und die hinzugeeilten Husaren fraternisierten mit ihnen. Am Morgen des 22. mußte die königliche Familie die Rückfahrt durch ein Spalier von Nationalgarden, die aus allen Dörfern zusammenströmten, antreten. Bouillé kam mit seinem Eingreifkommando zu spät. Am 25. Juni endete des Königs Ausflug inmitten eines tödlichen Schweigens von Soldaten, die die Flinten nach unten kehrten, in Paris. Das war sozusagen das moralische Selbstbegräbnis der Monarchie.

Der *Aufruf an die Franzosen*, den Ludwig XVI. vor seiner Flucht verfaßt und zurückgelassen hatte, läßt keinen

Zweifel an seinen Absichten. Er hatte vor, zu Bouillés Truppen zu stoßen und mit der österreichischen Armee in Belgien Verbindung aufzunehmen. Danach wollte er mit militärischer Macht nach Paris zurückkehren, die Konstituante und die Klubs auflösen und die unbeschränkte Herrschaft an sich zurücknehmen.

Seine gesamte Geheimpolitik war darauf angelegt gewesen, eine Intervention Spaniens und Österreichs zu seinen Gunsten herbeizuführen. Bereits im Oktober 1789 hatte er den Abbé Fonbruns über die Pyrenäen zu Karl IV. geschickt und danach sein Möglichstes getan, den Konflikt zwischen Frankreich und den Reichsständen im Elsaß zu nähren. Ludwig XVI. war nicht der einfache und nachgiebige, fast unverantwortliche Mensch, als den ihn seine Lobredner hinstellen. Mit einer gewissen Intelligenz begabt, hat er große Hartnäckigkeit in den Dienst eines einzigen Zieles gestellt: die alte Machtfülle seines Königsamtes sogar um den Preis eines Verrats an der Nation wiederherzustellen.

Die „Krise von Varennes"

Die Konsequenzen der vereitelten Fahnenflucht des Königs waren zwiespältig. Der demokratischen Bewegung gab sie gewaltigen Auftrieb. Andererseits veranlaßte Furcht vor dem Volk die herrschende Großbourgeoisie, eindeutiger als bisher für die Aufrechterhaltung der diskreditierten Monarchie einzutreten.

„Nun sind wir endlich frei und ohne König," erklärten die Cordeliers, die seit dem 21. Juni von der Konstituante verlangten, die Republik auszurufen oder wenigstens nicht ohne vorherige Befragung der Urwählerversammlungen über Ludwigs Schicksal zu entscheiden. Mehr noch: die Flucht des Königs lieferte ein entscheidendes Element zur Stärkung des Nationalbewußtseins unter den Volksmassen. Sie zeigte ihnen das Zusammenspiel der Monarchie mit dem Ausland und rief deshalb bis ins letzte Dorf eine starke Gemütserschütterung hervor. Man rechnete mit einem Einfall österreichischer Truppen aus Belgien;

die Festungen wurden aus eigener Initiative in Verteidigungszustand gesetzt, und die Bauern der Champagne und Lothringens bekundeten ihre Bereitschaft zu sofortiger Gegenaktion. Die Konstituante zog aus der Nationalgarde 100000 Freiwillige zum Dienst an den Grenzen. Der soziale und der nationale Aspekt flossen, wie 1789, ineinander. Als die Husaren, denen befohlen worden war, den Fluchtweg des Königs abzuschirmen, zum Volk übergingen, taten sie es mit dem Ruf: Es lebe die Nation! Ein spontaner Wille, dem erkannten Feind in den Arm zu fallen, wurde entfesselt. Am 22. Juni erschlugen Bauern bei Sainte-Menehould Graf Dampierre, der feierlich herangeritten war, um Ludwig XVI. bei dessen schmählichem Abtransport als getreuer Vasall Ehrfurcht zu bezeigen. In sieben voneinander weit entfernten Departements stürmte und zerstörte das Landvolk auf die Nachricht von der Flucht des Königs Schlösser und Herrenhäuser. In der „Furcht von 1791" waltete erregtes Nationalgefühl fast ebenso mächtig wie der Klassenhaß. Die Handlungsweise des Königs erschien als Beweis, daß eine Invasion unmittelbar bevorstand, und die Massen machten daraufhin, ohne sich zu bedenken, im militärischen Sinne des Wortes mobil.

Die Großbourgeoisie bewahrte währenddessen in der Konstituante kaltes Blut. Sie „suspendierte" Ludwig und sein Vetorecht bis zur „Klärung der Angelegenheit", organisierte Frankreich als faktische Republik, versperrte jedoch ganz bewußt den Weg zur Demokratie. Sie schuf statt dessen die Fiktion einer „Entführung" des Königs und sprach ihn demzufolge gegen den Einspruch Robespierres frei. Man machte nur sogenannten Anstiftern und Entführern den Prozeß, d. h. Bouillé, der in einem Brief vom 26. Juni an die Nationalversammlung die ganze Verantwortung auf sich genommen hatte, um sich anschließend nach Deutschland abzusetzen, und einigen Randfiguren, die unter Anklage gestellt wurden. Barnave schälte am 15. Juli das eigentliche Dilemma heraus: *Sind wir dabei, die Revolution zu beenden, oder sind wir dabei, sie von neuem zu beginnen? Ein Schritt zuviel wäre eine verhängnisvolle, eine schuldhafte Tat. Ein Schritt zuviel in der Linie der Freiheit wäre die Zerstörung des Königtums und in der Linie der Gleichheit die Zerstörung des Eigentums.*

Trotz Ludwigs Hoch- und Landesverrat, trotz aller aristokratischen Gefahrenquellen wollten die maßgeblichen Spitzen der Bourgeoisie die Nation vor allem als eine Nation von Eigentümern erhalten wissen: Für sie war die Revolution beendet und sollte es bleiben. Ein Blutbad auf dem Marsfeld offenbarte ihre Hintergedanken.

Von den Cordeliers, dem Weltbund der Wahrheitsfreunde und anderen Gesellschaften war das Volk von Paris zu Kundgebungen wider die Monarchie aufgerufen worden, und die Lage in der Hauptstadt wurde sehr gespannt. Während die Jakobiner von inneren Auseinandersetzungen in Anspruch genommen waren, vereinten sich am 17. Juli die Cordeliers bei großem Andrang der Pariser auf dem Marsfeld, um auf dem dort errichteten Altar des Vaterlandes eine Petition für die Ausrufung der Republik zu unterzeichnen. Unter dem Vorwand, gegen eine Störung der öffentlichen Ordnung vorzugehen, befahl die Konstituante Maire Bailly, die Versammlung zu zerstreuen. Das Kriegsrecht wurde verkündet, die aus Besitzbürgern zusammengesetzte Nationalgarde Lafayettes stürzte auf das Marsfeld und eröffnete ohne Warnung das Feuer auf die unbewaffnete Menge, aus der etwa fünfzig Menschen getötet und Hunderte verletzt wurden. Ebenso brutal verlief die nachfolgende Unterdrückungsaktion. Eine Verhaftungswelle erfaßte Paris; Marat und Danton mußten sich verbergen; mehrere demokratische Zeitungen stellten ihr Erscheinen ein. Der Klub der Cordeliers wurde vorübergehend geschlossen und das demokratische Lager damit für einen Augenblick seines Kopfes beraubt: So tobte sich der sogenannte „Terror unter der Trikolore" aus.

Die politischen Folgen waren weitreichend. Die aus der Patriotenpartei hervorgegangenen Konstitutionalisten zerfielen in zwei unversöhnlich verfeindete Gruppen. Die konservative Mehrheit der Jakobiner hatte sich am 16. Juli abgespalten und einen neuen Klub im Kloster der Feuillants gegründet. Während die von Robespierre geführten Demokraten, hinter die sich im Gegensatz zu den Pariser Mitgliedern die allermeisten angeschlossenen Gesellschaften in der Provinz stellten, nun im Jakobinerklub stärker zur Geltung kamen, waren die über die „Feuillants" verbundenen rivalisierenden Clans der Fayettisten und Lamethisten bereit, das bloßgestellte Werk der Konstituante durch eine jetzt leicht zu bewerkstelligende Übereinkunft mit dem gedemütigten König und den vor den Kopf geschlagenen „Schwarzen" zu retten, um den politischen Primat der Zensusbourgeoisie auch mit Hilfe des unmöglichsten politischen Schachers aufrechtzuerhalten.

Die Revision des Entwurfs zum Grundgesetz ging nicht so weit, wie es das Triumvirat gewünscht hätte. Dennoch wurde das Steuerklassenwahlrecht weiter verschärft: Die Elektoren mußten sich als Eigentümer oder Pächter eines Gutes mit einem Schätzwert von 150–400 Tagelöhnen ausweisen. Die Nationalgarde wurde durch ein Gesetz vom 28. Juli – mit nachträglichen Abänderungen vom 19. September – „unwiderruflich" auf Aktivbürger beschränkt; dieser Bourgeoisie in Waffen stand ein abgerüstetes Volk gegenüber. Der aus der Affäre von Varennes mit einem heilen Auge davongekommene Ludwig sputete sich, die so entschärfte Verfassung am 13. September anzunehmen; am 14. schwor er einmal mehr im festen Vorsatz, sie zu brechen, der Nation die Treue. Die bürgerlichen Notabeln der Konstituante ihrerseits glaubten einmal mehr die Revolution über den Berg und lösten sich am 30. September 1791 selbstzufrieden auf, um der Gesetzgebenden Versammlung Platz zu machen.

2. Die Internationalisierung des Klassenkonflikts

In Achtung vor Geist und Buchstaben der Aufklärung gaben sich die großen bürgerlichen Revolutionäre nicht damit zufrieden, ihren Kampf als ausschließlich französische Angelegenheit zu betreiben und zu betrachten. Dies war keine überhebliche Einbildung; kein Geringerer als Hegel wird ihnen noch aus späterer Rückschau bestätigen, daß 1789 die Sonne der Freiheit allen Völkern herrlich aufgegangen war.

Von Anfang an befrachtete indessen die Erhebung des Dritten Standes in Frankreich eine doppelte Konsequenz. Sie besaß Ausstrahlungskraft genug, Bürger und Bauern anderer Länder in Bewegung zu setzen, um an der Despotie ihrer Könige zu rütteln. Begeisterte und ermutigte sie die feudalunterdrückten Klassen, riß sie sogar junge Adlige mit, so beunruhigte sie ebendeshalb die gesamte „alte Ordnung" im „Europa der Fürsten". Die Parteiungen Frankreichs setzten sich jenseits der Grenzen fort: die fortschreitende Revolution ebenso wie die einen Kreuzzug erflehende aristokratische Konterrevolution. Durfte die Konstituante einesteils der Sympathie der besten Köpfe und vieler einfacher Menschen in nahen und fernen Ländern gewiß sein, so konnte sie andererseits den wachsenden Druck der auswärtigen Höfe auf Frankreich um so weniger außer acht lassen.

Der Widerhall der „Ideen von 1789"

Einberufung und Zusammentritt der Generalstände, der Fall der Bastille und die Erklärung der Menschenrechte hatten unter fortschrittlichen Menschen und namentlich unter den Gebildeten, die mit dem gesellschaftlichen Denken ihrer Zeit vertraut waren, einen nahezu einstimmigen Jubel ausgelöst. Die befreienden Botschaften aus Frankreich schlugen gleich Bomben ein; man riß sich Zeitungen und Flugschriften in Hochstimmung aus der Hand. Die Ereignisse stellten die Stube des Gelehrten und des Kaufmanns, des Handwerkers und des Bauern auf den Kopf. „Pilger der Freiheit" strömten von überallher nach Paris: unter vielen der Weltreisende Georg Forster aus Deutschland, der Dichter Wordsworth aus England, der Dramatiker Alfieri aus Italien, der Schriftsteller Karamzin aus Rußland. Dem Briten Thomas Paine (1737–1809), der sich als engagierter Literat (*Der gesunde Menschenverstand*, 1776) und Freiwilliger in Amerika ausgezeichnet hatte, händigte Lafayette einen Schlüssel der Bastille ein, um ihn Washington zu überbringen.

Manche ließen sich vorübergehend in Frankreich nieder und wurden tätige Verkünder der revolutionären Ideen

gleich den bereits ansässigen Wahlfranzosen oder politischen Flüchtlingen älteren und neueren Datums aus Irland und Savoyen, den Niederlanden und dem Rheinland, aus Österreichisch-Belgien und dem Fürstbistum Lüttich. Hinzu kamen Italiener, Spanier, Polen und andere; Schweizer, vor allem aus Genf, Fribourg und Neuchâtel, gründeten 1790 als erste in Paris ihren eigenen „Helvetischen Klub“.
Nicht sämtliche von diesen Wanderpropheten werden der Revolution und ihrer Hauptstadt über alle Peripetien hinweg Anhänglichkeit bewahren, einige indessen in ihr eine bedeutsame Rolle spielen: der preußische Baron aus Cleve und kosmopolitische „Redner des Menschengeschlechts“ Anacharsis Cloots, der belgische Finanzmann Proli, die Schweizer Clavière und Pache, der Spanier Guzman, der Venezolaner Miranda. Von größerer geschichtlicher Tragweite als auf solche der Not, Idealen oder Abenteuerlust gehorchenden Avantgardisten allerdings war die Wirkung der gesellschaftlichen Veränderung in Frankreich auf dessen nähere oder fernere Nachbarn.
Sicherlich war sie alles andere als gleichwertig: Beschränkte sich in Spanien und Portugal, Dänemark und Schweden die Zustimmung auf sporadische Intelligenzkreise und zeitigte keine nennenswerten konkreten Folgen, so gewann die Parteinahme für die Revolution in anderen Ländern eine gewisse Breite. Die größere oder geringere Entfernung vom Schauplatz der Handlung, Möglichkeiten einer störungsfreien Kommunikation fielen ins Gewicht; insbesonders aber entschied der jeweilige sozialökonomische Spannungsgrad darüber, ob der Funkenflug einen Brand entzündete oder zerstob. Kapitalistische Staaten hatten ihren Standort gegenüber dem „Neuling“ festzulegen oder zu überprüfen. In Ländern mit einer ausgebildeten, jedoch von der Herrschaft ausgeschlossenen bürgerlichen Mittelklasse stand für diese eine mehr oder weniger unmittelbare Auswertung, wenn nicht Übernahme und Aneignung französischer Erfahrungen zur Erörterung. Jedoch auch dort, wo die feudalen Strukturen noch keine entscheidenden Schwächeerscheinungen aufwiesen und die klassenmäßigen Voraussetzungen für eine Machter-

greifung der Bourgeoisie von vornherein fehlten, setzte die Revolution antifeudale Kräfte frei und schärfte ihr gesellschaftliches Bewußtsein; die gelegten Keime werden oft lebendig bleiben und sich zu einer späteren Zeit entfalten.

Die älteren Brüder

Von den drei Ländern, die eine bürgerliche Revolution bereits hinter sich hatten, begrüßten Volk und Regierung der Vereinigten Staaten von Amerika die Umwandlung des befreundeten Frankreich in eine konstitutionelle Monarchie. An der demokratischen Vertiefung der Revolution jedoch schieden sich die Geister bald: Sie wurde sogar zum Katalysator des entstehenden amerikanischen Zweiparteiensystems von regierenden Föderalisten und oppositionellen demokratischen Republikanern; erstere gingen aus den konservativen und englandfreundlichen Tories, letztere aus den patriotischen Whigs des Unabhängigkeitskrieges hervor. Die Föderalisten, deren Stamm das große Handelskapital bildete, traten im Interesse ihres nationalen Marktes – entgegen dem Firmenschild – für die Stärkung einer streng oligarchischen Zentralgewalt ein; sie werden Washington, der zu klug war, darauf einzugehen, später die Kaiserkrone anbieten. Sie scheuten noch lebendige Erinnerungen an Shays „Rebellion" für die Rechte des kleinen Mannes (1786) und forderten nicht nur die Bekämpfung eines aufkommenden „Jakobinertums" im eigenen Lande, sondern auch den Bruch der Allianz mit Frankreich, dessen neue Begeisterung für die Republik in ihren Augen eher der gefürchteten „Pöbelherrschaft" gleichkam.
Daß sie nur einen Teilerfolg errangen und die USA außenpolitisch gegenüber dem eingekreisten revolutionären Frankreich wenigstens eine diesem hochwichtige Neutralität wahrten, war dem Druck zuzuschreiben, den rührige demokratische Kräfte auf Kongreß und Regierung ausübten. Noch lange über 1791 hinaus gelang es ihnen unter Männern wie Jefferson, Monroe und be-

sonders Joël Barlow, gestützt auf Farmer, städtisches Kleinbürgertum und Intellektuelle, gegenüber der Rechten nahezu das Gleichgewicht zu halten. Die von Backe in Philadelphia herausgegebene *Aurora* antwortete John Quincy Adams auf seine Schmähschrift *Publicola* in geharnischten Artikeln. Freiheitsbäume wurden gepflanzt und dreifarbige Kokarden getragen, Klubs gegründet, die ihre Redner über Land schickten. Deren Programme wiesen freilich alle einen schweren Mangel auf: Auch die von ihnen gepredigte „Volksherrschaft" war den zwei weißen Dritteln der Bevölkerung vorbehalten; sie rührte nicht an die Einrichtung der Sklaverei, auf der vor allem die Baumwollkultur im mächtigsten Bundesstaat Virginia und weiter südlich beruhte, obgleich ein gewaltiger Sklavenaufstand im benachbarten französischen Haiti seit August 1791 das Problem unüberhörbar auf die Tagesordnung setzte. Diese Inkonsequenz wird es der amerikanischen Reaktion erleichtern, bis 1795 „ihre" Jakobiner zu isolieren und danach zu zerschlagen.

Auch England wurde von den Vorgängen in Frankreich stark ergriffen. Die Oligarchie aus bürgerlichen Kapitalisten und grundbesitzendem Adel stimmte anfänglich der Abtragung des Ancien régime zu, und George Fox, der Erneuerer der liberalen Whig-Partei, kommentierte lobend die Arbeit der Konstituante. Geführt von den Tories unter Pitt dem Jüngeren, wurden die herrschenden Klassen jedoch in dem Maße kühler, als sie von den durchgeführten Reformen eine Stärkung des traditionellen Rivalen und zudem ihre ansteckende Wirkung befürchteten: Immerhin erfreute sich im „Mutterland der Parlamente" knapp einer von hundert Engländern des Wahlrechts. Getragen wurde infolgedessen eine demokratische Bewegung, die sich schon seit den sechziger Jahren in Auseinandersetzungen um die Stellung der Krone oder um das Selbstbestimmungsrecht Irlands und der Kolonien – wie in Addisons *Junius-Briefen* oder in Swifts *Gulliver* – kräftig geregt hatte, von kleinbürgerlichen Radikalen, die oft nicht der offiziellen „Hochkirche", sondern den zahlreichen Freikirchen entstammten. Dichter wie Blake und Robert Burns, Shelley und Coleridge traten hervor der Schriftsteller und Publizist Sheridan. der utilitaristische Philosoph Bentham, der Chemiker Priestley. der Arzt Price, der Rechtsanwalt Erskine. der Vorkämpfer der Sklavenbefreiung Wilberforce und Mary Wollestonecraft, die als eine der ersten für die Frauenemanzipation eintrat und dazu auch französische Bürgerinnen anregte.

Die Bewegung zur Demokratisierung der Verfassungseinrichtungen beschränkte sich nicht auf individuelle literarische Erzeugnisse oder Feiern zur Erinnerung an die Erstürmung der Bastille. Am tiefsten wühlte sie das Volk der Iren auf, das sich von einem Bündnis mit dem revolutionären Frankreich die Abschüttelung des englischen Jochs über die Insel versprach und dafür in der 1791 von Wolfe Tone gegründeten „Revolutionären Gesellschaft der Vereinigten Irländer“. die Katholiken und Protestanten erfaßte, Vorbereitungen traf: nach Erschöpfung der politischen Mittel orientierte sie seit 1794 auf einen nationalen Aufstand. begleitet von der Landung eines französischen Expeditionskorps: ein Alpdruck, der nicht mehr von den englischen Unterdrückern weichen sollte.

Andere Kampfformen kamen in England selbst zur Anwendung. In Manchester entstand 1790 eine „Verfassungsgesellschaft“; in London wetteiferte seit 1792 eine „Gesellschaft zur Unterrichtung in Verfassungsfragen“ mit der volkstümlicheren „Korrespondenzgesellschaft“, auch als Londoner Jakobinerklub bezeichnet, deren hervorragender Sekretär, der Schuhmachergeselle Thomas Hardy, ihr Netz über ganz England zog und sich mit den schottischen „Volksfreunden“ in Edinburg, unter denen sich ebenfalls Arbeiter befanden. verband.

Als Hardy und seine Freunde den Weg zur Massenorganisation mit 20000 Mitgliedern aus allen Bevölkerungsschichten beschritten, Großkundgebungen veranstalteten und 1793 gar einen „Konvent“ einberiefen. der von der Polizei gesprengt wurde, hatte sich die Regierung längst der pausenlosen Bekämpfung der Revolution diesseits und jenseits der Grenzen zugewandt. Kennzeichnend für diese entschiedene und frühe Kehrtwendung der herrschenden Schichten sind die 1790 erschienenen *Betrachtungen über die Französische Revolution* des umgefallenen Liberalen Burke, der damit der internationalen Konterrevolution ihr flugs in alle Sprachen übersetztes Gebetbuch schrieb. Ihm boten Thomas Paine 1791/92 mit seinen nicht weniger aufsehenerregenden *Menschenrechten (The Rights of Man)* und William Godwin Anfang 1793 mit einer *Untersuchung über politische Gerechtigkeit*, dem Erstwerk eines „idyllischen Anarchismus", die Stirn. Die revolutionären Kräfte, obwohl zusehends in die Defensive gedrängt, zeigten sich ideologisch und organisatorisch fähig, der Verfolgung noch über 1794 hinaus Widerstand zu leisten und neue Anhänger, besonders unter den Matrosen, zu finden.

In den Niederlanden hatten preußische Truppen 1787 die durch einen vierjährigen Verfassungskonflikt mit großbürgerlichen Notabeln erschütterte Macht des Erbstatthalters aus dem Hause Oranien wiederhergestellt, und Tausende der unterlegenen „Patriotenpartei" (die diese Bezeichnung in der allgemeinen politischen Begriffssprache verankerte), waren nach Frankreich geflüchtet. Während also im Lande ein Ausnahmezustand herrschte und die am Ruder befindliche „orangistische" Reaktion politische Willensbekundungen unterband, gerieten die Emigranten in den Sog der Pariser Ereignisse. Gegen eine liberale Gruppe um Daverhoult und Vandenyver regte sich in batavischen Klubs und seit 1792 im „Batavischen Revolutionskomitee" mit Anthony de Roth, Blauw, Gogel und anderen eine demokratische Minderheit; beide Auffassungen bekämpften sich ebenfalls in den Niederlanden selbst, während sie gegenüber den regierenden Orangisten solidarisch operierten und in „Lesegesellschaften" eine glänzende illegale Organisation aufzogen, die 1795 – viel zu spät also freilich für eine demokratische Lösung – beim Einmarsch der Franzosen in verblüffender Reibungslosigkeit die Macht übernehmen wird.

Die Schweizer Eidgenossenschaft, obwohl seit 1525 in allen europäischen Kriegen neutral, war mit der französischen Monarchie, der sie die Anwerbung ganzer Söldnerregimenter erlaubte, durch Verträge eng verbunden; auch in Wirtschaft und Kultur waren die Beziehungen vielfältig und dicht. Die Revolution erschütterte dieses traditionelle Verhältnis und füllte es zugleich mit neuem Inhalt.
Die Schweiz war nicht das alpine Bauernparadies, das die Literatur des 18. Jahrhunderts gern idealisierte. Die dreizehn teils protestantischen und teils katholischen „alten" Kantone, deren einflußreichste ein Stadtpatriziat regierte, bevormundeten die „Zugewandten Orte" und verwalteten eroberte Gebiete wie Tessin, Veltlin und Waadt durch Vögte; im Kanton Neuchâtel war gleichzeitig der Preußenkönig „Fürst". Die städtischen Unter- und Mittelschichten waren politisch zumeist rechtlos, viele Bauerngemeinden, mit Ausnahme solcher im Gebirge, Abgaben an Kirche, adlige Herren und grundbesitzende Bourgeois unterworfen. Die Vollmachten des einzigen Bundesorgans, der Tagsatzung, waren gegenüber den Kantonen und besonders Bern, dem mächtigsten und konservativsten, äußerst begrenzt.
Die Revolution im Nachbarland brachte die angestaute Unzufriedenheit zur Entladung. 1790 erhoben sich die Bauern in den Kantonen Schaffhausen und Wallis; im Waadt entstand eine „Patriotenpartei", die Verbindung zum „Helvetischen Korrespondenzbüro" in Paris aufnahm und die Loslösung von Bern anstrebte. Müller von Friedberg in St. Gallen forderte kantonale Gleichberechtigung für die Zugewandten Orte. 1791 standen die Bauern des Wallis ein zweites Mal auf, zugleich mit den Bauern von Porrentruy, die dem Bischof von Basel fronten: Der vorspringende Grenzstrich machte sich das Vorbild der Entfeudalisierung in Frankreich zu eigen.
Diese ersten Bewegungen wurden mit militärischen Mitteln grausam unterdrückt. Jedoch bildeten sich in der Zwischenzeit bewußte revolutionäre Zentren in den Städten:

namentlich in Genf, wo die 1782 geschlagenen Demokraten 1792 an die Macht zurückkehren werden, und in Zürich, dessen „Revolutionspartei" Lavater, Usteri, den Maler Füssli und den großen Pädagogen Pestalozzi zu den ihren zählte. Im Unterschied zu anderen Ländern werden die Schweizer Revolutionäre trotz zeitweiliger Rückschläge ihre Stellung im Volk mit Erfolg festigen und 1798 im kurzlebigen Einheitsstaat der „Helvetik" ihr Mittelalter doch noch einigermaßen begraben.

Unmittelbar mit den Begebenheiten in Frankreich verflocht sich auch die Opposition gegen die zentralistischen und antiklerikalen Tendenzen der Reformpolitik Josefs II. in den Österreichischen Niederlanden, die seit 1787 schwelte und nach dem Signal des Pariser Bastillesturms am 22. Juli 1789 einen Aufstand – zuerst in Tirlemont – auslöste; unter dem Druck patriotischer Milizen räumten die Österreicher, die dort nur über Regimenter aus schwankend gewordenen Landeskindern verfügten, im Dezember die Provinzen. Revolutionär war in dieser Bewegung in Wahrheit nur eine von de Vonck, dem Schöpfer der Milizen, geführte bürgerlich-liberale Strömung. Gerade diese jedoch geriet gegenüber den konservativ-klerikalen „Föderalisten" (oder „Staatisten"), denen es um die Erhaltung ihrer Standesprivilegien in den einzelnen Provinzen zu tun war, worin sie aber die Zünfte und die streng katholischen Bauern auf ihre Seite zogen, ins Hintertreffen. Die im Januar 1790 in Brüssel proklamierten „Vereinigten Belgischen Staaten" grenzten sich daher unter van der Noot von den französischen Revolutionären entschieden ab und entfesselten einen Unterdrückungsfeldzug gegen die Liberalen, deren Führer sich großenteils nach Frankreich retteten. Die Österreicher, von Preußen und England gedeckt, deren Haltung van der Noot falsch eingeschätzt hatte, ließen daraufhin ihre in Ruhe umgruppierte Armee einmarschieren und stellten nach einigen Gefechten am 12. Dezember ihre wie auch die Herrschaft des Lütticher Fürstbischofs im vollen Umfang wieder her. Während in „Belgien", dessen klassizistische Neubenennung sich behaupten wird, jede Kritik als „revolutionäre Propaganda“ nun von den Behörden, die dafür konterrevolutionären französischen Emigranten Gastfreundschaft gewährten, erstickt wurden, sammelten die Vonckisten, denen unter anderen der Großbankier Walckiers seinen Kredit und General van der Mersch seine militärischen Kenntnisse zur Verfügung stellte, im Pariser Exil ihre Kräfte und bereiteten sich darauf vor, ihre Heimat diesmal mit französischem Beistand den Habsburgern zu entreißen. Manche von ihnen hatten sich in der Zwischenzeit zu den fortgeschritteneren revolutionären Positionen des Gastlandes emporgeschwungen. Über ihre nationalen Ziele herrschte unter Wallonen wie Flamen daher keine Einigkeit: Einfacher Anschluß oder eine von der großen Mehrheit gewollte, mit dem revolutionären Frankreich verbündete belgische Republik? Schon 1792 wird diese Frage plötzlich unerhörte Aktualität gewinnen.

Auf fruchtbaren Boden fiel der Samen der Revolution im politisch zerstückelten Italien, das einerseits seit der Jahrhundertmitte einen ökonomischen Aufschwung verzeichnete, der das Selbstbewußtsein der Bourgeoisie und des verbürgerlichten Kleinadels hob, und andererseits seit 1774 gleich Frankreich in einen langfristigen Krisenzyklus geriet, der vor allem die Lage der Bauern weiter verschlechterte. In den grenznahen Gebieten zögerten sie nicht, es dem französischen Landvolk gleich zu tun: In Savoyen und Piemont erhoben sie sich mit dem Ruf, „Franzosen werden zu wollen“. Jedoch auch um Bologna und in den Abruzzen im Kirchenstaat brachen Agrarrevolten aus, in denen antifeudale Losungen der Französischen Revolution aufgegriffen wurden.
Das Bürgertum des von Habsburgern, Bourbonen und dazu von der Inquisition im Schraubstock gehalten Italien fand in der Revolution vor allem die Idee der nationalen Einheit bestätigt, die schon in den Werken Genovesis, Algarottis, Muratoris und anderer Aufklärer als Fernziel angeklungen hatte. Soviel nützliche Teilanpassungen einzelne „Philosophen auf dem Fürstenthron“ – in Toskana etwa – durchgeführt hatten: Sie

dienten der Zementierung der Kleinstaaterei, nicht dem Zusammenschluß zur italienischen Nation, zum italienischen Nationalstaat.
Mehrheitlich vertrauten die Mittelschichten 1789 noch der Kraft eines allmählich durchzusetzenden, von den französischen Ereignissen beschleunigten Fortschritts. Indessen begannen Parteigänger der Revolution doch die Frage aufzuwerfen, ob die gewünschte gesellschaftliche Veränderung wirklich ohne Anwendung von Gewalt erzielbar sei. In Padua und in Turin kam es 1791 zu heftigen Studentenunruhen; der venezianische Dichter Ugo Foscolo besang den Volksaufstand, und der Philosph Gorani wurde zum Propagandisten der Erklärung der Menschenrechte. Filippo Buonarroti (1761–1837) aus Michelangelos Geschlecht, den Mably und Morelly beeindruckt hatten, trat 1789 in der Florentiner *Allgemeinen Zeitung (Gazetta universale)* für eine Revolution ohne Abstriche ein und mußte dafür vor den Nachstellungen der Polizei nach dem französischen Korsika ausweichen. Ein anderer „Verdächtiger", der vom Jansenismus herkommende radikale Giovanni Ranza, Lehrer am Priesterseminar von Vercelli, folgte ihm 1791.
Die „aufgeklärten" Despoten entlarvten sich angesichts einer solchen Entwicklung postwendend: Sie bauten ihre Reformen ab, veranstalteten eine Treibjagd auf Patrioten und schoren sie als „Jakobiner" über einen Kamm. Dies trug, da es vielen bisher Unbeteiligten die Augen öffnete, zur Festigung der Bewegung bei, die sich seit 1792 bei tatkräftiger Förderung durch Freimaurerlogen bis Neapel und Sizilien ausbreitete und zur Keimzelle des „Risorgimento", Italiens nationaler Wiedergeburt im 19. Jahrhundert, werden sollte.

„Sie und nicht wir"
(F. G. Klopstock)

Deutsche und Franzosen verbanden vielfältige Beziehungen. Sie waren Anrainer; vertriebene Hugenotten hatten sich in protestantischen deutschen Städten niedergelassen und umgekehrt deutsche Handwerker und ausgediente Söldner in Paris und seinen Faubourgs; Französisch war die Sprache der Höfe in den meisten der dreihundert deutschen „Vaterländer“, und auch das gebildete Bürgertum bediente sich ihrer oft; weit verbreitet war daher die Kenntnis der französischen Aufklärungsliteratur. Rokoko und Klassizismus fanden von Frankreich ihren Weg in deutsche Lande, deren spätfeudale Gesellschaft sich dem Mode- und Geschmacksdiktat von Paris gern unterwarf; mancher Duodezfürst ahmte Einrichtungen des französischen Absolutismus von der Akzise bis zur Chefmätresse passend oder unpassend nach. Hochgeschätzt in Frankreich wiederum war deutsche Tonkunst, und deutsche Pädagogik galt ihm als vorbildlich.

Die Bourgeoisie war während der zweiten Jahrhunderthälfte erstarkt, bildete jedoch infolge der territorialen Zersplitterung des „Heiligen Römischen Reiches“, das vom Dualismus der beiden Großmächte Österreich und Preußen ausgelaugt wurde, keine einheitliche nationale Klasse; trotz der nicht unbeträchtlichen Verbreitung kapitalistischer Produktionsverhältnisse in einigen Gebieten strebte sie noch nicht nach einem Anteil an der politischen Macht, sondern begnügte sich mit schüchternen Reformwünschen, die sie in ehrfürchtiger Untertanengesinnung an ihre jeweiligen Landesväter herantrug. Wachsendes Selbstbewußtsein des deutschen Bürgertums offenbarte sich indessen in der atemraubenden Entfaltung einer deutschen Nationalliteratur, der Philosophie und des Musikschaffens: Zwischen milde Aufklärung schoben sich unüberhörbare Akzente einer Rebellion gegen Despotie und Feudalität.

Wie in Italien, schlugen auch in Deutschland die ersten Revolutionsblitze im unmittelbaren Grenzgebiet ein. Im Elsaß, wo deutsche „Reichsstände“ unter völkerrechtlich verworrenen Umständen grundherrliche Befugnisse ausübten, verweigerten die Bauern sogleich nach den denkwürdigen Beschlüssen der Konstituante vom August 1789 Abgaben und Frondienste. Noch im Sommer erhoben sie sich im Badischen und östlich des Oberrheins,

bald darauf in der Kurpfalz, 1790 um Aschaffenburg im Spessart. Zu heftigen Unruhen kam es gleichfalls in der freien Reichsstadt Köln. Da es jedoch zu keiner rechten Verbindung zwischen den einzelnen ländlichen und städtischen Aufstandsherden kam, brach die Bewegung im Rheinland, die den örtlichen Gewalten einige Anfangserfolge abtrotzte, schon vor der Androhung militärischen Einschreitens der Reichsbehörde 1790 wieder zusammen. Nicht für lange freilich, denn in Mainz wird sich schon 1791 um Professor Andreas Hofmann und Georg Forster ein neuer revolutionärer Schwerpunkt bilden.
Der große und teilweise koordinierte Bauernaufstand in Kursachsen vom August 1790 wurde unmittelbar durch Dürre und Teuerung ausgelöst. Jedoch hatte auch hier, wo die Landbevölkerung unter der Ausbreitung der kleinadligen Gutsherrschaft in besonders starkem Maße litt, das französische Vorbild unzweifelhaft schon seit längerem anfeuernd gewirkt; im *Pro Memoria* des Liebstädter Seilers Christian Benjamin Geißler fand sich neben der Forderung auf Absetzung von Beamten und Enteignung der Unterdrücker eine weitere nach Errichtung einer Nationalgarde.
Positiv beurteilten die Revolution einige weitblickende Unternehmer wie der Weimarer Großverleger Bertuch und namentlich der Hamburger Großkaufmann Sieveking, Mittelpunkt eines einflußreichen Kreises, der darin zugleich Interessen des hansestädtischen Handels an einer ungestörten Geschäftsverbindung mit dem französischen Markt wahrnahm. Die kursächsischen Städte forderten eine Heranziehung des Adels zu den Steuerleistungen und die Breslauer Bürger Zugang zur Stadtverwaltung.
Während Kundgebungen von Handwerkern und Gesellen in Hamburg, Bremen und Mainz zwar Aufsehen erregten, doch bis 1792 vereinzelt blieben, wurde die Intelligenz von der Revolution sogleich tief ergriffen: Diese Abstreifung monarchischer, feudaler und kirchlicher Fesseln schien auch ihr einen Weg zur geeinten bürgerlichen Nation zu weisen. Daß die studentische Jugend voranging, die Brüder Humboldt nach Paris eilten, die Zöglinge des Tübinger Stifts Schelling, Hegel und Hölderlin einen

politischen Klub gründeten und 1790 einen Freiheitsbaum pflanzten, verwundert nicht. Doch auch die kühleren „Alten" – Kant in Königsberg, Wieland in Weimar und der Spötter Lichtenberg in Göttingen – standen ihnen an Begeisterung nicht nach. „Hätt' ich hundert Stimmen, ich feierte Galliens Freiheit," sang Klopstock in Altona. Der Historiker Schlözer öffnete den Leitgedanken der Revolution die Spalten seiner *Staatsanzeigen*, der führenden Zeitschrift der deutschen Aufklärung. Beethoven setzte sie in Töne um. Schiller und Fichte, der Pädagoge Campe, der Publizist Becker machten sich zu Anwälten der glückhaften Umwälzung. Schubart feierte sie aus dem Dunkel seiner Kerkerzelle auf dem herzöglich-württembergischen Hohenasperg, während neue Federn sich einen Namen zu machen begannen: Schütz, Rebmann, Görres, Tieck und Schlegel. Eine wahre „deutsche Kolonie" bildete sich um Schlabrendorf, Oelsner, Archenholz, Reinhard, Kerner, Clauer und Reichardt im revolutionären Paris. Es gab andere Stimmen, die der Revolution nur unter Vorbehalten beipflichteten wie Herder – und Goethe. Bald sollte sich weisen, daß sie eine Grenze anzeigten, die dem Enthusiasmus der meisten Dichter und Denker gezogen war. Er überdauerte die Konstituante nur um weniges. Unfähig, aus der Sicht des rückständigeren Deutschland die harten Gesetzmäßigkeiten einer bis zum Ende ausgekämpften Volksrevolution zu begreifen, werden sich bei jedem weiteren ihrer großen Schritte nach vorn ihre anfänglichen Herolde nacheinander abkühlen und zurückziehen. Dennoch konnte nichts und niemand die in den Köpfen vollzogene Veränderung auslöschen. Auch der verleugnete Gewinn erwies sich als unverlierbar und wird einer neuen Epoche als Leitstern voranleuchten.

Revolution und Leibeigenschaft

Im weiten Bereich der osteuropäischen Leibeigenschaft und ihrem Vorfeld, in dem sich soeben erst Ansätze einer kapitalistischen Produktionsweise und einer Bourgeoisklasse herausbildeten, konnte die Ausstrahlung der fernen Revolution naturgemäß die gesellschaftliche Oberfläche, die sie zudem mit Verspätung erreichte, nicht durchdringen. Als Denkanstoß und Aufforderung zum Handeln blieb sie indes auch hier nicht ohne Wirkung.

Ihre Botschaft erreichte die Völker, die von den Habsburgern in der „Donaumonarchie" mehr nieder- als zusammengehalten wurden. Die Verhärtung der Hofburg gegenüber Frankreich ging Hand in Hand mit einer Zurücknahme so mancher fortschrittlicher Neuerung Josefs II., an die Bürger und Bauern – sicher übertriebene – Erwartungen geknüpft hatten, und mündete nach der kurzen Regierung des behutsamen Leopold 1792 unter Franz II. in unverschleierte feudale Reaktion.

Aus der Gegenwehr erwuchsen unter den Tschechen, deren nationale Renaissance sich seit den siebziger Jahren anbahnte, und Südslawen jansenistischer oder josefinischer Tradition Keime einer Revolutionspartei. In der Steiermark und vor allem in Wien um Andreas Riedel und Cajetan von Gilowsky verdichteten sie sich zu konspirativen Zirkeln, an denen sich an der Seite von Intellektuellen Geschäftsleute, Beamte und Handwerker beteiligten; der Offizier Franz Hebenstreit, der Frankreich eine von ihm konstruierte „Kriegsmaschine" zueignete, gab sich mit dem Kampfgedicht *Homo hominibus* („Der Mensch den Menschen") als erster Egalitarist, wenn nicht utopischer Kommunist Österreichs zu erkennen.

Den eindeutigen Schwerpunkt der revolutionären Bewegung wider die Habsburgerherrschaft bildete indessen das leibeigenschaftliche Ungarn, dessen Aristokratie der josefinischen Zentralisation 1789/90 ebenso wie die belgischen Stände entgegengetreten war, und die Kaiser Leopold 1791 vor allem durch Zugeständnisse an die Magnaten besänftigt hatte. Ein Teil des Kleinadels setzte daher mit Unterstützung einer schmalen Intelligenzschicht seinen Kampf um eine nationale ungarische Verfassung fort, in dem er sich der liberalen Auslegung der Französischen Revolution näherte und die Verbreitung ihrer Ideen förderte. Da er sich allerdings mit dem Gedanken einer Befreiung seiner eigenen Leibeigenen nicht anfreunden und sein Programm faktisch auf die Erkämpfung einer magyarischen Adelsrepublik beschränken wollte, verlor er die Führung der Bewegung. Seit 1792, als ein dynastischer Krieg gegen das revolutionäre Frankreich die letzten Illusionen über den Wiener Kaiserhof begrub, stellten sich mit dem Titularabt Ignác Martinovics (1755–1795), Hajnóczy und Laczkovics Demokraten an die Spitze, deren Fäden von Budapest nach Agram, Wien und Paris reichten, und schufen eine kompliziert aufgebaute doppelte Geheimorganisation. Für sie verfaßte Martinovics zwei Katechismen, einen für die breitere „Gesellschaft der Reformatoren“ und einen anderen, den *Catéchisme de l'Homme et du Citoyen*, für die radikale „Gesellschaft der Freiheit und Gleichheit“, die in einer zweiten Etappe die bürgerliche Revolution mit Unterstützung der Bauern und folglich bei Ausschluß des Adels zu Ende führen sollte. Diese „Jakobinerverschwörung“, die die Leibeigenen kühn in die Nation zu integrieren unternahm und der Ungarns anerkannteste Schriftsteller – Batsányi, Kazinczy und Verseghi – nahestanden, wurde 1794 zusammen mit der österreichischen Gruppe aufgedeckt; ihre Führer starben 1795 auf der Budapester „Blutwiese“ als erste und unvergessene revolutionäre Blutzeugen ihres Volkes.

Als einen letzten Hoffnungsschimmer begrüßten und propagierten die Französische Revolution polnische Patrioten wie Niemcewicz und der Geistliche Switkowski, die ihre Heimat seit 1772 dem Würgegriff der drei „Teilungsmächte“ Preußen, Rußland und Österreich ausgeliefert sahen. Ihr Streben nach einer Reform an Haupt und Gliedern verband sich zeitweilig mit dem Wunsch des Königs Stanislaw Poniatowski, das überaus lockere und oft als „Adelsanarchie“ beschriebene Staatswesen zu festigen. Am 3. Mai 1791 gelang es ihren vereinten Kräften, den seit vier Jahren tagenden Landtag, den Sejm, zur Annahme einer insgeheim ausgearbeiteten Verfassung zu bewegen, die die Vollmachten der Zentralgewalt wesentlich erweiterte und die an Sabotage grenzenden „Freiheiten“ und Einspruchsrechte der Magnaten beschnitt.

In der Form atmete sie in vielem den Geist der Konstituante. Verbesserte sie die politische Organisation, die Verwaltung und das Rechtswesen, so rührte sie indessen nicht an das Leibeigenschaftsregime. Auch dieses „neue Polen“ war ein Klassenstaat des Adels, der Schlachta. Der Klerus setzte die Anerkennung des Katholizismus als Staatsreligion durch, während das Bürgertum mit geringfügigen Konzessionen abgefertigt wurde; ausgeschlossen aus der „Nation“ blieben nicht nur die unfreien polnischen Bauernmassen, sondern ebenfalls die nichtpolnischen Völker: Ukrainer, Juden, Litauer und Belorussen. Trotz ihrer sozialen Zahmheit erschien die Verfassung jedoch den meisten Magnaten unannehmbar; Zarin Katharina II. folgte gern einem bestellten Hilferuf der „Konföderierten von Targowica“ und ließ im Mai 1792 Truppen einrücken, die den König zum Widerruf bewegten.
Von da ab begannen sich die Patrioten schärfer in gemäßigte Liberale – Jan Potocki, Malachowski, Czartoryski – und in Demokraten, deren führender Kopf Hugo Kollontaj wurde, zu differenzieren. Aus letzteren werden die „polnischen Jakobiner“ Warschaus, Krakaus und Wilnas hervorgehen, die ihre soziale Basis auf die städtischen Volksschichten verbreitern und im nationalen Aufstand unter Tadeusz Kościuszko im Frühjahr 1794 eine politische Vorhut stellen werden.

Sogar die Hochburg der osteuropäischen Leibeigenschaft, das zaristische Rußland, blieb indessen von der Revolution nicht unberührt. Noch aufgewühlt vom letzten großen Bauern- und Kosakenaufstand unter Pugačev (1773–1775), verschlang vor allem die junge Adelsintelligenz die Nachrichten aus Frankreich, um Antworten auf ihre Fragen und Zweifel zu finden. Aufgeklärte Publizisten Petersburgs und Moskaus wie Rachmaninov, Krylov und Novikov – der einfallsreichste unter den russischen Freimaurern – priesen die Grundsätze der Konstituante; Rommes Zögling P. A. Stroganov, der in Paris dem Jakobinerklub beigetreten war, empfahl die Lehren der Revolution für Rußland zu nutzen; Krečetov rief sogar zum Sturz

der Autokratie und zur Errichtung einer Gesellschaft von Gleichen im Sinne der französischen „Menschenrechte“ auf.
Die tiefste und nachhaltigste Wirkung erzielte *Die Reise von Petersburg nach Moskau* von A. N. Radiščev (1790). In bisher unerhörter Schärfe wurden in der darin enthaltenen Ode *Die Freiheit* Angriffe gegen Zarenherrschaft und Leibeigenschaftsordnung vorgetragen, die „Erhebung der Sklaven“ in einer großen Revolution und die Abschüttelung ihres menschenunwürdigen Jochs vorausgesagt. Katharina II., die Freundin Voltaires und d'Alemberts, antwortete dem „Aufrührer“ mit einem „gnadenhalber“ in sibirische Verbannung umgewandelten Todesurteil. Keine Einschüchterung jedoch vermochte die illegale Verbreitung des ersten literarischen Dokuments der russischen Revolution zu verhindern, das auch in bürgerliche und bäuerliche Hände gelangte und zum ersten Glied einer langen revolutionären Kette wurde.

Der Kreis der von der Französischen Revolution vermittelten Ideen und Impulse schloß sich auch an Newa und Moskwa noch nicht. Sie sprühten zu Griechen und Rumänen und andererseits bis in die türkische Aufklärung des „Tanzimat“; sie kämpften auf Außenposten im indischen Seringapatam, auf den afrikanischen Komoren, und faßten jenseits des Atlantiks Fuß: „Tiradentes“ in Brasilien bezahlte 1792 mit seinem Kopf dafür, der Indio Santa Cruz Espejo aus Quito wie der Kreole Nariño aus Bogota mit Gefängnis und Exil. Buenos Aires wird seine „Jakobiner“ um Moreno haben und Santiago de Chile die Loge „Lautaro“, Mexiko den gelehrten Hidalgo und seinen „roten Priester“ José Maria Morelos.
Geschichtsträchtig für die Völker, die sich aus feudalen Banden zu lösen suchten, wird all dies indessen erst in einer späteren, manchmal einer viel späteren Epoche – und jedenfalls noch nicht in dem Augenblick, in dem das revolutionäre Frankreich konkret mit dem Europa der Fürsten zusammenstieß und unter den von diesen Unterdrückten Ausschau nach bündnisfähigen Freunden hielt.

Die europäischen Höfe begegneten der revolutionären Bewegung in Frankreich von Anbeginn mit höchstem Mißtrauen, da sie durchaus befürchteten, das gegebene Signal könne früher oder später auch von ihren eigenen Untertanen verstanden werden. Je mehr Anzeichen dafür vorlagen, desto unduldsamer nach innen und unruhiger nach außen wurden sie. Manche, wie Friedrich Wilhelm II. von Preußen und die Zarin Katharina, räumten im Gegensatz zu Josef II. offen ein, daß sie von den Ereignissen das dynastische Prinzip – genauer gesagt, die absolutistische Willkürherrschaft – in ganz Europa gefährdet sahen.

Sie sprachen damit weitgehend im Namen aller Privilegierten. Die Aristokratie überprüfte ihr Verhältnis zur Aufklärung und begab sich auf Positionen der Konterrevolution nach Abschaffung der Feudalordnung; die Geistlichkeit aller Konfessionen – zögernder die protestantische und nur teilweise die freikirchliche – folgte nach der Beschlagnahme des Kirchengutes; sogar das Bürgertum erschrak mehrheitlich vor der Unruhe der Massen, die kein Ende nehmen wollte und Weiterungen heraufbeschwor. Die Emigranten aus Frankreich taten ihr Bestes, um die Stimmung anzuheizen und die Mächte zu einer Einmischung zu bewegen; sie gaukelten ihnen einen militärischen „Spaziergang“ gegen eine „schwarze Rotte“ vor, aus deren Klauen das gute französische Volk sehnlichst erlöst zu werden wünschte. Und dies alles schon im „ruhigen“ Revolutionsjahr 1790, in dem die Versöhnungspolitiker in Paris alle Register zogen.

Während in vielen Ländern eine organisierte und oft subventionierte Verleumdungskampagne anlief, die vor keiner Rührseligkeit und keinem Greuelmärchen zurückschreckte, zollten die Großmächte dem Kreuzzugsgedanken anfänglich einen höchstens abstrakten Tribut. Die Revolution stand nicht sofort im Mittelpunkt des Diplomatenschachers; anderes war davor geradezubiegen.

Rußland und Österreich befanden sich 1789 noch in einem schleppenden Krieg mit der Türkei, Rußland überdies

mit Schweden; ihre Truppen waren mithin zu einem Großeinsatz im Westen nicht verfügbar. Darüber hinaus strengte sich Preußen an, einen österreichischen Machtzuwachs zu vereiteln und als lachender Dritter weitere „Erwerbungen“ auf Kosten Polens zu machen. Es ermunterte die ständischen Revolten gegen Josef II. und versprach sich von der Schwächung der Bourbonen durch die Revolution einen Zerfall des französisch-österreichischen Bündnisses. Minister Hertzberg liebäugelte Anfang 1790 sogar mit dem Abschluß einer Allianz gegen Österreich. „Er verkannte dabei“, schreibt Franz Mehring, „nicht den gewaltsamen, aber wohl den historischen Charakter der Französischen Revolution; er bildete sich ein, an diesem Feuer die Eier der hohenzollernschen Hausmachtpolitik rösten zu können.“
Sie wurde von der englischen Regierung durchkreuzt, die ihrerseits einen Kolonialkonflikt im Nordpazifik mit Spanien beilegte, um freier manövrieren zu können, und Österreich in der Lage sehen wollte, das aufständische Belgien einem für die britischen Interessen höchst bedenklichen französischen Zugriff zu entziehen. Unter direktem Druck Englands, das Preußen eine außenpolitische Isolierung androhte, schwenkte dieses auf der Konferenz in Reichenbach im Juli 1790 auf die gewünschte Linie ein.
Um die Französische Revolution ging es dabei nur mittelbar, aber die Konstellation veränderte sich doch. Auf längere Sicht hatte London den Boden für eine Koalition gelockert; in Preußen wie in Österreich resignierten die jeweiligen Befürworter eines Zusammengehens mit Frankreich, Hertzberg und Kaunitz. Schwedenkönig Gustaf III. schloß 1790 Frieden mit der Zarin und hielt sich anschließend in Aachen bereit, den Oberbefehl über eine vereinigte Interventionsstreitmacht zu übernehmen, was allerdings der tödliche Ausgang eines persönlichen Racheakts von Leutnant Ankarström 1792 vereitelte.
Kaiser Leopold II., der nach Lage der Dinge allein als Haupt einer gegenrevolutionären Intervention in Frage kam, taktierte mit Bedacht, um nicht am Ende die Kastanien allein aus dem Feuer holen zu müssen. Vom

leidigen Streit um die Ansprüche der Reichsstände im Elsaß ließ er sich nicht aus der Reserve locken; auf Sparflamme gesetzt, mochte er jederzeit einen passenden Anlaß, nicht die Ursache zur Auslösung eines Krieges abgeben. Die Emigranten hielt der Kaiser auf Distanz; ihm schwebte eine „Exekution“ an der Seite Ludwigs XVI. gegen dessen rebellierende Untertanen vor, was ein Entkommen der königlichen Familie aus Paris unter den Schutz österreichischer Truppen in Belgien zur Voraussetzung hatte. Als das zwischen ihnen abgekartete Spiel aufflog und statt dessen die Krise von Varennes ausbrach, begann er in Zugzwang zu geraten. Am 5. Juli 1791 schlug er aus Padua den Mächten in einem Rundschreiben eine gemeinsame Intervention vor, „um dem Skandal ein Ende zu setzen“. Zustatten kam ihm die säbelrasselnde Haltung der Bourbonen in Madrid, die im Sommer an den Pyrenäen einen militärischen „Pestgürtel“ gegen Frankreich zogen, und noch mehr der endliche, obgleich nicht rühmliche Abschluß des Türkenfeldzugs am 4. August durch den Separatfrieden von Swischtow („Sistowa“), dem am elften der russisch-türkische Vorfrieden von Galatz folgte.

Österreich und Preußen hatten am 25. Juli vorerst ihr altes Kriegsbeil begraben, um sich gegenseitig ihren Besitzstand und Hilfe gegen innere Unruhen zu verbürgen. Soviel hatte die Krise von Varennes erreicht. Zwei Umstände indessen legten Leopold nochmals einen – letzten – verschleierten Rückzug nahe: zum einen die ausgemachte Absicht Katharinas, in Polen allein auf Beute auszugehen, dieweilen die beiden anderen Reflektanten am Rhein festlagen; dazu die Sicherheiten, die die Politik der Feuillants für das Schicksal von König und Krone – erstaunlich genug – mit der Niederschlagung der republikanischen Bewegung im Sommer bot. So wurde die berüchtigte Erklärung des Habsburgers und des Hohenzollern vom 27. August 1791 in Pillnitz zwar als unverfrorene Einmischung in die inneren Angelegenheiten Frankreichs stilisiert und von dessen öffentlicher Meinung, wörtlich genommen, mit empörtem Zorn als unerträglich und den Nationalstolz verletzend quittiert.

Sicher verriet sie mit voller Absicht, was in den Herzen und Hirnen der überheblichen Tyrannen tatsächlich vorging und wovor die Revolution auf der Hut sein mußte. Wenn die beiden gekrönten Häupter jedoch formulierten, prompt und im gegenseitigen Einverständnis mit den erforderlichen Kräften einzugreifen unter der – wie sie bestens wußten, gänzlich imaginären – Bedingung, daß die übrigen Mächte sich entschlössen, alle Anstrengungen mit den ihrigen zu vereinen, so lag in eben diesem Konditionalis die ganze entlarvende Tücke des Problems monarchischer Solidarität. Aus ihr wird die Revolution eine Atempause schöpfen können: Für wie lange, und wie wird sie sie nutzen?

Die Außenpolitik der Konstituante

Die auswärtige Politik der Konstituante wurde beherrscht durch Konflikte rechtlicher und territorialer Natur, die sich aus der Revolution ergaben.
Die im Elsaß begüterten Reichsstände fühlten sich durch die Abschaffung der Feudalrechte ungerechtfertigt benachteiligt und legten unter Berufung auf ihre landesherrlichen Zuständigkeiten beim Reichstag in Regensburg gegen die Entscheidungen der Nationalversammlung Protest ein. Avignon, das sich gegen die päpstliche Herrschaft erhoben und am 12. Juni 1790 für den Anschluß an Frankreich erklärt hatte, sah seine Angelegenheit gleichfalls auf die längste Bank geschoben; solange Verhandlungen über die Kirchenordnung liefen, lag der Konstituante nichts an einem spontanen Volksentscheid, und der König ließ das ihm zugeleitete Papier natürlich erst recht in der Schublade.
Ein neues Völkerrecht wurde indessen aus den Prinzipien von 1789 geboren. Am 22. Mai 1790 hatte die Nationalversammlung feierlich das Recht auf Eroberung geleugnet: Der frei geäußerte Wille der Menschen allein begründe die Nationen. Im November 1790 erklärte sie den deutschen Fürsten, das Elsaß sei französisch nicht kraft eines Eroberungsrechts, sondern durch den Willen seiner Be-

völkerung, ausgedrückt in ihrer Beteiligung an der Föderation vom 14. Juli. Am 28. Oktober hatte Merlin (von Douai) dem dynastischen Staat die Nation als freie Vereinigung gegenübergestellt:

Es gibt zwischen euch und euren Brüdern im Elsaß keinen anderen legitimen Titel der Vereinigung als den Gesellschaftsvertrag, der voriges Jahr zwischen allen alten und neuen Franzosen in dieser Versammlung selbst geschlossen wurde:

Anspielung auf die Entscheidung des Dritten Standes am 17. Juni 1789, sich zur Nationalversammlung, und auf deren Beschluß, sich am 9. Juli zur Konstituante zu erklären. Eine einzige, „unendlich einfache" Frage stelle sich:

Nämlich zu wissen, ob es von diplomatischen Pergamenten abhängt, daß das elsässische Volk den Vorzug hat, französisch zu sein ... Was gehen das Volk des Elsaß, was gehen das französische Volk Verträge an, die in der Zeit des Despotismus zum Gegenstand hatten, das eine mit dem anderen zu vereinigen? Das elsässische Volk hat sich mit dem französischen vereinigt, weil es das gewollt hat. Es ist also sein Wille allein und nicht der Vertrag von Münster, der die Vereinigung legitimiert hat.

In den Augen der Könige lief dieses neue Völkerrecht darauf hinaus, zum Nutzen der revolutionären Nation das Recht zu proklamieren, sich Völker anzugliedern, die diesen Wunsch äußerten. Die Konstituante fürchtete jedoch einen Krieg, der dem Hof in die Hände spielen würde, und erlegte sich im Ton wie in der Sache Mäßigung auf. Sie bot den deutschen Herren eine geldliche Entschädigung an, die anzunehmen Ludwig XVI. ihnen umgehend mit Erfolg widerriet, und zielte auf einen Verhandlungskompromiß über Avignon, der es dem Papst erlauben würde, sein Gesicht zu wahren. Eine solche Friedenspolitik konnte sie führen, solange der Türkenkrieg und der polnische Widerstand gegen eine drohende zweite Teilung Preußen, Österreich und Rußland hinreichend beschäftigten; durch die Flucht des Königs wurde sie torpediert. Die Versteifung der Haltung Kaiser Leopolds zwang Frankreich, vorbeugende Maßnahmen zu ergreifen: den Festungsgürtel instandzusetzen, Freiwillige auszuheben und zur Verstärkung an die Grenzen zu entsenden.

Wenn die Konstituante mit dem Ruf „Es lebe der König, es lebe die Nation!" auseinanderging und die Übereinkunft beider gegen die aristokratische Reaktion und das nachdrängende Volk gleicherweise besiegelt wähnte, so übersah sie, daß Ludwig die Verfassung nur zum Schein unterschrieben hatte. Ebenso ging die Gleichung von Nation und Bourgeoisie keineswegs schon in der Behauptung der großen Mehrheit der Abgeordneten auf. Angesichts der außenpolitischen Zuspitzung hatten sie der königlichen Linientruppe mißtraut, sich desgleichen geweigert, die Volksmassen zu mobilisieren und mit der bürgerlichen Nationalgarde auf jene „Nation" zurückgegriffen, die die Zensusbourgeoisie definierte. Die Ereignisse machten durch ihre Berechnungen einen dicken Strich: Nach Pillnitz schien der Krieg – früher oder später – unvermeidlich. Einer Katastrophe ins Antlitz blickend, mußte die Bourgeoisie nun doch, obschon ungern, das Volk anrufen. Dieses jedoch spürte kein Verlangen, nachdem es das Privileg der Geburt zerstört hatte, noch länger einseitig und ausschließlich das Privileg des Geldes zu schützen. Es verlangte seinen Platz in der Nation: Ein politisches und ein soziales Problem, die sich beide seitdem auf neue Weise stellten.

KAPITEL VI

Der Krieg und die „zweite Revolution“

1. Die Legislative

Das verfassungsmäßig beschränkte Königtum, dem sich die Konstituante im September 1791 unter ausgiebiger Berufung auf Montesquieu verschrieben hatte, hielt kein ganzes Jahr stand. Die Bourgeoisie, deren relative Geschlossenheit bisher ihre Kraft ausgemacht hatte, verspürte den Riß der Krise von Varennes, und Pillnitz vertiefte die Spaltung ihrer Reihen; in der Nationalversammlung wie im Lande selbst bot sie ihren Gegnern nicht mehr einheitlich die Stirn. Eingeklemmt zwischen die vom Hof angeführte – schon emigrierte oder noch ausharrende – aristokratische Reaktion und die nachdrängenden Volksmassen, dramatisierte ihr zur Macht gelangter und damit saturierter Flügel unbedenklich die Häufung der von den Fürsten Europas ausgehenden äußeren Schwierigkeiten, um über diesen Umweg die inneren zu bannen. In Komplizität mit Ludwig XVI. stürzte er Frankreich in einen Krieg, der indessen die Berechnungen seiner sämtlichen Urheber glatt über den Haufen warf: Er hob die revolutionäre Bewegung, statt sie aufzufangen, abzulenken und einzuebnen, auf eine höhere Stufe.

Feuillants und Girondins

Die Zweite, „Gesetzgebende“ Nationalversammlung – die Legislative – war ihrer sozialen Zusammensetzung nach homogener als die Konstituante, in der ein Teil der ehemaligen Vertreter der beiden privilegierten Stände bis zum Ende ausgeharrt hatte. Bürgerliche Eigentümer und Advokaten dominierten bei weitem; Angehörige der Volksklassen wies sie ebensowenig auf wie ihre Vorgängerin. Die 745 Abgeordneten versammelten sich erstmalig am

1. Oktober, alles neue Gesichter, da sich die Mitglieder der Konstituante auf Antrag Robespierres am 16. Mai für nicht wiederwählbar erklärt hatten. Sie waren überwiegend jung, die Mehrheit unter 30 Jahren und noch unbekannt; viele hatten sich ihre ersten Sporen als Gemeinde- oder Departementsvertreter verdient. Das Ansehen, das die schlachterprobten „Männer von 1789" erworben hatten, konnten sie natürlich nicht mitbringen und erreichten es auch nie.

Die alte, aristokratische Rechte war in der Legislative nicht mehr zu sehen. Die neue, bürgerliche Rechte verbuchte 264 Abgeordnete, die sich bei den Feuillants einschrieben. Gegner des Ancien régime wie der Demokratie, bekannten sie sich zur konstitutionellen Monarchie und zum Primat der Großbourgeoisie, den das Klassenwahlrecht verläßlich absicherte. Sie zerfielen in zwei Gruppierungen. Die Lamethisten folgten dem – seine Fäden vornehmlich außerhalb der Legislative ziehenden – „Triumvirat"; sie übten auf die Zusammensetzung der Regierung den größten Einfluß, und Außenminister Delessart war ihr Mann. Die Fayettisten standen hinter dem Helden zweier Welten, dessen verletzte Eitelkeit nicht verwinden konnte, daß ihn die Triumvirn in der Gunst des Hofes ausgestochen hatten.

Die 136 Linken schrieben sich zumeist im Jakobinerklub ein. Ihre Führer waren zwei Deputierte von Paris: der hervorragende Journalist Brissot (1754–1793), nach dem die Fraktion die Benennung „Brissotins" erhielt, und der als Herausgeber der Werke Voltaires den Gebildeten gut bekannte Philosoph Condorcet. In der Versammlung traten jedoch mehr und mehr einige blendende Rednertalente aus Bordeaux im Departement Gironde in den Vordergrund: Vergniaud, Gensonné, Guadet und andere – daher die Bezeichnung „Girondins" (oder Girondisten), die fünfzig Jahre später der historisierende Dichter Lamartine in der Literatur durchgesetzt hat. Die Girondisten – Publizisten, Rechtsanwälte und Professoren zumeist – bildeten sozusagen die zweite Generation der Revolution. Selber in der Hauptsache dem mittleren Bürgertum entstammend, hielten sie Verbindung zur großen Geschäftswelt der reichen Hafenstädte Bordeaux, Nantes, Marseille und überhaupt der Provinz: Reedern, Großkaufleuten und Industriellen. Neigten sie nach Ursprung und Bildung zur liberalen Spielart der bürgerlichen Demokratie, so hielten sie anderenteils ihre gesellschaftlichen Beziehungen zur Respektierung des Reichtums, dem sie letztlich dienten, an.

Die Mitte zwischen Feuillants und Girondins füllte eine unerklärte, jedoch zahlenmäßig starke Masse von 345 Abgeordneten, die „Unabhängigen“ oder „Verfassungstreuen“, fast durchweg der Revolution in ihren streng bürgerlichen Grenzen ehrlich zugetan, jedoch ohne herausragende Persönlichkeiten und ohne feste Orientierung, daher ohne Initiative und bei verantwortungsvollen Entscheidungen aus Unsicherheit schwankend.

Eine kleine Gruppe von zu jener Zeit „äußersten“ Linken hatte auf den obersten Bänken des Manegesaales Platz genommen. Vielleicht trug ihnen diese Sitzordnung den Spitznamen Montagne (der „Berg“ im Sinne von „Hinterbänkler“) ein, unter dem sie in die Geschichte eingingen; die Deutung ist jedoch nicht gesichert und konkurriert mit anderen Ableitungen: von Rousseaus *Briefen vom Berge* oder vom Freimaurersymbol des Sinai als Berg der Gesetzgebung. Einige entschiedene Demokraten wie Robert Lindet, Couthon und Carnot waren Anhänger des allgemeinen Wahlrechts. Die drei Freunde Basire, Chabot und Merlin (von Thionville) nannte man das „Cordeliers-Trio“; ohne merklichen Einfluß auf die Versammlung, übten sie jedoch einen solchen auf die Pariser Volksgesellschaften und traten bisweilen als deren Sprachrohr auf.

Salons der Hauptstadt vereinigten die regsamen unter den Angehörigen der – allerdings sehr lockeren – Fraktionen und boten ihnen Gelegenheit zu Absprachen. Im gepflegten Salon von Madame de Staël, Neckers Tochter und in jenen Tagen Narbonnes Geliebte, konversierten die Fayettisten. Vergniaud traf sich mit seinen Freunden bei Tische oder im Hause der reichen Generalsteuerpächterswitwe Dodun. Später kamen die Girondisten besonders gern bei Madame Roland (1754–1793) zusam-

men, einer gefühlsstarken und leidenschaftlich für Gerechtigkeit eintretenden Frau, die aus Lyon nach Paris zurückkehrte. Als „Seele der Gironde“ übte sie über anhängliche Freunde und ihren ältlichen Mann, einen ebenso gewissenhaften wie beschränkten hohen Beamten – ehemals Inspektor der Manufakturen – zunehmenden Einfluß auf die Politik aus.
Die Rolle der Klubs, in denen sich Aktivisten jedweder Tendenz gruppierten, wuchs unter der Legislative. Stießen zu den Feuillants ausschließlich Gemäßigte, so setzte sich die Demokratisierung der Jakobiner 1791/92 fort. Meister, Kleinhändler und Angestellte besuchten unentwegt ihre Sitzungen und gaben ihnen von der Tribüne her einen verläßlichen Rückhalt im Pariser Kleinbürgertum. Beliebteste Redner vor solcher Hörerschaft waren Robespierre, der nach Erlöschen seines Abgeordnetenmandats zum Staatsanwalt des Strafgerichtshofes gewählt worden war, um ihn weiter an Paris zu binden, und Brissot, dessen Auffassungen indessen in mancher Hinsicht dem „Unbestechlichen“ zuwiderliefen. Während die Repressalien nach dem Blutbad auf dem Marsfeld dem Weltbund der Wahrheitsfreunde das Rückgrat brachen, erholte sich der Klub der Cordeliers und gewann seine – allerdings im Gegensatz zu den Jakobinern fast ganz auf Paris und Umgebung beschränkte – Bedeutung als revolutionärer Sammelplatz zurück.
Stützen von zunehmender Bedeutung fand die demokratische Bewegung in der Mehrzahl der 48 Sektionen von Paris, die die Kampftraditionen der ursprünglichen 60 Distrikte von 1789/90 würdig fortsetzten. Die regelmäßig tagenden Bürgervollversammlungen in den Stadtbezirken bewiesen nicht nur ihre Fähigkeit zur Selbstverwaltung; sie bildeten gleichzeitig politische Fora von beträchtlicher Breitenwirkung und trugen wesentlich zur Mobilisierung der öffentlichen Meinung bei. In einem gewissen Umfang vermochten sie die Stadtverwaltung zu überwachen und scheuten sich auch nicht, sie zu kritisieren oder zu den großen Lebensfragen der Nation Stellung zu nehmen. Oft kam es zu einem Zusammenwirken der Sektionen mit ihren politischen Vorhuten – den auf

ihrem Gebiet ansässigen Volksgesellschaften, die Ende 1791 die schmerzlichen Nachwehen der Krise von Varennes überwanden und 1792 frischen Angriffsgeist an den Tag legten; sie wurden insbesonders zu Brennpunkten des Protestes gegen die Fernhaltung der Passivbürger von der politischen Mitbestimmung an der Basis.

Das Wiederaufleben der Unruhen

Im Herbst 1791 setzte eine neue Welle von Unruhen in Städten und Dörfern ein, die zwar durch verschiedene konkrete Umstände ausgelöst wurde, jedoch stets mit der Verschlechterung der ökonomischen Lage im Zusammenhang stand.

Auf dem Lande erregte die Fortzahlung der Feudalabgaben bis zur Erfüllung des Rückkaufs den Unwillen der Bauern. Die ärmeren unter ihnen beobachten mit Erbitterung den Übergang der Nationalgüter, deren Erwerb sie selber zu den gestellten Bedingungen nicht erschwingen konnten, in den Besitz reicher Aufkäufer. Hinzu kam, daß die den wohlhabenden Landwirten willkommene Steigerung des Getreidepreises die Dorfarmut in den vielen defizitären Anbaugebieten hart traf; nicht selten suchte sie deshalb den Abfluß der Ware in die Städte gewaltsam zu hindern und Festpreise durchzusetzen. Seit November kam es häufig zu Plünderungen und nicht selten zu Überfällen auf Transporte und örtliche Märkte, so im Gebiet von Noyon im Februar 1792. Die Gemeinden der Beauce ordneten als erste Festpreise für Getreide und andere Bedarfsgüter an; als der Maire von Etampes, der reiche Gerbermeister Simoneau, unter Berufung auf die geltenden Gesetze den Erlaß einer ähnlichen Notverordnung verweigerte, wurde er am 3. März von der Menge erschlagen. In Mittel- und Südfrankreich setzten die Bauern Schlösser von Emigranten in Brand und verlangten die völlige Liquidierung der Überreste des Feudalregimes.

In den Städten spielten mehrere Faktoren ineinander: der anhaltende Kaufkraftabfluß durch die Emigration, die sich nach Varennes verstärkte; die Unsicherheit der außenpolitischen Lage, die die Investitionsfreudigkeit dämpfte; die Geldentwertung, die Warenhortung begünstigte. Nicht nur das Luxusgewerbe lag danieder; auch die seit Jahrzehnten lebhafte Bautätigkeit wich besonders in der Hauptstadt einem Stillstand, der die Arbeitslosigkeit verschärfte. Während Spekulanten gewinnreich im Trüben fischten und als „Aufkäufer" (*accapareurs*) den Volkszorn auf sich lenkten, litten alle Verbraucherschichten unter der Wirtschaftslage: Lohnarbeiter, Handwerker und Festbesoldete, Rentner und sogar Industrielle, deren Rohstoffversorgung auf Schwierigkeiten stieß, während sich der Staat taub stellte: Er „deckte" seine eigenen Fehlbeträge aus nichteingehenden Steuern ohne jede Hemmung mit der Notenpresse.

Eine schwere Belastung hinterließ der Legislative das völlige Versagen der Konstituante in ihrer Kolonialpolitik. Sie hatte es nicht vermocht, die Obstruktion der rassistischen Pflanzer auf den Antillen und ihrer Geschäftspartner in den französischen Hafenstädten gegen eine Übertragung der verfassungsmäßigen Freiheiten auf die „Inseln" zu brechen. Mit großer Verspätung, die bereits 1790 erste Aufstandsbewegungen ausgelöst hatte, waren den freien „Farbigen", d. h. der mulattischen Mischbevölkerung der französischen Westhälfte der Insel Haïti – damals St. Domingue genannt – einige, jedoch längst nicht alle staatsbürgerlichen Rechte zuerkannt worden. Die weitaus überwiegende Masse der auf den Zuckerplantagen arbeitenden Sklaven afrikanischer Abstammung hingegen blieb von der gesamten revolutionären Gesetzgebung unberührt; an ihrem rechtlichen wie faktischen Zustand änderte sich nichts. Die Sklaven, schon hellhörig geworden durch die Bewegung unter den freien Farbigen, griffen 1791 ihrerseits die revolutionären Losungen auf. Erste Erhebungen im Frühjahr wurden in Blut erstickt. Im August jedoch brach ein wohlvorbereiteter allgemeiner Sklavenaufstand los, der den Kolonialherren das flache Land entriß und sie in wenigen befestigten Plätzen einschloß. Da die Legislative eine Befreiung der Sklaven ebenfalls engstirnig zurückwies,

blieben diese unter den Waffen und begannen unter Führung von Toussaint L'Ouverture, auch die Städte zu erobern und ein eigenes Staatswesen zu errichten.
Die Verschiffung der „Kolonialwaren" nach Frankreich kam zum Erliegen, und es trat dort infolgedessen ein Mangel an Zucker, Kaffee und Rum ein. In Verbindung mit der allgemeinen Verknappung und Verteuerung von Bedarfsgütern ereigneten sich in Paris, besonders in den Faubourgs St. Denis und St. Marceau, im Januar 1792 die ersten „Ladenstürme". Die Menge, worunter viele Frauen, schlug den Krämern die Fenster ein, besetzte ihre Läden und zwang sie, die hochgetriebenen Preise – bei Zucker um mehr als das Doppelte – auf ihr altes Niveau herabzuschrauben. Die Sektionen eröffneten ihren Feldzug gegen Schieber und Hamsterer; einigen volksnahen Schriftstellern wurde die Weisheit einer ungehemmten Wirtschaftsfreiheit verdächtig, und sie gingen dazu über, die Forderung nach einer behördlichen Preislenkung, wenngleich noch nicht eine von den Verbrauchermassen selbst vorgenommene Preisfestsetzung systematisch zu unterstützen.
Wo die soziale Frage ins Spiel geriet, trat die Legislative auf der Stelle. Die Einmütigkeit, die die Bourgeoisie bei der Niederschlagung der Bauernerhebungen vom August 1789 an den Tag gelegt hatte, war nun dahin. Viele Großbourgeois erschraken vor der sozialen Bewegung aus der Tiefe und rieten zu einem Ausgleich mit der Aristokratie in einer starken Monarchie. Die mittleren und unteren Bürgerschichten, die nach Varennes und Pillnitz jedwedes Interesse am König verloren hatten, verstanden, daß sie ihre Interessen nur im Bündnis mit den Volksklassen wahren konnten; ihre politischen Führer bemühten sich daher angestrengt, einen Bruch mit diesen zu vermeiden. „Die Bourgeoisie und das Volk haben gemeinsam die Revolution gemacht," schrieb Petion beschwörend am 6. Februar 1792 an Buzot, „ihre Einheit allein kann sie erhalten." Couthon, der Robespierres Freund wurde, erklärte, daß man sich „der moralischen Gewalt des Volkes versichern muß, die stärker ist als jene der Armeen," und schlug am 29. Februar, die ent-

schädigungslose Aufhebung der meisten noch verbliebenen Feudalabgaben vor.
Die Feuillants stimmten den Antrag nieder. Es kennzeichnete ihre Einstellung, daß sie Simoneau zum „Märtyrer für Recht und Ordnung“ erhoben – eine Herausforderung, die Robespierre annahm, indem er als Verteidiger der Bürger von Etampes und ihres verleumdeten Petitionärs Dolivier, des jakobinischen Pfarrers von Mauchamp, in die Bresche sprang. Er trat der Meinung entgegen, wonach vor allem das Eigentum oder genauer die Vorstellung davon das Gewölbe sei, welches das große Gebäude der Nation zusammenhält und dessen Erschütterung zum Einsturz, zur Atomisierung der Nation in Individuen führen müsse.

Der erste Konflikt zwischen König und Legislative

Gegen offenkundige Feinde der neuen Ordnung ging die Legislative geschlossener vor. Sie war sich bewußt, daß etwas geschehen mußte, um ihrer Wühlarbeit einen Dämpfer aufzusetzen. Im August 1791 hatten Refraktäre in der Vendée erste Unruhen hervorgerufen, und am 16. Oktober ermordete ein von Aristokraten angestifteter Haufen Lescuyer, Gemeindesekretär und Führer der Patriotenpartei von Avignon, der von seinen Anhängern im Gegenschlag – dem „Blutbad von La Glacière“ – gerächt wurde. Am 26. Februar 1792 flüsterten eidverweigernde Priester den Bauern im Departement Lozère ein, gegen die Patrioten von Mende zu den Waffen zu greifen.
Die Emigranten, zu denen nach Varennes auch der andere Bruder des Königs, der Graf der Provence (und spätere Ludwig XVIII.) gestoßen war, wurden nach Pillnitz frecher. Sie kündigten in einem Manifest die Invasion Frankreichs an, verhöhnten die Nationalversammlung und zogen im Kurbistum Trier um Koblenz unter dem Prinzen Condé in aller Öffentlichkeit Truppen zusammen.
Die Girondisten, die in diesem Punkt die Unterstützung der Fayettisten fanden, bewogen die Legislative, eine

feste Sprache zu führen und vier Dekrete zum Schutz des Staates zu erlassen. Das erste vom 31. Oktober stellte dem Grafen der Provence eine Zweimonatsfrist für die Rückkehr, widrigenfalls er seiner Thronrechte verlustig ging. Ein Dekret vom 9. November richtete dieselbe Aufforderung an alle Emigranten; sie wurden im Weigerungsfalle der Verschwörung verdächtig und ihre Güter zum Nutzen der Nation beschlagnahmt. Am 29. November wurde den Refraktären ein neuer Bürgereid abverlangt und den örtlichen Verwaltungen die Möglichkeit gegeben, sie bei Erregung öffentlichen Ärgernisses aus ihrem Wohnort auszusiedeln. Am selben Tag ersuchte ein viertes Dekret den König, von den Kurfürsten von Trier und Mainz „sowie anderen Reichsfürsten, die flüchtige Franzosen aufgenommen haben," zu verlangen, die von ihnen geduldeten militärischen Konzentrationen der Emigranten und ihre Aushebungen in Grenznähe zu unterbinden. Durch solche Initiativen fachte die Gironde das Nationalgefühl an. Sie gedachte den König damit zu zwingen, sich unzweideutig für oder gegen einen revolutionären Kurs zu erklären.

Die Politik des Hofes zielte währenddessen selber auf ein Vabanquespiel. Er torpedierte die Kandidatur Lafayettes, der sich um die Nachfolge des zurücktretenden Maire Bailly bewarb, und der Jakobiner Petion wurde am 16. November mit erdrückender Mehrheit zum Pariser Stadtoberhaupt gewählt. Obwohl es in erster Linie dem allgemeinen Stimmenzuwachs der Linken bei örtlichen Wahlen im Herbst 1791 zu verdanken war, beglückwünschten sich König und Königin zu diesem Ergebnis. Das hieß, wie Marie Antoinette am 25. November schrieb, auf die „Politik des schlimmsten Übels" setzen. Die Novemberdekrete und kriegerische Fanfarenstöße Brissots und der Seinen erleichterten daher den Hofklüngel. Der rom- und adelshörige Ludwig legte sein Veto zwar gegen die Dekrete über die Refraktäre und die Emigranten ein, unterschrieb hingegen widerspruchslos die beiden anderen, mit denen die Versammlung ungewollt sein Geschäft betrieb: Ein Ultimatum mochte die zaudernden Fürsten in den Krieg ziehen. Ludwig und Marie Antoinette, die mit einer Doppelzüngigkeit sondergleichen die feindlichen Lager gegeneinander aufstachelten, taten, was in ihren Kräften stand, um ihn unvermeidlich zu machen.

Krieg oder Frieden?

Der Interessen- und Ideenkonflikt zwischen der Revolution und den europäischen Monarchien hatte eine gespannte diplomatische Situation geschaffen. Weit davon entfernt, sie herunterzuspielen, trieben sowohl die Girondeführer wie auch Lafayette und Ludwig XVI. aus unterschiedlichen Gründen der Innenpolitik zum Krieg, während sich ihm eine kleine Minderheit vergeblich entgegenstemmte. Die „Kriegspartei" vereinigte Brissotins, Fayettisten und Bourbonen auf eine Weise, die auf den ersten Blick paradox scheinen mag.
Vom Hof wurde der Krieg gewünscht, weil er in der Intervention des Auslandes sein allerletztes Heilmittel erblickte und deshalb seiner Politik des doppelten Bodens treu blieb. Am 14. Dezember 1791 ließ der König den Kurfürsten von Trier über den amtlichen Kanal wissen, daß er ihn als Frankreichs Feind betrachten müsse, wenn er die Ansammlungen von bewaffneten Emigranten auf seinem Hoheitsgebiet nicht bis zum 15. Januar 1792 zerstreue. Am gleichen Tag jedoch benachrichtigte er seinen kaiserlichen Schwager durch geheime Kurierpost, daß ihm an der Ablehnung seines eigenen Ultimatums läge. „An Stelle eines Bürgerkrieges wird das ein politischer Krieg sein," schrieb er seinem Agenten Breteuil, „und die Angelegenheit wird sehr viel besser stehen. Sein physischer und moralischer Zustand macht es Frankreich unmöglich, auch nur einen halben Feldzug durchzuhalten." Ebenfalls am selbigen 14. Dezember noch schrieb Marie Antoinette an Freund Fersen: „Die Dummköpfe! Sie sehen nicht, daß das bedeutet, uns einen Dienst zu erweisen." Sie setzte auf die Kriegskarte in der verzweifelten Hoffnung, daß es für Frankreich schlecht auslaufen und die Niederlage die Wiederherstellung des Absolutismus erlauben würde. Die Feuillants waren geteilter Meinung.

Etliche schlossen sich der Hofpartei an, andere äußerten sich gegenteilig. Die große Mehrheit folgte jedoch Lafayette und verfing sich in verwickelten Kombinationen: Die Gironde aus der Opposition wegzulocken und zum staatserhaltenden Juniorpartner zu zähmen; einen Anteil an der Popularität zu erhaschen, die die girondistischen Kriegstrommler im Augenblick zweifellos unter den Massen für sich verbuchten; das Triumvirat aus seiner Vorzugsstellung bei Hofe wieder zu verdrängen und das politisch-militärische Zünglein an der Waage zu spielen – mit Aussichten auf eine staatsstreichartige „Endlösung" des gesamten Revolutionskomplexes, wenn man die Armee fest in den Griff bekam.
Den Girondins war der Krieg aus Gründen der inneren wie der auswärtigen Politik erwünscht. Die Möglichkeit, ihn zu verlieren, zogen sie nicht in Betracht. Sie glaubten an seine „entlarvende" Wirkung, und Brissot selbst eröffnete ihren Propagandafeldzug am 20. Oktober mit einem Trompetenstoß, der die selten so entflammte Legislative von den Sitzen riß. „Sehen wir im vornhinein einen Platz für die Verräter vor," schmetterte sodann Guadet am 14. Januar 1792, „und dieser Platz soll das Schafott sein!" Die Girondisten waren unerschütterlich davon überzeugt, daß der Krieg mit den Interessen der Nation übereinstimmte. „Ein Volk, das nach zehn Jahrhunderten Sklaverei seine Freiheit erobert hat," hatte Brissot am 16. Dezember verlautbart, „bedarf des Krieges. Dieser Krieg ist notwendig, um die Freiheit zu befestigen."
Am 29. Dezember führte er in der Legislative aus: „Es ist endlich der Augenblick gekommen, wo Frankreich vor den Augen Europas den Charakter einer freien Nation entfalten muß, die sich verteidigen und die Freiheit aufrechterhalten will." Noch genauer war er an einer anderen Stelle derselben Rede: „Der Krieg ist augenblicklich eine nationale Wohltat, und die einzige Kalamität, die man bedauern muß, ist, keinen Krieg zu haben."
Um welche Nation handelte es sich? Die in dieser Hinsicht klarste Antwort darauf wurde von Isnard am 5. Januar gegeben. Er meinte, daß es nicht genüge, die Freiheit aufrechtzuerhalten; man müsse die Revolution vollenden.

Dem heraufziehenden Krieg gab er auch einen sozialen Inhalt: „Es handelt sich um einen Kampf, der ausbrechen wird zwischen dem Patriziat und der Gleichheit." Patriziat bedeutet Aristokratie. Und die Gleichheit? Isnard zufolge

... setzt sich die gefährlichste von allen Klassen aus den vielen Personen zusammen, die in der Revolution verlieren, aber noch wesentlicher aus einer verschwindenden Minderheit großer Grundbesitzer und reicher Kaufherren, aus einer Menge im Überfluß schwimmender und hochmütiger Menschen, die die Gleichheit nicht ertragen können und einem Adel nachweinen, nach dem sie trachteten; schließlich aus solchen, die die neue Verfassung, die Mutter der Gleichheit, verabscheuen.

Auf dem Spiel stand demnach die vom Klassenwahlrecht bestimmte Verfassung von 1791, und die Gleichheit, von der die Rede ging, war ausschließlich die staatsbürgerliche Gleichheit vor dem Gesetz, wie Vergniaud alsbald bestätigen wird. Der Krieg, den die Girondins herbeiwünschten, stimmte mithin allenfalls mit den Interessen der zur Nation konstituierten Bourgeoisie überein.

Ihre wirtschaftlichen Überlegungen waren nicht weniger eindeutig. Die Kapitalisten und die Politiker in ihren Diensten wollten gewiß gern mit der Konterrevolution Schluß machen; unter anderem auch, um den für einen flotten Geschäftsgang erforderlichen Kredit der Assignaten wiederherzustellen. Infolge der gewaltigen Übergewinne, die Heereslieferungen immer abgeworfen haben, war der Krieg auch keine Sache, die Finanzleuten, Händlern und Unternehmern mißfiel. Ein Landkrieg gegen Österreich, der ihren Markt auf erobertes Gebiet zu erweitern versprach, war ihnen beträchtlich lieber als ein Seekrieg gegen England, der die Prosperität der Hafenstädte in Mitleidenschaft zog. Während die Girondisten den Ausbruch des Landkrieges nach Kräften beschleunigten, schoben sie eine bewaffnete Auseinandersetzung mit der überlegenen britischen Seemacht demzufolge weislich bis 1793 hinaus.

Auf diplomatischer Ebene zielten sie hauptsächlich gegen das mit den Bourbonen versippte Haus Habsburg, Symbol des Ancien régime diesseits wie jenseits des Rheins. Auf das lebhafteste unterstützt und ermuntert von politischen Flüchtlingen, die ihren Despoten entronnen waren. waren sie bereit, einen Krieg zur Befreiung unterdrückter. Völker zu entfesseln. „Der Augenblick für einen neuen Kreuzzug ist gekommen," proklamierte Brissot am 31. Dezember 1791, „es wird ein Kreuzzug für die Freiheit der Welt sein!" Und Isnard hatte Europa offen angedroht. die Völker in einen Krieg gegen die Könige zu ziehen. So rückte dieser Krieg in den Mittelpunkt aller politischen Überlegung.

Der freilich sehr uneinheitlichen Friedenspartei gelang es eine Zeitlang, den Marsch in den Krieg zu verzögern. Die Triumvirn und die ihnen zuneigenden Minister waren aus staatsmännischer Vorsicht Gegner des Risikos, das die Kriegspolitik des Hofes und der Legislative nach innen wie nach außen einschloß. Sie trauten weder der Kampfkraft der Armee noch dem Feldherrengenie Lafayettes und befürchteten eine militärische Niederlage, die ihnen das in der Revolution Erreichte entriß; sie fürchteten dazu einen politischen Positionsverlust für sich durch eine fayettistisch-girondistische „Große" Koalition und erst recht die nicht voraussehbaren Reaktionen der Volksmassen beim Eintreten einer nationalen Krise. Im Januar 1792 richteten Barnave und Duport eine Denkschrift an Kaiser Leopold, in der sie ihm empfahlen, doch die bewaffneten Emigrantenbanden aufzulösen, um den Stein des Anstoßes hinwegzuräumen.

Ihren zähesten Opponenten fand die Kriegspartei in Robespierre. Anfänglich von Danton und einigen demokratischen Zeitungen unterstützt, widerstand er schließich fast allein dem übermächtigen Sog der Gironde. Während dreier Monate haderte er am Rednerpult des Jakobinerklubs mit Brissot in einem erbitterten Streitgespräch. das die Revolutionspartei für immer spaltete. Er hatte einesteils verstanden, daß es der Hof nicht ehrlich meinen konnte, wenn er zum Krieg blies, und anderenteils, daß bewaffneter Revolutionsexport kein Problem löst: „Die Völker lieben keine gestiefelten Missionare!" In seiner Rede vom 2. Januar 1792 stellte Robespierre seinen

Klubfreunden vor, daß der Krieg den Emigranten, dem Hof und den Fayettisten zusagte und der Sitz des Übels nicht allein in Koblenz liege. Ist er denn nicht auch in Paris? Gibt es also keinerlei Verbindung zwischen Koblenz und einem anderen Ort, „nicht weit von uns"? Zweifellos ist es notwendig, die Revolution zu Ende zu führen und die Nation zu festigen, aber Robespierre stürzt die Dringlichkeitsstufen um:

Fangt damit an, eure Blicke auf die innere Lage zu werfen! Schafft bei euch selbst Ordnung, bevor ihr darangeht, die Freiheit anderswohin zu tragen!

Der Kern seiner Beweisführung: Bevor man sich in einen revolutionären Präventivkrieg stürzt und anschickt, die Aristokraten im Ausland zu schlagen, muß man sie im Innern zur Räson bringen, mit dem Hof abrechnen und die Armee säubern, auf die Höhe der Revolution bringen, von der die königliche Linientruppe noch weit entfernt ist. Der Krieg, dessen Unvermeidbarkeit – zu diesem Zeitpunkt mindestens – nachzuweisen bleibt, kann zudem auch eine schlechte Wendung nehmen: Das Heer ist desorganisiert, die Soldaten sind ohne ausreichende Waffen und Ausrüstung, und die Festungen ohne Munition. Man ist nicht quitt mit dem Volk, „sobald man ihm den Krieg gibt. Man muß die Passivbürger bewaffnen, die öffentliche Meinung beleben. Sogar noch im Falle des Sieges läuft die Freiheit Gefahr, unter den Schlägen eines ehrgeizigen Generals zugrunde zu gehen."

In dieser Grundsatzdebatte mußte Robespierre auf den Beistand Marats verzichten. Der Volksfreund hatte sich im November 1791 an seine Seite gestellt und keinen Zweifel daran gelassen, daß sich hinter dem Spiel mit dem Krieg eine Heimtücke der Konterrevolution verbarg, der die Gironde blind in die Falle ging. Da er jetzt aber auf einsamer Flur stand und sogar alte Leser verlor, mußte der Schutzlose, dem stets irgendwelche Verfahren anhingen, die Verhaftung befürchten, die ihn politisch lahmgelegt hätte, und entzog sich ihr durch die Flucht. Ob er ein letztes Mal vorübergehend nach England entwich oder nur ein solches Gerücht ausstreute, während er sich die ganze Zeit über unter erborgtem Namen bei Freunden im Lande verbarg, ist unerwiesen. Er sah sich jedoch gezwungen, seine Zeitung vom 15. Dezember 1791 bis zum 12. April 1792 einzustellen. Als er schließlich erneut das Wort gegen militärisches Abenteurertum ergriff, waren die Würfel praktisch schon gefallen.

Die Kriegserklärung

Am 9. Dezember 1791 drückten die Fayettisten mit Unterstützung der Gironde die Ernennung Narbonnes zum Kriegsminister durch, der im Schoß der Regierung zum Instrument der Kriegspartei wurde. Als der Kurfürst von Trier am 25. Januar 1792 endlich nachzugeben schien und die Truppenansammlungen der Emigranten aufzulösen befahl, forderte die Legislative Ludwig XVI. auf, vom Kaiser selbst zu verlangen, er solle auf jeden Vertrag und jedes Abkommen verzichten, das sich gegen die Souveränität, die Unabhängigkeit und die Sicherheit der französischen Nation wende; dies wäre einem förmlichen Abrücken von der Pillnitzer Erklärung gleichgekommen. Außenminister Delessart zog eine Bremse und erreichte am 9. März die Entlassung Narbonnes. Der Schuß gegen die Fayettisten ging jedoch nach hinten los, denn nun stieg die Gironde rhetorisch auf die Barrikaden. Vergniaud denunzierte die „entarteten Räte des Königs". Brissot hielt gegen den Minister, der für den Frieden war, eine blutrünstige Rede, und tatsächlich wurde Delessart anderentags in Anklagezustand versetzt. Seine Kollegen bekamen es mit der Angst und traten zurück. Auf Rat von Dumouriez, der Außenminister wurde, berief Ludwig XVI. zwischen dem 15. und 23. März Freunde Brissots in die Regierung: den Genfer Bankier Clavière zum Finanzminister, Roland zum Innenminister und etwas später, am 9. Mai, Servan zum Kriegsminister. Da ihnen auch Marineminister Lacoste und Justizminister Duranton nahestanden, feierte die Gironde den Triumph, die Regierung annähernd allein zu stellen und nach außenhin die Verantwortung für den Krieg zu übernehmen.

General Dumouriez (1739–1823), früher ein nicht unbegabter königlicher Geheimagent und waschechter Glücksritter, der sich der Revolution aus persönlichem Ehrgeiz angeschlossen hatte, verfolgte mit leicht abgewandelten Vorzeichen annähernd denselben Plan wie der „schlaue" Lafayette: Nach einem kurzen Grenzkrieg – notfalls in Absprache mit dem Gegner – als sieggekrönter Feldherr die Armee zurückzuführen, um die monarchische Gewalt – in gewissen konstitutionellen Grenzen zwar – wiederherzustellen. Um die Jakobiner zu entwaffnen oder zu besänftigen, bewilligte er ihnen einige Posten: Lebrun-Tondu und Noël, Freunde Dantons, zogen ins Außenministerium, der biedere Schweizer Pache ins Innenministerium ein. Die Angriffe gegen den Hof verstummten in der Girondepresse schlagartig. Robespierre hatte gut reden, wenn er die „Intriganten" anklagte, die sich bloßstellten: Der Graben zwischen seinen Anhängern und der Gironde vertiefte sich, zurückhalten ließen sich Brissots Mannen dadurch jedoch mitnichten.
Der Kriegsausbruch ließ nun nicht mehr lange auf sich warten. Die Eskalation setzte sich auf beiden Seiten fort. Am 16. Februar hatte Friedrich Wilhelm II. in Potsdam mit dem designierten Oberbefehlshaber, dem Herzog von Braunschweig, den Offensivplan für eine Sommerkampagne abgestimmt; am 25. schlossen Preußen und Österreich ein Verteidigungsbündnis. Als Kaiser Leopold unversehens am 1. März starb, entschloß sich sein jedem Zugeständnis abgeneigter Nachfolger, Franz II., auf jene Räte zu hören, die mit dem Hin und Her Schluß machen wollten. Ein Ultimatum, das von Paris aus am 25. März an ihn gerichtet wurde, beantwortete er überhaupt nicht. Daraufhin begab sich am 20. April Ludwig XVI. in die Nationalversammlung und schlug vor, dem „König von Ungarn und Böhmen" den Krieg zu erklären, d. h. an Österreich allein und nicht an das Heilige Römische Reich. Nur zwölf Abgeordnete, zumeist Lamethisten, stimmten dagegen.

2. Der Sturz der Monarchie

Der Krieg, der mit zwei kurzen Unterbrechungen – 1802/03 und 1814/15 – dreiundzwanzig Jahre dauern und Europa bis auf den Grund umpflügen sollte, setzte der revolutionären Bewegung neue Maßstäbe. Das französische Königtum wurde sein – und ihr – erstes Opfer.

Ein Robespierre, ein Marat hatten treffende Einwände ins Feld geführt gegen die geheimen „zweiten Gedanken" und auf umschichtige Übertölpelung abzielenden Ränke unter Royalisten, Fayettisten und Girondisten; gegen grassierenden Verrat und gezielte Ablenkung der Massen von den inneren Lebensfragen der Revolution durch einen propagandistisch zündenden Appell an ihr Nationalgefühl; gegen die Unterschätzung der Konterrevolution im Lande und die Flucht vor inneren Schwierigkeiten nach vorn; gegen eine Überschätzung der revolutionären Potenzen bei den durch ungerufene Freiheitsbringer zu Befreienden und die Gefahr einer „Militarisierung" des öffentlichen Lebens durch einen „Cromwell"; gegen den Fatalismus, daß sich die Fürstenverschwörung unter allen Umständen eher heute denn morgen, bis an die Zähne bewaffnet, auf Frankreich stürzen werde und man ihr – koste es, was es wolle – zuvorkommen müsse. In einem Punkt sahen sie zu schwarz: Die Volksmassen werden die gesponnene Kabale fast mühelos zerfetzen und aus der Zerreißprobe, in der es um ihre nackte politische Existenz geht, schier unerschöpfliche Kraft ziehen. Hatten bei der Kriegserklärung einerseits Kopflosigkeit und andererseits Hinterlist Pate gestanden, so änderte dies nichts daran, daß der zum Schutz einer notwendigen Revolution geführte Krieg historisch positiv begründet war und deshalb ungeahnte revolutionäre Reserven erschloß. Die jakobinischen Warner waren die ersten, die dazu aufriefen, nachdem der Krieg die Frage auf Leben und Tod der Revolution gestellt hatte, ihm alles, aber auch wirklich alles zu geben. „Den Krieg hielten *alle* für einen gerechten Verteidigungskrieg," schrieb Lenin, „und das *war* er *in der Tat.*"

Die militärischen Rückschläge

Die Gironde – wie andersherum auch der Hof – baute auf eine schnelle und entscheidende Kampagne. Die Mängel des Heeres und seiner Führung bewirkten das Gegenteil.

Die Armee befand sich in vollem Zerfall: von 12000 Offizieren war bereits die runde Hälfte emigriert. Der Mannschaftsbestand, Linientruppe und Freiwillige zusammen, lag mit 150000 unter der Sollstärke. Die Revolution hatte patriotische Soldaten in Gegensatz zum aristokratischen Offizierskorps gebracht und die Disziplin gelockert; dem Oberkommando fehlte jedes Format. Der gealterte Marschall Rochambeau, der sich im Amerikanischen Unabhängigkeitskrieg ausgezeichnet hatte, besaß kein Vertrauen zu seiner Truppe; Marschall Luckner, ein ergrauter deutscher Kavallerist und Haudegen, war operativ unfähig und dazu unwillig, Lafayette lediglich ein politisierender General. Zu allem Überfluß hatte Marie Antoinette ihrer Sippschaft in Wien den französischen Feldzugsplan zugespielt.
Dumouriez, der mit der gesamten Kriegspartei auf den zeitlichen Vorsprung bei Mobilmachung und Aufmarsch setzte, befahl den drei in Grenznähe versammelten Armeen die Offensive. Die unfertigen Österreicher konnten ihnen derzeit nur 35000 Mann entgegenwerfen, und ein geballt vorgetragener Angriff versprach den Franzosen die Besetzung ganz Belgiens, ehe die Preußen, die ihren Bündnisverpflichtungen nachkamen, zur Stelle sein konnten. Am 29. April jedoch bliesen die Generäle Biron und Dillon an der Nordfront aus Unlust vor jedwedem Wagnis bereits beim ersten Anblick des Gegners ohne operativen Zwang zum Rückzug. Die Soldaten, die sich verraten fühlten, stoben auseinander und erschlugen Dillon. Einige Söldnerregimenter liefen über, und in den Ardennen rührte sich Lafayette nicht vom Fleck.
Die Generäle schoben die Mißerfolge auf die Verwahrlosung der Mannschaften und auf das Ministerium, das sie zulasse. Am 18. Mai erklärten die vereinigten Kommandeure in Auflehnung gegen Dumouriez' Weisung eine Offensive für unmöglich und rieten dem König zu unverzüglichem Friedensschluß. Ihre wahren Beweggründe waren nicht militärischer, sondern politischer Natur. Robespierre hatte sie vor den Jakobinern schon am 1. Mai entschleiert:
Nein, ich traue den Generälen nicht! Ich behaupte, daß – von einigen wenigen achtbaren Ausnahmen abgesehen –

fast alle der alten Ordnung der Dinge, den Gunstbezeigungen des Hofes nachtrauern; ich aber stütze mich auf das Volk, allein auf das Volk.
Lafayette begrub jetzt endgültig seinen Streit mit den Lamethisten, um den Demokraten die Stirn bieten zu können. Er erklärte sich bereit, gegen Paris zu ziehen, um die „Jakobiner auseinanderzujagen".

Der zweite Konflikt zwischen König und Legislative

Die militärischen Schlappen, die Haltung der Generalität, ihre Querverbindungen zum Hof, das höhnische Frohlocken der Aristokraten erregten die Volksmassen.
Am 25. April hatte Leutnant Rouget de Lisle in Straßburg seinen *Kriegsgesang für die Rheinarmee* komponiert. Die leidenschaftliche Begeisterung des jungen Dichters wie der Männer, die ihn sangen, unterschied Revolution und Nation nicht. Die Tyrannen und Despoten, die danach sinnen, Frankreich in die Sklaverei zurückzustoßen, werden angeprangert, jedoch auch die Aristokraten, die Emigranten, diese „Horde von Sklaven und Verrätern", Vatermörder und Komplizen von Bouillé. Das Vaterland, dem eine heilig übersteigerte Liebe erklärt und zu dessen Verteidigung aufgerufen wird, ist jenes Vaterland, das 1789 gegen Aristokratie und Feudalität entstanden war.
Man möchte das Lied, das bald die „Hymne der Marseiller" – die *Marseillaise* – wurde, aus seinem historischen Zusammenhang im Frühjahr 1792 verstehen. Ein Klassenkonflikt lag diesem Patriotismus zugrunde und schärfte ihn. Die Aristokraten setzten den König der Nation, die sie verachteten, entgegen. Innerhalb Frankreichs erwarteten sie die feindlichen Interventen mit Ungeduld, und die Emigranten fochten in deren Reihen. Für die Patrioten von 1792 ging es darum, das Erbe von 1789 zu verteidigen und zu befördern. Die nationale Krise gab den Volksmassen, die vor dem aristokratischen Komplott immer auf der Hut waren, neue Impulse; sie wiederum vertieften die demokratische Bewegung. Die Passivbürger bewaffneten sich mit Piken, vermehrten die Zahl der

Volksgesellschaften, schmückten sich mit der phrygischen roten Schiffermütze. Waren sie dabei, den Zensusrahmen der bürgerlichen Nation zu sprengen?

Die nationale Krise, die die revolutionäre Stimmung erhitzte, unterstrich die sozialen Widersprüche im Schoß des alten Dritten Standes selber. Die Passivbürger konnten sich das Vaterland nicht anders vorstellen als in der Gleichheit der Rechte. Agrarrevolten schwelten immer noch im Quercy, breiteten sich im Languedoc aus. Gleichzeitig vertiefte sich die Inflation und führte zu einem Wiederaufflackern der Lebensmittelunruhen. Während in Paris Jacques Roux (1752–1794), Vikar an St. Nicolas-des-Champs in der Sektion Gravilliers, im Mai auf die Todesstrafe für *accapareurs* bestand, legte in Lyon der Handwerker und Gemeindebeamte L'Ange (eigentlich: Lange, aus Klein-Kembs), am 9. Juni eine Schrift vor, in der er eine straffe staatliche Marktregulierung über „einfache und leichte Maßnahmen" zur Sicherstellung der Volksversorgung empfahl.

Das „Ackergesetz", bisher eher als literarische Schrulle betrachtet, begann die Bourgeoisie als leibhaftiges Gespenst eines sozialen Egalitarismus, wenn nicht einer sozialistischen „Umverteilung" zu schrecken. Die Gironde hieb in die Kerbe der Feuillants, wenn sie – gegen den Einspruch von Chabot – am 12. Mai eine staatliche Trauerfeier zu Ehren Simoneaus dekretieren und seine Bürgermeisterschärpe gar im Gewölbe des Pantheon – der ehemaligen St. Genoveva-Kirche – aufhängen ließ. So traten die tieferen Ursachen dessen hervor, was bürgerliche Geschichtsschreiber verschämt die „nationale Ohnmacht" der Girondins genannt haben: Als Repräsentanten des Kapitals auf eine freie Marktwirtschaft eingeschworen, ergriff sie Furcht vor den Volkswogen, denen ihre Kriegspolitik die Schleusen geöffnet hatte. Ihr Nationalgefühl war nie stark und entwickelt genug, um die Schranken ihrer bourgeoisen Klassensolidarität zu durchbrechen.

Die Haltung der Legislative zeigte unter dem Volksprotest Wirkung. Die Girondisten konnten sich nicht verhehlen, daß der Hof der Rebellion der Generäle insgeheim seine Unterstützung lieh. Brissot und Vergniaud denunzierten am 23. Mai ein „österreichisches Komitee", das unter Leitung der Königin den Sieg des Feindes und der Konterrevolution vorbereitete. Sie veranlaßten die Versammlung, sprödere Saiten aufzuziehen und Schlag auf Schlag neue Dekrete zu erlassen: am 27. Mai über die Deportierung jedes eidverweigernden Priesters, gegen den in seinem Departement zwanzig Anzeigen einliefen; am 29. über die Auflösung der von Aristokraten durchsetzten Königsgarde; am 8. Juni über die Errichtung eines Lagers bei Paris für 20000 Nationalgarden, die zum 14. Juli am Fest der Föderation teilnehmen sollten. Diese bewaffneten Kräfte der Revolution sollten nicht nur die Hauptstadt gegen den Feind decken. sondern gleichzeitig jeden eventuellen Überrumpelungsversuch von seiten der Generäle durchkreuzen.

Ludwig XVI. beutete die Zwietracht zwischen Militärs und Ministern maximal aus und verweigerte die Bestätigung der beiden Dekrete über die Eidverweigerer und die „Föderierten". Am 10. Juni mahnte ihn Roland in einem pathetischen Schreiben, das Veto zurückzuziehen, indem er ihm vorführte. daß seine Haltung die Gefahr barg, eine furchtbare Explosion hervorzurufen, weil sie die Franzosen glauben mache, daß der König im Herzen mit den Emigranten und mit dem Feinde sei. Ludwig beantwortete es am 23. mit der Entlassung der drei Girondeminister Roland. Servan und Clavière, denen die Legislative versicherte. sie nähmen das Vertrauen der Nation mit sich. Daraufhin demissionierte auch Dumouriez, der befürchtete. in Anklage versetzt zu werden, ging an die Front und übernahm das Kommando der Nordarmee. Die Feuillants kehrten in die Regierung zurück, zu der sie im März der Gironde neidlos den Vortritt gelassen hatten. Lafayette erachtete den Augenblick für günstig und erklärte am 18. Juni „die Verfassung ebenso durch Aufwiegler im Inneren wie durch äußere Feinde bedroht" und forderte die Nationalversammlung auf, die demokratische Bewegung zu zerschlagen.

Das neue Veto. die Entlassung der Girondeminister und die Bildung einer Regierung aus Feuillants zeigten an, daß Hof und Generalität nun das eigentliche Programm

Abb. 8 Tagungsgebäude der Jakobiner

Abb. 9 Sitzung des Jakobinerklubs

der Lamethisten und Fayettisten zur Durchführung bringen wollten: mit den Jakobinern Schluß zu machen, die Verfassung zu revidieren, die Macht des Königs zu stärken und den Krieg durch eine „Transaktion" mit dem Gegner zu beenden. Die Gironde hielt es für angezeigt, solche Drohungen mit einem harten Druck auf Ludwig zu parieren, und bediente sich, um ihm ihre Macht vor Augen zu führen, einer gewaltigen Volksdemonstration zum doppelten Jahrestag des Ballhausschwures und der Flucht nach Varennes am 20. Juni. Die Faubourgs, angeführt vom Bierbrauer Santerre aus St. Antoine, marschierten zur Legislative und sodann vor das Königsschloß, um gegen die Untätigkeit der Armee, gegen das Veto und gegen die Entlassung der Minister zu protestieren. Der in eine Fensteröffnung eingezwängte König setzte die rote Mütze auf und trank öffentlich auf die Gesundheit der Nation, verweigerte jedoch die Bestätigung der Dekrete und die Rückberufung der Girondeminister.
Der Versuch einer friedlichen Pression war damit gescheitert. Er verstärkte sogar die Gegenkräfte und schlug für den Augenblick zum Nutzen des Royalismus aus. Tausende Unterschriften wurden in Paris für eine königstreue Petition gesammelt. Für die Unruhen wurde Petion verantwortlich gemacht und als Maire von Paris suspendiert. Am 28. Juni trat Lafayette abermals mit der Aufforderung vor die Nationalversammlung, den Jakobinerklub aufzulösen und darüber hinaus die Verantwortlichen für die Kundgebung vom 20. Juni zu bestrafen.

Das Vaterland in Gefahr

Festgefahren in ihren Widersprüchen, wurden die Girondins von den revolutionären Elementen der Hauptstadt links überholt. Sie waren wohl willens, sich an das Volk zu wenden, jedoch nur in dem Maße, als es sich an die Ziele hielt, die sie ihm wiesen.
Anfang Juli betrat nach der österreichischen auch die preußische Armee unter dem Herzog von Braunschweig den Kriegsschauplatz; ihr folgte ein Emigrantenkorps

unter Condé. Das Königreich Sardinien schloß sich den deutschen Mächten an. Es war klar, daß sie beabsichtigten, den Kampf auf französischen Boden zu tragen. Angesichts der unmittelbaren Gefahr stellten die Jakobiner ihre inneren Zwistigkeiten zurück; am 28. Juni riefen Robespierre und Brissot von der Rednertribüne des Klubs zur Einigkeit auf. Am 2. Juli setzte sich die Legislative über das Veto des Königs hinweg und autorisierte die Nationalgarde, sich zur „Föderation" am 14. Juli in Paris einzufinden. Am 3. Juli nagelte Vergniaud die Verantwortung Ludwigs und seiner Minister fest: Im Namen des Königs werde die Freiheit angegriffen. Umsonst zog Bischof Lamourette am siebenten in der Versammlung ein allgemeines Verbrüderungsschauspiel zwischen den Parteien auf, dessen auf Vergeben und Vergessen in der Stunde der Not gestimmte Abgeordnete ein „heiliges Verbündnis" eingingen, dem sich der herbeigerufene König in Person anschloß. Schon am 10. war jedoch der Dunstschleier wieder verzogen, und Brissot kam auf den Kern der Sache zurück: „An die Revolution, an die Erklärung der Menschenrechte, an die souveräne Nation haben die Tyrannen den Krieg erklärt!" Auf seinen Antrag setzte die Legislative am 11. Juli den Notstandsparagraphen der Verfassung in Kraft, der das königliche Veto auszuschalten erlaubte; sie erklärte das „Vaterland in Gefahr": Alle Verwaltungskörperschaften werden in Permanenz tagen, alle Nationalgarden unter die Waffen gerufen, neue Freiwilligenbataillone ausgehoben.

Der Aufruf schloß das Volk zur Abwehr der gemeinsamen Bedrohung zusammen. Er forderte gleichzeitig zur Teilnahme am politischen Leben und an der Landesverteidigung auf. In wenigen Tagen verpflichteten sich 15000 Pariser. Intrigen der Gironde lähmten indessen den patriotischen Schwung. Hatte die diesmal konsequente Haltung der Legislative die Feuillants am 10. Juli bewogen, ihre Ministersessel zu räumen, so säte ihr Rücktritt in den Reihen der Patrioten sogleich neues Zerwürfnis. Brissots Mannschaft wollte wieder an die Regierung und trat darüber in Geheimverhandlungen mit dem Hof. Ludwig zog sie in die Länge und ruinierte damit das feine Spiel der Gironde, die in der Legislative bereits eine Schwenkung vorgenommen, die Volkskundgebung vom 20. Juni verleugnet und die „Aufwiegler“ bedroht hatte. Am 26. Juli erklärte sich Brissot forsch gegen eine Absetzung des Königs und gegen das allgemeine Wahlrecht:

Wenn es Menschen gibt, die dazu neigen, im gegenwärtigen Augenblick auf den Trümmern der Verfassung eine Republik zu errichten, soll das Schwert des Gesetzes sie ebenso treffen wie die aktiven Anhänger des Zweikammersystems und die Konterrevolutionäre von Koblenz.

Am 4. August ließ Vergniaud einen Beschluß der Sektion Mauconseil annullieren, die erklärt hatte, Ludwig XVI. nicht mehr als König der Franzosen anzuerkennen.

Die Scheidung zwischen dem Volk von Paris und der Gironde vollzog sich eben zu dem Zeitpunkt, an dem die girondistische Politik ihre logische Krönung erfahren sollte. Vor dem Aufstand trat sie den Rückzug an. Sie fürchtete, von den revolutionären Massen, die sie immerhin selber in Bewegung versetzt hatte, überspült zu werden, und war in Sorge, wenn nicht das Eigentum als solches, so doch die Vorherrschaft der Reichen zu gefährden. Indem die Gironde mit Ludwig verhandelte, nachdem sie ihn denunziert hatte; indem sie in dem Augenblick zurückwich, wo der entscheidende Schritt nach vorn zu tun war, verurteilte sie nicht nur die 1791 geschaffene Verfassungsordnung, die die Nation im starren Rahmen des Klassenwahlrechts verkrüppelte, zum unmittelbaren Untergang; auf längere Sicht legte sie damit bereits die Axt an ihre eigene Existenz.

Der Aufstand vom 10. August

Gegen die mit dem Landesfeind paktierende Monarchie erhob sich nicht nur die Hauptstadt. Der Aufstand vom 10. August war im Unterschied zum Sturm auf die Bastille nicht das alleinige Werk der Pariser, sondern des französischen Volkes, als dessen Vertreter die Föderierten handelten.

Nachdem die patriotische Bewegung einmal entflammt war, konnte sie nichts mehr aufhalten. Die Sektionen, die ein Zentralkomitee gebildet hatten, tagten in Permanenz. Die Passivbürger drangen scharenweise und nicht selten mit Gewalt in sie und in die Nationalgarde ein. Am 30. Juli setzte die Sektion Théâtre Français auf Betreiben Dantons, Chaumettes und Momoros das allgemeine Wahlrecht für ihre Vollversammlung in Kraft: Die Unterscheidung der Bürger in aktive und passive war gefallen. 47 von 48 Sektionen sprachen sich schließlich für die Absetzung des Königs aus. Im Jakobinerklub nahm Robespierre die Leitung der Bewegung in die Hand. Seit dem 11. Juli hatte er, sekundiert von Marat, die Föderierten angefeuert: „Bürger, seid ihr nur zu einer leeren Zeremonie gekommen, für die Erneuerung der Föderation vom 14. Juli?" Er inspirierte Petitionen immer schärferer Tonart, worin die Föderierten am 17. und 23. Juli von der Legislative gleichfalls die Absetzung des Königs forderten. Als Robespierre hinter die Geheimverhandlungen der Gironde mit dem Hof kam, nahm er seine Angriffe gegen sie wieder auf und brandmarkte am 29. Juli das widerliche Versteckspiel. Er verlangte die unverzügliche, d. h. bei weitem vorfristige Auflösung der Nationalversammlung und ihre Ersetzung durch einen „Konvent", dem die Ausarbeitung einer neuen republikanischen und demokratischen Verfassung obliegen sollte. Am 25. Juli trafen die Förderierten aus der Bretagne, am 30. diejenigen von Marseille in Paris ein. Letztere defilierten durch St. Antoine, indem sie jenes Lied sangen, das alsbald ihren Namen annehmen wird. Auf Anregung von Robespierre bildeten die Föderierten mit anderen Patrioten ein geheimes Direktorium.
Am 1. August wurde das *Manifest des Herzogs von Braunschweig* vom 25. Juli, das ein Emigrant in Koblenz verfaßt hatte, in Paris, wo bereits Fieberstimmung herrschte, allgemein bekannt. In der Hoffnung, die Revolutionäre zu erschrecken, hatte Marie Antoinette die feindlichen Monarchen um eine solche Erklärung gebeten. Sie bedrohte die Nationalgarden und sogar die Schwankenden, die es wagen würden, sich gegen die Invasion zu vertei-

digen, mit dem Tode. Sie sagte dem Volk von Paris, wenn es der königlichen Familie das geringste Leid zufüge, exemplarische Rache an, die für immer in der Erinnerung haften werde: die Stadt Paris einer militärischen Exekution und totaler Zerstörung zu unterwerfen. Das *Manifest* bewirkte jedoch das genaue Gegenteil von der Einschüchterung, auf die der Hof gerechnet hatte: Es trieb das Volk mit dem Rücken zur Wand und erbitterte es bis zur Weißglut.

Der Aufstand, für Ende Juli vorbereitet, jedoch nicht zur Ausführung gekommen, wurde nochmals vertagt, um einer Petition der 47 Sektionen auf Absetzung des Königs, die der Maire am 3. August vortrug, die Chance einer legalen Aktion zu lassen. Die Sektion Quinze-Vingts im Faubourg St. Antoine stellte der Legislative hierfür eine Frist bis zum neunten. Die Versammlung trennte sich an diesem Tag jedoch, ohne eine Entscheidung zu treffen. So läutete in der Nacht die Sturmglocke. St. Antoine forderte die Sektionen auf, Bevollmächtigte in das Rathaus zu entsenden, die sich zu seiten des Gemeinderates einrichteten, ihn sodann für aufgelöst erklärten und durch eine „insurrektionelle“ (oder„ revolutionäre“, d. h. außerhalb der gesetzlichen Prozedur durch Volksbeschluß gebildete) Commune aus ihren eigenen Reihen ersetzten, den beliebten Petion aber in seinem Bürgermeisteramt beließen. Die Faubourgs erhoben sich, und Zehntausende – wiederum, wie schon 1789 vor der Bastille, auch Frauen unter ihnen – marschierten zusammen mit den Föderierten auf die Tuilerien. Die fayettistische Nationalgarde, der die Bewachung oblag, räumte angstvoll das Gelände. Um acht Uhr morgens traten die zuerst erschienenen Marseiller an. Die Schweizergarden, die Ludwig in Voraussicht des Kommenden seit dem 4. August aus ihren Standorten um Paris heranbeordert hatte, ließen sie in die Schloßhöfe eindringen, eröffneten sodann ein mörderisches Salvenfeuer und drängten die Überlebenden zurück. Als die bewaffneten Sektionen eintrafen, gingen die Föderierten mit ihrer Unterstützung erneut zum Angriff über und stürmten unter starkem Artillerieschutz, wobei sich die von dem in St. Marceau ansässigen

Polen Lazowski befehligten Batterien auszeichneten. Gegen 10 Uhr stellten die Belagerten in äußerster Bedrängnis auf Befehl des Königs das Feuer ein und ergaben sich.
Bei Beginn des bewaffneten Aufstandes hatte Ludwig auf Anraten von Roederer, Generalprokurator des Departements Paris und inzwischen Girondist, mit Frau und Kindern das Schloß verlassen, um sich unter den Schutz der Legislative zu stellen, die ja in einem Nebengebäude tagte. Solange der Ausgang des Gefechts zweifelhaft war, behandelte die Versammlung Ludwig XVI. als König. Nachdem sich der Aufstand als siegreich erwies, verkündete sie zwar nicht die Absetzung, wohl aber seine einstweilige Amtsenthebung und stimmte für die Einberufung eines nach allgemeinem und gleichem Wahlrecht zu wählenden Nationalkonvents, wie es Robespierre vorgeschlagen hatte.

Der Thron war gestürzt und mit ihm die Parteigruppierung der Feuillants, jene Großbourgeoisie mit liberalem Adelsanhang also, die zur Auslösung der Revolution soviel begeitragen hatte, danach aber unter Lafayette und später unter dem Triumvirat alles unternommen hatte, um sie unter ihrer Führung in engsten Klassenschranken zu halten. Die Gironde, die dem Hof einen Rettungsanker zugeworfen hatte und bemüht gewesen war, den Aufstand anzuhalten, ging aus einem Sieg, der nicht der ihrige war, nicht eben lorbeerbekränzt, dafür jedoch mit um so größerem politischen Machtzuwachs hervor. Die Passivbürger, unter denen in den Städten das Handwerkerelement überwog, das den Aufrufen Robespierres, Marats und der Montagnarden gefolgt war, hatten die politische Bühne mit einem Sprung erobert.
Der Aufstand vom 10. August war national im vollen Wortsinn. Die Föderierten der Departements des Südens und des Westens hatten in seiner Vorbereitung und Durchführung eine überragende Rolle gespielt. Soziale und politische Barrieren, die quer durch die Nation hindurchliefen, waren gefallen. „Eine einzelne Klasse von Bürgern," hatte die Sektion Théâtre Français am 30. Juli erklärt, „kann sich nicht das ausschließliche

Recht anmaßen, das Vaterland zu retten." Sie hatte folglich die Bürger, die „nach Aristokratenweise unter der Bezeichnung Passivbürger bekannt sind", dazu aufgefordert, ihren Dienst in der Nationalgarde zu leisten, an den Beratungen der Bürgerversammlungen teilzunehmen, „kurz – an der Ausübung jenes Teils der Souveränität mitzuwirken, die der Sektion zukommt". An diesem 30. Juli hatte die Legislative einen tatsächlich schon bestehenden Zustand bestätigen und die undemokratischste unter den Verfassungsklauseln streichen müssen.

„Während das Vaterland in Gefahr ist, muß der Souverän auf seinem Posten sein: an der Spitze seiner Armeen, an der Spitze der Staatsangelegenheiten; er muß überall sein," erklärte die Sektion Butte des Moulins und verstand unter dem Souverän die Nation. Durch das allgemeine Wahlrecht und die Bewaffnung der Passivbürger integrierte die „zweite Revolution" das Volk in diese Nation und kennzeichnete die Heraufkunft der politischen Demokratie. Gleichzeitig sprangen die Klassenvorzeichen der neuen nationalen Realität deutlicher hervor. Nach einigen vergeblichen Konterschlägen eliminierten sich die Befürworter eines Kompromisses mit der Aristokratie selbst: Maire Dietrich, in dessen Hause die *Marseillaise* zur Welt gekommen war, gab nach dem gescheiterten Versuch, Straßburg zur Meuterei zu verführen, Fersengeld; Lafayette, den seine Truppen im Stich ließen, floh am 19. August zu den Österreichern; Madame de Staël, Lameth und Duport emigrierten mit vielen anderen; Talleyrand verdrückte sich unter dem Mantel einer diplomatischen Mission über England nach den Vereinigten Staaten. Die monarchistische Presse stellte – teils freiwillig aufgebend, teils gezwungenermaßen – ihr Erscheinen ein. Bedeutsamer noch: Der Umstand, daß das Volk der „Sansculotten" als selbständiger Faktor in die politische Auseinandersetzung eingriff, weckte Sorgen und Bedenken bei einer einflußreichen Fraktion der Bourgeoisie und entfremdete sie der forschreitenden Wirklichkeit. Schon bildeten sich erste Widerstände gegen eine demokratische Republik, die sich in der „Revolution vom 10. August" anzukündigen schien.

KAPITEL VII

Gironde und Montagne

1. Das Interregnum

Mit der einstweiligen Amtsenthebung der Königs und der Einberufung eines Nationalkonvents zur Ausarbeitung einer republikanischen Verfassung hatte die Legislative dem Sieg des Volkes unverzüglich Rechnung getragen. Sie ernannte einen „Provisorischen Vollzugsrat“ als Regierung; an der Seite der „alten“ Girondeminster Roland (Inneres), Clavière (Finanzen) und Servan (Krieg) übernahm der Gelehrte Monge das Marineministerium, Lebrun das Auswärtige und der populäre Danton – als Zugeständnis an die Situation – das nach dem Aufstand besonders heikle Justizministerium. Die für die Pariser Gefängnisse selbstverantwortliche Commune setzte Ludwig samt Familie unter starker Bewachung im mittelalterlichen Temple-Turm fest.
Aber was weiter? Hatte am 10. August die Stunde eines „Vierten Standes“ geschlagen, oder wird sich die Staats- und Rechtsordnung der Bourgeoisie auch unter den neuen Machtverhältnissen behaupten?

Die „revolutionäre Commune vom 10. August“

Ein scharfer Kompetenzkonflikt zwischen Commune und Legislative beeinflußte den ganzen weiteren Verlauf der Revolution. Parallel zu den „rechtmäßigen“ Gewalten war eine revolutionär begründete Macht entstanden: die „insurrektionelle Commune vom 10. August“, die über die bewaffneten Sektionen von Paris gebot. Der Journalist Girey-Dupré hatte sich am 30. August in einem Brief an die Legislative beschwert, von der Commune vorgeladen worden zu sein, weil er sie der Usurpation und Diktatur geziehen habe. Die Gironde tobte; auf Angriffe von Gensonné, Guadet und Grangeneuve erwiderte indessen Tallien als Sprecher der Commune mit Gelassenheit:

Alles, was wir getan haben, hat das Volk gutgeheißen. Wenn ihr gegen uns einen Schlag führen wollt, schlagt ihr also auch das Volk, das die Revolution vom 14. Juli gemacht, das sie am 10. August gefestigt hat und das sie aufrechterhalten wird.

Der Widerstreit der Prinzipien dauerte bis zur Auflösung der Legislative und fand im Ringen zwischen Gironde und Montagne im Konvent seine Fortsetzung.

Die Sieger vom 10. August waren entschlossen, ihren Willen durchzusetzen. Die Legislative mußte die aus dem Aufstand „gesetzwidrig" hervorgegangene Commune, die durch Nachwahlen in den Sektionen auf 277 dem Klein- und Mittelbürgertum entstammende Mitglieder erweitert wurde, anerkennen. Die Gironde, der nach dem Auszug der Feuillants in der Nationalversammlung das Übergewicht gewissermaßen als Geschenk in den Schoß fiel, wies Maßnahmen außerhalb der Legalität seitdem mehr denn je und noch grundsätzlicher zurück, während die Commune revolutionäre Beispiele setzte, die sich auf die Montagne vererbten.

Danton im Provisorischen Vollzugsrat bildete sozusagen die Brücke zwischen beiden Gewalten. Seine revolutionäre Vergangenheit bot der Commune Garantien, während seine hinlänglich undurchsichtige Haltung bei mancherlei Anlässen die Legislative beruhigte. Sohn eines Juristen aus Arcis-sur-Aube, ehemals ein kleiner Advokat, hatte ihn seine in der Sektion Théâtre Français und bei den Cordeliers entfaltete Energie 1791 für ein Amt im Direktorium des Departements von Paris, dann als Stellvertreter des Prokurators der – alten – Commune empfohlen. Obgleich Mathiez nachgewiesen hat, daß er auch vom Hof Geld nahm, scheint er ihm keine nennenswerten Zugeständnisse gemacht zu haben. Bleiben Einzelheiten seines Mitmischens am 10. August dunkel, so rückt er jedenfalls gleich danach ganz nach vorn. Ein beredter Improvisator, volkstümlich und ungekünstelt, ein Realist, der ebenso zu manövrieren wie kühn zu entscheiden wußte, ein plebejischer Mirabeau, von Natur ein Genießer mit einem Hang zur Faulheit, bereit, sich hinreißen zu lassen und doch unfähig zur Rachsucht, entsprach Danton in seinem patriotischen Glauben an das Volk einen Augenblick lang dem revolutionären Pegel Frankreichs. Geistig beherrschte er seine Ministerkollegen.

In die Macht teilten sich drei Instanzen, die nahezu unabhängig voneinander walteten: Commune, Legislative und Vollzugsrat. Maßnahmen ergriffen alle drei ohne Rücksicht aufeinander, auf Rechtslage oder Zuständigkeit, oft von zufälligen Ereignissen bestimmt: eine verworrene Art von Übergangsdiktatur, die keine endgültige Gestalt annahm und sich weder in einer Institution noch in einer Persönlichkeit, weder in einer Partei noch in einer Klasse verkörperte.

Zuerst mußte die Provinz und vor allem das Heer für den Umschwung gewonnen werden. Die Legislative entsandte noch am 10. August zwölf ihrer Mitglieder, drei für jede der vier Armeen, „mit der Vollmacht, vorübergehend sowohl Generäle wie auch andere Offiziere und Beamte, zivile wie militärische, zu suspendieren“. Der Vollzugsrat schickte Beauftragte, die Danton aus den Führern der Pariser Aufständischen wählte, in die Departements. Die Commune delegierte ihrerseits Kommissare, die Verdächtige verhafteten, Überwachungsausschüsse ins Leben riefen, die Behörden säuberten.

Die Commune verlangte die Schaffung eines Außerordentlichen Tribunals aus Richtern, die von den Sektionen zu wählen wären, um Konterrevolutionäre abzuurteilen. Widerwillig gab die Legislative am 17. August nach; schon am elften hatte sie den Gemeinderäten die Aufgabe übertragen, Verbrechen gegen die Staatssicherheit zu untersuchen und notfalls zur Verhaftung von Verdächtigen zu schreiten. Allen Beamten einschließlich der Pfarrer verlangte sie einen Eid auf Freiheit und Gleichheit ab und ermächtigte am 28. die Commune auf deren Verlangen, nach Waffen zu fahnden, die sich im Besitz Verdächtiger befanden. Allmählich glitt Paris in einen Ausnahmezustand.

Die Grenzverteidigung war durchbrochen: am 26. August erfuhr die Hauptstadt die kampflose Übergabe der Festung Longwy an die Preußen; gleichzeitig verbreitete sich die Nachricht von einer royalistischen Revolte in der Vendée. Der Feind war überall.

Die Commune ging bei den Verteidigungsanstrengungen voran. Sie ließ vor der Stadt Gräben ausheben, 30000 Piken schmieden, alle Rekruten mustern, Verdächtige entwaffnen, um Freiwillige zu bewaffnen. Die Führer der Gironde, die die militärische Lage für hoffnungslos hielten, trugen sich mit dem Gedanken, mitsamt der Regierung Paris zu verlassen, und Roland bereitete ihre Evakuierung hinter die Loire vor, aber Danton weigerte sich: „Roland, hüte dich, von Flucht zu sprechen! Fürchte dich, daß das Volk nicht auf dich hört!“ Systematische Haussuchungen begannen am 30. August und hielten zwei Tage ohne Unterlaß an; 3000 Verhaftungen erfolgten. Allerdings wurden viele übereilte Festnahmen rückgängig gemacht; am 2. September befanden sich in den neun Gefängnissen der Stadt noch etwa 2800 Insassen, wovon weniger als tausend neueingelieferte.

Am 2. September drang nach Paris die Kunde von der Einschließung Verduns, der letzten Festung zwischen Grenze und Hauptstadt. Sofort erließ die Commune einen Aufruf an die Pariser: „Zu den Waffen, Bürger, zu den Waffen, der Feind steht vor unseren Toren!“ Sie ließ die Sturmglocke läuten; die Barrieren wurden geschlossen, die tauglichen Männer auf dem Marsfeld zusammengezogen, um Marschbataillone zu bilden. Die Mitglieder der Commune eilten auftragsgemäß in ihre Sektionen, um „ihren Mitbürgern die Gefahren für das Vaterland und die Verrätereien, die sie umgeben, kraftvoll darzustellen“.

In dieser überhitzten Atmoshäre wuchs auch die Nervosität. Die Freiwilligen waren im Begriff, an die Front zu ziehen; Marat riet ihnen, Paris nicht zu verlassen, ehe sie nicht mit den Volksfeinden abgerechnet hätten. Gerüchte liefen um, daß nach ihrem Weggang die Gefangenen ausbrechen

würden, um dem Feind die Hand zu reichen. So kam es zu den panikartigen „Septembrisaden".
Am Nachmittag des 2. September wurden Refraktäre, die sich auf dem Weg zur Haftanstalt befanden, durch ihre Bewachung getötet. Eine Menge zog zum Gefängnis Carmes, wo zahlreiche Eidverweigerer untergebracht waren, und richtete auch sie hin; nach ihnen erreichte die Häftlinge im Gefängnis Abbaye ihr Schicksal. Danach griff der Überwachungsausschuß der Commune ein und schuf Volksgerichte: In der Vorstellung des Volkes waren Rechtsprechung und Rechtsübung Attribute der Souveränität, die das Volk im Bedarfsfall wieder an sich nimmt. Ein Kommissar der Commune erklärte in der Nacht vom zweiten zum dritten: „Das Volk sprach, indem es seine Rache übte, auch Recht." Die Exekutionen setzten sich in den folgenden Tagen in den anderen Gefängnissen fort; insgesamt wurden etwas über 1100 Häftlinge zu Tode gebracht, wovon fast dreiviertel unpolitische Kriminelle.
Die Behörden schwiegen sich aus. Die erschrockenen Girondins in der Legislative fühlten sich selber bedroht, und Danton als Justizminister griff nicht ein. Der Überwachungsausschuß der Commune rechtfertigte in einem Rundschreiben an die Departements sein Verhalten und lud die ganze Nation ein, „diese so notwendige Maßnahme der öffentlichen Wohlfahrt" nachzuahmen, die unerläßlich sei, „um durch den Schrecken die Legionen von Verrätern, die sich in unseren Mauern verbergen, zurückzuhalten in dem Augenblick, wo sich unser Volk anschickt, gegen den Feind zu marschieren".
„So sehr man vor Entsetzen schauderte – man betrachtete es als eine gerechte Aktion," wird in den *Erinnerungen einer Frau aus dem Volk* Madame Jullien berichten. Und in der Tat müssen die Septembrisaden im Zusammenhang mit der Situation, in der sie sich ereigneten, gesehen werden. Die Vertiefung der revolutionären Krise hatte die jungen Züge der Nation verhärtet, und man kann den sozialen und den nationalen Aspekt der „ersten Schreckensherrschaft" nicht voneinander trennen. Die preußische Invasion hatte schwerste Gefahr nicht nur heraufbeschworen; sie wurde von den Volksmassen auch als

solche empfunden. Zur national bedingten Furcht gesellte sich Angst um das Schicksal der Revolution, Angst vor dem Komplott der Aristokraten. „Man mußte die Feinde hindern, in die Hauptstadt zu gelangen,“ schrieb der Dragoner Marquant in den Argonnen am 12. September in sein Tagebuch, „wo sie unsere Gesetzgeber erwürgen und Louis Capet sein eisernes Zepter, uns aber unsere Ketten wiedergeben werden.“ In dem Maße, in dem sich Furcht vor den Eindringlingen mehrte, schwoll der Haß auf den inneren Feind – ein Klassenhaß, und nicht nur unter den Sansculotten von Paris. Taine, den man keines Wohlwollens für die Revolution verdächtigen kann, hat ein ergreifendes Bild von der „schrecklichen Wut“ gezeichnet, die die Befürchtung einer Wiederherstellung der Feudalität unter den bäuerlichen Massen entfesselte.
Es ging nicht darum, zwischen Ordnung und Unordnung zu wählen, sondern zwischen der neuen Ordnung und der alten, denn hinter den Ausländern kroch die Emigrantenbrut heran. Die Erschütterung war fürchterlich, vor allem unter den mühsam von ihrer Hände Arbeit lebenden Millionen Menschen, die fast allein alle Lasten des alten Gebäudes getragen hatten, die bis aufs Hemd ausgeplündert, besteuert, herumkommandiert, durch Jahrhunderte vom Vater auf den Sohn Elend, Unterdrückung und Verachtung hatten erleiden müssen. Sie wußten aus eigener Erfahrung um den Unterschied zwischen ihrem früheren und ihrem jetzigen Leben.
In keinem anderen Moment der Revolution offenbarte sich ebenso augenscheinlich die enge Verbindung der nationalen Frage mit der rauhen gesellschaftlichen Wirklichkeit. „Indem wir das Fortschreiten unserer Feinde aufhielten, haben wir jenes der Volksrache angehalten; das eine wie das andere hörte sofort auf,“ schrieb Azéma, und in der Tat wird der Sieg von Valmy das Ende des „ersten Terrors“ bedeuten. Es war aber nicht mehr die gutbürgerliche Nationalgarde vom ersten Fest der Föderation, die sich an diesem Tag um die Losung „Es lebe die Nation!“ vereinigte, sondern eine „Armee von Schneidern und Flickschustern“: Menschen gleich jenen, die die Septembrisaden durchgeführt hatten.

Auf kirchenpolitischem Gebiet hatte die Legislative nach dem 10. August die bisher durch das Veto des Königs blockierten Dekrete in Kraft gesetzt. Die Commune verbot am 16. Prozessionen und Kulthandlungen außerhalb des Kirchenraumes. Am 18. ordnete wiederum die Legislative die Auflösung aller noch bestehenden kirchlichen Kongregationen – für Krankenpflege und ähnliches – an. Sie erneuerte ihr am 6. April unwirksam ausgesprochenes Verbot, außerhalb der kultischen Amtshandlung Priesterkleidung zu tragen; am 26. stellte sie den Refraktären eine Frist von 14 Tagen, um Frankreich zu verlassen, widrigenfalls sie die Deportierung nach Cayenne zu gewärtigen hatten.
Die Maßnahmen, die zahlreiche Gemeinden ohne Priester ließen, zogen eine Verweltlichung der Geburts-, Heirats- und Sterberegister nach sich, die am 20. September den Gemeindeverwaltungen übertragen wurden; eine staatliche Ehescheidung wurde gleichfalls ermöglicht. Es war die Geburtsstunde des „Standesamtes". Dieser erste Schritt auf dem Weg zur Trennung von Staat und Kirche war nicht vom Gedanken des neutralen Laienstaates eingegeben, sondern von der Notwendigkeit erzwungen. Sie traf auch den verfassungstreuen Klerus, dem man erst Bronzeglocken und Kirchensilber, danach seine Einkünfte aus Immobilien und Betrieben nehmen wird.
Im sozialen Bereich wurde am 14. August auf Antrag von François de Neufchâteau beschlossen, Emigrantengüter, die nach dem Dekret vom 27. Juli zum Verkauf freigegeben wurden, zu parzellieren; auch die Aufteilung des Gemeindelandes wurde, sofern gewünscht, genehmigt. Tags darauf erfolgte die Niederschlagung aller mit der Entfeudalisierung zusammenhängenden Gerichtsverfahren gegen die Bauern. Um die Versorgung zu erleichtern, bestimmten die Ortsbehörden Höchstpreise für vordringliche Bedarfsgüter. Am 9. und 16. September ermächtigte die Legislative die Distriktsleitungen, die Getreidebestände zu erfassen und – nötigenfalls – zur Versorgung der Märkte gegen Zahlung zu beschlagnahmen. Jedoch ver-

weigerte sie eine allgemeine Festpreisregelung. Trotzdem wankte das liberale Sozialwerk der Konstituante unter den Gegenvorstellungen der Volksmassen. deren Stimmung die Gironde vor den allgemeinen Wahlen sehr in Betracht ziehen mußte.

Außenpolitische Regsamkeit war unter diesen Umständen nicht gefragt. Die Legislative entschloß sich Ende August jedoch zu einer weltbürgerlichen Demonstration. indem sie auf Antrag von Marie Joseph Chénier und Rühl ausländischen Schriftstellern, „die die Grundlagen der Tyrannei untergraben und die Wege zur Freiheit vorbereitet haben," das französische Bürgerrecht verlieh: Den Amerikanern Washington, Hamilton, Madison und Paine, den Engländern Priestley, Bentham, Wilberforce, Clarkson, Mackintosh und David Williams, dem Polen Kościuszko, dem Holländer de Pauw, dem Schweizer Pestalozzi, den Deutschen Cloots und Campe, Klopstock und Schiller.

Innerpolitisch erschien jede Wiederherstellung der Monarchie mehr und mehr undenkbar. Am 4. September drückten die Abgeordneten den Wunsch aus, daß der Konvent sie abschaffen möge, und die Elektoren von Paris erteilten ihren Erwählten diesbezüglich ein bindendes Mandat. Die Urwählerversammlungen traten seit dem 2. September zusammen; obwohl den ehemaligen Passivbürgern das Stimmrecht zuerkannt worden war, gab es zahlreiche Enthaltungen, ohne daß man im übrigen daraus auf eine Feindseligkeit der Nichtwähler schließen darf. Aristokraten und Feuillants freilich enthielten sich mit Absicht oder aus Vorsicht. Die Konventsdeputierten wurden durch eine immerhin starke Minderheit gewählt, die entschlossen war, die Errungenschaften der Revolution zu verteidigen.

Valmy

Der „erste Terror" war nicht nur Aufbegehren gegen den inneren Feind, sondern gleicherweise Antwort auf die äußere Gefahr. Von Commune wie Legislative, der Danton sein berühmtes „Kühnheit, Kühnheit und nochmals Kühnheit!" ins Gewissen hämmerte, erhielt die Nationalverteidigung kräftige Anstöße; die Provinz stand nicht nach. Um die Meldungen zur Fahne zu beflügeln, schickte der Generalrat von Puy-de-Dôme am 7. September in jeden Kanton Kommissare mit dem Auftrag, den versammelten Nationalgarden die grauenhaften Folgen zu schildern, die sich ergeben würden, „wenn wir nach den Anstrengungen, die schon gemacht worden sind, gezwungen würden, unter das Joch der Sklaverei zurückzufallen". Die Komissare sollten „an alle Vorteile, die diese Revolution uns gebracht hat, an die Abschaffung des Zehnten und der Feudallasten" erinnern. Man konnte den Klasseninhalt des Revolutionskrieges nicht besser hervorheben. Im Unterschied zum Aufgebot von 1791 umschloß dasjenige von 1792 unter den Freiwilligen wenige Bourgeois, hingegen viele Handwerker, Arbeiter und auch Bauern.

Gleichzeitig deutete sich das ökonomische System an, das dann im „Jahr II" wiederaufgenommen wurde, um das Heer gebührend auszurüsten. Die Commune beschlagnahmte Waffen, Luxuspferde und Meßkelche, schuf Werkstätten zur Herstellung von Uniformen. Der Vollzugsrat befahl am 4. September die Requisition und Höchstpreise für Getreide und Pferdefutter zugunsten der Armeen. Solche Verfahrensweisen erschreckten die Bourgeoisie, die der freien Marktwirtschaft anhing. Auch hierin kündigte sich der soziale Widerhall von Fragen der Nationalverteidigung an und verschärfte die Trennungslinie zwischen Gironde und Montagne.

Die Preußen beschleunigten währenddessen ihren Vormarsch. In der Nacht vom 1. zum 2. September kapitulierte das von Verrat unterwühlte Verdun nach Ermordung des bürgerlichen Platzkommandanten Beaurepaire durch die Royalisten. Am achten drang der Herzog von Braunschweig in die Argonnen ein, während ein österreichisches Korps am zwölften den Engpaß von Croix-aux-Bois einnahm. Dumouriez zog sich in südlicher Richtung zurück und gab die Straße nach Paris frei. Am 19. September jedoch gelang es Kellermann, mit der Armee von Metz zu ihm zu stoßen. Damit gewannen die Franzosen mit 50000 gegen 34000 Mann die zahlenmäßige Überlegenheit.

Abb. 10 Die Erhebung vom 20. 6. 1792

Abb. 11 Schlacht bei Valmy 20. 9. 1792

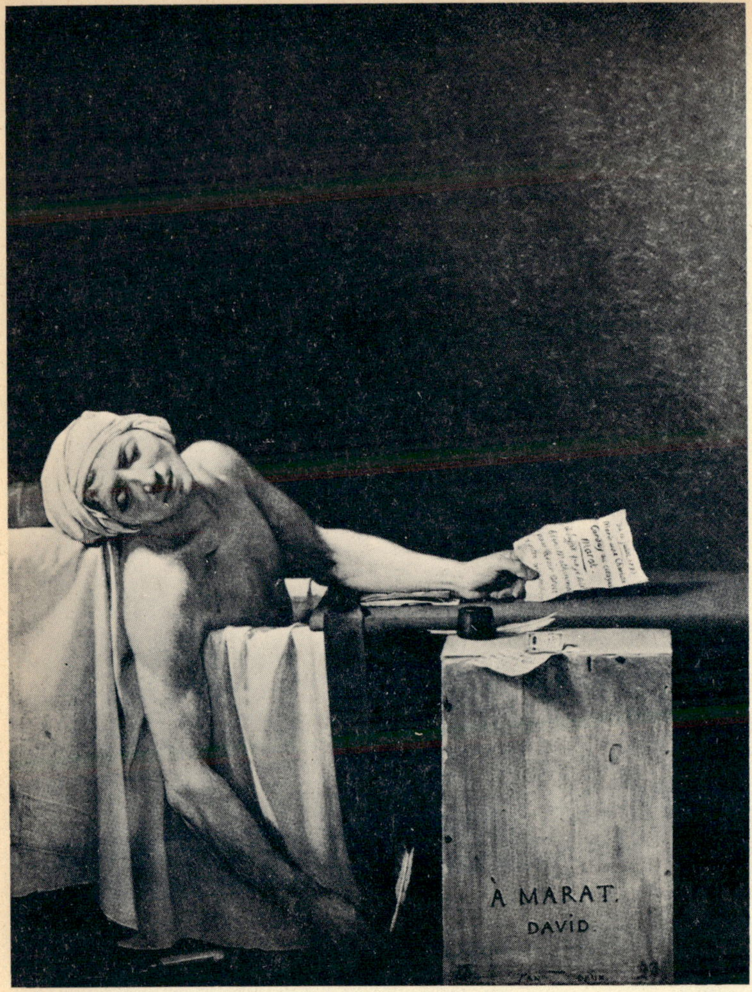

Abb. 12 Ermordung Marats 13. 7. 1793

Entgegen der Absicht des Herzogs von Braunschweig, sie durch eine kunstvolle Operation einzukreisen, befahl der ungeduldige König von Preußen den Angriff. Am 20. September entfaltete sich seine Armee nach einem Artillerieduell gegen Mittag vorschriftsmäßig wie im Manöver vor den Anhöhen von Valmy, die Kellermann besetzt hielt. Die Sansculotten verharrten unbewegt und verdoppelten ihr Feuer. Kellermann schwenkte den Hut an der Spitze seines Degens: „Es lebe die Nation!" Von Bataillon zu Bataillon nahm die Truppe den revolutionären Schlachtruf auf. Unter dem Geschoßhagel des Berufsheeres, das sich des höchsten Rufes in der Welt erfreute, wankte nicht ein Mann. Darauf hielt die preußische Infanterie an, und der Herzog wagte nicht, den Sturm zu befehlen. Die Kanonade wurde fortgesetzt, bis ihr ein abendlicher Wolkenbruch ein Ende setzte; Freund und Feind lagerten auf dem Schlachtfeld.

Valmy war keine durchgekämpfte Schlacht; sie brachte den Franzosen nicht den taktischen, jedoch einen weitaus schwerwiegenderen moralischen Sieg. Den friderizianischen Söldnern, die zur passiven Disziplin erzogen waren, hatte sich eine nationale Volksarmee entgegengeworfen und standgehalten. Die Interventen mußten sich sagen, daß es nicht leicht fallen werde, diese revolutionäre Kraft zu schlagen. Goethe war anwesend, und man hat das Denkmal von Valmy mit dem Spruch aus seinem Munde geschmückt, der uns von Eckermann berichtet wird:

Von hier und heute geht eine neue Epoche der Weltgeschichte aus.

Nach einer verabredeten Waffenruhe traten die Preußen den kräftezehrenden Rückmarsch über einen Boden an, der durch Dauerregen aufgeweicht war; sie wurden durch eine Ruhrepidemie dezimiert und von den Bauern der Champagne und Lothringens, die sich gegen die Eindringlinge und die Emigranten erhoben, bei Tag und Nacht beunruhigt. Dumouriez folgte ihnen, ohne jedoch einen Versuch zu machen, ihre Schwierigkeiten auszunutzen, um sie zu vernichten. Trotzdem bedeutete ihr verlustreicher Abzug einen Triumph für die soeben ausgerufene Republik; Verdun wurde am 8. und Longwy am 22. Oktober befreit.

2. Der Konvent

Der Nationalkonvent, der den Auftrag hatte, eine republikanische Verfassung auszuarbeiten, trat an dem Nachmittag zusammen, der die Schlacht von Valmy entschied. Am 21. September löste er im Saal der Manege die Legislative ab, die ihm eine Situation voller Gefahren hinterließ. Die Preußen waren zurückgeschlagen, doch nicht besiegt; die Konterrevolution war getroffen, doch nicht niedergeworfen.
Die liberale Bourgeoisie, die in der Nationalverteidigung und bei der Ergreifung revolutionärer Maßnahmen vom Elan der Volksmassen weit überholt worden war, machte dank ihrem Einfluß auf die Provinz bei den Wahlen dennoch das Rennen. Wird sich die Gironde, die sie politisch repräsentierte, der Größe ihrer Aufgaben gewachsen zeigen? Als „Kriegspartei" wird sie versuchen, die öffentliche Meinung durch eine Ausweitung des Konflikts bei der Stange zu halten. Politisches Manöver der einen oder weltbürgerlich-revolutionärer Idealismus der anderen: Die Girondins wollten Frankreich die Rolle eines Erlösers aller feudalunterdrückten Völker aufdrängen. Sie erreichten statt dessen, daß sich eine gewaltige europäische Koalition gegen die revolutionäre Nation zusammenschloß. Solange ihre Armeen siegreich bleiben, wird sich die Gironde an der Macht behaupten; sie wird an dem Tag verloren sein, an dem ein schwerer und entlarvender Rückschlag erfolgt.

Die Ausrufung der Republik

Der nach allgemeinem Stimmrecht gewählte Konvent vereinigte sämtliche Vollmachten der Nation. Gegen ihre Vertreter konnte die Pariser Commune als ein einzelner aus dem Aufstand hervorgegangener Gemeinderat nicht in die Schranken treten; sie begriff das und setzte ihre Ansprüche herab. Von der Gironde, die den Konvent anfangs beherrschte, hing es ab, die Fraktionskämpfe jetzt abklingen zu lassen. Die Montagnarden, nur halb so zahlreich, lenkten ihre Anstrengungen während der ersten Tage in diese Richtung. Marat kündete am 22. September in seiner Zeitung an, daß er einen neuen Weg einschlagen wolle, und Danton suchte sich mit Brissot zu verständigen.

Der Waffenstillstand, obwohl von sehr kurzer Dauer, trug bei einigen wichtigen Entscheidungen Früchte. In seiner ersten Sitzung war der Konvent einmütig in der gleichzeitigen Verurteilung der Diktatur und des „Ackergesetzes“, womit er Besitzende wie Demokraten beschwichtigte:

Es kann hier keine andere Verfassung geben als jene, die das Volk annimmt; Personen und Eigentum stehen unter dem Schutz der Nation.

Der Konvent beschloß am 21. September ebenso einhellig die Abschaffung des Königtums. Collot d'Herbois unterbreitete den Antrag, Grégoire unterstützte ihn: „Die Könige sind in der moralischen Ordnung dasselbe wie die Ungeheuer in der natürlichen. Die Höfe sind Werkstätten des Verbrechens, Herde der Korruption und Schlupflöcher der Tyrannen. Die Geschichte der Könige ist die Leidensgeschichte der Nationen.“ Am selben Abend noch wurde das Dekret in Paris bei Fackelschein verkündet, und Roland erließ ein Rundschreiben an die Verwaltungsbehörden: „Proklamieren Sie, meine Herren, die Republik! Proklamieren Sie also die Brüderlichkeit: Das ist ein und dieselbe Sache.“ Tags darauf setzte Billaud-Varenne durch, amtliche Schriftstücke ab sofort vom „Jahr I der Republik“ zu datieren: ein erster Schritt zum Revolutionskalender.

Auf Antrag Couthons billigte der Konvent noch am 25. einstimmig, obgleich schon nach heißer Debatte, die berühmte Formel: „Die Französische Republik ist eins und unteilbar“, und bog so alle Föderalisierungsprojekte ab, die bei den Girondisten umliefen. Am 16. Dezember wird er dieses Dekret ergänzen durch die Verhängung der Todesstrafe für jeden, „der versuchen sollte, die Einheit der Französischen Republik zu zerstören oder einen ihrer Teile loszulösen, um sie an ein ausländisches Territorium anzuschließen“.

Gironde und Montagne

Der Konvent wies weder erklärte Befürworter des Ancien régime noch der konstitutionellen Monarchie auf. Andererseits waren die Helden der Revolutionsschlachten, die

Sansculotten, gleichfalls nur in Ausnahmen, worunter die beiden zur Montagne stehenden Arbeiter Noël Pointe und Armonville, vertreten. Sie beherrschten hingegen die Mehrzahl der Pariser Sektionen; manche hatten in Wahlen nach dem 10. August ihr gesamtes „Personal" ausgetauscht und der Großbourgeoisie den Stuhl vor die Tür gesetzt. Zurückgekehrt waren in die Dritte Nationalversammlung Kämpen der Konstituante wie Robespierre, Sieyès und Grégoire; als Neulinge zogen Danton, Marat, Desmoulins und die noch wenig bekannten Carnot und Saint-Just ein. Wiedergewählt wurden viele Abgeordnete der – ehemaligen – Linken und Mitte in der Legislative. Organisierte Parteien gab es auch im Konvent nicht, sondern eher Richtungen mit ungenauem Grenzverlauf, die zwei Generalstäben folgten: Gironde und Montagne.

Die Gironde war infolge des Ausscheidens der Feuillants in der Nationalversammlung auf die geleerten Bänke der Rechten gerückt. Als „Partei der Gesetzlichkeit" vertrat sie das von den bisherigen Ergebnissen der Revolution im großen und ganzen zufriedengestellte Besitzbürgertum in Finanz, Handel oder Industrie und weitgehend auch die bürgerlichen Bildungsschichten. Sie verabscheute Sondermaßnahmen und revolutionäre Kampfmittel, die die Lebensinteressen der Republik erforderten. Gegen eine Machtkonzentration im politischen Zentrum Paris berief sie sich auf die Unterstützung der Departements und örtlichen Behörden, unter denen die gemäßigtere Provinzbourgeoisie ihre vorherrschende Stellung behauptete. In ökonomischer Hinsicht hielt sie in Entsprechung zu ihrer Klassenposition an der Unternehmerfreiheit, der Freiheit des Profits fest; sie war Reglementierungen, Höchstpreisen, Beschlagnahmen und dem Zwangskurs des Assignaten abgeneigt – alles Dinge, deren heftige Befürworter im Gegenteil die Sansculotten waren. Die Girondins waren unzweideutig erfüllt vom Bedürfnis nach einer festen gesellschaftlichen Rangordnung und betrachteten das schrankenlose Recht auf Eigentum als ein unantastbares Natur- und Grundrecht. Vor dem werktätigen Volk empfanden sie instinktive Abneigung und mißtrauten ihm; sie glaubten einfache Menschen zur Regierung unfähig

und behielten das Monopol der Machtausübung ihrer eigenen Klasse vor.
Die „Bergpartei" verkörperte neben einem entschlossen revolutionären Flügel der Bourgeoisie vor allem das radikale Kleinbürgertum. Ihr vertrauten die starken Schichten der Handwerksmeister und Kleinhändler, des weiteren städtische Verbraucher, die unter den Auswirkungen des Krieges, unter der Verteuerung der Lebenshaltung und partiellen Arbeitslosigkeit, unter zu niedrigen Löhnen und Gehältern litten; ihre Anhängerschaft erstreckte sich auch auf das flache Land, wo sich längst nicht alle Bauern mit den Wahlgeschenken der Gironde zufriedengaben. Die Montagnarden verstanden, daß die kritische Lage Frankreichs außergewöhnliche Lösungen verlangte, die ohne den aktiven Beistand der Massen undurchführbar waren. Mit den Sansculotten verband sie der gemeinschaftlich unternommene Sturz der Monarchie, die Erkämpfung des Zugangs zur politischen Entscheidungsfreiheit durch den Aufstand. Weil näher am Volk und mit dessen Bedürfnissen vertraut, hingen sie als praktische Realisten vorgefaßten Theorien wenig an und ließen den Staatsinteressen in der Regel den Vortritt vor privaten und persönlichen. Sie verfügten über den Mut zur Konsequenz: Im Interesse der Volksklassen als einziger zuverlässiger Stütze der Revolution waren sie bereit, im Notfall auch Wagnisse einzugehen und zu bestimmten Einschränkungen des Eigentumsrechts und der persönlichen Freiheit Zuflucht zu nehmen. Die besten Köpfe der Montagne, meist Deputierte von Paris, wußten um seine Führungsrolle am 14. Juli 1789 wie am 10. August 1792 und fanden es lächerlich, die Hauptstadtbevölkerung aus Furcht vor ihrem revolutionären Schwung gleich anderen Departements auf ein „Dreiundachtzigstel des Einflusses auf Frankreich" zurückschrauben zu wollen.
Eben an diesem Punkt brach am 25. September Lasource als erster von seiten der Gironde das unerklärte Stillhalteabkommen, und Rebecqui sekundierte ihm: „Die Partei, deren Ziel die Errichtung einer Diktatur ist, ist die Partei Robespierres!" Der damit entbrannte Kampf zwischen den „Baumeistern des 10. August" und jenen,

die ihn nicht zu hindern vermocht hatten, sollte bis zum 2. Juni 1793 dauern. Die Gironde, die gegen den Berg mit Unterstützung des Zentrums eine erdrückende Majorität ausspielen konnte, gab deutlich zu erkennen, daß sie vor allem dessen meistgefürchtete Häupter treffen wollte: das neue „Triumvirat" Robespierre-Danton-Marat. Vergeblich distanzierte sich Danton von Marats „Neigung zur Übertreibung". Die Gironde überhörte die Beschwörung der nationalen Harmonie und wiederholte an diesem 25. September die Anklage, eine Diktatur aufrichten zu wollen, an die Adresse des Volksfreundes. Dieser jedoch akzeptierte sie:

Ich glaube der erste politische Schriftsteller und vielleicht der einzige in Frankreich seit der Revolution zu sein, der einen Militärtribun, einen Diktator, Triumvirate vorgeschlagen hat als einziges Mittel, die Verräter und Verschwörer zu vernichten.

Gegen Danton, der immerhin ein Mann des Ausgleichs war, ging die Gironde heimtückischer vor. Am 9. Oktober wurde er, um seinen Konventssitz behalten zu können, als Justizminister durch Garat ersetzt und mußte wie jeder ausscheidende Ressortchef Rechenschaft ablegen. Er konnte zwar die ordentlichen Ausgaben seines Etats, nicht jedoch den Verbleib von 200000 Livres des ministeriellen Geheimfonds ausweisen und verstrickte sich in Widersprüche, um schließlich anzuerkennen, daß seine Dienststelle für den größten Teil dieses Postens keine rechtsgültigen Quittungen besaß. Nach verschiedentlichen Debatten weigerte sich der Konvent, dem nicht über jeden moralischen Zweifel Erhabenen Entlastung zu erteilen. Von da an grub die Gironde bei jeder ihr passenden Gelegenheit diese Sache aus, und Danton ging daraus verärgert und geschmälerten Ansehens hervor; damit strandete aber auch seine Politik des „Brückenbaus".

Robespierre wurde von Louvet am 25. Oktober mit unerhörter Heftigkeit des maßlosen Ehrgeizes und des Strebens nach der Diktatur bezichtigt. Die Entgegnung des Angegriffenen verpflanzte die Debatte am 5. November auf ihren eigentlichen Boden: Sie pries den 10. August und die revolutionäre Aktion:

Alle diese Dinge da waren gesetzwidrig, so gesetzwidrig wie die Revolution, wie der Sturz der Monarchie und der Bastille so gesetzwidrig wie die Freiheit selber. Man kann keine Revolution ohne Revolution wollen.

Der Konvent spendete Beifall. Das war für die Gironde eine arge Schlappe; Robespierre hingegen erstrahlte gleichsam als überlegener Führer der patriotischen Opposition.

Die „parlamentarischen" Tiefschläge trugen dazu bei, die Montagne endgültig auf ihre Feindschaft zur Gironde festzunageln. Sie bewirkten gleichzeitig die Entstehung einer „dritten Partei", der „Partei der Phlegmatiker", wie Desmoulins sie nannte: „Wahre Spekulanten, die sich zwischen Brissot und Robespierre setzten wie der Abbé d'Espagnac zwischen Hausse und Baisse." Später bürgerte sich für sie die Bezeichnung „Ebene" oder – unfreundlicher – „der Sumpf" ein. 400 unabhängige Abgeordnete der Provinz waren zwar mit Vorbehalten gegenüber der Commune und dem Berg geladen, mißbilligten jedoch die unaufhörliche Streitsucht und Verleumdungstaktik der Gironde wegen irgendwelcher Vorkommnisse in der Vergangenheit; sie vermißten darin die mitreißende nationale Note, den Tatendrang der Revolution, der die meisten von ihnen als aufrichtige Republikaner anhingen. Als Bourgeois fürchteten sie im Grunde ihres Herzens die Massen, beugten sich jedoch – auf Abruf, solange die Nation in Gefahr war – Maßnahmen, die sich das Volk ausbedang. Nach vielen Schwankungen löste sich ein Großteil von ihnen aus der „Umarmung" der Gironde, wozu der Einfluß des revolutionär überschäumenden Paris auf die Provinzler beigetragen haben mag. Einige wie Barère, Cambon, Carnot und Lindet schlossen sich der Montagne an, die ihrerseits Petion an rechts verlor. Cloots, der lange mit der Gironde gegangen war, trennte sich von ihr in der Flugschrift *Weder Marat noch Roland!*, die sich jedoch ausschließlich gegen seine früheren Freunde richtete. Anfang November hatte sich die „dritte Partei", deren diplomatisch verschwiegener Ratgeber Sieyès wurde, herausgebildet; die Gironde konnte den Konvent von nun an nicht mehr allein dirigieren. Am 16. November verlor sie erstmals den Vorsitz an den Unabhängigen Grégoire, verfassungstreuer Bischof von Blois und der Montagne freundlich gesonnen.

Die zweite Spaltung des Jakobinerklubs

Der Zusammenstoß im Konvent sprengte die letzten Gemeinsamkeiten zwischen Girondisten und Montagnarden, von denen sich bis dahin viele unter dem gleichen Dach des Jakobinerklubs begegneten. Die Redeschlacht setzte sich in diesem fort und führte zu seiner zweiten Spaltung. Nachdem einige Girondisten schon ausgeschieden waren, schloß der Klub am 10. Oktober mit lautem Knall Brissot aus. Weitere Ausschlüsse und Austritte folgten, und der montagnardische Flügel – darunter 113 von 749 Konventsabgeordneten – blieb in der St. Honoré-Straße unter sich. Der Vorgang wiederholte sich in den angeschlossenen Gesellschaften der Provinz, in denen jedoch – wie schon 1791 – die Anhänger Robespierres von vornherein ein unerschütterliches Übergewicht besaßen und bewahrten.
Erst seit dieser zweiten Flurbereinigung wuchsen die Jakobiner zu „Jakobinern mit dem Volk", wie Lenin sie nennen wird, zum Hebelzentrum der fortschreitenden Revolution. Wo die Trennungslinie zwischen ihnen und der Gironde verlief, machten Brissot und Robespierre sehr deutlich.
Brissots *Appell an alle Republikaner Frankreichs, über die Gesellschaft der Jakobiner in Paris* bezeichnete im Oktober Jakobiner und Montagnarden als „Desorganisatoren, die alles gleichmachen wollen, das Eigentum, den Wohlstand, den Preis der Lebensmittel, die verschiedenen Dienstleistungen an die Gesellschaft", und faselte fortan von einer „Hydra der Anarchie".
Robespierre war auf die Frage schon im ersten der *Briefe an seine Auftraggeber* vom 30. September eingegangen: „Das Königtum ist vernichtet, Adel und Klerus sind verschwunden, die Herrschaft der Gleichheit beginnt." und griff die falschen Patrioten an, „die die Republik nur für sich selber errichten, nur im Interesse der Reichen

und der Beamten regieren wollen". Er setzte ihnen die wahren Patrioten entgegen, „die versuchen werden, die Republik auf die Grundsätze der Gleichheit und des Gemeinwohls zu gründen".

Die Jakobiner suchten der Nation einen Inhalt zu geben, der geeignet war, die Volksmassen um sich zu vereinigen. Die Entwicklung von Saint-Just war in dieser Hinsicht kennzeichnend. In seinem *Geist der Revolution und der französischen Verfassung*, noch nicht vom Einfluß Montesquieus gelöst, hatte er 1791 geschrieben:

Wo es kein Gesetz gibt, gibt es kein Vaterland. Deshalb haben die Völker, die unter dem Despotismus leben, keines, außer auf die Weise, daß sie die anderen Nationen verachten oder hassen.

Diese im 18. Jahrhundert banale Gleichsetzung von Vaterland und Freiheit überschritt er in einer Rede vom 29. November 1792 auch noch ohne besondere Originalität: „Ein Volk, das nicht glücklich ist, hat kein Vaterland." Er ging jedoch weiter, indem er bei Gründung einer Republik die Notwendigkeit hervorhob, „das Volk aus einem Zustand der Ungewißheit und des Elends zu ziehen," und sagte: „Ihr könnt dem Volk augenblicklich ein Vaterland geben, indem ihr die verheerende Inflation anhaltet, dem Volk den Lebensunterhalt gewährleistet und also sein Glück und seine Freiheit eng miteinander verknüpft."

Robespierre war in einer Rede vom 2. Dezember noch eindeutiger: Er ordnete das Recht auf Eigentum dem Recht auf Leben unter und stellte das Problem einer um die Volksmassen erweiterten bürgerlichen Nation:

Die Urheber der Theorie haben die Bedarfsgüter als gewöhnliche Handelsware betrachtet; sie machten keinen Unterschied zwischen Brotgetreide und Indigohandel. Sie haben mehr gelehrte Abhandlungen über den Getreidehandel als über die Ernährung, den Lebensunterhalt des Volkes geschrieben ... Sie haben den Profiten der Großhändler und Grundeigentümer großes Gewicht beigemessen, das Leben der Menschen aber fast für nichts geachtet ... Das erste Recht ist jenes auf Existenz. Das erste soziale Gesetz ist folglich jenes, das allen Gliedern der Gesellschaft ihre Existenzmittel garantiert. Alle anderen sind ihm untergeordnet.

Während nationales Verantwortungsbewußtsein angesichts der Kriegsbedürfnisse Jakobiner und Montagnarden zu den Sansculotten drängte, entfernte die Girondins ihr Klassendenken immer weiter von ihnen. Sie versteinerten in ihren Widersprüchen: Sie hatten den Krieg erklärt, schreckten jedoch vor dem werktätigen Volk, ohne dessen Mitwirkung die Aristokratie und die Feindkoalition nicht geschlagen werden konnten, zurück, weil sie davon eine Brechung der Vorherrschaft der Besitzenden befürchteten. Vom verfrühten Sicherheitsgefühl einer aufsteigenden Klasse betrogen, verweigerten sie jedes Entgegenkommen. Am 8. Dezember gab Roland den Getreidehandel wieder frei, nachdem Barbaroux gegen „jene" gedonnert hatte, „die nach Gesetzen rufen, die auf einen Anschlag auf das Eigentum hinauslaufen". Vergniaud wird – am 13. März 1793 – die Klassengrundlage der girondistischen Politik noch unmißverständlicher unterstreichen: „Gleichheit ist für den Menschen in der Gesellschaft nur die Gleichheit der Rechte. Das ist ebensowenig eine Gleichheit des Vermögens wie der Körper, der Kräfte, des Geistes, der Tätigkeit, des Gewerbes oder der Arbeit." Das hieß praktisch den Primat des Eigentums und des Reichtums als Prüfstein in den Vordergrund rücken.
Die Rivalität zwischen Gironde und Montagne enthüllte also einen klassenmäßigen Differenzierungsprozeß, der ihre unterschiedliche Strategie und Taktik in letzter Instanz bestimmte. Zweifellos waren die meisten montagnardischen „Generalstäbler" selber gleich den girondistischen bürgerlicher Herkunft. Jedoch erlegte ihnen die Notwendigkeit, Nation und Revolution in einem Atemzug zu verteidigen, eine Politik des Zusammenwirkens mit den Volksklassen auf, die sich bei manchen aus ihren Grundsätzen, für andere aus den Umständen ergab.
Der Opportunismus einer montagnardischen Bourgeoisie, die ein Mann wie Cambon, das Finanzgenie des Konvents, ziemlich genau repräsentierte, machte sicherlich in einiger Hinsicht aus der Not eine Tugend. Diese „Harten" verweigerten jeden Kompromiß mit der Vergangenheit, weil sie ihrer Klasse – mit der von ihr angeführten Nation – keine andere Rettungschance einräumten als den voll-

ständigen Sieg und deshalb daraus erwachsende radikale Zwangsläufigkeiten stoisch in Kauf nahmen. Sie dachten perspektivisch, über den Augenblick hinaus, und es verwundert nicht, daß sich darin industriell Engagierte im allgemeinen aufgeschlossener zeigten als der mehr an das Termingeschäft gebundene Großhandel. Unbeirrbare Bourgeois blieben sie bei alledem auch insofern, als sie von der Revolution besonders durch An- und Verkauf von Nationalgütern gewonnen hatten und bestens wußten, daß sie bei einer offensiven Rückkehr der Adelsherrschaft alles zu verlieren hatten.

Jedoch wurde die Politik einer gleichzeitigen Verteidigung von Nation und Revolution dem Konvent insbesonders von gesellschaftlichen Kräften außerhalb der Versammlung aufgezwungen: vom Jakobinerklub und von den zum Kampf angetretenen Sansculotten. In dieser Allianz war das demokratische Kleinbürgertum, das Robespierre versinnbildlichte, zweifellos das zentrale, weil zusammenschweißende Element. Es bildete das unentbehrliche Scharnier zwischen den lebendigen Trieb- und Schubkräften der städtischen Werktätigen und der Bauernschaft auf der einen Seite und jener Fraktion der Bourgeoisie auf der anderen, die gesonnen war, die Revolution ohne Rücksicht auf Verluste bis zum glückhaften oder bitteren Ende durchzufechten.

Die Hinrichtung des Louis Capet

Die Erhebung der Anklage gegen Ludwig ließ lange auf sich warten. Die Gironde legte keinen Eifer an den Tag; insgeheim wünschte sie den Prozeß zu verschieben. „Wenn man ihn richtet, ist er tot," sagte Danton, und tatsächlich hatte der Konvent dann nur die Wahl, entweder ihn schuldig zu sprechen oder aber den 10. August zu verurteilen. Seit dem 16. Oktober beriet der Rechtsausschuß über die Prozedur; am 7. November legte Mailhe einen Bericht vor, der zu dem Ergebnis gelangte, daß der Konvent das geeignete Tribunal sei. Während sich die Girondeführer nicht festlegten, trug Saint-Just am 13. November die Auseinandersetzung auf politisches Terrain:

Dieselben Männer, die Ludwig richten werden, haben eine Republik zu gründen. Jene, die der gerechten Abstrafung eines Königs irgendeine Bedeutung beimessen, werden nie eine Republik gründen ... Ich sehe keinen Mittelweg: Dieser Mann muß herrschen oder sterben ... Man kann nicht in Unschuld herrschen: Es ist augenscheinlich, daß es Wahnsinn wäre, dergleichen für möglich zu halten. Jeder König ist ein Rebell und Usurpator.

Ludwig XVI. ist kein gewöhnlicher Staatsbürger; der Konvent hat ihn weniger zu richten als zu bekämpfen. „Er ist der Mörder von der Bastille, von Nancy, vom Marsfeld, von Tournay, von den Tuilerien. Welcher Feind, welcher Ausländer hat euch mehr Böses zugefügt?"

Die Entdeckung des „eisernen Schrankes" – eines in eine Mauer des Tuilerienschlosses eingelassenen Geheimfaches – und die darin gefundenen Papiere bestätigten am 20. November Absprachen des Königs mit Konterrevolutionären und Österreichern. Sie machten eine weitere Hinausschiebung des Verfahrens nahezu unmöglich. Am 3. Dezember wandelte Robespierre die These von Saint-Just ab:

Der König ist kein Angeklagter, und ihr seid keine Richter. Ihr habt kein Urteil für oder gegen einen Menschen zu fällen, sondern eine Maßnahme des Staatswohls zu treffen, einen Akt der nationalen Vorsehung auszuführen.

Trotz einiger girondistischer Hinhaltungsmanöver begann die Verhandlung am 11. Dezember mit der Verlesung der von Lindet ausgearbeiteten Anklageschrift, einer geschichtlichen Zusammenstellung, in der Ludwigs Doppelzüngigkeit in allen kritischen Phasen der Revolution ins Licht gerückt wurde. Am 26. hielt de Sèze als Wahlverteidiger des Königs sein elegantes und gewissenhaftes Plaidoyer, das auf die These von der verfassungsmäßig verankerten königlichen Immunität aufbaute. Die Girondisten versuchten es mit einer neuen Ablenkung und verlangten eine Volksabstimmung. Vergniaud machte geltend, daß die Verfassung von 1791 dem König tatsächlich Unverletzlichkeit zugestehe und nur das Volk sie ihm entziehen könne. Robespierre replizierte am 28. Dezember und warnte vor der Gefahr, die eine Einberufung der

Urwählerversammlungen zu diesem Zweck im Lande heraufbeschwor; damit werde ohne zwingenden Grund die Republik durcheinandergebracht. Anfang Januar 1793 schlußfolgerte er im *Brief an seine Auftraggeber* über die Souveränität des Volkes:

Das Volk hat schon zweimal sein Urteil über Louis gesprochen: 1° Als es die Waffen ergriff, um ihn abzusetzen und davonzujagen . . . 2° Als es euch die geheiligte Aufgabe übertrug, ihn klar und deutlich zu verurteilen zum Heil des Vaterlandes und der Welt zum Beispiel . . .

Am 14. Januar legte der Konvent die drei Fragen fest, auf welche die Abgeordneten antworten sollten:

Ist Ludwig Capet schuldig der Verschwörung gegen die allgemeine Freiheit und der Anschläge auf die nationale Sicherheit? Soll es einen Appell an die Nation über den Urteilsspruch geben? Welche Strafe soll Ludwig erhalten?

Die Schuld wurde bei wenigen Enthaltungen einstimmig bejaht. Der Appell wurde mit 426 zu 278 Stimmen abgelehnt, das Todesurteil nach vierundzwanzigstündiger Abstimmung, bei der jeder persönlich aufgerufen wurde, am 17. Dezember mit 387 zu 334 Stimmen gefällt; viele begründeten ihre Entscheidung. Am 18. Januar verfiel ein beantragter Aufschub der Vollstreckung bis Kriegsende mit 380 zu 310 Stimmen der Ablehnung; Barère machte geltend, daß ein Aufschub die Meinungsverschiedenheiten verlängern und die Revolution in einem Zustand der Schwäche vor dem äußeren Feind belassen würde.

Die Hinrichtung am 21. Januar 1793 fand kurz nach 11 Uhr auf dem Platz der Revolution statt, inmitten eines starken militärischen Aufgebots und einer großen Zuschauermenge, unter der sich auch mehrere prominente Ausländer aufhielten. Am Vorabend hatte der ehemalige Gardesoldat Pâris den Volksvertreter Lepeletier de Saint-Fargeau erstochen: eine vereinzelte und ohnmächtige Verzweiflungstat, die die Konventsmehrheit in ihrer Politik nur bestärken konnte und der Revolution ihren ersten „Märtyrer der Freiheit“ gab.

Ludwigs Tod hinterließ im Lande einen tiefen Eindruck und erschütterte das durch Tradition geheiligte Königtum als Institution bis auf die Wurzeln. Mit der Monarchie

von Gottes Gnaden war es zu Ende; der Konvent hatte reinen Tisch gemacht und die Schiffe hinter sich verbrannt. Gegen die „Königsmörder“ entfesselte die internationale Reaktion einen unbarmherzigen dreißigjährigen Haßfeldzug. Der Konflikt zwischen dem revolutionären Frankreich und dem alten Europa, aber auch zwischen den Girondisten, die vieles unternommen hatten, um des Königs Kopf zu retten, und den Montagnarden, die alles taten, um ihn aufs Schafott zu bringen, steigerte sich zum Paroxysmus.
Die Hinrichtung Ludwigs XVI. machte in der Tat die Politik der Aufschübe und Ausflüchte unmöglich, die die Gironde bisher praktiziert hatte. Solange der Prozeß lief, hatte sie nicht versäumt, vor Komplikationen zu warnen, indem sie Argumente der Außenpolitik vorbrachte. So erläuterte Brissot: „In unserer Debatte sehen wir nicht genügend auf Europa,“ worauf Robespierre am 28. Dezember illusionslos entgegnet hatte: „Der Sieg wird darüber entscheiden, ob ihr Rebellen oder Wohltäter der Menschheit seid.“ Die Gironde hatte bei ihren krampfhaften Bemühungen vor allem die Eingrenzung des militärischen Konflikts, der ihr über den Kopf wuchs, im Auge. Sie neigte jetzt jedoch auch schon, bewußt oder nicht, zu einem Tauschhandel mit der Aristokratie: eine sehr inkonsequente Haltung von seiten der Männer, die im November vor allen anderen den „Propagandakrieg“ gepredigt hatten.
Die Montagne hingegen ließ der Nation nach dem gewaltsamen Tod des Königs keinen anderen Ausweg als ein Alles oder Nichts. „Da sind wir nun hineingeschleudert,“ schrieb Lebas (von Pas-de-Calais) am 20. Januar, „die Wege sind hinter uns abgebrochen. Man muß vorwärts gehen, wohl oder übel, und jetzt vor allem kann man sagen: frei leben oder sterben!“ Ein Drittes stand nicht mehr zur Wahl.

Vom Propagandakrieg zur Ersten Koalition

Wenige Wochen nach Valmy trug der Sieg die Armeen der Republik tief in Feindgebiet. Daraus ergab sich die

Frage nach dem Schicksal der besetzten Länder: Waren sie befreit? Waren sie erobert?

Am 29. September waren die Franzosen in Nizza einmarschiert; gleichzeitig hatte Montesquiou unter großem Jubel Savoyen besetzt. „Das Volk in Stadt und Land kommt uns zuvor, überall wird die dreifarbige Kokarde aufgezogen," berichtete er an den Konvent. Am Rhein nahm Custine am 25. September Speyer, am 5. Oktober Worms, am 21. Mainz und am 23. Frankfurt. An der Nordfront hatten die Österreicher nach Valmy die Belagerung von Lille aufheben müssen. Dumouriez griff sie am 6. November mit stark überlegenen Kräften bei Jemappes an und brachte ihnen eine schwere Niederlage bei; am 14. räumten sie Brüssel und am 30. Antwerpen.

Der Konvent sah sich vor Entscheidungen gestellt. Am 28. September hörte er die Verlesung eines Briefes von Montesquiou: Die Savoyarden wünschten ein 84. Departement zu bilden. „Wir sollten uns hüten, den Königen zu ähneln, indem wir Savoyen an die Republik fesseln," äußerte Desmoulins; Delacroix unterbrach ihn: „Wer wird die Kriegskosten zahlen?" Die Girondins waren selber geteilter Meinung. Als General Anselme die Grafschaft Nizza „munizipalisiert" hatte, tadelte ihn Lasource am 24. Oktober: „Gesetze zu geben, heißt erobern!" Eine mächtige Gruppe indessen drängte zum Handeln, unterstützt von Flüchtlingen, die im Klub der Cordeliers ausnehmend rührig waren: Rheinländer, Belgier, Lütticher und Niederländer, ferner Schweizer und Genfer des „Helvetischen Klubs", Savoyarden vom Klub und der Legion der „Allobroger". Es war eine gemischte Gesellschaft, in der sich der Ex-Baron Cloots hervortat, der liberale holländische Bankier de Kock und der belgische Finanzspekulant Proli, den man für einen natürlichen Sohn des österreichischen Kanzlers Kaunitz hielt.

Am 19. November erließ der Konvent das berühmte Dekret, das den „Propagandakrieg" einleitete. Er erklärt *im Namen der französischen Nation, daß er allen Völkern, die ihre Freiheit wiedergewinnen wollen, brüderliche Hilfe gewähren wird; er beauftragt die Vollziehende Gewalt, den Generälen die erforderlichen Weisungen zu erteilen, um diesen Völkern Unterstützung zu leisten und Bürger zu verteidigen, die bedrückt wurden oder werden könnten um der Sache der Freiheit willen.*

Der Konvent neigte dazu, unabhängige „Schwesterrepubliken" zu schaffen und zu begönnern; Brissot als derzeitiger Vorsitzender des diplomatischen Ausschusses sah am 21. November einen „Gürtel von Republiken" vor, und Grégoire kündigte ein „Europa ohne Festungen und Grenzen" an.

Der Eroberungskrieg ging aus dem Propagandakrieg unmittelbar hervor. Indem der Konvent die Völker kaum verschleiert zum Aufstand rief, verpflichtete er sich, sie zu beschützen – und welcher Schutz war besser als die Angliederung? Hier mischten sich die verschiedenartigsten Überlegungen; auch solche der Großen Politik, denn Kriegführung und Propaganda riefen nationale Ambitionen wieder wach. Die nunmehr sieben Armeen der Republik kampierten in den Alpen und am Rhein: Die Gewinnung „natürlicher Grenzen" setzte das Ziel, das ihnen bestimmt wurde. „Wenn wir unsere Grenzpfähle zum Rhein vorschieben," meinte Brissot am 26. November, „wenn die Pyrenäen nur noch freie Völker trennen, ist unsere Freiheit fest gegründet."

Entscheidende materielle Interessen griffen ein, verbanden Propaganda und Annexion miteinander. Der Feldzug kostete viel: Wie die Truppen im besetzten Gebiet ernähren? Anselme, Montesquiou und Dumouriez bemühten sich, die Bevölkerung zu schonen, während Custine am Rhein seine Soldaten aus dem Lande ernährte. Am 10. Dezember stellte Cambon als Mitglied des Finanzausschusses das Problem in aller Brutalität:

Je mehr wir in Feindesland vordringen, um so ruinöser wird der Krieg, vor allem mit unseren Grundsätzen von Philosophie und Großmut ... Man sagt ohne Unterlaß, daß wir die Freiheit zu unseren Nachbarn tragen. Wir tragen aber auch unser Hartgeld dorthin, unsere Lebensmittel, denn unsere Assignaten will man dort nicht!

Schwierigkeiten, auf die die Politik der Propaganda stieß, und Kriegsnotwendigkeiten beschleunigten die Entscheidung. Wenn die französisch sprechenden Savoyarden die Feudalordnung abschafften und tatsächlich auf den Anschluß drangen, so zeigte sich die Mehrheit der Bevölkerung in Nizza, in Belgien und im Rheinland davon weniger begeistert. Am Ende setzten sich fiskalische Erwägungen durch. Ein Dekret vom 15. Dezember richtete in den eroberten Gebieten revolutionäre Verwaltungen ein. Die Güter des Klerus und der Feinde der neuen Ordnung wurden beschlagnahmt mit der Begründung, den Assignaten als Deckung zu dienen, Zehnt und Feudallasten abgeschafft, frühere Abgaben durch revolutionäre Besteuerung der Reichen ersetzt. Die neuen Verwaltungen sollten durch Männer gewählt werden, die den Eid auf die Freiheit schworen: „Krieg den Palästen! Friede den Hütten!“, oder, nach Cambons Worten: „Alles, was Privileg ist, alles, was Tyrann ist, muß als Feind behandelt werden in den Ländern, die wir betreten.“

Die so hinzugewonnenen Völker sollten jedoch tunlichst auf Eigenstaatlichkeit verzichten und sich mit der revolutionären Diktatur Frankreichs einverstanden erklären, denn die Durchführung des Dekrets implizierte natürlich die Anwendung von Gewalt. Diese Praxis führte – außer bei einer kleinen Minderheit von Revolutionären – zu einer Abkühlung der ursprünglichen Sympathien unter der Bevölkerung.

Die Annexion erschien ihren Befürwortern als die einzige Möglichkeit, eine Gegenrevolution im Besatzungsgebiet zu vermeiden. Schon am 27. November beschloß der Konvent die Angliederung von Savoyen mit nur einer Gegenstimme. Berichterstatter Grégoire berief sich auf die Volkssouveränität, nachdem sich eine „Nationalversammlung der Allobroger“ in Chambéry am 22. Oktober dahingehend ausgesprochen hatte; er bereicherte seine Argumentation durch die Geographie und gemeinsame Interessen Savoyens und Frankreichs. Nizza wurde nach einer zweifelhafter arrangierten Willenskundgebung durch ein Dekret vom 31. Januar 1793 einverleibt. Am selben Tag forderte Danton die Annexion Belgiens und formulierte den Anspruch auf „natürlich Grenzen“ im Klartext:

Ich sage, daß man grundlos befürchtet, der Republik einen zu großen Umfang zu geben. Ihre Grenzen sind durch die

Natur festgelegt. Wir werden sie in allen Himmelsrichtungen erreichen: am Rhein, am Ozean, an den Alpen. Darüber hinaus sollen sich die Grenzen unserer Republik nicht erstrecken.

Propaganda wie Eroberung trafen die Monarchien an empfindlichen Stellen und vermehrten die Zahl der Kriegsgegner Frankreichs. Zuerst kam es zum Bruch mit England. Am 16. November 1792 verkündete der französische Vollzugsrat die Freiheit der Scheldemündung, ohne sich an die Verträge zu stören, die sie gesperrt hatten; das Dekret, das aufständischen Völkern Unterstützung versprach, brachte die um Irland besorgte Regierung der Tories in London vollends in Harnisch. Auf die Nachricht von der Hinrichtung Ludwigs XVI. legte der Hof von St. James Trauer an und wies den französischen Botschafter an, das Land zu verlassen. Am 1. Februar erklärte daraufhin der Konvent an Großbritannien und gleich auch an die Niederlande den Krieg.

Er ging zu einem guten Teil auf den Zusammenstoß unmittelbar wirtschaftlicher Interessen zurück; die City ertrug es nicht, den Hafen Antwerpen in französischer Hand zu wissen. Die alte Rivalität im Handel, zur See und in den Kolonien hatte sich schon vor der Revolution wieder zugespitzt. 1793 entbrannte der Kampf nicht mehr von Monarch zu Monarch, sondern in mehr als einer Hinsicht von einer nationalen Bourgeoisie zur anderen um die politische und gleichzeitig ökonomische Vorherrschaft. Im Krieg gegen Holland erblickte der Konvent seinerseits ein Mittel, eine einträgliche Finanzoperation durchzuführen, indem er Hand auf die reichen Depositen der Bank von Amsterdam legte: endlich Aussicht auf eine Okkupation mit barem Gewinn.

Premierminister Pitt hatte die Hinrichtung Ludwigs XVI. als zugkräftiger Vorwand gedient. Für Spanien bildete sie einen ernsteren Beweggrund, da seine Bourbonen begreiflicherweise vom Schlag gegen die ältere Linie in Paris moralisch mit betroffen wurden. Nach dem 21. Januar weigerte sich der Erste Minister und Favorit der Königin, Manuel Godoy, den französischen Geschäftsträger zu empfangen, der daraufhin am 22. Februar Madrid verließ;

am 7. März stimmte der Konvent per Akklamation für die Kriegserklärung: „Ein Feind mehr für Frankreich ist nur ein Triumph mehr für die Freiheit," gab Barère etwas voreilig von sich. Der Bruch mit den italienischen Souveränen folgte: mit dem Papst, nachdem der französische diplomatische Agent Basseville am 13. Januar bei einem durch die Geistlichkeit erregten Volksauflauf erschlagen worden war; dann mit Neapel, Toskana, schließlich mit Venedig. „Ihr habt nun alle Tyrannen Europas zu bekämpfen," bilanzierte Brissot gefaßt, „sowohl zu Wasser als auch zu Lande."
Das war ungenau: Die russische Zarin begnügte sich, mit Preußen am 23. Januar 1793 eine zweite Teilung Polens zu verabreden, bei der das vollbeschäftigte Österreich planmäßig leer ausging. England hingegen band durch Subsidienverträge die Kriegführenden nacheinander an sich, um ihren Kräfteeinsatz zu koordinieren: so bastelte Pitt zwischen März und September seine „Erste Koalition". Die Revolution konnte auf niemand bauen als auf sich selbst, und ein noch viel schwereres Ringen als 1792 stand ihr bevor.

Die Mainzer Republik

Galt dies für ihr Mutterland, so auf noch tragischere Weise für ihre Vorwerke an Maas und Rhein.
Das ehemalige Bistum Basel – nicht die Stadt – ging nach kurzem Zwischenspiel als „Raurakische Republik" ohne großen Streit und Schaden am 23. März 1793 im Departement Mont-Terrible auf. In Belgien hingegen hatten die Vonckisten, die die Franzosen als Befreier willkommen geheißen hatten, vor den Annexionisten verbittert die Segel streichen müssen. Da sich schnell herausstellte, daß sie im Volk viel zu schwach verankert waren, um aus eigener Kraft eine mit Frankreich zuverlässig und dauerhaft verbündete Republik zu tragen, entschied sich der Konvent nach längerem Schwanken für den direkten Anschluß, der wohl der französischen, nicht jedoch der belgischen Bourgeoisie zum Vorteil

gereichte. Er wurde im Verlauf des Monats März Stadt für Stadt und Provinz für Provinz durch „Abstimmungen“ unter Besatzungsregie vollzogen und überlebte den schon eingeleiteten Rückzug der französischen Armee, den ein zweiter Flüchtlingsstrom begleitete, vorerst nicht.

Die kleineren deutschen Landesherren hatten keinen ernsthaften Widerstand gewagt, als Custine von Landau aus auf dem Nebenkriegsschauplatz nordwärts vorstieß. Sogar die Festung Mainz kapitulierte kampflos, nachdem der Kurfürst-Erzbischof, Adel, Geistlichkeit und Beamtenschaft Hals über Kopf das Hasenpanier ergriffen hatten. Schon zwei Tage danach, am 23. Oktober 1792, gründete der mit den Franzosen aus Straßburg gekommene Cotta mit Mainzer Demokraten, die zunächst weniger den Gebildeten als dem Kleinbürgertum entstammten, die „Gesellschaft der Freunde der Freiheit und Gleichheit“; sie nahm mit dem Jakobinerklub in Paris sogleich Verbindung auf und wurde unter treibenden Geistern wie Wedekind und besonders Georg Forster, der am 5. November beigetreten war, zum unbestrittenen und weit ausstrahlenden Mittelpunkt der revolutionären Bewegung am Rhein. Am 19. November veranlaßte ihre fortgesetzte Kritik Custine, der als geborener Edelmann keinen sonderlichen Eifer für demokratische Umgestaltungen entfaltete, für das besetzte Gebiet von Bingen bis Landau eine neue Verwaltung einzusetzen, die – allerdings immer noch stockend – antifeudale Reformen einleitete. Erst am 24. Februar 1793 gestattete Custine – laut Erlaß des Konvents vom 15. Dezember 1792 – die Abhaltung von Wahlen für eine Provisorische Regierung.

Die Wahlbeteiligung war angesichts der schon unsicher gewordenen Lage schwach. Der Unwille über die Höhe der Kontributionen und die ungerechte Verteilung der Lasten, die letztendlich doch wieder die werktätigen Klassen am härtesten traf, schlug sich in Stimmenthaltungen nieder. Hinzu kam die Furcht vor einer Wiederkehr der alten Gewalten: Im Dezember hatten die Preußen Frankfurt zurückerobert, und Custine selbst forderte die Bürger von Mainz am 12. Februar auf, sich auf Belagerung und Beschießung einzurichten.

Der „Rheinisch-deutsche Nationalkonvent“, dem zur Hälfte Bauern angehörten, tagte vom 17. bis 31. März – zu einer Zeit, als die Fronten schon brachen. Am 18. säuberte sich der Mainzer Jakobinerklub von seinen schwankenden Elementen; am gleichen Tag trennte sich auf Beschluß des Rheinisch-deutschen Nationalkonvents die Mainzer Republik vom Reich. „Damit war die erste demokratische Republik auf deutschem Boden ausgerufen,“ schreibt J. Streisand. „Aber ebensowenig, wie die deutschen Demokraten ohne die Hilfe der französischen Revolutionsarmee schon zu dieser Zeit die Feudalordnung in einem größeren Gebiet beseitigen und eine Republik errichten konnten, ebensowenig war es ihnen möglich, die junge Republik ohne diese Hilfe vor der feudalen Reaktion zu sichern.“ Am 21. März erklärten sie deshalb – wie schon am 14. und 15. das kurpfälzische Bergzabern mit 30 umliegenden Dörfern – ihre Vereinigung mit Frankreich und bevollmächtigten eine von Georg Forster geleitete Abordnung, dem Konvent in Paris den Antrag vorzulegen.

Von dieser Reise ist Forster nicht mehr zurückgekehrt. Nachdem sich der Rheinisch-deutsche Nationalkonvent nach Bildung einer Regierung unter Andreas Hofmann aufgelöst hatte, kam es am 10. April zur Einschließung und am 23. Juli zur Übergabe von Mainz an die Preußen. Seine Demokraten entflohen, sofern sie sich vor der Rache der Konterrevolution retten konnten, nach Frankreich. Georg Forster, der in Paris nach schmerzhafter Selbsterforschung seinen Übergang von der Gironde zur Montagne vollzogen hatte, verschied hier nach schonungslosem Einsatz für die Sache der Republik am 10. Januar 1794 in den Armen seines polnischen Freundes Maleszewski.

Die anfänglich so dichten Reihen der gebildeten revolutionären Mitläufer hatten sich in Deutschland wie in anderen Ländern größtenteils schon nach dem Tuilerinsturm, den Septembrisaden und der Hinrichtung des Königs arg gelichtet. Es waren nicht mehr viele, denen erst der Sturz der Gironde und der „Große Terror“ den Rest geben, und noch weniger, die – wenngleich mit Kant schweren Herzens – auch diesen Prüfungen stand-

halten werden. Gewiß wird die fortschreitende Revolution 1793/94 neuen Bewegungen unter Kleinbürgern, Handwerksgesellen, Heimarbeitern und Bauern Auftrieb verleihen: in Nürnberg und in Stuttgart, in Dresden und in Berlin, nachhaltiger und jakobinisch untermalt in Hamburg und Altona. Auf Schlesien wird zusätzlich der Widerstand polnischer Patrioten gegen ihre Verknechtung durch die Teilungsmächte abfärben, in seinen Gebirgsdörfern im April 1793 ein großer Weberaufstand, in Breslau ein Generalstreik ausbrechen; im Mai werden sich deutsche und polnische Erbuntertänige mit soviel Wucht erheben, daß ihre Niederwerfung die preußische Regierung bis 1794 zu erheblichen Truppenverlegungen zwingt.
Vermochte der um sich greifende „Geist des Aufruhrs" dem Kampf der französischen Revolutionäre 1793 zwar weder eine spürbare militärische Entlastung zu bringen noch die politische Erfahrung der Mainzer Klubisten zu wiederholen oder gar zu überbieten, so zeigte er doch an, daß die Tage unbekümmerter Feudalherrschaft in Deutschland ebenfalls gezählt waren.

3. Die Märzkrise

Das revolutionäre Frankreich hatte dem versammelten Europa der Könige kaum Fehde angesagt, als es sich schon einer tödlichen Gefahr gegenübersah: Schwere militärische Niederlagen und der Ausbruch eines Bürgerkrieges, Wirtschaftsmisere und schwache Regierung führten in Wechselwirkung die Republik im März 1793 auf ihren Tiefpunkt. Der Ausgang des Kampfes zwischen Gironde und Montagne, in den sich eine „außerparlamentarische" Volksbewegung kraftvoll einschaltete, wurde damit zur Lebensfrage für die Nation.

Die Wirtschaftsmisere

Die Gironde, die daran festhielt, die Vorrechte der besitzenden Klasse zu verteidigen, hatte auf die Ausbeutung der eroberten Gebiete gezählt, um der ökonomischen

Schwierigkeiten Herr zu werden. Ihre Milchmädchenrechnung ging nicht auf.
Die Finanzlage verschlechterte sich, weil immer mehr Assignaten in Umlauf gebracht wurden, was die Lebenshaltungskosten in die Höhe trieb. „Das Gebrechen unserer Ökonomie ist der Überschuß an Geldzeichen," stellte Saint-Just am 29. November 1792 fest. „Wir sollten uns bemühen, sie nicht zu vermehren, um die Entwertung nicht zu steigern. Man soll so wenig Geld wie nur möglich herausgeben. Um das zu erreichen, muß man die Verpflichtungen der Staatskasse vermindern, indem man unseren Gläubigern Land gibt oder Jahresraten festlegt, um sie zu begleichen, ohne Papiergeld zu schaffen." Cambon an der Spitze des Finanzausschusses verfolgte statt dessen eine Inflationspolitik. Obwohl der Notenumlauf bereits zwei Milliarden betrug, ließ er am 17. Oktober eine neue Emission über 2400 Millionen dekretieren. Gedrückt durch die Hinrichtung des Königs und die Ausweitung des Krieges, fiel der Kurs also weiter; Anfang Januar betrug die Parität 60-65, im Februar 1793 nur noch 50 vom Hundert.
Im Gleichschritt damit verschärfte sich die Versorgungslage. Arbeiter verdienten täglich im Mittel 20 Sous auf dem Lande, 40 in Paris, Brot aber kostete an manchen Orten schon bis zu 8 Sous das Pfund; alle anderen Lebensmittel und besonders Kolonialwaren kannten ähnliche und sogar drastischere Steigerungen. Brot war indes nicht nur teuer, sondern auch rar. Trotz einer guten Ernte 1792 kam das Getreide nicht auf den Markt. Saint-Just hatte – in derselben Rede vom 29. November – auf diesen künstlichen Mangel hingewiesen: „Der Landwirt, der keineswegs Papier in seinen Sparstrumpf stecken möchte, verkauft sein Getreide nur mit Bedauern. In jedem anderen Handel muß man verkaufen, um von seinem Gewinn zu leben. Der Landwirt im Gegenteil kauft nichts. Seine Bedürfnisse sind nicht im Handel. Diese Klasse war gewohnt, jedes Jahr den Gegenwert eines Teils der Bodenfrüchte in Hartgeld zu horten. Heute zieht sie es vor, Getreide statt Papier zu stapeln." Den Städtern fehlte das Brot, weil gerade die Haupt-

produzenten, Grundbesitzer und Großpächter, keine Eile zeigten, ihre Körner gegen Banknoten einzutauschen, die sich laufend weiter entwerteten.
Die während des „ersten Terrors“ eingeführte Reglementierung hätte erlaubt, den schlechten Willen der Erzeuger zu brechen. Roland, als Innenminister für die Ökonomie verantwortlich, hatte als Anhänger der striktesten Wirtschaftsfreiheit jedoch nichts unternommen, um das Ausnahmegesetz anzuwenden – ganz im Gegenteil. Nachdem sich die Sturmwolken der Invasion verzogen hatten, schaffte es der Konvent am 8. Dezember 1792 wieder ab und sah die Todesstrafe vielmehr für jene vor, die sich der unbeschränkten Zirkulation von Lebensmitteln widersetzten, sie störten oder Ansammlungen zu diesem Zweck anführten. Tatsächlich zirkulierte das Getreide jedoch gar nicht, und sein Preis schwankte von Ort zu Ort: im Oktober von 25 bis zu 47 Livres. In Paris kostete das Pfund Brot allerdings nur 3 Sous, da die Commune den Preis durch Subventionen zu Lasten der größeren Steuerzahler stützte; Roland konnte sich jedoch nicht genug tun, diese „Verschwendung“ unablässig anzuprangern. In ihrem Bekenntnis zum Universalmittel des freien Marktes blieb die Gironde taub gegenüber den Leiden der Volksmassen, die sie selbst verursachte.

Die Volksbewegung

Die Agrardekrete der Legislative vom August 1792 hatten die Unruhe auf dem flachen Land und in den Marktstädten nur vorübergehend gedämpft, und der Wahlkampf im September hatte stellenweise neue entfacht. Die Pariser Kommissare Guermeur, Momoro und Dufour waren als Propagandisten eigentumsfeindlicher oder „maratistischer“ Plattformen in der Provinz festgenommen worden. In Tours war es am 8. September zu einer Erhebung der Arbeiter gekommen, die eine vorübergehende Senkung des Brotpreises auf 2 Sous erzwangen. In Orléans wurden Häuser geplündert, und im Oktober wurden Aufläufe

und Zusammenstöße aus Versailles, Rambouillet und Etampes gemeldet.
Im November ergriffen Getreideunruhen die ganze Beauce und anliegende Departements als Hauptversorgungsgebiet von Paris, das den örtlichen Verbrauchern die Ware entzog, indem sie sie preislich überbot. Starke Banden von „Taxatoren" taten sich zusammen und erschienen auf den Märkten: 3000 am 28. November in Vendôme, 6000 Bewaffnete am 29. auf dem Großmarkt von Courville. Sie trugen auf dem Hut einen Eichenzweig und verbanden sich unter dem Losungswort: „Es lebe die Nation! Der Weizenpreis wird sinken!" Die Gironde bestätigte ihre Klassenpolitik: Sie sorgte dafür, daß die „Ordnung" unter massivem Einsatz von Gewalt in der Beauce – allerdings erst nach einigen Monaten – wiederhergestellt wurde.
Ausnehmend schwer wurde die große Industriestadt Lyon betroffen. Im Gefolge der Stockungen im internationalen Seidenhandel nach Kriegsausbruch schrumpfte der ohnehin rückläufige Geschäftsgang katastrophal, und die Weber – selbständige wie abhängige – wurden zu Tausenden auftrags- und arbeitslos; die Behörden sahen mit gekreuzten Armen zu. Als sich das darbende Volk gegen ihre Untätigkeit auflehnte und zur Selbsthilfe zu schreiten drohte, entsandte die Gironde Konventskommissare zur Verstärkung der Gendarmerie in die Rhônemetropole, die mit der Verhaftung von „Rädelsführern" durchgriffen.
In Paris waren die Verhältnisse etwas anders gelagert. Obgleich der Konvent den Einfluß der Commune auf die nationalen Angelegenheiten beschnitten hatte, konnte sie der Gironde in der Hauptstadt selbst, wo die Nationalgarde mehrheitlich hinter ihr stand, durchaus die Stirn bieten. Die Einschleusung weiterer „Föderierter" aus der Provinz erwies sich für die Gironde als Fehlkalkulation: Binnen kurzem wurden sie in ihren Stadtquartieren zur Sache des Volkes bekehrt. Auch die „Wahldemokratie" verfing nicht: Am 2. Dezember gaben die Pariser ihre Stimmen der bis dahin „ungesetzlichen" Commune vom 10. August und ihren Führern, dem Prokurator des

Gemeinderates Chaumette (1763–1794) und seinen Stellvertretern Réal und Hébert (1757–1794), dem Herausgeber und Autor des *Père Duchesne*, der volkstümlichsten unter allen französischen Zeitungen. Länger gelang es der Gironde das Bürgermeisteramt zu blockieren; erst im Feburar 1793 eroberte der Jakobiner Pache, kurzlebiger Kriegsminister von 1792, die Mairie. Im allgemeinen zogen Commune und Montagne an demselben jakobinischen Strang. Das war jedoch nicht durchgehend so. Der Gemeinderat stand unter starkem Druck der Sektionen; eine Zweidrittelmehrheit derselben, d. h. 33, konnte ihn statutarisch jederzeit zu Fall bringen. Die plebejischen Sektionen nun drängten bei Herannahen des Winters immer stärker darauf, gegen Wucher und Hortung einzuschreiten. Am 29. November veranlaßten sie die Commune, sich ihrer Forderung anzuschließen. Am 1. Dezember hielt Jacques Roux eine flammende Rede über *Die Verurteilung Ludwigs des Letzten, die Verfolgung der Spekulanten, Aufkäufer und Verräter*, in der er das politische Problem mit dem sozialökonomischen scharfsinnig verknüpfte. In der Sektion Droits de l'Homme hatte sich der Postangestellte Jean-François Varlet (1764–1831?) schon seit dem 6. August für einen Zwangskurs der Assignaten und energisches Vorgehen gegen die Schieber eingesetzt; er agitierte seitdem auf öffentlichen Plätzen von einer einfallsreich konstruierten fahrbaren Tribüne. In Lyon gaben Joseph Chalier und Théophile Leclerc, in Orléans Taboureau de Montigny gleichartige Losungen aus: Preisstop für Versorgungsgüter, Beschlagnahme der Getreidevorräte, Reglementierung des Backwesens, Fürsorgeunterstützung für die Armen und die zurückgelassenen Familien der Freiwilligen. Die Propaganda solcher Schrittmacher einer von den „Konventsparteien" unabhängigen Volksbewegung, die als *Enragés* (Wütende oder Besessene) in die Geschichte der Revolution eingegangen sind, begann sich zu einigen Programmpunkten zu verdichten, in denen sie vorrangige Bedürfnisse der Massen, jedoch auch manche ihrer flüchtigen Stimmungen und unreflektierten Gefühle einfingen, zusammenfaßten und an die Spitze ihrer Forderungen stellten.

Die Verschlechterung der Existenzbedingungen schien ihnen recht zu geben. Am 12. Februar erschien eine Abordnung der 48 Pariser Sektionen vor den Schranken des Konvents:

Es ist nicht genug, erklärt zu haben, daß wir französische Republikaner sind. Das Volk muß auch glücklich sein, es muß Brot haben; denn wo es kein Brot mehr gibt, gibt es keine Gesetze, keine Freiheit, keine Republik mehr.

Die Petitionäre wollten auf ein System von Fest- und Höchstpreisen hinaus, wurden jedoch zu ihrer Verwunderung sogar von Marat als Urheber oder bestenfalls Opfer einer „niedrigen Intrige" abgefertigt.

Es kam schlimmer. Am 25. brachen im Lombardsviertel, Mittelpunkt des Kolonialwarenhandels, schwere Unruhen aus, die sich über den größten Teil der Stadt verbreiteten und stellenweise in den nächsten Tagen anhielten. Die Aufrührer, zuerst Frauen, dann Männer, ließen sich gewaltsam nach von ihnen – manchmal willkürlich – festgesetztem Preis Zucker, Seife, Kerzen und anderes aushändigen; im Weigerungsfalle schritten sie zu Plünderungen. Über tausend Geschäfte wurden vom „Ladenstrum" betroffen. „Die Krämer," äußerte Jacques Roux, „haben dem Volk nur zurückerstattet, was sie ihm seit langem durch Überpreise aus der Tasche gezogen haben." Robespierre wie Marat hingegen erblickten darin „ein angezetteltes Komplott gegen die Patrioten selber"; die Sansculotten hätten besseres zu tun, als sich für „poplige Handelsware" zu erheben. „Das Volk muß aufstehen, nicht um Zucker einzuheimsen, sondern um die Schurken zu zerschmettern," dozierte der Unbestechliche. War die in ihrer Wurzel spontane und falsch angelegte Aktion gescheitert, von der sich einige Heißsporne vielleicht eine gesetzliche Preisbindung, das „Maximum", versprachen, so warf sie immerhin Grundsatzfragen auf. Die Montagnarden reagierten darauf zunächst wenig anders als die Girondins; mit den Stimmen beider wurde am 18. März ein Gesetz angenommen, das auf die Propagierung des „Ackergesetzes" – und das wollte sagen: auf die Bedrohung der bürgerlichen Eigentumsordnung – die Todesstrafe setzte. Die Verschlimmerung der Lage nötigte den Berg jedoch, darüber schärfer nachzudenken, wenn er der Gironde zur Rettung des Landes eine Schlacht liefern und hierfür seinen Massenrückhalt nicht verlieren wollte. Am 26. März schrieb Jeanbon Saint-André an Barère: „Ihr müßt sehr gebieterisch etwas tun, damit der Arme leben kann, wenn ihr wollt, daß er euch hilft, die Revolution zu vollenden."

Niederlage und Verrat von Dumouriez

Die Heere der Republik hatten Anfang 1793 das numerische Übergewicht verloren. Schlecht gekleidet und genährt infolge von Unterschleifen der Lieferanten, die Dumouriez protegierte, kehrten viele Freiwillige in der „Winterpause" nach Hause zurück, indem sie sich eines Rechts bedienten, das ihnen das Gesetz zugestand. Im Februar verblieben nur 230000 von 400000 Mann. Eine der großen Schwächen der Armee war ihre Teilung in Linienregimenter und Freiwilligenbataillone. Die Zeitfreiwilligen in blauer Montur („Blaue") wählten ihre Offiziere und erhielten höheren Sold; ihre Dienstordnung war milder, und sie waren nur zu einer Kampagne verpflichtet. Die Liniensoldaten in weißer Hose („die weißen Ärscher") hatten sich langfristig verpflichtet; sie waren einem harten Kommiß unterworfen, und ihre Vorgesetzten wurden ernannt. Zusammenstöße waren häufig, da die weitaus besser gedrillte Linie die „Amateure" einerseits verachtete und ihnen andererseits ihre Vergünstigungen neidete.
Ein Gesetz über das „Amalgan" vom 21. Februar 1793 beseitigte das Nebeneinander. Zwei Freiwilligenbataillone und ein Linienbataillon sollten fortan eine Halbbrigade bilden, die Freiwilligen der Linie ihren Bürgersinn mitteilen, die Berufssoldaten umgekehrt ihnen Kriegshandwerk und Disziplin beibringen. Alle Mannschaften und Grade wählten ihre Vorgesetzten bis auf ein Drittel, das nach dem Dienstalter avancierte.
Das „Amalgam" wurde gegen die Stimmen der Gironde beschlossen. Deren Abneigung, die Kriegsereignisse und technisch-organisatorische Komplikationen verzögerten seine

volle Durchführung bis zum Winter 1793/94. Eine am 24. Februar dekretierte Aushebung von 300000 Mann diente dagegen der sofortigen Auffrischung der geschmolzenen Istbestände. Der Konvent hatte an die Freiwilligen appelliert: „Bürger, das Gesetz erlaubt euch, den Abschied zu nehmen, der Ruf des Vaterlandes verbietet ihn euch." Nachdem die Beschwörung ungehört verhallt war, mußten besagte 300000 Mann auf die Departements aufgeschlüsselt werden. Im Prinzip wurde die Freiwilligkeit beibehalten, im Falle ungenügender Ergebnisse hielt jedoch Artikel 11 des Erlasses die Bürger an, das „Freiwilligensoll" auf der Stelle aufzufüllen; „zu diesem Zweck werden sie jene Mittel anwenden, die sie mit Stimmenmehrheit am geeignetsten finden".
Während die Aushebungen von 1791 und 1792 unter Begeisterung vonstatten gegangen waren, stießen sie 1793 auf Hindernisse. Dafür war teilweise der Konvent verantwortlich, der es unterlassen hatte, die Verfahrensweise festzulegen; indem er alles auf die örtlichen Behörden abwälzte, überließ er sie dem Spiel persönlicher Rivalitäten. Um den Nachteilen der Losentscheidung oder der Überstimmung zu entgehen, beschloß das Departement Hérault am 19. April die direkte und persönliche Musterung; gleichzeitig erlegte es den Reichen eine Zwangsanleihe von 5 Millionen auf, um den Sold zu zahlen, die Kosten der Equipierung zu decken und die „arme Klasse" zu unterstützen. Da eine solche Rekrutierung Vorteile bot und Reibungen vermied, wurde sie im nationalen Maßstab übernommen; dennoch ergab die Aushebung nur knapp die Hälfte der vorgesehenen Mannschaftsstärke.

Eine gescheiterte Offensive an der Nordfront eröffnete den Feldzug von 1793. Der von Dumouriez befürwortete Angriffsplan war trotz offenkundig unzureichender Kräfte gebilligt worden. Am 16. Februar drang er in Holland ein, am 1. März jedoch warf sich an seiner rechten Flanke der Herzog von Coburg auf die an der Roer zerstreut kantonierende Belgien-Armee. Das führte zu einer Katastrophe: Am 2. März mußte Aachen, am fünften Lüttich in äußerster Unordnung geräumt werden.

in Paris lösten die Schlappen ein patriotisches Fieber aus. Zwei girondistische Druckereien wurden am 9. März gestürmt, und am 10. scheiterte der Versuch einer Volkserhebung, unter deren Führern sich Varlet hervortat, nur am gemeinsamen Widerstand des Jakobinerklubs und der Commune gegen Improvisationen, die sie nicht selber kontrollierten. An diesem 10. März 1793 wurde jedoch ein Revolutionstribunal geschaffen, um feindliche Agenten zu richten. „Ich kenne nur den Feind, schlagen wir den Feind!“ hatte Danton ausgerufen.

Dumouriez mußte sich weiter zurückziehen, gruppierte die Streitkräfte seiner gezausten Generäle um, errang im Gefecht bei Tirlemont Vorteil, wurde dann jedoch am 18. März bei Neerwinden und erneut am 21. bei Leeuven aufs Haupt geschlagen. Daraufhin trat er in Verhandlungen mit dem Gegner, um den Konvent aufzulösen, die Verfassung von 1791 und damit die Monarchie zugunsten von „Ludwig XVII.“ wiederherzustellen; er verpflichtete sich, Belgien zu räumen. Der Konvent entsandte vier Kommissare und Kriegsminister Beurnonville, um ihn des Kommandos zu entheben; Dumouriez ließ jedoch sie verhaften und am 1. April den Österreichern ausliefern. Als er schließlich versuchte, seine Soldaten zum Marsch auf Paris zu bewegen, verweigerten sie den Befehl; daraufhin flüchtete er am fünften in Begleitung einiger Personen, worunter der Herzog von Chartres, Sohn des frischgebackenen Montagnarden Philippe Egalité (davor Herzog von Orléans) und künftiger „Bürgerkönig“ der Julimonarchie von 1830–1848, hinter die feindlichen Linien.

Der Verrat ihres Lieblingsgenerals blieb unheildrohend an der Gironde hängen, während die Koalition die Kampagne zum zweiten Mal auf französischem Boden trug. Die Verbündeten verheimlichten auf einer Zusammenkunft in Antwerpen Anfang April ihre Kriegsziele nicht: die Gegenrevolution zu bewerkstelligen und territoriale „Entschädigungen“ von Frankreich zu erhalten. Gleichzeitig brachte die Mobilisierung der 300000 Mann die Vendée zur Explosion und bescherte der Republik einen weiteren Kriegsschauplatz.

Die Aushebung hatte vielerorts Mißstimmung erregt; es nützte wenig, daß der Konvent am 9. März in jedes Departement einen bevollmächtigten „Volksvertreter in Mission" entsandte. Die schwersten Tumulte ereigneten sich im Westen. Es kam zu Zusammenrottungen unter den Rufen „Hoch der König Ludwig XVII., der Adel und die Priester!"; in der Bretagne besetzten Aufständische die Distriktshauptstädte La Roche-Bernard und Rochefort; Vannes wurde von ihnen eingeschlossen. Dieser Aufruhr konnte jedoch im Keim erstickt werden.

In der Vendée, die seit langem von Priestern und Adligen bearbeitet wurde, waren die „300000 Mann" zwar nicht die Ursache der Erhebung, immerhin aber ihr Anlaß. Am 2. März randalierten Bauern am Markttag in Cholet gegen die Aushebung, worauf sie um einen Tag verschoben wurde. Am dritten entfesselten die jungen Leute eine Schlägerei, und ähnliche Szenen wiederholten sich fast überall. Am Sonntag dem 10. März, der für die Losziehung in St. Florent-le-Vieil vorgesehen war, läuteten die Sturmglocken; die Bauern bewaffneten sich mit Forken. Sensen und Dreschflegeln und trieben die Nationalgarde auseinander.

Der Aufstand der Vendée war die gefährlichste Kundgebung der Unzufriedenheit und des Widerstandes von Bauernmassen, mit der sich die Revolution auseinandersetzen mußte. Ihre Armut und elende Lage, das mangelnde Gehör, das sie mit ihren Anliegen bei den „Städtern" fanden, machte die Vendeer anfällig, den Einflüsterungen von Konterrevolutionären nachzugeben, sich gegen die Bourgeois zu wenden, die oft gleichzeitig Großpächter in diesem Land der Halbpacht waren, Getreidehändler, Wucherer und Käufer von Nationalgütern. Der Kirchenkampf erregte die Dörfer, in denen der katholische Glaube Wurzel geschlagen hatte, seitdem sie vom 17. Jahrhundert an von einer Kongregation der Inneren Mission gründlich katechisiert worden waren. Die hier infolgedessen sehr zahlreichen Refraktäre pflanzten ihnen Haß auf die „gottlosen" Umstürzer ein, und die royalistische Partei erhob ihr Haupt, als der Krieg um sich griff: England und Spanien waren „Nachbarn zur See".

Immerhin hatten die Bauern weder die Adelsrevolte vom August 1791 ernsthaft unterstützt noch sich sonderlich gerührt, um 1792 ihre „guten" Priester vor der Verschikkung zu bewahren. Das Aushebungsdekret vom 24. Februar jedoch erinnerte sie nur zu sehr an die alte Miliz und die Verpflichtung, durch das Los Rekruten zur Auffüllung der Linientruppe zu ziehen: Das war – neben der Salzsteuer, die die Vendeer durch ausgiebigen Schmuggel wettmachten – die am meisten verabscheute Einrichtung des Ancien régime auf dem Lande gewesen. So geschah es, daß sich unter der Losung „Den Frieden, den Frieden, kein Losziehen!" die Bauern von der Küste bis Bressuire und Cholet erhoben. Die Gleichzeitigkeit des Aufruhrs legte den Gedanken nahe, daß er abgesprochen und vorbereitet war. Dennoch waren die Bauern, obwohl aufgebracht durch die Refraktäre, weder im vorhinein passionierte Royalisten noch Anhänger der alten Ordnung, mit der sie manchen harten Strauß ausgefochten hatten. Sie sträubten sich jedoch, für diese wenig geschätzte, wenn nicht verachtete „Republik der Königsmörder und Wucherer" fern von ihren Dörfern in den Krieg zu ziehen und sich totschießen zu lassen. Der Landadel, von dem hier viele aus Armut oder Trägheit nicht emigriert waren, wurde von dem Ausbruch zuerst überrascht; er zögerte jedoch nicht lange, ihn für seine Zwecke auszubeuten.

Mehrere Distriktshauptstädte fielen gleich zu Anfang in die Hände der Aufständischen. In Machecoul wurden am 11. März über 500 republikanische Bürger gemartert und abgeschlachtet. Der Kampf nahm einen unbarmherzigen Charakter an und weitete sich zu bedrohlichem Umfang. Die Rebellen wurden vom Zustand des Buschlandes begünstigt: von Hecken umsäumte Wege, die den Blick versperrten und sich zu Hinterhalten anboten, Streusiedlung in isolierten Pachthöfen, Wegemangel und wenige Städte, die Abwesenheit von Militär, da der Konvent zunächst nur Nationalgarden gegen sie aufbot. Die ersten Kommandeure gingen aus dem Volk hervor: Der Fuhrmann Cathelineau, der Jagdhüter Stofflet, der ehemalige

Steuereinnehmer Souchu, der Perückenmacher Gaston. Adlige erschienen erst Anfang April auf der Bildfläche: Charette, Bonchamp, d'Elbée, Sapinaud, La Rochejacquelein, alles ehemalige Offiziere. Der eidverweigernde Abbé Bernier erhielt Sitz und Stimme im Rat der „Katholischen und Königlichen Armee". Die Bauern waren allerdings abgeneigt, sich von ihren Kirchspielen weit zu entfernen und ihre Höfe der Kriegsfurie preiszugeben. Auch versierte Führer konnten so keine Großoperationen anlegen und mußten sich auf Handstreiche beschränken. Die Bauern strömten zusammen, wenn „Blaue" gemeldet wurden, und zerstreuten sich ebenso schnell nach gewonnenem Gefecht. Ihr Vorteil war, daß eine solche Kriegführung wenig Mittel und wenig Kunst erforderte: Sie konnte bei annäherndem Kräftegleichgewicht ohne Erschöpfung lange durchgehalten werden.

So errangen die Vendeer bedeutende Erfolge. Die Küste allerdings wurde von den Aufgeboten der republikanisch gesinnten Hafenstädte verteidigt, so daß die Vendeer keine feste Verbindung zu England aufnehmen konnten. Der Konvent hatte am 19. März einstimmig die Todesstrafe für Rebellen, die mit der Waffe in der Hand angetroffen würden, und die Beschlagnahme ihres Eigentums dekretiert. Erst im Mai entschloß sich der Vollzugsrat, reguläre Truppen einzusetzen, die er von den Fronten abzog. Die Generäle der Republik wurden nichtsdestoweniger nacheinander geworfen, und die Vendée blieb bis in den Oktober unbesiegt.

Die Folgen waren weitreichend. Der Bürgerkrieg erbitterte die Republikaner und führte viele an die Seite der Montagnarden, die als Partei erschienen, der die Verteidigung der Revolution anvertraut werden konnte. Diese ihrerseits mußten ihre Anstrengungen verdoppeln, um sich des Vertrauens würdig zu erweisen und sich der vollen Unterstützung durch die Volksmassen zu vergewissern, indem sie deren Interessen und Wünsche aufrichtig in Betracht zogen. So entrissen sie, meist sekundiert von der Ebene, der Gironde revolutionäre Sondermaßnahmen, die ihrerseits wiederum deren Sturz beschleunigten.

Am 26. März hatte Jeanbon Saint-André an Barère geschrieben:

Die Sache der Republik ist an dem Punkt, unterzugehen, und wir sind fast sicher, daß sie nur sofortige und gewaltsamste Abhilfen retten können ... Die Erfahrung lehrt jetzt, daß die Revolution keineswegs vollendet ist, und man muß dem Nationalkonvent ganz offen sagen: Ihr seid eine revolutionäre Versammlung ... Wir sind engstens an das Schicksal der Revolution gekettet ..., und wir müssen entweder das Staatsschiff in den Hafen einbringen oder mit ihm untergehen.

Angesichts der doppelten Bedrohung von innen und außen erzwang die Volksbewegung energische Schritte zu ihrer Abwendung. Während die Gironde ihre Unfähigkeit, den Gefahren die Stirn zu bieten, auf erschreckende Weise bestätigte, machte sich die Montagne unter dem Druck der Massen allmählich Programmpunkte, die von den Vorkämpfern der Sektionen vorgebracht wurden, zu eigen. So knüpfte sich im Frühjahr 1793 in Frontstellung zur Girondeherrschaft ein echtes Bündnis zwischen Jakobinern und Sansculotten, das die politische Konstellation grundlegend veränderte und der Revolution eine neue Qualität verlieh.

Erste Maßnahmen der Staatswohlfahrt

Mehrere Sektionen forderten unter dem Eindruck der Niederlage in Belgien gebieterisch die Schaffung eines außerordentlichen Gerichtshofes zur Aburteilung von Agenten der Konterrevolution. Danton, den die Erinnerung an die Septembrisaden peinigte, griff den Vorschlag auf: „Lernen wir aus den Fehlern unserer Vorgänger! Tun wir, was die Legislative zu tun versäumt hat: Seien wir schrecklich, um das Volk davon zu entbinden, es zu sein!“ Die zeternde Gironde wurde überstimmt, und der Konvent beschloß am 10. März die Bildung eines Revolutionstribunals ohne Berufung, das „über jedes konterrevolutionäre Unternehmen erkennen wird, über jeden Anschlag gegen die Freiheit, Gleichheit, Einheit und Unteilbarkeit der Republik, die innere wie die äußere Sicherheit des Staates und über alle Komplotte zur Wiederherstellung des Königtums“. Der Konvent behielt sich die Ernennung der Richter, der Geschworenen und vor allem die Anklageerhebung vor.

Revolutionäre Überwachungsausschüsse wurden am 21. März – nach Neerwinden – dekretiert. Der Konvent verallgemeinerte damit eine Einrichtung, die das Volk in vielen Sektionen bereits geschaffen hatte. In jeder Gemeinde und in Großstädten in jeder Sektion wurden die Ausschüsse zuerst befugt, die nicht wenigen Ausländer zu kontrollieren. Sehr bald erweiterten sie ihre Kompetenz, befaßten sich mit der Ausstellung von Bürgerausweisen und der Prüfung der Papiere von Militärpersonen; sie schritten zur Festnahme von Leuten, die ohne die vorgeschriebene dreifarbige Kokarde angetroffen wurden. Danach wurden sie beauftragt, Listen von Verdächtigen anzufertigen und die Ausstellung von Haftbefehlen zu beschließen. Zusammengesetzt aus bewährten Patrioten, die oft der Sansculotterie entstammten, bildeten diese „Revolutionskomitees" fortan eins der hervorragendsten Kampfinstrumente gegen Girondins, Gemäßigte und Aristokraten.

Am 28. März wurde die Gesetzgebung gegen die Emigranten verschärft. Sie wurden „auf ewig" vom französischen Boden verbannt, waren „dem Zivilstand nach tot", und ihr Besitz fiel der Republik anheim; nichtautorisierte Rückkehr aus der Verbannung wurde mit dem Tode bestraft.

Der „Wohlfahrtsausschuß" (*Comité de Salut public*) wurde am 5. und 6. April gebildet, um einen Verteidigungsausschuß zu ersetzen, der sich als unwirksam erwiesen hatte. Neun Mitglieder des Konvents, geheim beratend und jeden Monat erneuert, waren beauftragt, die Tätigkeit der dem Vollzugsrat unterstellten Verwaltung zu beaufsichtigen und zu beschleunigen. Der Ausschuß war ermächtigt, bei Dringlichkeit Verteidigungsmaßnahmen zu treffen; seine Beschlüsse hatte der Vollzugsrat unverzüglich durchzuführen. Abermals erbosten sich die Girondisten über Diktatur. Marat nahm den Fehdehandschuh auf:

Man muß die Freiheit durch Gewalt gründen, und der Augenblick ist gekommen, sofort den Despotismus der Freiheit zu organisieren, um den Despotismus der Könige zu zermalmen.

In den neuen Hauptausschuß des Konvents wurden fünf Montagnarden: Danton, sein Freund Delacroix und Robert Lindet zu seiten von Barère und Cambon gewählt; mit ihnen amteten der Girondin Debry und drei Vertreter der Ebene.

Die Einrichtung von drei Volksvertretern in Mission bei jeder der jetzt elf Armeen wurde am 9. April geschaffen. Mit unbegrenzten Vollmachten ausgestattet, hatten sie Regierungsbeamte, Heereslieferanten, Generäle, Offiziere und Soldaten „auf das wirksamste zu überwachen". Von dieser Organisation unbefriedigt, widerrief sie der Konvent am 30. und verpflichtete die Volksvertreter in Mission, dem Wohlfahrtsausschuß täglich und dem Konvent wöchentlich eine Niederschrift über ihre Tätigkeit zuzuleiten. Die Nationalversammlung sicherte sich auf diese Weise gegen unliebsame Überraschungen und behielt Leitung und Aufsicht der Heere fest in der Hand.

Ökonomische und soziale Maßnahmen zugunsten der Volksmassen folgten den politischen. Der Zwangskurs der Assignaten (vom 11. April) erforderte eine Praxis der doppelten Preise und den „Handel mit Hartgeld"; die Weigerung, Assignaten anzunehmen, wurde unter Strafe gestellt. Garantierte Höchstpreise wurden am 18. April von verschiedenen Behörden des Departements Paris und am 30. von den Sektionen des Faubourg St. Antoine hartnäckig gefordert. Der Konvent gab am 4. Mai nach, indem er das „Kleine Maximum" für Getreide und Mehl auf Departementsebene festlegte; die Distrikte sollten die Vorräte erfassen und beschlagnahmen, um die Märkte, außerhalb welcher ihr Handel auch ab Hof untersagt wurde, damit zu beliefern.

Am 8. Mai nahm Robespierre im Jakobinerklub die „goldenen Hosen" (die *Culottes dorées*) aufs Korn:

Ihr habt die Freiheit zu retten: Proklamiert die Rechte der Freiheit und entfaltet alle eure Energie! Ihr habt ein unermeßliches Volk von Sansculotten, sehr rein, sehr kraftvoll, die ihre Arbeitspläze nicht verlassen können: Laßt die Reichen zahlen!

Am 20. erlegte ihnen der Konvent eine Zwangsanleihe über eine Milliarde auf.

Das Duell zwischen Gironde und Montagne trat in seine Schlußphase. Letztere war dabei auf unmittelbare Massenaktionen angewiesen, denn die parlamentarische Stellung der Gironde war immer noch stark. Zweifellos tanzte die Regierung nicht mehr ohne weiteres nach ihrer Pfeife. Roland war schon am 22. Januar als Innenminister zurückgetreten; sein Ersatzmann, der philosophisch gebildete Garat, wünschte sich mit keiner der Fraktionen zu überwerfen. Im Justizministerium vermied es Gohier ebenfalls, sich einseitig festzulegen. Im Kriegsministerium hatte Oberst Bouchotte, ein wackerer Freund der Sansculotten, am 4. April Beurnonville und im Marineministerium am 10. Dalbarade, ein Freund Dantons, Monge ersetzt; Lebrun und Clavière blieben die einzigen verläßlich girondistischen Minister. Die Ebene hatte zuletzt für alle von der Montagne vorgeschlagenen staatspolitischen Maßnahmen gestimmt. Allerdings weigerte sie sich aus Mißtrauen vor der Commune, dem Berg auch in der Auseinandersetzung mit der Gironde Gefolgschaft zu leisten und trat mit dem Anspruch auf, über den Parteienstreit erhaben zu sein.

Robespierre hatte den Angriff am 3. April eröffnet:

Ich erkläre, daß die erste zu treffende Maßnahme der Staatswohlfahrt darin besteht, alle diejenigen unter Anklage zu stellen, die der Komplizität mit Dumouriez beschuldigt sind, und namentlich Brissot.

Als er am zehnten die revolutionsfeindliche Politik der Girondeführer geißelte, entgegnete Vergniaud unbedenklich:

Ja, wir sind Gemäßigte . . . Seit Abschaffung des Königtums habe ich viel von Revolution reden hören. Ich habe mir gesagt, es gibt nur noch zwei mögliche: eine vom Eigentum zum „Ackergesetz", und jene, die uns zum Despotismus zurückführen würde . . . Ich faßte den festen Entschluß, die eine wie die andere zu bekämpfen . . . Man hat versucht, die Revolution durch Terror zu vollenden; ich hätte sie gern durch die Liebe vollendet . . . Unsere Mäßigung hat die Republik von dieser schrecklichen Geißel, dem Bürgerkrieg, bewahrt.

Am 5. April hatte der Jakobinerklub unter Marats Vorsitz an die ihm angeschlossenen Volksgesellschaften ein Rundschreiben gerichtet, das sie aufforderte, die Abberufung jener Konventsabgeordneten zu verlangen, die für den Appell an das Volk gestimmt hatten, um das Leben des Königs zu retten. Am 13. beschloß der Konvent nach heftiger Debatte mit 226 zu 93 Stimmen bei 47 Enthaltungen, Marat dieserhalben in Anklagezustand zu versetzen. Vom Revolutionstribunal wurde er am 24. April glanzvoll freigesprochen; schon am 15. hatten 35 der 48 Sektionen dem Konvent eine Petition überreicht, die 22 der bedeutendsten girondistischen Abgeordneten namentlich bedrohte.

Um ihren Einfluß auf die öffentliche Meinung zurückzugewinnen, trug die Gironde die Auseinandersetzung auf soziales Gebiet. Ende April beschwor der weit nach rechts gerückte Petion in einem Brief an die Pariser alle Besitzenden, sich dem Kampf zu stellen:

Euer Eigentum ist bedroht, und ihr schließt die Augen vor dieser Gefahr. Man reizt auf zum Krieg zwischen den Besitzenden und den Habenichtsen, ihr aber tut nichts, um ihm zuvorzukommen ... Pariser, erwacht endlich aus eurer Lethargie und scheucht dieses Ungeziefer in seine Schlupfwinkel zurück!

Zur selben Zeit, am 24. April, verlas Robespierre im Konvent den Entwurf für eine neue Erklärung der Menschen- und Bürgerrechte, der das Eigentum der gesellschaftlichen Nützlichkeit unterordnete:

Ihr habt die Artikel vermehrt, um die größte Freiheit für die Nutzung des Eigentums sicherzustellen, habt jedoch kein einziges Wort gesagt, um seine Rechtmäßigkeit zu bestimmen; auf solche Weise erscheint eure Erklärung nicht für die Menschen, sondern für die Reichen gemacht, für Aufkäufer, Spekulanten und Tyrannen.

Robespierre schlug folglich vor, das Eigentum zu definieren als „das Recht, das jedem Bürger zusteht, über jenen Teil der Güter zu verfügen, den ihm das Gesetz verbürgt". Aus einem Naturrecht in der Erklärung von 1789 wurde das Eigentum so zu einer gesellschaftlichen Einrichtung heruntergestuft. Freilich sind auch taktische

Überlegungen bei Robespierres Stellungnahme in Betracht zu ziehen: Um die Gironde zu schlagen, mußte er die Sansculotten an seinem Sieg interessieren durch die Hoffnung auf eine soziale Demokratie.
In der Provinz betrieb die Gironde währenddessen gewollt oder ungewollt das Spiel der Aristokraten, indem sie einer „sektionären Bewegung“ die Hand bot, in der nicht selten Royalisten oder doch ehemalige Parteigänger der Feuillants, die in der derzeitigen Rechten des Konvents das geringere Übel erblickten, den Taktstock schwangen. Begnügten sich in Bordeaux die vom beunruhigten Großhandel und seinen Strohmännern beherrschten Sektionen mit einer Drohadresse gegen die „Anarchisten“ der Montagne, so deshalb, weil die Vendée nicht allzuweit war. Dasselbe galt in noch höherem Maße für Nantes. In Marseille hingegen verjagten am 29. April Girondins im Bunde mit Aristokraten die Volksvertreter in Mission und bildeten einen Generalausschuß der Sektionen, der Jagd auf Sansculotten und Jakobiner machte. Noch weiter gingen die Umtriebe der Rechtskräfte in Lyon. Nachdem sie sich in der Mehrzahl der Sektionen der Leitungen bemächtigen konnten, stürzten Gemäßigte und Royalisten am 29. Mai gemeinsam die jakobinische Stadtverwaltung und kerkerten den gefürchteten Chalier ein.
Girondistischer Widerstand behinderte die Tätigkeit der Konventskommissare in den Departements. Der örtliche Partikularismus wandte sich gegen den Pariser Zentralismus, und föderalistische Tendenzen frischten auf. Klasseninteressen setzten sich gegen nationale Bedürfnisse der Nationalverteidigung durch; eine Provinzbourgeoisie, die im Herzen teilweise königstreu geblieben war und deren Notabeln sogar bisweilen der alten Ordnung nachtrauerten, warf der Republik nach bestem Können und Vermögen Knüppel in den Weg.
Um eine Entscheidung zu erzwingen, eröffnete die Gironde einen Angriff gegen die Commune als montagnardische Zitadelle der Hauptstadt. In Antwort auf Desmoulins' *Geschichte der Brissotins* denunzierte Guadet am 18. dem Konvent die Commune als „anarchistische Behörde, gleichzeitig nach Geld und Herrschaft gierend,“ und

schlug ihre sofortige Auflösung vor. Eine ausschließlich aus Girondins bestehende Untersuchungskommission wurde flugs eingesetzt. Diese „Kommission der Zwölf" ordnete am 24. Mai die Verhaftung Héberts wegen dessen Nummer 239 des *Père Duchesne* an: „Große Anzeige des Père Duchesne an alle Sansculotten der Departements über das Komplott, geschmiedet von den Brissotins, Girondins, Rolandins, Buzotins, Petionisten und von der ganzen verdammten Sippschaft der Spießgesellen von Capet und Dumouriez, um ein Blutbad unter den wackeren Montagnarden anzurichten, unter den Jakobinern, der Commune von Paris, mit dem Ziel, der Freiheit den Gnadenstoß zu versetzen und das Königtum wiederherzustellen." Zwei weitere Festnahmen folgten: Varlet als Organisator des 10. März und Dobsen als Präsident der zentralen Sektion Cité hielt die Kommission für die potentiell gefährlichsten „Unruhestifter". Diese Gewaltakte lösten die Endkrise aus.

Am 25. Mai verlangte die Commune die Befreiung ihres stellvertretenden Prokurators Hébert. Isnard, der dem Konvent vorsaß, stürzte sich in eine Schmährede gegen Paris, die ungut an den Wortlaut von Braunschweigs Manifest anklang:

Wenn es durch diesen fortgesetzt wiederauflebenden Aufruhr dazu kommen sollte, daß man einen Anschlag auf die Nationalvertretung verübt, erkläre ich euch im Namen von ganz Frankreich, daß Paris zerstört würde. Bald würde man an den Ufern der Seine nachforschen, ob es ein Paris gegeben hat.

Tags darauf wandte sich Robespierre an das Volk:

Wenn das Volk unterdrückt ist, wenn ihm nichts mehr bleibt als es selbst, wäre derjenige ein Feigling, der ihm nicht sagen würde, es solle sich erheben. Wenn alle Gesetze verletzt sind, wenn der Despotismus seinen Höhepunkt erreicht hat, wenn man den guten Glauben und das Schamgefühl mit Füßen tritt, dann muß das Volk in den Aufstand treten. Dieser Augenblick ist gekommen.

Der Jakobinerklub gab ein Zeichen und erklärte sich prinzipiell „im Zustand der Insurrektion"; die Sektionen handelten.

Am 28. Mai berief die Sektion Cité die anderen Sektionen zum nächsten Tag ins Bischofspalais, um der Erhebung eine organisierte Form zu geben. An diesem 29. bildeten Delegierte von 33 Sektionen dort einen Revolutionsausschuß aus neun Mitgliedern, worunter Dobsen und Varlet, der sein treibender Geist war, beide – mit Hébert – am Vorabend auf Weisung des Konvents, nachdem Montagne und Ebene nach einem Protestauszug der Girondins allein im Saal verblieben waren, aus der Haft entlassen. Am 30. trat das Departement von Paris unter dem Dantonisten Lullier der Bewegung bei.
Am 31. Mai brach der Aufstand unter Leitung des Komitees im Bischofspalais aus und folgte den am 10. August erprobten Methoden: Läuten der Sturmglocken, Abfeuern der Alarmkanone. Petitionäre der Sektionen und der Commune erscheinen gegen fünf Uhr nachmittags vor den Schranken des Konvents, während die Massen der Manifestanten alle Zugänge blockieren. Ein vom Aufstandskomitee erarbeitetes revolutionäres Maßnahmeprogramm wird vorgetragen: Ausschluß der führenden Girondins aus dem Konvent, Auflösung der Zwölferkommission, Verhaftung der Verdächtigen, Säuberung der Verwaltungen, Schaffung einer „Inneren Revolutionsarmee“, Beschränkung des Wahlrechts auf die Sansculotten allein, Garantierung des Brotpreises von 3 Sous das Pfund mittels einer Reichensteuer, Beihilfen für Alte, Kranke und Angehörige der Vaterlandsverteidiger. Trotz einer vehementen Entgegnung Robespierres auf Vergniaud im Vorsitz („Ja, ich werde schließen, und zwar gegen Sie!“) stimmt der Konvent jedoch lediglich für die Auflösung der Kommision der Zwölf. Der Aufstand hat damit sein Ziel verfehlt.
Am 2. Juni, einem Sonntag, lebt die inzwischen von Marat angefeuerte Bewegung jedoch wieder auf: Er warnt eindringlich vor „halben Erfolgen“. Das Aufstandskomitee läßt den Konvent durch 80000 Nationalgarden unter Hanriot umzingeln, „so daß die Führer der Fraktion an diesem Tag festgenommen werden können für den Fall, daß sich der Konvent weigert, dem Verlangen der Bürger von Paris stattzugeben“. Eine Abordnung fordert die

unverzügliche Festnahme der Häupter der Gironde. Nach einer verworrenen Diskussion, der die Zeitnot anzumerken ist, marschiert der gesamte Konvent hinter Präsident Hérault de Séchelles heraus, um zu erkunden, ob er die Absperrung durchbrechen könne. Hanriot kommandiert: „Kanoniere, an die Geschütze!“ Ohnmächtig zieht die Versammlung zurück in den Sitzungssaal und beugt sich der Gewalt: Sie verfügt die Festnahme von 29 girondistischen Abgeordneten und der beiden Minister Clavière und Lebrun.

So ging die Gironde unter. Sie hatte den Krieg erklärt und ihn nicht zu führen gewußt. Sie hatte den König angeklagt und war vor seiner Verurteilung zurückgeschreckt. Sie hatte die Unterstützung der Volksmassen gegen die Monarchie in Anspruch genommen, sich jedoch geweigert, mit ihnen zusammen zu regieren. Als Sachwalterin der liberalen Bourgeoisie hatte sie beigetragen, die ökonomische Krise zu vertiefen, deren Last sie auf dic Werktätigen lud, ohne auf deren Forderung zu hören. „Die Majorität der Girondins nicht Verräter,“ wie Marx aus Levasseur konspektiert, „aber Verräter in ihrem Schoß; der Ruin der Republik nicht ihr Wille, aber Konsequenz ihrer Theorien.“

Mit der Montagne, der das republikanische Staatswohl oberstes Gesetz bedeutete, gelangten andere soziale Kräfte zur Macht. In diesem Sinne trug die Erhebung vom 31. Mai und 2. Juni 1793 nicht nur ein „partei“politisches Gesicht. Sie war ebenso nationale Reflexbewegung wie revolutionärer Ausbruch, Defensivreaktion gegen eine neuerliche Äußerung des „Aristokratenkomplotts“. Die Entfaltung der „sektionären Bewegung“ in der Provinz gab diesen Kampftagen im vorhinein ihre zusätzliche Rechtfertigung, denn unter dem Deckmantel eines girondistischen „Föderalismus“ ging die royalistische Konterrevolution in der Tat wieder zum Angriff über.

Jaurès hat in seiner *Sozialistischen Geschichte der Französischen Revolution* den Klassencharakter dieser Schlacht verneint. Gewiß gingen, sofern man sich allein an die parlamentarische Seite der Medaille hält, Girondins wie

Montagnards auf zwei mögliche Verhaltensweisen der Bourgeoisie zurück – wobei immerhin ihre unterschiedliche Schichtung festzuhalten wäre. Die Ausschaltung der „Monopolisten“ des Reichtums und das Vordringen der Sansculotterie auf die politische Entscheidungsebene gaben indessen der Journée ihren unzweideutig klassenbestimmten Rang. Insofern durfte Georges Lefebvre von einer „Revolution des 31. Mai und 2. Juni 1793“ sprechen, deren Einschnitt in mancher Hinsicht tiefer reicht als Tuileriensturm und Sturz der Monarchie: Sie eröffnet die dritte und höchste Phase der bürgerlich-demokratischen Revolution.

KAPITEL VIII

Die Errichtung der revolutionär-demokratischen Jakobinerdiktatur

1. Jakobiner und Sansculotten

Kaum war die Gironde ausgeschaltet, sah sich der jetzt von der Bergpartei geführte Konvent zwischen zwei Feuer genommen. Während die Konterrevolution aus einer „föderalistischen" Revolte neue Nahrung zog, verstärkten die Volksmassen ihrerseits den Druck auf die Regierung. Das Problem der Montagne lag darin, ihn aufzufangen, ohne sich Verbündete zu entfremden und unter ihnen eine Reaktion hervorzurufen, aus der die geschlagene Rechte Vorteil oder Hoffnung ziehen konnte. Sehr darum bemüht, jenen Teil der Bourgeoisie um sich zu scharen, der sich im Konflikt mit der Gironde neutral verhalten hatte, wollte die Montagne Besitzende und Gemäßigte nicht erschrecken, sondern umwerben. Es fügte sich nicht zu ihren Absichten, jenes schroffe politische und soziale Programm, das die entschlossensten Volksmänner im Aufstandskomitee vom 31. Mai vorgebracht hatten, in seiner Gesamtheit zu verwirklichen; schon gar nicht gedachte sie der Anregung zu folgen, Neuwahlen auszuschreiben und in der Zwischenzeit Volksausschüssen die Regierung zu übertragen. Die Montagne bemühte sich im Gegenteil, erst einmal die Bourgeoisie zu besänftigen, indem sie den Terror verwarf, das Eigentum schützte und ein selbständiges Vorgehen der Sansculotten in Grenzen hielt, um ein Gleichgewicht zu erhalten, als dessen Schiedsrichter sie sich betrachtete. Es bedurfte eines anhaltenden Nachdrängens der Volksmassen, um dem Konvent die entscheidenden Maßnahmen des Sieges der Revolution nach innen und außen zu entreißen.

Bodenreform und „Jakobinerverfassung"

Im Verlauf des Monats Juni spielte die Montagne erkennbar auf Zeitgewinn. Einerseits veranlaßte Robespierre am achten den Konvent, sich der zwei Tage vorher von Barère und Danton vorgeschlagenen Auflösung der Revolutionskomitees „nach Erfüllung ihrer Aufgaben“ zu widersetzen. Andererseits wurde das „gefährlichste“ unter ihnen – das Aufstandskomitee im Bischofspalais – zu einem „Pariser Wohlfahrtsausschuß“ entschärft; die Revolutionsarmee kam nicht zustande, und die Diskussion über die Zwangsanleihe versandete vorerst. Saint-Justs Bericht über die verhafteten oder flüchtigen Girondeführer fiel maßvoll aus: „Die Freiheit wird keineswegs schrecklich sein gegen jene, die sie entwaffnete, sofern sie sich den Gesetzen unterwerfen.“ Es ging darum, die Departements bei der Stange zu halten, indem man ihnen Zusicherungen gab und die Furcht vor einer Herrschaft der Pariser Sansculotterie zerstreute.

Drei wichtige Gesetze taten bäuerlichen Forderungen Genüge. Das Gesetz vom 3. Juni über die Verkaufsbedingungen für Emigrantengüter ermöglichte deren Aufteilung in kleinste Parzellen, die auch arme Bauern erwerben konnten, da ihnen Ratenzahlung – in Assignaten natürlich – über zehn Jahre eingeräumt wurde. Das Gesetz vom 10. Juni über die Gemeindeländereien erlaubte auf Mehrheitsbeschluß der Dorfversammlung ihre Aufteilung entsprechend der Kopfzahl und bei Losziehung über die einzelnen Anteile. Am 17. Juli erhielt das Feudalregime seinen Todesstoß: Das Gesetz hob alle noch verbliebenen Feudalrechte entschädigungslos auf – auch solche, die auf einwandfreien Urkunden beruhten; diese waren zu vernichten. So verband sich der Sturz der Gironde für die Bauern mit ihrer endgültigen Befreiung vom Joch der Grundherrschaft.

Durch zügige Annahme einer Konstitution wollte sich der montagnardische Konvent vor der mißtrauischen Provinz vom Vorwurf der Diktatur reinigen. Die Verfassung von 1793 – am 24. Juni nach Anhörung ihres Textautors Hérault de Séchelles kurz diskutiert und beschlossen – hielt die wesentlichsten Grundzüge einer politischen Demokratie fest.

Die vorangestellte Erklärung der Menschen- und Bürgerrechte ging weiter als jene von 1789. Sie verkündete in

Artikel Eins, daß „das Ziel der Gesellschaft das allgemeine Glück" sei, und bestätigte das Recht auf Arbeit, Unterstützung und Bildung: „Die Gesellschaft ist es den bedürftigen Bürgern schuldig, für ihren Lebensunterhalt zu sorgen, sei es, indem sie ihnen Arbeit beschafft, sei es, indem sie den Arbeitsunfähigen die Mittel für ihre Existenz gewährleistet" (Art. 21). „Bildung ist ein Bedürfnis aller; die Gesellschaft muß ihre ganze Kraft daran setzen, die Fortschritte der allgemeinen Vernunft zu begünstigen, und allen Bürgern Bildung zugänglich machen" (Art. 22). Schließlich erkannte die Erklärung von 1793 nicht nur – wie schon 1789 – das Widerstandsrecht gegen Unterdrückung an (Art. 33), sondern auch das Recht zum Aufstand: „Wenn die Regierung die Rechte des Volkes verletzt, ist der Aufstand für das Volk und für jeden Teil des Volkes die heiligste und unentbehrlichste aller Pflichten" (Art. 35).

Indessen war in Artikel 16 keine Rede mehr davon, die Definition des Eigentums so abzuändern, wie Robespierre am 24. April in der Verfassungsdebatte vorgeschlagen hatte. Es hieß nun einfach: „Das Recht auf Eigentum besteht darin, jedem Bürger zu gestatten, seinen Besitz und seine Einkünfte, die Früchte seiner Arbeit und seiner Tätigkeit nach Belieben zu genießen und darüber zu verfügen." Die Wirtschaftsfreiheit, worüber die Erklärung von 1789 nichts gesagt hatte, wurde in Artikel 17 ausdrücklich bekräftigt: „Keine Art von Arbeit, Anbau oder Handel kann der Tätigkeit der Bürger vorenthalten werden." Der Festlegung auf eine soziale Demokratie gingen die Montagnarden mithin aus dem Wege.

Die Verfassung war besorgt, die Vorherrschaft der Nationalversammlung sicherzustellen. Aus diesem Grunde lehnte sie die ursprünglich in Condorcets Entwurf vorgesehene Wahl in zwei Stufen ab. Nur eine Direktwahl durch das Volk gab die Gewähr für eine reibungslose Unterordnung der Exekutive unter die Legislative, der Beamten unter die Abgeordneten. Die gesetzgebende Nationalversammlung war jährlich in direkter allgemeiner Wahl durch die Männer über 25 Jahre in einem Wahlgang mit absoluter Mehrheit, der Vollzugsrat aus 24 Mitgliedern hingegen

durch die Versammlung aus 83 von den Departements vorzuschlagenden Kandidaten zu wählen. Die Ausübung der nationalen Souveränität durch das Volk wurde durch die Einrichtung des Referendums erweitert, das schon Condorcet eingebaut hatte: Das Volk sollte die Verfassung – und unter bestimmten Bedingungen auch wichtige Gesetze – durch ein Plebiszit ratifizieren.
Einer solchen Bestätigung durch die Urwählerversammlungen unterworfen, wurde die Verfassung von 1793 – Symbol politischer Demokratie für Republikaner der ersten Hälfte des 19. Jahrhunderts in ganz Europa – mit über 1800000 gegen etwa 17000 Stimmen angenommen. Rund 100000 Wähler stimmten ihr vorbehaltlich einiger Zusatzanträge von gemäßigter Tendenz zu. Die Ergebnisse der Volksabstimmung wurden am 10. August, dem Jahrestag des Sturzes der Monarchie, auf dem Fest der Einheit und Unteilbarkeit der Republik in Paris feierlich verkündet. Die Inkraftsetzung der Verfassung, deren in einer „heiligen Bundeslade“ aus Zedernholz verwahrte Urkunde im Sitzungssaal des Konvents niedergelegt wurde, vertagte dieser jedoch – ausdrücklich am 10. Oktober – bis zur Wiederherstellung des Friedens.

Der Ansturm der bewaffneten Konterrevolution

Die versöhnliche Politik der Montagne konnte die Ausweitung des Bürgerkrieges nicht verhindern. In den Departements, in denen sie stark waren, erhoben sich die Parteigänger der Gironde und entzündeten eine „föderalistische“ Revolte, während sich gleichzeitig die Kräfte der Vendée verdoppelten und die geschwächten Fronten an allen Grenzen unter Feinddruck nachgaben.
Die Föderalistenrevolte entsprang der „sektionären Bewegung“ vom Monat Mai. Nachrichten vom Aufstand in Paris und der Ausschaltung der Girondins beschleunigten und erweiterten lediglich eine in Lyon, Marseille und Bordeaux bereits im Gange befindliche Rebellion. Die Girondeführer, denen die Flucht aus leichtem Hausarrest gelang, und jene unter den 75 Abgeordneten, die eine

Protesterklärung gegen den 2. Juni unterschrieben hatten und sich mit ihnen vereinigten, brachten die Provinz zur Erhebung. In der Bretagne und Normandie, im Südosten und Süden, im Franche-Comté fielen die Departementsbehörden von Paris ab. Die Führer der sektionären Bewegung, zu Föderalisten umfrisiert, bildeten Komitees und Tribunale, um über Patrioten zu Gericht zu sitzen; sie schlossen Volksgesellschaften und versuchten Truppen auszuheben. Caen wurde zur Hauptstadt des girondistischen Nordwestens; Bordeaux, Nîmes, Marseille und Toulon fielen in die Hände der Aufständischen, die in Lyon schon am 29. Mai die Macht an sich gerissen hatten und dann Chalier am 17. Juli hinrichteten. Ende Juni befanden sich mehr als zwei Drittel der Departements in offenem Aufruhr gegen den Konvent. Jedoch trennte die royalistische Vendée räumlich einen girondistischen Nord- und Südwesten. Toulouse folgte Bordeaux nicht und verhinderte so eine Verbindung zwischen Aquitanien und Languedoc. Zwischen den provençalischen Süden und Lyon wiederum schob sich als unüberwindliche Barriere der Patriotenpartei das Departement Drôme unter dem Jakobiner Joseph Payan. Von ausnehmender Bedeutung war, daß die der Invasion ausgesetzten Grenzgebiete und die dort stationierten Hauptkräfte der Armee samt und sonders dem Konvent ergeben blieben.

Der Föderalismus war in höherem Maße sozial als politisch bestimmt. Sicher erklären ihn teilweise auch Überlebsel örtlicher Partikularismen, mehr aber die Solidarität von Klasseninteressen. Am 15. Mai schon hatte Chasset, Abgeordneter von Rhône-et-Loire, geschrieben: „Es geht um das Leben und um den Besitz"; nach dem 2. Juni eilte er nach dem aufständischen Lyon und stellte sich an die Spitze der „föderalistischen" Bewegung. Sie war in der Hauptsache das Werk der Bourgeoisie, die die Departementsverwaltungen in Händen hielt und nach dem Umsturz in Paris um ihr Eigentum bangte. Nicht überall, jedoch in den meisten Fällen fand sie bei den Parteigängern des Ancien régime Unterstützung. Die volksnäher zusammengesetzten Stadt- und Gemeinderäte waren ihr eher abgeneigt. Handwerker und Arbeiter lehnten es

Maximilien de Robespierre

Napoleon Bonaparte

zumeist ab, sich für die Reichen zu schlagen; die Bauern verhielten sich abwartend. So stießen die von den föderalistischen Departementsverwaltungen angeordneten Aufgebote auf Gleichgültigkeit oder sogar auf Feindseligkeit. Im übrigen differenzierten sich die Führer der Revolte schnell. Aufrichtige Republikaner unter den Anhängern der Gironde fanden sich schlecht damit ab, Royalisten zu folgen. Besorgt über die Invasion der feindlichen Heere und die Fortschritte des Aufstandes in der Vendée, zögerten sie beispielsweise in Nantes, das Spiel der Reaktion zu betreiben. Umgekehrt bemächtigten sich die Royalisten sehr bald der Leitung der Kampagne im Südosten und vor allem in Lyon, wo Graf Précy erreichte, daß der König von Sardinien einen Entlastungsvorstoß an der Alpenfront unternahm.

Kraftvoll organisierte der Konvent die Niederschlagung der Meuterei, wobei er danach trachtete, die Führer zu treffen und die Komparsen zu schonen. Die unmittelbarste Gefahr drohte von der Normandie, weil dort keine Truppen zum Schutz von Paris standen. Schon am 13. Juli lösten sich jedoch bei Pacy-sur-Eure beim Anblick von ein paar tausend Milizen, die die Pariser Sektionen selber zusammengetrommelt hatten, General Wimpffens Kolonnen, die meist aus „Herrensöhnchen" bestanden, ruhmlos auf; Buzot, Petion und Barbaroux flohen aus Caen über die Bretagne nach Bordeaux. Robert Lindet befriedete daraufhin die Normandie unter sehr geringem Einsatz von Zwangsmitteln. Das Franche-Comté und mehrere Departements Mittelfrankreichs unterwarfen sich kampflos, Bordeaux hingegen wurde erst am 18. September genommen.

Im Südosten fürchtete man zeitweilig die Vereinigung der Rebellen von Marseille und Nîmes mit Lyon. Da jedoch die Drôme standhielt, wurde Pont-Saint-Esprit den Nîmern wieder entrissen, der Vorstoß der Marseiller über die Durance aufgehalten; am 27. Juli nahm Carteaux Avignon und zog am 26. August in Marseille ein. Indessen öffneten am 29. die Royalisten den Kriegshafen Toulon den Engländern und händigten ihnen das französische Mittelmeergeschwader aus. Da sich auch Lyon hielt,

mußte gegen diese beiden Städte zu langwierigen Belagerungen geschritten werden.
Die politischen Schlußfolgerungen aus der föderalistischen Revolte waren mit jenen aus der Vendée vergleichbar: Sie unterstrichen nachdrücklich die Notwendigkeit, die Zentralgewalt zu verstärken und Kontrollmaßnahmen der Volksorganisationen gegen Bürger, die der Feindseligkeit oder Laschheit verdächtig waren, zu verschärfen. Viele Girondisten hatten sich unbedenklich mit Royalisten gepaart, die ihrerseits mit den Landesfeinden verbündet waren. Da sie sich in sozialer Hinsicht auf die besitzenden Klassen gestützt hatten, gerieten diese ihrerseits zunehmend in den Verdacht der nationalen Unzuverlässigkeit. Mehr als je identifizierten sich Montagne, Jakobiner und Sansculotten mit der Republik.

Die Invasionsgefahr wurde nun auch wieder prekär. Seit seinem Eintritt in den Wohlfahrtsausschuß hatte Danton verhandelt, statt sich zu schlagen. Nachdem die Koalition jedoch Belgien und das linke Rheinufer zurückerobert hatte, besaß Frankreich keine Faustpfänder mehr, die es anbieten konnte. Vielleicht hatte Danton daran gedacht, sich der Königin und ihrer beiden Kinder als Kompensationsobjekte zu bedienen; die neue Verfassung indessen bestimmte in ihrem Artikel 121: Das französische Volk schließt mit keinem Feind Frieden, der sein Gebiet besetzt hält. Vor Dünkirchen traten Engländer, Hannoveraner und Holländer in den Feldzug ein. Die Österreicher schlossen mit umständlicher Systematik die Festungen des nördlichen Sperriegels ein, nahmen Condé am 10., Valenciennes am 28. Juli und zernierten Le Quesnoy und Maubeuge. Rhein- und Moselarmee mußten das abgeschnittene Mainz seinem Schicksal überlassen und hinter Lauter und Saar zurückgehen; Landau wurde eingeschlossen. An der Alpenfront erzielten die Piemontesen Vorteile gegen Kellermann, der Truppen zur Bekämpfung der Föderalisten abgeben mußte. Savoyen ging wieder verloren, die Pässe wurden mit Mühe gehalten. An der Pyrenäenfront drückten die Spanier auf Perpignan und Bayonne.

Überall befanden sich die Truppen der Republik mithin auf dem Rückzug, und die schlecht geführten Soldaten machten eine Krise durch. Das unsichere Kommando wechselte aus einer Hand in die andere; der Aristokrat Custine verachtete seinen Vorgesetzten, den „Sansculottenminister“ Bouchotte, der nur Oberstleutnant war. Die größte Unordnung herrschte auf dem Kriegsschauplatz der Vendée; die Volksvertreter in Mission, statt die Generäle zu überwachen, zankten sich untereinander. Über den „Ehemaligen“ Biron verstimmt, unterstützten einige die Sansculottengeneräle Ronsin und Rossignol, die jedoch ihrerseits von anderen denunziert wurden. Man lud die Verantwortung für die Rückschläge jeweils auf die rivalisierende Gruppe, und die Vendeer nutzten naturgemäß die Spaltung der Republikaner zu neuen Vorstößen. Nachdem sie am 9. Juni Saumur genommen hatten, vernichteten sie die Truppen der Republik am 18. Juli bei Vihiers und bedrohten nach der Einnahme von Ponts-de-Cé am 27. Angers.

Die Ermordung Marats am 13. Juli erhellte blitzartig die ganze Größe der Gefahr, in der die Republik schwebte. Offen und inmitten des revolutionären Paris hatte die junge Charlotte Corday aus der Normandie den Volksfreund, in dem sie ein Haupt der Revolution treffen wollte, erdolchen können. Marat war unter den Sansculotten, an deren schwerem Los er aus tiefer menschlicher Güte Anteil nahm, überaus beliebt und als unbeugsamer Kämpfer hoch angesehen gewesen; sein gewaltsamer Tod rief daher starke Erregung hervor. Zum Wunsch nach Vergeltung trat die Forderung nach Sicherungsmaßnahmen zum Schutz der Republik. Paris bereitete dem Toten am 15. Juli ein großartiges Begräbnis, dem der gesamte Konvent beiwohnte; sein Herz bewahrte das Klostergewölbe der Cordeliers. Als „Märtyrer der Freiheit“ wurde Jean Paul Marat, der Volksfreund, zum größten unter den drei großen Sternen des revolutionären Pantheon.

Hauptursache der Unzufriedenheit im Volk blieben die Versorgungsschwierigkeiten. Das Maximum vom 4. Mai war in der Praxis kaum zur Anwendung gekommen; der Konvent erkannte sein Scheitern an und erlaubte im Juli den Departements und den Abgeordneten in Mission, es nach Bedarf auszusetzen. Zwar litten die Pariser nicht unter Brotverteuerung, weil der Preis mit Regierungssubvention unverändert gehalten wurde. Da jedoch Nachschub unregelmäßig eintraf und die Reserven zur Neige gingen, stauten sich wieder murrende Schlangen vor den Bäckereien. Außerdem verteuerten sich die übrigen Lebensmittel, weil die Föderalistenrevolte die Zulieferungen, besonders von Vieh, zum Stocken brachte: Kalbfleisch war im Juni 1793 gegenüber dem Juni 1790 um 90 v. H., Rindfleisch um 136 v. H. teurer. Vielerorts führte das zu Aufläufen und Tumulten. Am 21. Juni wurde in St. Antoine ein Mann festgenommen, der brüllte: „Früher kostete die Seife zwölf Sous, heute vierzig: Es lebe die Republik! Der Zucker 20 Sous, heute vier Franken: Es lebe die Republik!"

Die Entwertung des Assignaten vertiefte die Auswirkungen der Versorgungskrise; im Juli war sein Kurs unter 30 Prozent des Nominalwerts gesunken, und daraus resultierende Kapitalflucht in die Schweiz, Spekulation und besonders Warenhortung kurbelten neue Preissteigerungen an. Die Enragés fanden darin Ursache genug, im Namen des notleidenden Volkes dem Konvent Unbeweglichkeit sowohl auf ökonomischem wie auf sozialem Gebiet vorzuwerfen. Sie hatten an den Sieg vom 2. Juni, der nicht zuletzt ihrem hervorragenden Einsatz bei der Niederringung der Gironde zu danken war, höhere Erwartungen geknüpft und waren der Ansicht, daß das Eisen geschmiedet werden müsse, solange es heiß sei. Am 8. Juni verlas Varlet vor der Commune seine *Feierliche Erklärung der Rechte des Menschen im sozialen Staat*: Es sollten „durch gerechte Maßnahmen das Mißverhältnis der Vermögen gebrochen" und

Reichtümer, die auf Kosten des Volksvermögens durch

Diebstahl, Spekulation, Monopol und Hortung angehäuft wurden, zu Nationaleigentum erklärt werden.

Am fünfzehnten forderte Varlets Sektion Droits de l'Homme die durchgängige Festlegung von Höchstpreisen und ein Gesetz gegen die Hortung. Zur gleichen Zeit trat eine im Mai gegründete „Gesellschaft der revolutionären Republikanerinnen", in der sich Pauline Léon und die als Tuilerienstürmerin bekannte Schauspielerin Claire Lacombe auszeichneten, vor die Öffentlichkeit. Sie warfen nicht nur das von allen Revolutionsparteien vernachlässigte Thema der Gleichberechtigung der Frau schwungvoll in die Debatte, sondern beteiligten sich an der Seite der Sansculotten ebenfalls am allgemeinen Kampf um die Volksrechte, deren kompromißlose Vertretung eine ihrer Abordnungen der Commune zur Pflicht machte. Über den jungen Théophile Leclerc, der als Chaliers Kurier von Lyon gekommen, infolge des Umsturzes in der Rhônemetropole jedoch sodann in Paris verblieben war und sich zuerst mit Claire, danach mit Pauline angefreundet hatte, knüpften sie eine Verbindung zu den Enragés und begleiteten fortan deren Aktionen.

Auf eine höhere Stufe wurden diese durch Jaques Roux gehoben, dessen Ruf als aufrechter Volksmann über die Grenzen der Sektion Gravilliers hinausgedrungen war. Er wagte im Juni den Versuch, Kräfte zusammenzuführen, die ihr Hauptanliegen im Eintreten für die ungeschmälerten Rechte der armen und ärmsten unter den Sansculotten erblickten, die ihm auch in der „Jakobinerverfassung" nicht ausreichend gewährleistet schienen. Unterstützt von seinen Gravilliers, der Sektion Bonne Nouvelle und dem Klub der Cordeliers, verfaßte er eine Adresse, an deren Redaktion sich Varlet und Leclerc beteiligten. Da der argwöhnische Robespierre die Verschiebung seines Auftritts vom 23. auf den 25. Juni – nach Annahme der Verfassung also – erreichte, kam der im Ton eines Ultimatums gehaltene Antrag auf zwei Zusatzartikel beim Konvent als unerhörte Herausforderung an. Buchez hat sie das *Manifest der Enragés* genannt:

Habt ihr die Spekulation geächtet? Nein. Habt ihr die Todesstrafe für Schieber verhängt? Nein. Habt ihr bestimmt, worin die Freiheit des Handels besteht? Nein. Habt ihr den Handel mit Hartgeld verboten? Nein. Nun gut – wir erklären euch, daß ihr für das Glück des Volkes nicht alles getan habt. Die Freiheit ist nichts als leerer Wahn, wenn eine Menschenklasse die andere ungestraft aushungern kann. Die Gleichheit ist nichts als leerer Wahn, wenn der Reiche mit Hilfe des Monopols das Recht über Leben und Tod seines Mitmenschen ausübt. Die Republik ist nichts als leerer Wahn, wenn sich die Konterrevolution Tag für Tag durch den Preis der Lebensmittel vollzieht, den Dreiviertel der Bürger nicht bezahlen können, ohne Tränen zu vergießen ... Entscheidet also noch einmal. Die Sansculotten mit ihren Piken werden eure Dekrete zur Ausführung bringen.

Jacques Roux hatte nicht den parlamentarischen Führungsanspruch der Montagne angezweifelt, jedoch gewissermaßen das Mitbestimmungsrecht der Sansculotten außerhalb des Hauses als Bedingung für ihre Unterstützung unverblümt gestellt. Die wutschnaubende Versammlung verwies ihn des Saales. Damit wischte sie jedoch das Problem einer „Korrektur“ der Regierungsmannschaft durch die Massen nicht vom Tisch. Tags darauf brachen „Seifenunruhen“ in den Seinehäfen von Paris aus und zogen sich über drei Tage hin; Wäscherinnen entluden die Kähne und teilten das Reinigungsmittel nach von ihnen festgelegten – und natürlich niedrigen – Preisen unter sich auf. Die spontane Protestaktion bot keinen praktikablen Ausweg aus dem Engpaß, und die Enragés empfahlen sie nicht. Jedoch ging das einfache Volk als Schrittmacher darin voran, daß es die unwillige Montagne mit der Nase auf den Widerspruch zwischen ihren physiokratischen Gemeinplätzen und der augenblicklichen gesellschaftlichen Wirklichkeit stieß; es zwang sie, umzudenken und nachzuziehen.

Die Enragés und andere sansculottische Vorkämpfer schlugen zur Verteidigung der Nation und der Revolution verschiedene Radikalmittel vor, die dem Ausmaß der Gefahr entsprachen. Der Konvent seinerseits wollte in jedem Fall vermeiden, daß unbedachte Maßnahmen die Patrioten unter den Bourgeois der Revolution, die sie bis dahin unterstützt hatten, entfremdeten. Es schien ihm immer notwendiger, eine Revolutionsregierung zu bilden, die die Volksbewegung in geordnete Bahnen lenken konnte. Der erste Wohlfahrtsausschuß hatte sich als hierzu unfähig erwiesen. Er hatte weder verstanden, die Invasion zurückzuschlagen noch der föderalistischen Meuterei zuvorzukommen, weder das Assignatenproblem noch die Versorgungskrise zu lösen. Mehr im Schlepptau der Ereignisse denn sie beherrschend, hatte er zugelassen, daß sich die Lage verschlimmerte. Bei seiner routinemäßigen Erneuerung am 10. Juli wurde Danton deshalb ausgebootet.

Von den neuen Mitgliedern des umbesetzten Ausschusses schieden drei bald wieder aus: Gasparin, der für Custine eintrat; Hérault de Séchelles – Geliebter einer ‚Ehemaligen' und auch ansonsten fragwürdig; Thuriot als Freund Dantons. Den Kern des „zweiten" Ausschusses bildeten Couthon, Saint-Just, Jeanbon Saint-André und Prieur (vom Departement Marne); Barère und Lindet, vom ‚Sumpf' gekommen, schlossen sich ihnen an. Sie alle waren überzeugt, daß die Revolution nur kraft des Volkes siegen konnte: Man mußte also dessen Forderungen befriedigen, die Städte – Opfer von Hunger und Teuerung – mit Lebensmitteln versorgen, alle Energien, die in den Massen steckten, gegen Aristokratie und Koalition richten.

Die Ermordung Marats, der das Verbündnis von Jakobinern und Sansculotten in seiner Person gleichsam vorgelebt und versinnbildlicht hatte, verhärtete die politischen Konturen. Um seine literarische Nachfolge stritt Hébert mit den Enragés. Jacques Roux beeilte sich, schon am 16. Juli eine Fortsetzung von Marats Zeitung *Der Publizist der Französischen Republik* herauszubringen;

am 20. Juli erschien Leclercs *Volksfreund*. Am 21. wiederum versicherte Hébert im Jakobinerklub: „Wenn es eines Nachfolgers für Marat bedarf, wenn man ein zweites Opfer für die Aristokratie braucht, so ist es durchaus bereit: Ich bin es!“ Ein von Demagogie nicht immer freies gegenseitige Überbieten machte sich in den Volksblättern breit, und eine Gruppe linker Jakobiner, aus der sich Hébert und Chaumette hervorhoben, übernahm auf eigene Rechnung Programmpunkte und Losungen der Enragés, um das Ohr des niederen Volkes nicht zu verlieren. Die einen wie die anderen griffen unnachsichtig „die Aristokratie des Großhandels, des Immobilienbesitzes und des Geldes ...“ an.

Als der Mangel spürbarer wurde und Bäcker mangels an Mehl schlossen, führte die Sektion Maison Commune am 21. Juli als erste Lebensmittelkarten ein. Petitionen mehrten sich, und Ladenschlangen verloren die Geduld. „Schon zu lange leiden diese armen Teufel von Sansculotten und strecken die Zunge,“ schrieb Hébert in Nummer 263 des *Père Duchesne*, „und dabei haben sie die Revolution doch gemacht, um glücklich zu sein!“

Unter solchen Umständen entschloß sich der Konvent, ein Gesetz gegen den „Aufkauf“ zu erlassen, das Billaud-Varennes Ausflucht aufgriff, die Abhilfe gegen den Mangel sei nicht der Höchstpreis, sondern die Bestrafung der accapareurs; die Angst vor der Guillotine würde sie zwingen, die Preise zu senken. Auf Antrag von Collot nahm der Konvent am 26. Juli ein Dekret an, das mit der Todesstrafe jene Kaufleute belegte, die ihre Vorräte an Waren des Massenbedarfs nicht deklarierten und deren Listen nicht an ihre Türen anschlügen. Das Gesetz konnte als bedeutendes Zugeständnis an das Programm der Enragés erscheinen – so jedenfalls nahm es Jacques Roux in Nummer 249 seiner Zeitung auf, zumal der Handel damit der Inspektion von Sektionskommissaren unterworfen wurde. Tatsächlich erfolgte die Anwendung des Gesetzes schleppend und lustlos – als symbolische Genugtuung, die man den Sansculotten erwies.

Der Wohlfahrtsausschuß wurde am 27. Juli ergänzt – und gestärkt – durch die Zuwahl Robespierres.

Noch war die Autorität des Ausschusses gegenüber dem Konvent alles andere als gefestigt. Das Gesetz vom 26. beispielsweise war vom letzteren angenommen worden, ohne ihn auch nur zu befragen. Eine stumme Opposition manifestierte sich in der Nationalversammlung gegen seine ersten Entscheidungen, besonders gegen die Verhaftung Custines in der Nacht zum 22. Juli; Robespierre hingegen hatte den Wohlfahrtsausschuß gegen seine Widersacher mit Erfolg unterstützt. Am 14. August wurden Carnot und Prieur (von Côte d'Or), und am 6. September Billaud-Varenne und Collot zugewählt. Verschieden nach ihrer Klassentendenz – Carnot und Lindet zur Bourgeoisie, Billaud und Collot zur Sansculotterie neigend, verschieden auch nach Temperament, waren alle redliche, arbeitsame und Überzeugung ausstrahlende Männer. Verbunden durch den Willen zu siegen, verstanden sie es, ein Jahr lang – bis zur durchgefochtenen Entscheidungsschlacht – einig zu bleiben. Das war der „Große Wohlfahrtsausschuß des Jahres II".
Robespierre setzte infolge seines hohen Ansehens unter allen Revolutionären die politische Linie des Wohlfahrtsausschusses in Konvent und Jakobinerklub durch. Klarsichtig und mutig – er hatte es durch seinen Alleingang gegen die „Kriegspartei" bewiesen, ein Redner von zwingender Logik, dazu uneigennützig, besaß der „Unbestechliche" das Vertrauen der Sansculotten. Im Grundsätzlichen fest, wußte er sich Umständen anzupassen und staatsmännisch zu lavieren. Er legte alle revolutionäre Autorität in den Konvent als die Verkörperung der souveränen Nation; um jedoch leistungsfähig zu sein, mußte sich die Regierung auch unmittelbar auf die Massen stützen und mit ihnen eng verbunden bleiben. Während der Erhebung vom 31. Mai bis 2. Juni hatte Robespierre in sein Tagebuch eingetragen:
Ein einziger Wille tut not ... Die inneren Gefahren kommen von den Bourgeois; um die Bourgeois zu besiegen, muß man das Volk zusammenschließen ... Das Volk muß sich dem Konvent verbünden, und der Konvent muß sich des Volkes bedienen.
Vom 13. bis 21. Juli las Robespierre dem Konvent aus Lepeletiers *Plan für eine Nationalerziehung:*

Die Revolutionen der letzten drei Jahre haben für die anderen Klassen der Bürger alles getan, jedoch noch fast nichts für die vielleicht bedürftigste, für die proletarischen Bürger, deren einziges Eigentum in ihrer Arbeit besteht. Die Feudalität ist zerstört, aber nicht für sie. Denn sie besitzen nichts auf der befreiten Scholle. Die Steuern sind gerechter verteilt. Indessen waren sie – eben infolge ihrer Armut – für eine Besteuerung ohnehin fast unerreichbar. Die bürgerliche Gleichheit ist hergestellt, aber Bildung und Erziehung fehlen ihnen. Hier liegt die Revolution der Armen . . .

Überblickten Robespierre und die anderen Männer des Wohlfahrtsausschusses die Lage klaren Auges, so waren sie weniger sicher über die unmittelbar zu fassenden Entschlüsse zur Verteidigung der revolutionären Nation. Diese rang ihnen erst die Bewegung der Volksmassen im August und September ab.

Die Augustbewegung

Anfang August nahm Robespierre den Kampf gegen die Enragés auf, um Regierung und Konvent von der Kritik ungebärdiger Störenfriede zu befreien. Am fünften beschuldigte er im Jakobinerklub die „neuen Männer" und „Eintagspatrioten", es darauf anzulegen, das Vertrauen des Volkes in seine ältesten Freunde zu erschüttern. „Zwei von den Feinden des Volkes besoldete Männer," erklärte er – und dies schwerlich in gutem Glauben, „zwei Männer, die Marat zur Anzeige gebracht hat, haben die Nachfolge dieses patriotischen Schriftstellers angetreten oder glaubten es jedenfalls." Robespierre machte Jacques Roux und Leclerc namentlich ihre Attacken gegen die Kaufleute zum Vorwurf; gleichzeitig befaßte sich der Wohlfahrtsausschuß, um die Beweisführung der Enragés durch Taten zu widerlegen, energisch mit der Versorgung und entsandte in die umliegenden Departements Volksvertreter, die zielstrebig Arbeitskräfte requirierten und für den unverzüglichen Drusch des Getreides sorgten. Am 9. August dekretierte der Konvent die Einrichtung eines „Überflußspeichers", d. h. Vorratshaltung durch die öffentliche Hand in jedem Distrikt: Ein Fassadenzugeständnis insofern, als der Aufkauf des Getreides durch die Distrikte die Teuerung nicht aufhalten konnte. Er reichte jedoch aus, Paris ausreichend mit Mehl zu versorgen; damit gingen die Enragés in der Tat für den Augenblick ihres Hauptarguments bei den Sansculotten der Hauptstadt verlustig und büßten Anhänger ein.

Den Gemäßigten, die verlangten, die Verfassung in Kraft zu setzen und die danach fälligen Neuwahlen auszuschreiben, von denen sie eine Niederlage der Bergpartei erhofften, trat Robespierre mit großer Entschlossenheit entgegen. Am selben 11. August, an dem Abordnungen der Urwählerversammlung dem Konvent die „geheiligte Urkunde" der vom Volk bestätigten Verfassung überbrachten, drückte Delacroix (von Eure-et-Loire), einer der künftigen „Nachsichtigen", ein Dekret über eine Volkszählung der Wahlfähigen in Erwartung allgemeiner Wahlen „laut Verfassung" durch. Robespierre jedoch parierte, daß dieser heimtückische Vorschlag nur darauf abziele, den gesäuberten Konvent durch „Abgesandte Pitts und Coburgs" zu ersetzen. Die Verfassungsbestimmungen vor der Niederschlagung der Revolten im Inneren und dem Sieg an den Grenzen anzuwenden, hieße die ganze Revolution wieder in Frage stellen.

Die erhobene Forderung war um so gefährlicher, als ihre Urheber damit geschickt in ein wahres Wespennest stachen. Die Pariser Sektionen befanden sich infolge der ungewissen Versorgung in Gärung und griffen Maire Pache an, der ihnen ungenügenden Einblick in die angespannte Vorratslage gewährte. Es kam zu einer Vertrauenskrise, in der sich die Mitglieder der Commune entzweiten, was sich die Reaktion zunutze machte, um erstmalig „von unten", unter „populären" Losungen gegen die Montagne Sturm zu laufen, sich in einigen Sektionen der Führung der „Augustbewegung" zu bemächtigen und in die Kritik am städtischen Versorgungsamt die Frage „nach dem Verbleib der Demokratie" einzuschleusen. Wie sich die Fäden der Agitation verwirrten, zeigt die Schwenkung Héberts, in dessen *Père Duchesne* der Ruf nach Wahlen schon in Nr. 269 – kurz vor dem 10. August – Unterstützung fand: Vielleicht in der zweifellos begründbaren Hoffnung, für sich in Paris, wo er wohlgelitten war, gegebenenfalls einen Sitz zu erobern; vielleicht auch, um den Konvent, der die Warnung nicht überhören konnte, zu einer schärferen Gangart zu treiben.

Die levée en masse

Der Gedanke an eine allgemeine Volksbewaffnung kam von unten und entsprach der revolutionären Mentalität der Sansculotterie. Sie erhoffte sich vom zahlenmäßigen Übergewicht ihrer Armeen einen baldigen Sieg über die Koalition. Als sich zu den Angriffen an der Front die Föderalistenrevolte gesellte, nahm die Vorstellung Gestalt an, und am 6. Juli schlug die Sektion Luxembourg vor, massiert gegen die aufrührerischen Departements zu marschieren: „Alle Bürger zwischen 16 und 50 Jahren mögen ohne Unterschied in Permanenz eingezogen werden und die Streitkräfte bilden." Am 28. Juli griff Sébastien Lacroix aus der Sektion Unité den Vorschlag in einer Rede auf, die schon die Epik des Dekrets vom 23. August durchweht:

... unverzüglich die Einzelarbeiten aller Wagner, Tischler und Holzbearbeiter einzustellen, um sie mit der Herstellung von Gewehrgriffen, Lafetten, Munitions-, Proviant- und Leiterwagen zu beschäftigen; einzustellen die Arbeiten der Schlosser, Hufschmiede, Scharschmiede und aller Eisenbearbeiter, um sie ausschließlich der Geschützproduktion zuzuführen. Die Freunde des Vaterlandes mögen sich bewaffnen, zahlreiche Bataillonne bilden; die keine Waffen haben, sollen für den Munitionstransport sorgen, die Frauen Lebensmittel befördern oder Brot kneten. Das Signal zum Kampf sei durch den Gesang des Vaterlandes gegeben!

Die militärischen Rückschläge Ende Juli gaben der jetzt durch die Volkspresse orchestrierten Idee ihre Durchschlagskraft. „Man ziehe alle marschfähigen Männer, die Waffen tragen können, gleichzeitig ein," schrieb Hébert in Nummer 265 des *Père Duchesne*, „und man eile von allen Seiten dorthin, wo Gefahr sein wird!“ Die Forderung nach dem allgemeinen Aufgebot wurde am 29. Juli dem Jakobinerklub unterbreitet, am 4. August von der Commune und am siebenten von den in Paris zwecks Annahme der Verfassung versammelten Delegierten der Wählerversammlungen aufgegriffen. Deren Sprecher Royer trug sie am zwölften dem Konvent vor. Der Wohlfahrtsausschuß zeigte sich reserviert: Was mit dem Menschenhaufen machen, der sich daraus ergeben würde? Wie ihn bewaffnen, verpflegen? Noch am vierzehnten erklärte Robespierre, daß „diese großmütige, aber vielleicht schwärmerische Idee eines Volksaufgebotes“ nutzlos sei, und fügte hinzu: „Es fehlt uns nicht an Menschen, sondern vielmehr an patriotischen Tugenden bei unseren Generälen.“ Erst unter dem Druck des Pariser Volkes und von Abordnungen der Urwähler stimmte der Konvent am 16. August im Prinzip für eine *levée en masse*, und am 23. schließlich entschied sich der Wohlfahrtsausschuß, Maßnahmen zu ihrer Durchführung vorzuschlagen:

Von diesem Augenblick an bis zu dem Zeitpunkt, wo die Feinde vom Boden der Republik vertrieben sein werden, unterliegen alle Franzosen der Wehrpflicht. Die Jungmannschaft wird in den Kampf ziehen. Die Verheirateten werden Waffen schmieden und den Nachschub für die Truppe besorgen. Die Frauen werden Zelte und Bekleidung anfertigen, in den Hospitälern dienen, die Kinder aus alter Wäsche Scharpie zupfen. Die Greise werden sich auf öffentliche Plätze tragen lassen, um den Mut der Krieger zu entflammen, den Haß auf die Könige und die Einheit der Republik zu verkünden.

Das Recht auf Stellung eines Ersatzmannes wurde beseitigt. Die Aushebung war grundsätzlich allgemein, jedoch bildeten Ledige und kinderlose Witwer von 18 bis 25 Jahren, zu Bataillonen geformt, die erste Klasse des Aufgebots. Entsprach das Dekret genau den Wünschen der Sansculotten? So, wie sie sich seine Verwirklichung vorstellten – als begeisterten Massensturm an die Grenzen, ging es gewißlich nicht: deshalb die Zurückhaltung Robespierres, das Zögern des Konvents und der praktische Verzicht auf ein zweites Aufgebot. Der *Père Duchesne*,

der seinen Feldzugsplan Anfang September darlegte, fragte sich: Wie gleichzeitig mehrere Millionen Männer marschieren lassen und versorgen? Und antwortete: „. . . vor allem, indem man sich aller Versorgungsquellen der Republik bemächtigt. Man muß alle Metallarbeiter vom Hufschmied bis zum Juwelier requirieren, auf allen öffentlichen Plätzen Schmieden errichten, Tag und Nacht Kanonen herstellen, Gewehre, Säbel und Bajonette."
Hébert erkannte das Problem der ökonomischen Leitung eines solchen nationalen Krieges: Um die Masse, die eine gleichzeitige Mobilmachung von sieben Jahrgängen ergab, auszurüsten und zu verpflegen, war Wirtschaftslenkung einfach unumgänglich. Das politisch-ökonomische System verzahnte sich somit unentrinnbar mit den Bedürfnissen der nationalen Verteidigung.

Die letzte Journée

Ende August war noch keine der großen Aufgaben der Stunde gelöst. Die politische stand noch zur Gänze: Der Wohlfahrtsausschuß war den Angriffen seiner Gegner ausgewichen, jedoch blieb die Revolutionsregierung von Stabilisierung und Durchorganisierung weit entfernt. Die sozialökonomische Frage fand keinerlei befriedigende Antwort: Das Gesetz gegen die Hortung, die konzipierten „Überflußspeicher" mochten allenfalls vorübergehende Abhilfe schaffen. Zwangspreise und Reglementierung hatten Konvent wie Wohlfahrtsausschuß bisher verweigert, wovon wiederum das Schicksal der Assignaten abhing, des finanziellen Rückgrats der Revolution. In den letzten Augusttagen machte sich der Versorgungsengpaß in Paris noch einmal bemerkbar und erhöhte den Angriffsgeist der sansculottischen Vorkämpfer. Es schien sich ihnen die Notwendigkeit einer neuen Journée aufzudrängen, um der Regierung die Wünsche des Volkes einzuhämmern.
Der Lebensmittelmangel, für den Augenblick behoben, brach wieder aus nach einer Trockenperiode, die eine Verlangsamung der Vermahlung des Getreides durch die Wassermühlen im Gefolge hatte. Es gelangten nur

etwa 400 Sack Mehl täglich nach Paris bei einem Verbrauch von rund 1500. Hébert stellte diese Verknappung sogleich in den Mittelpunkt einer Kampagne gegen das Gebaren der großen Geschäftsleute, womit er sicher ging, bei den Sansculotten Anklang zu finden.

Das Vaterland, verdammt noch mal, – war in Nummer 279 des *Père Duchesne* zu lesen – *die Großkaufleute haben keins. Solange sie glaubten, daß ihnen die Revolution von Nutzen sei, waren sie mit von der Partie. Sie haben den Sansculotten die Hand gereicht, um Adel und Parlements zu vernichten. Das war aber, um sich selber an die Stelle der Aristokraten zu setzen. Seit es nun keine Aktivbürger mehr gibt, seit der ärmste Sansculotte über die gleichen Rechte verfügt wie der reichste Steuereinnehmer, haben alle diese Scheißkerle ihre Kittel gewendet und setzen Gott und die Welt in Bewegung, um die Republik zu zerstören. Sie haben alle Nahrungsmittel, alle Bedarfsgüter gehortet, um sie uns zum Gewicht des Goldes zurückzuverkaufen oder uns die Hungersnot zu bringen.*

Anfang September entfaltete die Volksbewegung noch einmal ihre ganze Kraft und Ursprünglichkeit, ,hébertistisch' wurde sie von Mathiez und Anderen genannt. Zweifellos haben populäre Zeitungen, jedoch diejenigen von Roux und Lerclerc nicht anders als der *Père Duchesne*, den Sansculotten geholfen, ihr politisches Bewußtsein zu heben und ihre sozialen Forderungen genauer zu fassen. Sie sind indessen nicht deren Wurzel. Hébert schrieb unter dem wachsenden Druck der Massen in den Sektionen und fing ihr Echo ein; unter ihrem Druck setzte sich die Commune in Marsch, nahm sich der Jakobinerklub der Sache an, gaben Konvent und Wohlfahrtsausschuß schließlich bei.

Die Volksbewegung, deren Primärursachen in der Verschlechterung der materiellen Lebensbedingungen der Handwerker und Arbeiter von Paris lange vor 1789 zu suchen sind, hatte sich seit Beginn der Revolution kundgetan. Sie erlaubte es der Bourgeoisie, in den revolutionären Schlachten den Sieg davonzutragen; dennoch blieb sie vom Bürgertum unterschieden, und ganz besonders im kritischen Sommer 1793. Ihre Vorstellungswelt ähnelte jener der ärmeren Bauern, die gegenüber dem Vorrücken einer kapitalistischen Landwirtschaft ihre herkömmliche Dorfgemeinschaft zäh verteidigten. Der typische Sansculotte war ausgefüllt von Feindschaft gegenüber dem „Konkurrenzgeist" der Handels- und Industriebourgeoisie, die nicht ruhen und rasten wollte, ehe sie nicht im Namen der für ihren Gewinn unentbehrlichen individuellen Unternehmerfreiheit Reglementierung und „Taxierung", die dem kleinen Warenproduzenten und den von ihm Abhängigen als Existenzschutz teuer waren, zur Strecke gebracht hatte.

Die Idee, die sie sich vom Eigentum machten, erklärt den Grund der Kontroverse zwischen Bourgeois und Sansculotte. Nach den „Menschenrechten" von 1789 wie von 1793 war Eigentum ein durch nichts beschränktes, absolutes Naturrecht. Für den Sansculotten gründete es sich nur auf persönliche Arbeit und fand an den Bedürfnissen „aller" seine Grenzen. Am 2. September 1793, als die Massenbewegung ihrem Höhepunkt zueilte, verfaßte die – vielleicht von Marchant inspirierte – Sektion Sans-Culottes (davor Jardin des Plantes genannt) eine Petition, worin sie den Konvent aufforderte, sich nicht an das zu erwartende Geschrei über Heiligkeit und Unverletzlichkeit des Eigentums zu stören, das immerhin dort aufhöre, ein Recht zu sein, wo es dem Nächsten Schaden zufüge, und zu dekretieren, daß

... alle Bedarfsgüter unveränderlich auf die Preise der sogenannten „früheren Jahre" 1789–1790 zurückzuführen sind; ebenso die Rohstoffpreise, damit Profite aus gewerblicher Tätigkeit, Arbeitslöhne und Handelsgewinne, die das Gesetz regulieren wird, den Gewerbetätigen, den Bauer, den Kaufmann in die Lage setzen, sich nicht nur die Dinge zu beschaffen, die er zum Leben braucht, sondern auch all das, was es ihm angenehm machen kann.

Dazu schlug die Sektion konkret vor,

... eine Vermögenshöchstgrenze festzusetzen; ... niemand darf mehr Land pachten, als für eine festgesetzte Anzahl von Pflügen gebraucht wird, und niemand mehr als eine Werkstatt oder einen Laden besitzen.

Ein solches Sozialprogramm, voller Inkonsequenzen in-

folge seines Wunsches, das Privateigentum aufrechtzuerhalten und trotzdem seine nachteiligen Auswirkungen zu beschränken, stand in einem unüberbrückbaren Widerspruch zu den Klasseninteressen der Bourgeoisie. An ihm wird die Revolutionsregierung früher oder später zugrunde gehen; für den Augenblick jedoch kitteten der gemeinsame Haß auf das Ancien régime, auf das Privileg, auf die Feudalaristokratie und die Größe der konterrevolutionären Gefahr das von den Jakobinern formulierte und beschworene Bündnis zwischen Sansculotterie und montagnardischer Bourgeoisie. Da der Berg nicht allein siegen konnte, jedoch siegen wollte, mußte er sich an das Programm des Volkes anschließen.
Die Krise schürzte sich Anfang September. Während Hébert den „Einschläferern" des Konvents eine Standpauke hielt, kam es zu erregten Auftritten in Sektionen und Volksgesellschaften; ihre geharnischten Petitionen mehrten sich. In diesen Strudel platzte die Hiobsbotschaft von der verräterischen Übergabe Toulons an die Engländer. Zum Brotmangel und der Unzufriedenheit mit der Langmut der Nationalversammlung gesellte sich patriotische Besorgnis vor abermaliger Ausbreitung des „aristokratischen Komplotts". Nichts war geeigneter, das Begehren nach der Einführung härterer Abschreckungsmaßnahmen zu beleben. Am 2. September abends entschlossen sich die Jakobiner, um das Steuer der Bewegung in der Hand zu behalten, zur Unterstützung einer Massenaktion.
Am vierten brach der aufgespeicherte Groll des Volkes von Paris durch. Seit dem Morgen kam es zu Ansammlungen besonders von Bau- und Rüstungsarbeitern, die sich zum Grève-Platz bewegten, um von der Commune Brot zu verlangen. Der Arbeiterursprung dieser Journée ist unbestreitbar. Sie ging aus den am meisten proletarisierten Schichten der Sansculotterie hervor, die weder einen Laden noch eine Werkstatt besaßen und am schlechtesten daran waren, weil sie allein von ihrem in Assignaten empfangenen Lohn, der sich ständig entwertete, leben mußten. Umsonst versuchten die Führer der Commune zunächst die Demonstranten etwas zu beruhigen. „Wir brauchen keine Versprechungen, wir brauchen Brot!"

schlug es ihnen entgegen. Chaumette nahm daraufhin eine Kurskorrektur vor:

Auch ich bin arm gewesen und weiß infolgedessen, was Armut heißt. Dies hier ist der offene Krieg der Reichen gegen die Armen. Sie wollen uns vernichten. Nun gut, man muß ihnen zuvorkommen: Vernichten wir sie selbst! In unseren Händen liegt die Macht!

Eine Massenkundgebung wurde für den nachfolgenden Tag beschlossen, um dem Konvent die Wünsche des Volkes zu diktieren.

Am 5. September vereinigten sich die Sektionen zu einem langen Umzug und marschierten zur Nationalversammlung unter den Losungen: Krieg den Tyrannen, Krieg den Aristokraten, Krieg den Schiebern! Der Konvent wurde friedlich besetzt und überflutet. Die Abgeordneten berieten unter den Augen des Volkes; sie ließen sich, wie Karl Marx sagt, „eine Lektion gefallen". Nachdem Pache namens der Commune und der Sektionen den Eigennutz der Besitzenden gebrandmarkt hatte, verlas Chaumette eine Petition, in der die Schaffung einer Revolutionsarmee gefordert wurde, die die Requirierung des Getreides auf dem Lande und seinen Transport nach Paris sicherstellen sollte. Billaud überbot ihn durch den Vorschlag, Verdächtige festzunehmen – eine der Hauptforderungen der Sansculotten. Ohne die Ansicht des Wohlfahrtsausschusses einzuholen, lenkte der Konvent ein und dekretierte nicht nur die angemahnten Verhaftungen, sondern darüber hinaus eine Säuberung der Revolutionskomitees, in deren Kompetenz sie fielen. Ein weiteres Dekret wurde über die Aufstellung einer Pariser Revolutionsarmee von 6000 Mann zu Fuß und 1200 Kanonieren erlassen. Schließlich nahm der Konvent einen Antrag Dantons an: Jeder an Sektionsversammlungen teilnehmende Bürger sollte, falls ihrer bedürftig, eine Entschädigung für Verdienstausfall in Höhe von zwei Livres erhalten; andererseits wurde die Permanenz der Sektionsversammlungen für beendet erklärt und die Zahl der Sitzungen auf wöchentlich zwei begrenzt.

Die Kampftage vom 4. und 5. September endeten mit einem Sieg des demonstrierenden Volkes. Die Sansculotten zwangen die Regierungsbehörden zu Maßnahmen, die sie seit langem eingefordert hatten. Jedoch blieb es ein unvollständiger Sieg; die Beschlüsse vom fünften waren vor allem politischer Natur. Der Konvent hatte sich begnügt, die Erfüllung des eigentlichen Hauptanliegens der Massen, ein allgemeines Maximum, vage zu versprechen. So sehr scheute sogar die montagnardische Bourgeoisie davor zurück, die Spielregeln der freien Marktwirtschaft zu verletzen. Es war ein Sieg des Volkes, der gleichzeitig auf einen Erfolg der jakobinischen Strategie hinauslief: Der Rechtsboden war gewahrt worden, und der Wohlfahrtsausschuß hatte standgehalten. Er hatte es verstanden, im Zusammenwirken mit dem Jakobinerklub rechtzeitig und auf einem von ihm selbst gewählten Terrain der Auseinandersetzung nachzugeben. Seine Autorität ging aus der Belastungsprobe nicht geschwächt, sondern gestärkt hervor.

2. Der Weg zur Revolutionsregierung

Eine „Revolutionsregierung" schien Jakobinern und Montagne nunmehr zugleich möglich und unentbehrlich. Ihre weitblickendsten Führer verstanden darunter die unbeanstandete Machtausübung durch einen Wohlfahrtsausschuß, dessen ganze Anstrengung sich – notfalls unter Opfern und Zwang – auf den Sieg über die Koalition, die Vernichtung der Konterrevolution und die Bewahrung der Einheit der revolutionären Nation richtete. Auf einer breiten Klassenbasis von den sansculottischen Massen bis zur montagnardischen Bourgeoisie organisierte der „Block der Jakobiner mit dem Volke" von Oktober bis Dezember 1793 Zug um Zug eine solche Revolutionsregierung, der die Aufgabe zufiel, alle Potenzen um sich zusammenzuschließen und folglich selbständige Nebenkräfte, die diesem Konzentrationsprozeß der revolutionären Führung zuwiderliefen, entweder zu disziplinieren oder anderenfalls auszuschalten. Da sich die Volksbewegung im Herbst 1793 nach ihren im September erreichten Erfolgen auf einem Höhepunkt befand, war es nicht leicht, ihr einen engeren Rahmen zu ziehen, in dem sie die Vorherrschaft des Wohlfahrtsauschusses und sein Regierungssystem nicht mehr gefährden konnte. Erst am 4. Dezember brachten die Jakobiner diese Entwicklung, die sich seit dem 2. Juni angebahnt hatte, zu einem positiven Abschluß.

Die Früchte des 5. September

Auch nach dem 5. September erhielten die Sansculotten ihren Druck aufrecht, da sie bemerken mußten, daß Konvent und Wohlfahrtsausschuß den vereinbarten Weg der Abschreckung und der Wirtschaftslenkung nur zaghaft beschritten. Die Wortführer der Sektionen und Volksgesellschaften forderten, mit einer Verstärkung des Terrors durch umfassende Säuberung der Verwaltungen, der Ausschaltung der Verdächtigen aus dem öffentlichen Leben und einer verschärften Repression der Konterrevolutionäre endlich zu beginnen, also den Worten Taten folgen zu lassen. Das Andauern der Versorgungskrise begründete die Hartnäckigkeit ihres Verlangens nach totaler Lenkung der Wirtschaft und dem versprochenen, jedoch immer wieder hinausgeschobenen Allgemeinen Maximum.
Der Wohlfahrtsausschuß operierte während des ganzen Monats September mit Umsicht. Er bediente sich des Massendrucks, um die immer noch starke Opposition gegen Sondergesetze im Konvent einzuschüchtern, und umgekehrt der Autorität des Konvents, um den Sansculotten Grenzen zu ziehen. Er fand sich zu notwendigen Zugeständnissen bereit, setzte indessen gleichzeitig alles daran, seine eigene schiedsrichterliche Position auszubauen. Am 6. September wurden Billaud und Collot, die die Volksforderungen unterstützt hatten, in den Ausschuß berufen: Draußen seien sie gefährlicher als drinnen, wo sie die Verantwortung mittragen müßten, meinte Robespierre. Nach der turnusmäßigen Erneuerung des Sicherheitsausschusses am 13. September ging das Recht, dem Konvent die Liste seiner Mitglieder vorzuschlagen, an den Wohlfahrtsausschuß über; ein gleicher Beschluß wurde hinsichtlich der anderen Konventsausschüsse gefaßt. Mit der Kontrolle der ihm bisher gleichgestellten Ausschüsse beauftragt, wurde das *Comité de Salut public*

zum unbestrittenen Mittelpunkt aller Regierungstätigkeit.

Der revolutionäre Terror, im Prinzip seit dem 5. September auf der Tagesordnung, wurde allmählich eingeführt. Es entwickelte sich eine von den Sektionen überwachte Säuberungsbewegung (*épuration*) in den Verwaltungen, besonders im Kriegsministerium auf Anregung von dessen Generalsekretär Vincent. Die Revolutionskomitees wurden durch den Generalrat der Commune erneuert und fortan besoldet; so entglitten sie der Oberhoheit der Sektionen. Deren Bürgerversammlungen und anderen Ausschüsse schlossen aus ihren Reihen gleichfalls Gemäßigte, Gleichgültige und Zaghafte aus; Säuberungen dieser Art ließen die Regierungsausschüsse eher geschehen, als daß sie sie leiteten. Mehr als die Ausstoßung von Unzuverlässigen erhitzte die Abrechnung mit den Konterrevolutionären die Volksleidenschaften, weil sich die Regierung nicht entschließen wollte, sie zu verallgemeinern. Während die Revolutionskomitees unter dem Impuls der Commune zur Verhaftung von Verdächtigen schritten, liefen Gerüchte über eine bevorstehende Lynchjustiz um. Der Konvent fühlte die Gefahr; eine falsche Bewegung konnte überdies seinen Sturz herbeiführen. Am 17. September nahm er das „Gesetz über die Verdächtigen“ an, um mißbräuchliche Auslegungen der Grundsatzbestimmungen zu unterbinden. Es definierte die Kategorie der Verdächtigen sehr weitläufig, was erlaubte, jeden Gegner der Revolution zu treffen. Verdächtig waren die Verwandten von Emigranten, sofern sie nicht ihre Parteinahme für die Revolution bekundet hatten; suspendierte oder abgesetzte Beamte und alle, denen ein Zeugnis über ihre staatsbürgerliche Gesinnung (*civisme*) von ihrem Revolutionskomitee verweigert worden war; schließlich – pauschal – diejenigen, die sich durch ihr Verhalten oder ihre Beziehungen, ihre Reden oder Schriften als Anhänger der Tyrannei oder des Föderalismus und als Feinde der Freiheit erwiesen hatten, und solche, die die Herkunft ihrer Mittel nicht nachweisen konnten, was auf die Spekulanten zielte. Die Revolutionskomitees wurden vom Sicherheitsausschuß beauftragt, sie listenmäßig zu erfassen.

Der am 5. September grundsätzlich beschlossenen Wirtschaftslenkung mußten die Massen ebenfalls noch nachhelfen. Ein Maximum vom elften für Getreide und Mehl erwies sich als ungenügend. Am 22. reichten die Sektionen, unterstützt von der Commune, dem Konvent eine Adresse ein, die der Ungeduld des Volkes über die ausstehende Entscheidung drastischen Nachdruck verlieh. Da der Wohlfahrtsausschuß gleichzeitig auf heftige Kritik im Konvent stieß, entschloß er sich, dem Volksbegehren nachzukommen, um sich dann doch noch lieber nach dieser Seite zu sichern, und erließ am 29. September das Gesetz über das Allgemeine Maximum. Es bestimmte Höchstsätze sowohl für Warenpreise wie für Löhne: Die Preise errechnete es aus dem Mittel des Jahres 1790 mit einem Aufschlag von einem Drittel; wer dagegen verstieß, geriet auf die Liste der Verdächtigen. Das Lohnmaximum wurde ebenso nach den Sätzen von 1790, jedoch mit einem Aufschlag von 50 v. H. festgelegt. Die Schwierigkeiten der Durchführung waren gewaltig; sie erforderten zunehmende Strenge und Zentralisation.
Der Wohlfahrtsausschuß hielt Schritt; er zeigte sich fähig, gleichzeitig die Enragés auszuschalten und die oppositionellen Liberalen im Konvent zum Schweigen zu bringen.

Das Ende der Enragés

Am 19. September schrieb das halbamtliche *Journal der Montagne:*
Volksbewegungen sind nur dann gerecht, wenn die Tyrannei sie notwendig macht . . .; Schurken, die zu wilden und irregulären Bewegungen geraten haben, entweder, um unseren Feinden zu dienen oder, um ihre Sonderinteressen zu befriedigen, sind stets mit Schande und Verachtung bedeckt worden.
Darin summierte die Zeitung den Kurs des Wohlfahrtsausschusses, im Interesse der Durchsetzung seiner politischen Konzeption mit dem manchmal ungeordneten Drängen der Massen um so eher aufzuräumen, wenn sie Wortführer fanden, die in der Diskussion nicht über-

wunden werden konnten und, statt sich einzuordnen, Ansätze einer schwer kontrollierbaren, organisierten Volksopposition schufen: Nichts hielten die Jakobiner für gefahrvoller, als sich von ihren ehemaligen Mitstreitern links überholen zu lassen. So traf der erste Schlag die sansculottische Vorhut – die Enragés.

Jacques Roux, der schon während der Augustbewegung vorübergehend in Haft genommen worden war, um die Unterwerfung der Bürgerversammlung seiner Sektion Gravilliers unter den Willen der Commune zu erleichtern, wurde am 5. September auf Grund einer Anzeige erneut arretiert, dieses Mal jedoch nicht wieder in Freiheit gesetzt. Varlet beförderte der Sicherheitsausschuß – dank einer Fürsprache von Freunden in der Commune allerdings nur für zwei Monate – ins Gefängnis, weil er den Widerstand der Sektion Droits de l'Homme gegen das Dekret, das die Bürgerversammlungen auf zwei in der Woche einschränkte, leitete.

Wollt ihr das Auge des Volkes schließen, hatte Varlet den Regierenden voller Mißtrauen zugerufen, *seine Wachsamkeit betäuben? Und bei welcher Gelegenheit? Gerade dann, wenn die Gefahr für das Vaterland es verpflichten, gewaltige Macht in eure Hände zurückzulegen, was doch gerade tatkräftige Aufsicht erfordert!*

Leclerc setzte seine Kampagne gegen die Regierung im *Volksfreund* auch nach der Journée, deren Ergebnisse ihn nur zum Teil befriedigten, konzessionslos fort. Er hatte mit vielen anderen nach Verabschiedung der Verfassung die Auflösung des Konvents und den Zusammentritt einer neuen Nationalversammlung präzise „zum 1. November" in Vorschlag gebracht. Im Jakobinerklub dessenthalben beschimpft, verdächtigt und mit Festnahme bedroht, stellte er, eine undemokratische Gleichschaltung zurückweisend, das Erscheinen seines Blattes unter Protest umgehend am 21. September ein. Blieben die Revolutionären Republikanerinnen, die eine gewisse Volkstümlichkeit gewonnen, jedoch auch lebhafte Animositäten unter ihren Geschlechtsgenossinnen heraufbeschworen hatten und sich der auf sie von allen Seiten – auch buchstäblich – niederprasselnden Schläge beherzt erwehrten. Sie erlagen

erst einem gemeinsamen Vorgehen von Sicherheitsausschuß und Commune: Die Gesellschaft wurde einseitig für tätliche Zusammenstöße auf offener Straße am 28. Oktober verantwortlich gemacht und am 30. als Ruhestörer für aufgelöst erklärt; ein im Anschluß daran ausgesprochenes Verbot von Frauenvereinen für ganz Frankreich enthüllte die tiefere Absicht. Im November schickten Amar und Chaumette, dieser ölig und jener sarkastisch, das „sanftere Geschlecht" folgerichtig zu seiner „wahren" Bestimmung an Herd und Bett zurück.
Die mühelose Liquidierung der Enragés als politischer Faktor war möglich, weil sie als Fürsprecher der Stadtarmut längst nicht die ganze Breite der Volksbewegung vertraten. Sie waren das Wagnis eingegangen, als schwache, kaum gebündelte Reisige am weitesten vorzustoßen, und hatten sich dabei – übereifrig, unerfahren und manchmal überspannt – auch dann und wann verrannt, Mögliches und Wünschbares unscharf geschieden, das Verhältnis von Haupt- zu Nebenaufgabe nicht immer nüchtern genug in Betracht gezogen, den Zeitpunkt nicht selten schlecht gewählt. Es bleibt ihr geschichtliches Verdienst, als erste die Klassenbeschränktheit nicht nur des Girondeliberalismus, sondern auch der montagnardischen Demokratie erkannt zu haben und gegen die beginnende Aufrichtung eines bürgerlichen Unterdrückerstaates an Stelle des feudalen im Namen der in ihm ausgebeuteten Massen in Front gegangen zu sein. Ihre Tragik bestand darin, wohl eine jakobinische Illusion früher als andere durchschaut zu haben, nicht aber ihr eigenes illusorisches Bemühen, einen notwendigen gesellschaftlichen Prozeß abzubremsen, den sie sowenig wie irgendwer sonst durch „egalitäre" Gegenmittel aus der Welt schaffen konnten.
Während Varlet, Leclerc und die Revolutionären Republikanerinnen enttäuscht der Politik entsagten, hat Jacques Roux den Kampf vom Gefängnis St. Pélagie aus in seiner Zeitung bis in den November fortgesetzt. Nach Bicêtre verbracht, wo ihm diese Möglichkeit genommen wurde, und dem Revolutionstribunal überstellt, wählte er am 10. Februar 1794 den Freitod.

Die Rechte im Konvent wurde im Anschluß an eine seiner heftigsten Auseinandersetzungen gebändigt. Eine Mitteilung Bouchottes über die Absetzung des bei Menin geschlagenen Generals Houchard wurde zum Angriffssignal der Opposition. Thuriot schoß am 25. September eine Breitseite gegen Wirtschaftslenkung und Säuberung und schloß: „Man muß diesen großen Strom aufhalten, der uns in die Barbarei führt." Das vorgehaltene Sündenregister entsprach den geheimen Ansichten der Konventsmehrheit; sie klatschte Beifall und wählte Briez, der sich in Mission in Valenciennes aufgehalten hatte, als dieses kapitulierte, in den Wohlfahrtsausschuß. Robespierre warf das ganze Gewicht seines Ansehens und seiner Beredsamkeit in die Debatte:

Ich erkläre euch: Wer in Valenciennes gewesen ist, als dort der Feind eindrang, ist nicht geeignet, Mitglied des Wohlfahrtsausschusses zu sein. Das mag hart scheinen, aber noch härter ist es für einen Patrioten, daß seit zwei Jahren 100000 Menschen durch Verrat und Schwäche gemordet wurden. Es ist die Schwäche gegenüber Verrätern, die uns ins Verderben stürzt.

Die Versammlung beugte sich, und aus der Kontroverse ging eine Erweiterung der Vollmachten des Wohlfahrtsausschusses hervor. Am 10. Oktober erklärte der Konvent auf Antrag von Saint-Just die Regierung Frankreichs als „revolutionär bis zum Frieden". Die Grundlagen für die Koordinierung der Ausnahmegesetze unter alleiniger Leitung des Wohlfahrtsausschusses waren im September gelegt worden. Ökonomische Notwendigkeiten, insonderheit die Inkraftsetzung des Großen Maximums, erforderten jetzt seine endgültige Institutionalisierung. Das Dekret vom 10. Oktober war hierzu der erste Schritt:

Die Gesetze sind revolutionär, hatte Saint-Just erklärt, *die sie ausführen, sind es nicht . . . Die Republik wird erst dann fest gegründet sein, wenn der Wille des Souveräns die monarchistische Minderheit unterdrückt hat und über sie nach dem Recht der Eroberung herrscht . . . Man muß jene mit dem Eisen regieren, die nicht durch die Gerechtigkeit regiert*

werden können ... Es ist unmöglich, revolutionäre Gesetze durchzuführen, wenn die Regierung nicht selbst auf revolutionärer Grundlage beruht.
Das Prinzip der revolutionären Autorität trug den Sieg über das Prinzip der Wahldemokratie davon.
Der Druck der Volksmassen hatte im Gesetz über die Verdächtigen die organische Verankerung des Terrors auf politischer und durch das Große Maximum auf ökonomischer Ebene bewirkt. Aus der Septemberkrise war jedoch letzten Endes der Wohlfahrtsausschuß als eigentlicher Gewinner hervorgegangen. Sein Primat war bestätigt und bekräftigt worden. Zum Abschluß gelangte diese Entwicklung freilich nicht ohne neue Auseinandersetzungen.

Der revolutionäre Terror

Im September beschlossen, wurde die „Abschreckung" erst im Oktober richtig in Gang gebracht und das Revolutionstribunal in vier Abteilungen gegliedert, wovon je zwei gleichzeitig arbeiteten. Wohlfahrts- und Sicherheitsausschuß schlugen gemeinsam die Liste der Richter und Geschworenen vor; Fouquier-Tinville blieb Öffentlicher Ankläger.
Die großen politischen Prozesse begannen, nachdem am 3. Oktober auf Antrag von Amar die Führer der Gironde und auf Antrag von Billaud Marie Antoinette dem Tribunal überantwortet wurden. Die Hinrichtung der Königin am 16. Oktober bezeichnete Hébert als „die größte aller Freuden des Père Duchesne". Als sich die Verhandlung gegen die redegewandten Girondins endlos hinzuziehen drohte, beschloß der Konvent, daß sich die Geschworenen nach drei Tagen für hinreichend unterrichtet erklären dürften: Die „Einundzwanzig" starben am 31. Oktober. Nach der Exekution des Herzogs von Orléans – jetzt „Philippe Egalité" – am 6. November gab der *Pére Duchesne* dem Revolutionstribunal seine „guten Ratschläge", damit dieses „das Eisen schmiede, solange es heiß' ist, und prompt unter das nationale Rasiermesser befördere den

Verräter Bailly, den Schandbuben Barnave ..." Nummer 312 pries die Tugend der „heiligen Guillotine" und verwahrte sich im vorhinein gegen jede Milde. Frau Roland wurde am achten, Bailly am zehnten, Barnave am 28. November hingerichtet. Während das Revolutionstribunal bis September von 260 Angeklagten 66, d. h. ein Viertel, zum Tode verurteilt hatte, waren es in den letzten drei Monaten des Jahres 177 von 395. Die Zahl der Gefangenen in Paris stieg von 1500 Ende August auf 2398 am 2. Oktober und 4525 am 21. Dezember.

In den Departements hing die Schwere des Terrors erstlich von der Schwere der Revolte, daneben auch von der Einstellung der Konventskommissare ab. Vom Bürgerkrieg unberührte Gegenden kannten ihn zumindest 1793 so gut wie gar nicht; sogar in der Normandie gab es nach dem Zusammenbruch der föderalistischen Revolte kein Todesurteil. Auf den Kriegsschauplätzen der Vendée amtierten Militärkommisionen in Rennes, Angers, Tours und Nantes, um mit der Waffe in der Hand angetroffene Aufständische nach einfacher Feststellung ihrer Identität standrechtlich zu erschießen. In Nantes ließ Carrier Hinrichtungen ohne Urteil durch Massenertränkungen in Kähnen auf der Loire durchführen, wobei im Dezember 1793 und Januar 1794 zwei- bis dreitausend Menschen umkamen: Refraktäre, Verdächtige, „Briganten" und Kriminelle durcheinander. In Bordeaux leitete Tallien die Exekutionen, in der Provence Barras und in Toulon Fréron. In Lyon entsprach der Terror der Schwere der Opfer während der zweimonatigen Belagerung. Am 12. Oktober befahl der Konvent die Zerstörung der Stadt:

Alles, was von Reichen bewohnt wurde, wird zerstört. Es werden nur die Häuser der Armen bleiben, die Wohnstätten der Patrioten, die ermordet oder proskribiert wurden. Die Ansammlung der erhaltenen Häuser wird fortan den Namen Ville Affranchie („Befreite Stadt") tragen.

Während sich Couthon damit begnügte, mehr symbolisch einige Patrizierbauten am Bellecour-Platz niederzureißen, organisierten Collot und Fouché, die am 7. November eintrafen, die Repression im großen. Eine „Revolutions-

kommission“ ersetzte die als zu lahm erachtete Kommission der Volksjustiz und sprach 1667 Todesurteile; Erschießungen ersetzten die zu langsame Guillotine.
Seinem Wesen nach politisch, enthüllte der Terror unter dem Zwang der Umstände oft einen sozialen Aspekt, da sich die Konventskommissare nur auf die Masse der Sansculotten und die jakobinischen Kader stützen konnten. Eigentlich beauftragt, die allgemeine Aushebung zu leiten, beschränkten sich viele tatsächlich auf Maßnahmen, die für die nationale Verteidigung und die innere Sicherheit erforderlich waren. Andere indessen erlegten den Reichen Sondersteuern auf, organisierten Revolutionsarmeen, sorgten für die strikte Durchführung des Maximums; so Isoré und Chasles im Departement Nord, Fouché im Departement Nièvre. Am 31. Oktober verhängten Saint-Just und Lebas über die Reichen von Straßburg eine Zwangsabgabe von neun Millionen, wovon sieben für die Armee und zwei für bedürftige Patrioten bestimmt wurden.
Ökonomische Gesichtspunkte des Terrors traten nicht weniger deutlich hervor. In Paris kontrollierte die Commune die Verteilung der Lebensmittel insbesondere durch Brotkarten. Sie ermächtigte ihre Kommissare zur Bekämpfung der Hortung zu Haussuchungen und gab sich Mühe, den Höchstpreisen durch Sanktionen Geltung zu verschaffen. Abteilungen der Anfang Oktober organisierten Pariser Revolutionsarmee – es gab andere in einigen Departements – sahen in den Produktionsgebieten rund um die Hauptstadt den Bauern bei der Getreideablieferung auf die Finger. Hingegen hielten sich die Behörden an den Buchstaben des Gesetzes und lehnten es ab, darüber hinauszugehen; Pariser Sansculotten petitionierten am 23. Oktober vergeblich für die Einsetzung eines Gerichts mit armen Bürgern als Geschworenen zur Aburteilung von Wirtschaftsverbrechern. In der Provinz erforderte die Durchsetzung des Maximums vermehrte Härte, jedoch wurden keine nur ökonomisch begründeten Todesurteile gefällt. Die Mehrzahl der Städte folgte im übrigen dem Beispiel von Paris und rationierte das Brot; manche überführten Backstuben in Gemeinderegie.

Die behördliche Verteilung setzte normale Anlieferungen voraus. Um den Warenumlauf zu fördern und den Produzenten einen Anreiz zu geben, schuf der Wohlfahrtsausschuß am 22. Oktober eine Versorgungskommission mit ausgedehnten Vollmachten für Erzeugung, Handel und Verkehr: die gesamte Volkswirtschaft geriet damit unter seine Kontrolle. Die unbeschränkten Befugnisse seiner Vertreter und der Konventskommissare erlaubten, die Wirtschaftslenkung auch jenen Produzenten und Kaufleuten aufzuzwingen, die sie verabscheuten.
Im selben Augenblick, da sich der Terror zu einem geordneten System von Maßnahmen zur Verteidigung der Revolution unter immer strikterer Aufsicht des Wohlfahrtsausschusses zu entwickeln begann, sah sich dieser durch eine neue Form der Volksbewegung herausgefordert, die nochmals die Stabilität der Revolutionsregierung zu untergraben drohte.

Die „Entchristlichung"

Ihre Ursprünge reichten bis in die Anfänge der Revolution zurück. Seit 1791, lange vor der „Vendée" also, hatten sich die Refraktäre eindeutig an die Seite der Aristokraten gestellt; 1792 wurde auch der verfassungstreue Klerus vielen Revolutionären verdächtig. Mit Ausnahme Einzelner, die gleich Jacques Roux für die Volksbewegung Partei nahmen, bewahrte die Mehrheit monarchistische Neigungen, bedauerte den 10. August und mehr noch die Hinrichtung des Königs. Die Spannung stieg 1793: Als Gemäßigte bevorzugten die konstitutionellen Priester naturgemäß die Gironde. Zum Widerwillen breiter Volksschichten gegen geistliche Bevormundung im Beichtstuhl, Zölibat und staatsbürgerliche Nutzlosigkeit solcher zweifelhafter Republikaner gesellte sich von daher ein ausgesprochen politischer Akzent. Eine Fortsetzung des Experiments mit der Zivilverfassung wurde Vielen fragwürdig: Schon im November 1792 hatte Cambon die Einstellung der Gehaltszahlung an Geistliche vorgeschlagen. Diese selben Männer der Aufklärung, manche für ihre Person Atheisten, konnten sich jedoch schlecht vorstellen, daß der Staat ohne eine Kirche und das Volk ohne religiöse Zeremonien auskommen könne.

Seit 1790 begann sich daher allmählich ein Revolutionskult auszubilden, dessen erste große Bekundung das Fest der Föderation gewesen war. Über Bürgerfeste, Erinnerungs- und Trauerfeiern wie zu Ehren Mirabeaus hatten sich Übungen einer Laienreligion Stück für Stück herausgebildet. Während der verfassungstreue Klerus in den ersten Jahren solche Kundgebungen mitgestaltet hatte, war das Fest der Einheit und Unteilbarkeit am 10. August 1793 ohne ihn in rein weltlichen Bahnen verlaufen.

Monate vor Beginn der „Entchristlichung“ schon war es in Paris aus Anlaß der Fronleichnamsprozession und der Einschmelzung von Kirchenglocken für Zwecke der Rüstungsindustrie zu Zwischenfällen gekommen. Am 12. September 1793 verlangte die Sektion Panthéon Français die Eröffnung von „Schulen der Freiheit“, die sonntäglich „Abscheu vor dem Fanatismus“ lehren sollten. Die Entchristlichung entsprach mithin einer Strömung, die sich besonders seit dem Eintritt der Sansculotten in das politische Leben kundtat. In die antiklerikale Stimmung verwoben sich Momente der Nationalverteidigung, die die Bewegung beschleunigten. Das Edelmetall des Messegeräts half den Assignatenkurs stützen, und aus der Glockenbronze goß man Kanonen. So entbehrte die Entchristlichung auch eines gewissen ökonomischen Hintergrundes nicht: Die Suche nach Gold und Silber war mitunter gleichzeitig eine der Ursachen und eine ihrer Folgen.

Die Annahme des Revolutionskalenders, nach Aulard die „antichristlichste Maßnahme der Revolution“, zeigt, daß sich hierin die Einstellung des revolutionären Bürgertums mit jener der sansculottischen Vorhut deckte. Am 5. Oktober beschloß der Konvent nach Anhörung des Berichterstatters Romme die Einführung der republikanischen Ära rückwirkend vom 22. September 1792, dem ersten Tag der Republik. Das Jahr wurde in zwölf Monate zu 30 Tagen aufgeteilt, jeder Monat in drei Dekaden;

die verbleibenden fünf bis sechs Zusatztage wurden zunächst „Sansculottiden“ genannt. Der „Dekadi“ entthronte den Sonntag, und die Dekadenfeste machten Messe und Predigt Konkurrenz. Am 24. Oktober folgte ein neuer Bericht über den Kalender von Fabre d'Eglantine: Der Dichter von *Es regnet, regnet, Schäferin* erfand für die Monate poetische Namen nach altgermanischen Vorbildern: Vendémiaire, Brumaire, Frimaire; Nivôse, Pluviôse, Ventôse; Germinal, Floréal, Prairial; Messidor, Thermidor und Fructidor. Diese Entchristlichung des Alltags vervollständigte ein Dekret vom 5. November über die Einrichtung von Bürgerfesten. Marie Joseph Chénier erklärte als Berichterstatter:

Frei von Vorurteilen und würdig, die französische Nation zu vertreten, werdet ihr auf den Trümmern des entthronten Aberglaubens die einzige Universalreligion zu gründen wissen, die weder Geheimnisse noch Mysterien besitzt, deren einziges Dogma die Gleichheit ist, deren Redner unsere Gesetze, deren Priester unsere Beamten sind, und welche den Weihrauch der großen Familie nur vor dem Altar des Vaterlandes, der gemeinsamen Mutter und Gottheit, streut.

Bis dahin blieb der katholische Kultus – zumindest in der Sphäre der Gesetzgebung – jedoch unangetastet.

Die „Entchristlichung“ im engeren Sinn nahm ihren Ausgang auf Initiative einiger Konventskommissare in der Provinz. Am 21. September präsidierte der Ex-Oratorianer Fouché in der Kathedrale von Nevers der Einweihung einer Büste des Brutus; am 26. erklärte er der Volksgesellschaft von Moulins, er wolle den Kultus des Aberglaubens und der Heuchelei durch jenen der Republik und der natürlichen Moral ersetzen. Am 10. Oktober verbot er religiöse Zeremonien außerhalb des Kirchenraumes, verweltlichte das Bestattungswesen und die Friedhöfe, an deren Pforten er die Inschrift anzubringen empfahl: „Der Tod ist ein ewiger Schlaf.“ In Rochefort verwandelte Lequinio die Kirche in einen „Tempel der Wahrheit“; im Departement Somme verlegte Dumont den sonntäglichen Gottesdienst auf den Dekadi. Drouet ließ in Maubeuge das Messegerät als „Schnörkel des Fanatismus und der Unwissenheit“ beschlagnahmen.

Andere Abgeordnete ermutigten die bereits seit längerem vereinzelt praktizierte Verehelichung von Priestern.
Dem Konvent wurde die Entchristlichung von außen aufgedrängt. Chaumette, der seine Heimat besucht und in Nevers der Feierlichkeit vom 21. September beigewohnt hatte, empfahl der Commune ähnliche Maßnahmen. Am 14. Oktober untersagte sie kultische Handlungen im Freien. Jedoch ging die Commune behutsam vor, und Hébert wartete Ende Oktober ab, ehe er sich – in Nummer 301 seiner Zeitung – gegen die „Pfaffenkappe" einließ. Der eigentliche Anstoß kam anderswoher.
Am 30. Oktober teilte die Gemeinde Ris bei Corbeil dem Konvent mit, daß sie Brutus statt St. Blasius zum Schutzheiligen nehme. Am 6. November erklärte eine Abordnung aus Mennecy im selben Distrikt, auf den katholischen Kultus zu verzichten, verlangte die Abschaffung seiner Pfarre und führte vor den Schranken des Konvents eine erste antireligiöse Parodie auf. Wer oder was hat die Sansculotten von Ris und Mennecy dazu veranlaßt? Konterrevolutionäre Intrigen gegen die verfassungstreuen Pfarrer? Ein Druck von Kommissaren des Departements oder des Vollzugsrates, die beauftragt waren, im Distrikt mit Unterstützung der Revolutionsarmee Getreide zu requirieren? Oder Agitatoren aus deren Reihen? Jedenfalls erhob der Konvent an diesem Tag zum Beschluß, daß eine Gemeinde das Recht habe, auf den katholischen Kultus zu verzichten.
Von da ab überstürzten sich die Ereignisse.
Am Abend desselben 6. November griff Léonard Bourdon im Jakobinerklub die Priester an. Dann verfaßte ein ephemeres „Zentralkomitee der Volksgesellschaften", in dem sich verbale Extremisten wie Desfieux, Pereira und Proli erhitzten, eine Petition über die Streichung des Kultusbudgets. In der Nacht vom 6. zum 7. begaben sich die Anreger der Petition in Begleitung der Abgeordneten Cloots und Bourdon zu Erzbischof Gobel und bewogen ihn zur Abdankung; am 7. November erschien Gobel mit seinen Generalvikaren im Konvent und trat feierlich von seinem Amt zurück. Chaumette erstattete der Commune Bericht über diese „denkwürdige Szene, wo der Fanatismus

und die Taschenspielerkünste der Priester ihren letzten Seufzer ausgehaucht haben," und ließ ein Fest der Freiheit in der ehemaligen Metropolitankirche Notre-Dame beschließen, das am 10. November stattfand. Ein symbolischer Berg war im Chor errichtet, eine Schauspielerin – bis heute ungewiß, welche – stellte die Freiheit dar. Der Konvent, dem die Feier gefallen hatte, gab dem Antrag Chaumettes, Notre-Dame der Vernunft zu weihen, sogleich statt. In wenigen Tagen ergriffen die Wogen der Entchristlichung die Sektionen. Am 7. November verzichtete die Sektion Tuileries auf Antrag Thuriots, am 9. die Sektion Gravilliers auf Antrag von Léonard Bourdon auf den Kultus; Revolutionskomitees und Volksgesellschaften traten in Aktion. Am 23. sanktionierte die Commune die vollendeten Tatsachen und verfügte eine allgemeine Schließung der Kirchen in der Hauptstadt; am 25. waren alle der Vernunft geweiht.

Parallel zur Entchristlichung entwickelte sich eine Verehrung von Märtyrern der Freiheit. Während erstere von Männern in Gang gesetzt wurde, die der Sansculotterie nur flüchtig verbunden waren, entwuchs der Märtyrerkult der Volksverehrung für Marat. Die Sansculotten erblickten darin eine Bestätigung ihrer republikanischen Grundsätze, eine Art Volkskommunion und Überhöhung ihres revolutionären Glaubens; der Pomp des neuen Kults ersetzte gewissermaßen den herkömmlichen. Während des Monats August hatten mehrere Sektionen und Volksgesellschaften Trauerfeiern und Umzüge für Marat veranstaltet oder Büsten für ihn und Lepeletier geweiht. Nachdem sich im September die Sansculotten durchgesetzt hatten, wurde der Märtyrerkult allgemein. Laienprozessionen mehrten sich im Oktober; durch Hinzufügung von Chalier bildete sich eine revolutionäre Dreifaltigkeit.

Nachdem die Kirchen geschlossen waren, erschien in nahezu allen Sektionen die Verehrung von Märtyrern der Freiheit als Bestandteil eines Revolutionskults, den die Patrioten auf den Ruinen des Katholizismus errichten wollten. Sie verschmolz mit dem Kult der Vernunft – einer zu abstrakten Gottheit, selbst wenn sie die Züge einer

Opernsängerin oder Tragödin entlehnte. Die Bildnisse der Revolutionshelden ersetzten in den Tempeln der Vernunft die Heiligenfiguren. Noch ehe das Jahr 1793 zu Ende ging, begann jedoch diese volkstümliche Märtyrerverehrung in Regierungskreisen und mehr noch in bestimmten Schichten des montagnardischen Bürgertums Bedenken zu erregen, weil sie in der Person Marats die Revolutionsstimmung in ihren allerhöchsten Tonlagen pries. Daher wurde sie mit eingeschlossen in die Gegenoffensive des Wohlfahrtsausschusses gegen die Dechristianisatoren.

Als am 11. November eine Abordnung des „Zentralkomitees der Volksgesellschaften" die Einstellung der Zahlungen an die Kirche beantragte, äußerte sich der Konvent nicht. Am 17. jedoch signalisierte Robespierre in seinem Bericht über die äußere Lage, daß der Feldzug gegen die Kirche eine gefährliche Entfremdung der Neutralen befürchten lasse; am 21. sprach er sich mit Entschiedenheit für Religionsfreiheit aus. Obwohl er dem Katholizismus nicht freundlich gesonnen war, erschien ihm die Abschaffung des Kultus als politischer Fehler: Die Republik habe schon übergenug Feinde, auch ohne daß man einen Großteil der Massen, die aus Gewöhnung an der Religion hingen, gegen sie aufbringe. Indem Robespierre Desfieux, Pereira und Proli als „Agenten des Auslandes" und „unmoralische Menschen" bezeichnete, gab er zu verstehen, daß jene, die Altäre umstürzen, sehr wohl als Demagogen verkleidete Konterrevolutionäre sein können.

Wer die Messe verhindern möchte, ist ein ebensolcher Fanatiker wie jener, der sie liest ... Der Konvent wird nicht erlauben, daß man friedliche Geistliche verfolgt, aber er wird sie jedesmal mit Strenge strafen, wenn sie wagen sollten, kraft ihres Amtes Bürger zu täuschen, um dem Vorurteil oder dem Royalismus Waffen gegen die Republik zu liefern.

Die Rückkehr Dantons, der seit Oktober seine zweiten Flitterwochen in Arcis verbrachte, stärkte in dieser Hinsicht die Position der Regierung. Am 26. November erhob er bissigen Einspruch gegen antireligiösen Mummenschanz und verlangte, „daß man eine Grenze ziehe".

Am 28. kam Robespierre auf die Gefahren zurück, die aus der Kampagne erwachsen konnten; tags darauf ließ Chaumette, der den Wind drehen sah, die Commune die Freiheit der Religionsausübung bestätigen. Indem er jedoch die Pariser Pfarrer nicht mehr besoldete, trennte er Kirche und Staat. Am 6. Dezember brachte der Konvent seinerseits durch ein Dekret den Grundsatz der Religionsfreiheit in Erinnerung, engte seine Konsequenzen indessen insofern ein, als er am achten präzisierte, daß er nicht beabsichtige, gegen bereits getroffene Maßnahmen einzuschreiten, insonderheit nicht gegen Anordnungen der Volksvertreter in Mission; mit anderen Worten: Geschlossene Kirchen blieben geschlossen. Die Entchristlichung ging weiter, jedoch weniger geräuschvoll und ungleichmäßig, je nach den örtlichen Verhältnissen und dem Auftreten der Kommissare; im Frühjahr 1794 waren geöffnete Kirchen und amtierende Pfarrer immerhin bereits die Ausnahme.
Trotz seines begrenzten Erfolges hatte sich der Wohlfahrtsausschuß im Prinzip durchgesetzt. Er hatte die von unten kommende Bewegung aufgefangen und vermieden, sich von den Dechristianisatoren überrunden zu lassen. Um die gleiche Zeit besserte sich die militärische Lage; das trug in hohem Maße zur weiteren Untermauerung seiner Stellung bei.

Die Organisatoren des Sieges

Die Revolutionsregierung hatte keine andere Begründung als den Sieg. Dem Wohlfahrtsausschuß wäre es schwerlich gelungen, im Sattel zu bleiben, hätte er nicht bald sichtbare Erfolge über den äußeren Feind erzielt.
Die Kriegführung wurde von ihm mit Unterstützung von Minister Bouchotte vereinheitlicht. Carnot und Prieur, beide Berufsoffiziere, waren dem Ausschuß am 14. August beigetreten und befaßten sich hauptsächlich mit dem Militärressort, ersterer mit der operativen Leitung, letzterer mit der Rüstungswirtschaft. Jeanbon Saint-André beaufsichtigte und förderte im Verlauf seiner vielen

Missionen Gießereien, Gewehrmanufakturen, Salpeterwerkstätten und Werften; Lindet in der Versorgungskommission stellte die Verpflegung der Armeen und der Rüstungsbetriebe sicher. Carnot hat man den „Organisator des Sieges“ genannt – gewiß, aber zusammen mit dem ganzen Ausschuß. Daß seine leitenden Köpfe – Robespierre, Saint-Just und Couthon – geringen Anteil an seiner gemeinsamen methodischen Vorbereitung gehabt hätten, ist eine thermidorianische Legende, geschmiedet von Überlebenden, die die Verantwortlichkeit für den Terror auf die Geächteten abwälzen und für sich allein den Ruhm beanspruchen wollen, die Republik gerettet zu haben.

Die Erschließung der materiellen Ressourcen wurde im Sommer organisiert. Lager und Werkstätten waren leer, während der Mannschaftsstand schon im Juli 650000 erreichte. Was man bisher eingeführt hatte, mußte nun aus dem Lande selbst geschöpft werden. Der Wohlfahrtsausschuß zog die bedeutendsten Gelehrten heran, stellte erstmalig wissenschaftliche Forschung systematisch in den Dienst der Nationalverteidigung. Der vielseitig begabte Mathematiker Monge redigierte eine Beschreibung der Geschützfabrikation und organisierte mit dem deutschen Bergingenieur Hassenfratz die Waffenmanufaktur von Paris. Der große Chemiker Berthollet beschäftigte sich mit der Pulverherstellung, Vandermonde schrieb über Produktionsvorgänge für blanke Waffen. In Paris wurden sämtliche Eisenarbeiter requiriert, Schmieden in Gärten und auf Plätzen errichtet; 1794 stieg die tägliche Gewehrproduktion auf 700 Stück.

Im Dezember begann die Salpeterkampagne. Die Bürger wurden aufgefordert, ihre feuchten Keller abzukratzen; die Gemeinden errichteten Anlagen, um den Salpeter zu waschen und ihm durch Verdampfung das „tyrannentötende Pulver“ zu entziehen. Das Sammeln von Salpeter bekundete den patriotischen Eifer der Sansculotten. Praktische Früchte trug diese gewaltige Anstrengung erst im Frühjahr 1794; in fester Erwartung derselben hatte der Wohlfahrtsausschuß jedoch verstanden, den dringlichsten Anforderungen nachzukommen und zunächst die Invasion aufzuhalten.

Der revolutionäre Terror im Heer trug seinerseits dazu bei. Wenn der Ausschuß 14 Armeen ausheben, einkleiden, bewaffnen, ernähren und dazu noch zum Sieg führen konnte, gelang ihm das dank dem Volksaufgebot, der Requisition, dem Maximum, der Nationalisierung der Rüstungsproduktion, wie auch dank der Säuberung der Kommandostellen und der Überwachung der Generäle. Maßnahmen konnten durchgeführt werden und Ergebnisse zeitigen, weil die Revolutionsregierung eine vom Terror sanktionierte Autorität besaß.

Eine neue Generation militärischer Kader wurde unter den verschiedensten Elementen des alten Dritten Standes und auch aus dem armen Adel ausgewählt; der Wohlfahrtsausschuß weigerte sich, dem oft vorgetragenen Ansinnen nachzugeben, die Adligen summarisch aus Heer und Verwaltung auszuschließen. Die Generäle hatten der Zivilgewalt unbedingt zu gehorchen, und Artikel 110 der Verfassung bestimmte: Es gibt keinen Oberbefehlshaber. Die revolutionäre Disziplin erstreckte sich auf Generäle, Offiziere und Mannschaften mit gleicher Strenge.

Houchard, Sieger bei Hondschoote, bemächtigte sich der Stadt Menin, befahl jedoch plötzlich entgegen den Weisungen des Wohlfahrtsausschusses den Rückzug, der sich in Auflösung verwandelte. Er wurde abgesetzt, vor das Revolutionstribunal gestellt, zum Tode verurteilt und am 15. November guillotiniert, weil er den Feldzugsplan ruiniert hatte. Man soll aber nicht meinen, daß blindes Gleichmaß die Generäle über einen Kamm schor. Als Hoches Angriff auf Kaiserslautern scheiterte, wußte der Wohlfahrtsausschuß ihn zu trösten und aufzurichten; die Truppe gewann ihr Vertrauen zurück, als die Volksvertreter in Mission an ihre patriotischen Empfindungen appellierten.

Im Herbst trat an den Fronten eine Wende zum Besseren ein. Das Ende der föderalistischen Revolte kam mit dem Fall von Lyon. Die Brechung des Widerstandes verlangte große Aufwendungen, die auf Kosten der Alpenarmee gingen und erst am 9. Oktober zum Einmarsch der Republikaner führten. Danach konnte der Wohlfahrtsausschuß die Belagerung von Toulon verstärken. Am 15. De-

zember begann Dugommier, unterstützt vom korsischen Artilleriehauptmann Buonaparte, den Sturm und nahm Stadt und Hafen nach viertägigem Kampf.
Auch die Niederschlagung der Vendée ging auf Maßnahmen des Wohlfahrtsausschusses zurück. Die Garnison von Mainz, die unter der Bedingung, ein Jahr nicht gegen die Koalition zu kämpfen, ehrenvoll kapituliert hatte, versetzte der „Katholischen und Königlichen Armee“ einen entscheidenden Schlag. Alle verfügbaren Kräfte der Republik wurden zu einer Westarmee vereinigt; in zwei starken Heeresabteilungen rückte sie von Niort und von Nantes aus vor und vereinigte sich bei Cholet, wo sie den Vendéern am 17. Oktober eine Niederlage beibrachte. La Rochejacquelein und Stofflet waren nach Überschreitung der Loire inzwischen bis Granville vorgedrungen, wollten den Hafen besetzen, um mit England Verbindung aufzunehmen, scheiterten jedoch am 13./14. November vor der Stadt, die Konventskommissar Le Carpentier verteidigte. Ohne schweres Geschütz nach Süden zurückflutend, wurden sie vor Angers am 3. und 4. Dezember zurückgeschlagen. Schließlich ereilte sie in einem fürchterlichen Straßenkampf in Le Mans am 13. und 14. Dezember durch Marceau und Kléber die Vernichtung; die Reste ihrer Armee wurden an der Loiremündung bei Savenay am 23. aufgerieben. Eine unmittelbare militärische Gefahr bildete die Vendée fortan nicht mehr, obwohl die bäuerliche Guerilla der Chouans der Republik noch jahrelang schwer zu schaffen machen wird.
Schließlich brachten Maßnahmen des Wohlfahrtsausschusses die Invasion zum Stehen. Seit August blockierten Engländer und Holländer Dünkirchen, und die Kaiserlichen schlossen nach der Eroberung von Le Quesnoy Ende September Maubeuge ein. An der Saar waren die Preußen, absorbiert durch ihren Raubzug in Polen, recht passiv; am Oberrhein nahmen die Österreicher am 13. Oktober hingegen die „Weissenburger Linien“ und erschienen im Elsaß. Der Wohlfahrtsausschuß befahl, überall die Initiative an sich zu reißen.
Die Entsetzung von Dünkirchen war eine Folge des etwas konfusen Erfolges in der dreitägigen Schlacht von

Hondschoote über das Corps Freytag, das die Belagerung zu decken hatte; die Holländer wetzten allerdings die Scharte umgehend bei Menin wieder aus. Maubeuge wurde durch einen am 16. Oktober von Jourdan und Carnot errungenen Sieg bei Wattignies entsetzt. Der Volksvertreter in Mission hatte an der Seite der Generäle die Kolonnen zum Sturz geführt, der Platzkommandant von Maubeuge hingegen sich während der Schlacht nicht gerührt: Er wurde guillotiniert. Obwohl die Österreicher auf Mons zurückwichen, war der Vorteil nicht entscheidend. Da aber Wattignies auf Hondschoote folgte, gewann die Truppe neue Zuversicht.
Länger dauerte die Freikämpfung von Landau. Saint-Just wurde in Mission nach dem Elsaß entsandt, Baudot mit Lacoste nach Lothringen. Der Wohlfahrtsausschuß gruppierte die Truppen um und verstärkte die Rheinarmee unter Pichegru. Hoche mit der Moselarmee mißlang der Angriff auf den Herzog von Braunschweig am 28. bis 30. November; an die Spitze beider Armeen gestellt, nahm er die Offensive wieder auf, durchstieß die Weissenburger Linien, entsetzte am 29. Dezember Landau und nahm Speyer. Darauf zogen sich die Preußen nach Mainz und die Österreicher hinter den Rhein in Winterquartiere zurück.
Der Rückstau der Invasion hatte eingesetzt. Die Spanier waren hinter Bidassoa und Tech gedrängt; Savoyen hatte Kellermann schon im Oktober zurückerobert. Die allgemeine Mobilmachung begann sich bemerkbar zu machen. Die Rekruten des Volksaufgebots reihten sich ein, die Kriegsproduktion lief auf vollen Touren; Anfang November wurden dem Konvent die ersten Gewehre aus den neuen Nationalwerkstätten überreicht. Die Politik des Wohlfahrtsausschusses hatte sich in der Nationalverteidigung als wirksam erwiesen.

Das Dekret vom 14. Frimaire

Anfang Dezember schien die Bewegung im Volk zur Ruhe zu kommen. Die Regierungsoffensive gegen die Entchristlichung hatte den davon überraschten Vorkämpfern der Pariser Sektionen und Volksgesellschaften die Schwingen etwas beschnitten; die vom Wohlfahrtsausschuß im Grunde seit dem 2. Juni eingehaltene Linie, den Elan der Massen nicht auszutreten, jedoch zu mäßigen und zu kanalisieren, begann sich auszuzahlen. Gleichzeitig ergab sich die Notwendigkeit, die Regierungsmaßnahmen in der Provinz einheitlicher durchzusetzen. In der unterschiedlichen Handhabung des revolutionären Terrors durch Konventskommissare, örtliche Jakobiner und Sansculotten trat das Ringen um den bestimmenden Einfluß je nach der Tendenz der einen oder der anderen zutage. Ihre Aktionen dienten wohl alle der Einheit der Nation, ließen jedoch Disziplin und Abgestimmtheit vermissen. Die Dualität der Behörden, die eine gewählt, die andere revolutionären Ursprungs, führte oft zu Überschneidungen. Die Zuständigkeiten mußten abgegrenzt und der Zentralgewalt eindeutig untergeordnet, die revolutionäre Massenspontaneität eindeutig auf Ziele gelenkt werden, die die Revolutionsregierung absteckte.

Das um so mehr, als es die wirtschaftliche Lage gebieterisch erheischte. Die Einführung des Allgemeinen Maximums nach Distrikten zog vielfache Ungleichmäßigkeit nach sich. So war manches festzulegen, worüber das Dekret vom 29. September einfach nichts aussagte wie Transportkosten oder Gewinnspannen für Grossisten und Kleinhändler. In einigen Gebieten – im Süden besonders – herrschte Lebensmittelmangel, während andere an unabsetzbaren Vorräten erstickten; daher rissen Unruhen und Ausschreitungen in der Provinz nicht ab. Der Wohlfahrtsausschuß hielt es schon deshalb für unumgänglich, die Zentralisierung der Verwaltung zu verstärken, weil die Wirtschaftsführung reorganisiert, das Maximum vereinheitlicht, der Außenhandel nationalisiert und so eine Angleichung des Niveaus unter den Departements erzielt werden mußte. Ökonomischer Zwang wie politische Imperative führten den Ausschuß dazu, seine uneingeschränkte Autorität über die ganze Nation aufzurichten.

Das „Dekret über die Revolutionsregierung" vom 14. Frimaire (4. Dezember) entsprach diesem Zweck. Es legte

sozusagen die provisorische Verfassung einer durchgängig zentralisierten Republik für die Dauer des Krieges fest.
Der Nationalkonvent ist das einzige Hebelzentrum der Regierung (Art. 1); alle gewählten Körperschaften und Behörden sind jedoch laut Dekret vom 10. Oktober der unmittelbaren Aufsicht des Wohlfahrtsausschusses unterstellt; für alles, was Personen und Polizei betrifft, steht diese Aufsicht laut Dekret vom 17. September dem Sicherheitsausschuß zu (Art. 2).
Der bisher autonome Prokurator der Commune von Paris – Chaumette – wird zum „Nationalagenten", einfacher Delegierter des revolutionären Staates, unterworfen der Kontrolle der beiden Regierungsausschüsse.
Der Distrikt, geleitet von einem Nationalagenten, ernannt und nicht gewählt, bildet den „klassischen" Verwaltungsbezirk und korrespondiert mit dem Wohlfahrtsausschuß ohne Zwischeninstanz; das Departement spielt fortan die zweite Geige. Nur die Regierung kann in Zukunft Kommissare entsenden; Körperschaften, Behörden und Volksgesellschaften ist es untersagt, durch Bevollmächtigte untereinander zu verkehren und Zentralkomitees oder Versammlungen zu bilden. Von den örtlichen Revolutionsarmeen bleibt nur die Pariser bestehen; „revolutionäre Besteuerung" wird verboten. Vor allem aber: Wahlen finden, solange der Krieg andauert, keine mehr statt: Zwangsläufig treten im Falle von Veränderungen auf allen Ebenen von oben Ernannte an die Stelle der von unten Gewählten.
Die Logik der Ereignisse führte die Revolution zu einer maximalen Zentralisation, zu einer einheitlich gesteuerten Verwaltung, zur Verstärkung der Regierungsgewalt als unabdingbarer Voraussetzung des hartnäckig verfolgten Sieges. Wodurch aber konnte der Wohlfahrtsausschuß das Vertrauen der Volksmassen bewahren? Wo sollte deren Dynamik fortan ihren Platz und Handlungsspielraum finden?
Um dieselbe Zeit sah sich der revolutionär-demokratische Zentralismus von entgegengesetzter Seite in Frage gestellt. Die Revolution war Ende 1793 über das Gröbste hinweg: Toulon befreit, die Vendée geschlagen, Landau entsetzt.

Konnte die Form der Diktatur jetzt nicht gemildert werden? Alle, die ein baldiges friedsames Leben erhofften und die Rückkehr zu einer Wirtschaft ohne Reglement wünschten, hätten gern gesehen, daß der Wohlfahrtsausschuß den Terror lockerte. Konnte er die dringlicher werdenden Rufe um „Nachsicht“ guten Gewissens erhören? Da sich die internationale Konterrevolution nicht entspannte, der Krieg folglich weiterging und der entscheidende Frühjahrsfeldzug vor der Tür stand, war an allen davon abgeleiteten Notwendigkeiten nicht zu rütteln. Gerade erst fest im Sattel, mußte die Revolutionsregierung einer gleichzeitigen Opposition von links und von rechts unbeirrbar die Stirn bieten.

KAPITEL IX

Sieg und Fall der Revolutionsregierung

1. Kampf und Untergang der Flügelfraktionen

Von zwei Seiten berannt und in die Zange genommen, gedachte der Wohlfahrtsausschuß weder den „Citras“ noch den „Ultras“ nachzugeben; er suchte zwischen ihnen die Mitte zu halten. Die Konjunktion oppositioneller Vorstöße im Konvent mit der Unzufriedenheit im Volk zwang ihn indessen im Ventôse, aus seiner Reserve herauszutreten.
Danton hatte Robespierre gegen die Dechristianisatoren nicht ohne Berechnung unter die Arme gegriffen. Er mußte bloßgestellte Freunde aus der Schlinge ziehen, kombinierte jedoch weiter in der Richtung, den Wohlfahrtsausschuß, in dem Billaud und Collot als Sansculottenfreunde galten, auseinanderzumanövrieren, um das volkstümliche Programm zu zerschlagen, das in Hébert und dessen Cordeliers-Freunden Fürsprecher fand: Extremer Terror, verschärftes Maximum, Krieg mit allen Mitteln und auf allen Ebenen. Der Kampf der Fraktionen entbrannte, und der Wohlfahrtsausschuß fegte sie hinweg – mit schwerwiegenden Folgen für das System der Revolutionsregierung, jedoch ebenso für die Volksbewegung und schließlich für die Revolution selbst.

Die „Verschwörung des Auslandes“

Zwei in ihren Hauptfiguren wie in ihren Auswirkungen miteinander verbundene Affären zerstörten die Einheit der Bergpartei.
Fabre d'Eglantine, ein Freund Dantons, brachte am 12. Oktober die „Verschwörung des Auslandes“ zur Anzeige. Er beschuldigte die Linken Proli, Desfieux, Pereira und Dubuisson der Teilnahme an einem von Ausländern

gesponnenen Komplott, die Republik durch „Maßlosigkeiten“ zugrunde zu richten.
Nun bewegten sich unter den Revolutionären zahlreiche ausländische Sympathisanten; Frankreich bezeigte ihnen Gastfreundschaft, und einige wie Anacharsis Cloots und Thomas Paine saßen sogar im Konvent. Andere gleich Pereira zeichneten sich bei den Cordeliers und in Volksgesellschaften durch Initiative und Redefluß aus. Diese politische Rolle der Fremdlinge beunruhigte den Wohlfahrtsausschuß um so mehr, als sie hin und wieder Beziehungen zu Geschäftsleuten pflegten, deren Interesse an ihnen zweideutig sein konnte. Walter Boyd, protegiert von Chabot, war unter anderem Bankier des Foreign Office; Bankier Perregaux, da aus Neuchâtel, Untertan des Königs von Preußen. Proli, aus einer Brüsseler Bankiersfamilie und mithin aus Habsburgerlanden, verband Freundschaft mit dem jakobinischen Agitator Desfieux und mehreren Abgeordneten. Die Gebrüder Frey, abenteuerliche Finanzgrößen aus dem österreichischen Mähren, verheirateten ihre mitgiftschwere Schwester an den Exkapuziner Chabot. Die Transaktionen des deklassierten spanischen Granden Guzman („Don Tocsinos“) zeichneten sich, gelinde gesagt, durch Undurchsichtigkeit aus. Dabei fiel auf, daß gerade solche Fremdlinge, die sich als Heereslieferanten betätigten und auf die Baisse des Assignaten spekulierten, mancherlei Fäden zu gewissen Montagnarden knüpften und für radikalste politische Maßnahmen wie sofortige Annexionen und die kampagnehafte Entchristlichung warben.
Auch der Skandal um die Indienkompanie brach in diesem Milieu aus. Ein Dekret vom 24. August hatte die Aktiengesellschaften verboten; Kassen und Papiere der privilegierten Handelskompanie wurden folglich versiegelt. Am 8. Oktober schlug Delaunay einen Erlaß vor, der die Liquidation auf rücksichtsvolle Weise regelte; Fabre schleuste einen Zusatz ein, wonach sie der Staat durchführen sollte. Im Gesetzblatt erschien hingegen Delaunays Wortlaut, wonach die Liquidation der Gesellschaft selber oblag; Sie hatte Fabre wie Delaunay und deren Mitwisser für die Fälschung der Originalurkunde mit einer statt-

lichen halben Million bestochen. Die Sache wurde am 14. November im Sicherheitsausschuß ruchbar; im Jakobinerklub angegriffen wegen seiner Verbindungen zu den Freys, beugte Chabot vor, indem er seine Komplizen preisgab; Basire bestätigte seine Denunziation.

Der Wohlfahrtsausschuß glaubte an die Echtheit eines „ausländischen Komplotts" um so eher, als sich in die Operationen der Revolutionsgewinnler eine kunstvolle Intrige des royalistischen Oberspions Baron Batz mischte. Chabots Anzeige schien diejenige Fabres zu stützen. Empfindlicher als auf die Korruptionserscheinungen reagierte der Wohlfahrtsausschuß auf den nationalen Aspekt des Falles, denn schließlich hatten Basire und Chabot noch am 11. November gegen den Terror gewettert und den Ausschuß bezichtigt, sogar den Konvent zu tyrannisieren. Dieser hatte gerade beschlossen, Abgeordnete dem Revolutionstribunal erst zu überantworten, nachdem sie von ihm selbst vernommen waren, und die Debatte brachte ein Zusammenspiel der Geschäftemacher mit der Gruppierung der „Nachsichtigen" (*indulgents*) ans Licht: so zwischen Chabot und Thuriot, einer der Spekulation, der andere des Moderantismus verdächtig, und beide Dechristianisatoren. Der Beschluß wurde schon am 13. widerrufen; die beiden Ausschüsse, aufgeschreckt durch Fabres Anzeige, die in Wahrheit nur der eigenen Deckung dienen sollte, sahen jedoch von da ab „Pitts Gold" hinter jedem Spaltungsvorgang in der Bergpartei. Auf die Denunziation Chabots hin ließen sie Anzeiger und Angezeigte verhaften: Chabot, Basire, Delaunay und Julien. Robespierre griff am 17. November gleichzeitig den „blutigen Moderantismus und die systematischen Überspitzungen der falschen Patrioten, bezahlter Emissäre der fremden Höfe" an, die „den Wagen der Revolution mit Gewalt auf verderbliche Wege lenken und versuchen, ihn am Ziel zerschellen zu lassen". Am 21. ließ er Proli, Desfieux, Dubuisson und Pereira aus dem Jakobinerklub ausschließen.

Verschwörung des Auslandes und Skandal der Indienkompanie führten infolge der Bedeutung der bloßgestellten Persönlichkeiten, des Umfangs der enthüllten Bestechlichkeit und der Aufdeckung von Querverbindungen zwischen Spekulanten und feindlichen Agenten zu einem Aufruhr der Gefühle; dadurch gewannen sie politische Tragweite. Der von jetzt an immer und überall schwelende Verdacht führte zu ersten nationalistischen Ausbrüchen, vergiftete die Streitfragen, entzweite die Montagnarden und leitete zum offenen Fraktionskampf über.

Die Offensive der Citras

Danton hatte Paris im Oktober verlassen, um in Arcis der Ruhe zu pflegen. Eine Pause des Abwartens schien ihm nach der Entwicklung der Dinge im September geboten. Als jedoch Courtois Alarm schlug, daß der Skandal, in den seine Freunde Basire und Fabre verwickelt waren auch ihn treffen könne, kehrte er am 20. November überstürzt in die Hauptstadt zurück. Die Opposition der Gemäßigten, die sich gegenseitig suchten, schloß sich um ihn zusammen. Das Manöver wurde anfänglich durch den Wunsch des Wohlfahrtsausschusses, die Entchristlichung anzuhalten, erleichtert: solange er sich gegen die Ultras auf Danton stützte, achtete er nicht darauf, daß die Nachsichtigen sozusagen auf dem Umweg über die Extremisten die revolutionäre Organisation der Regierung auszuhöhlen und den Terror zu beenden trachteten.

Ihr Angriff richtete sich gegen alle Stellungen, in denen sich revolutionäre Vorhuten festgesetzt, aber auch festgefahren hatten. Am 22. November erhob sich Danton gegen „Religionsverfolgung“ und forderte „sparsamen Umgang mit Menschenblut“. Am 26. protestierte er gegen die antiklerikalen Maskeraden und verlangte von den Ausschüssen einen Bericht „über das, was man eine Verschwörung des Auslandes nennt“. Am 1. Dezember ging er weiter. Cambon hatte endlich den von den Sansculotten gewünschten Zwangsumtausch von Hartgeld in Assignaten beantragt, worum selbigen Tages auch eine Petition der Cordeliers einkam; Danton sprach dagegen und bedeutete den „Piken“, daß ihre Rolle ausgespielt sei:

Rufen wir uns ins Gedächtnis, daß man mit der Pike umstürzt, daß man jedoch mit dem Kompaß der Vernunft und der Begabung das Gesellschaftsgebäude errichtet und festigt.
Auf einen Gegenangriff im Jakobinerklub am 13. beteuerte er, in die Verteidigung gedrängt, daß er keinerlei Absicht hege, den „revolutionären Nerv zu unterbrechen": Robespierre unterstützte ihn aus Besorgnis um den Zusammenhalt der Bergpartei.
Die Kampagne des *Alten Cordelier* gab dem dantonistischen Vorstoß größere Breite. Desmoulins lancierte diese neue Zeitung am 5. Dezember: „Oh Pitt, ich erweise deinem Genie Ehrfurcht!" Desmoulins zufolge waren nämlich alle revolutionären Vorhuten Agenten Pitts. In Nummer Zwei vom 10. Dezember griff er Cloots an, der für die Entchristlichung verantwortlich sei, und gesellte ihm Chaumette bei: „Anacharsis und Anaxagoras glauben, das Rad der Vernunft vorwärts zu drehen, während es jenes der Konterrevolution sein wird." Am 15. erschien die entscheidende dritte Nummer in einer Riesenauflage, die das ganze System des Terrors und der Revolutionsregierung in Frage stellte. Mit kräftigen Anleihen bei Tacitus geißelte Desmoulins über die Verbrechen der ersten Cäsaren die Praxis der Repression:
Der Wohlfahrtsausschuß hat geglaubt, daß er, um die Republik einzurichten, einen Augenblick der Rechtsprechung der Despoten bedürfe.
Diese Nummer hatte einen ungeahnten Erfolg. Sie erweckte bei den Konterrevolutionären Hoffnung auf einen Umschwung und brachte den Nachsichtigen die Gefolgschaft aller derer ein, die der revolutionäre Terror aus diesem oder jenem Grunde beunruhigte. Ermutigt durch die stillschweigende Duldung, die Robespierre ihnen bis dahin bewiesen hatte, wurde die rechte Gruppierung noch kühner. Am 17. Dezember beschuldigte Fabre, dem es geglückt war, den Wohlfahrtsausschuß vorerst zu überlisten, im Konvent zwei der angesehensten Sansculottenführer: Vincent, Generalsekretär im Kriegsministerium, mit dem zugleich Minister Bouchotte selbst angeknackt werden sollte, und den Schauspieler Ronsin, Befehlshaber der Pariser Revolutionsarmee. Die Verhaftung beider

wurde beschlossen. Sollte sich der Terror gegen seine Schöpfer richten?
Am 20. Dezember stimmte der Konvent in Beantwortung einer Petition von Lyon („daß auf die Herrschaft des Terrors jene der Liebe folgen möge“) und einer großen Frauendeputation für die Einsetzung eines Rechtsausschusses zur Überprüfung der Festnahmen und Befreiung der zu Unrecht Eingekerkerten.
Die beiden Ausschüsse, denen viele in der Nationalversammlung ihre Macht neideten, waren zu alledem nicht konsultiert worden. Am Jahresende schlug die Stimmung jedoch um. Am 19. Dezember war in den versiegelten Effekten Delaunays das gefälschte Dekret über die Indienkompanie entdeckt worden; die Dantonisten gerieten in eine schiefe Lage, und die linken Jakobiner gingen auf Angriff. Collot eilte von Lyon herbei; inmitten einer großen Menschenansammlung, die ihm von der Bastille bis zu den Tuilerien folgte, und begleitet von einer Abordnung, die den Kopf und die Asche Chaliers trug, präsentierte er sich am 21. dem Konvent. Er rechtfertigte das harte Durchgreifen in Lyon mit der Gefahr, die die Republik gelaufen war, und die Versammlung stimmte zu. Am Abend warf Collot den Jakobinern ihre Weichheit vor, lobte Ronsins Energie und erhob sich gegen eine falsche Gefühlsseligkeit für die Opfer des Terrors:
Wer sind jene, die über einen Überschuß an Tränen verfügen, um die Kadaver von Feinden der Freiheit zu beweinen, während das Herz von Patrioten zerrissen wird?
Danach gab der Wohlfahrtsausschuß seine wohlwollende Neutralität gegenüber den Nachsichtigen auf.
Der Fraktionskampf in der Provinz begann die Gleichgewichtslage der Regierung zu gefährden. Die Abkühlung zwischen Revolutionsregierung und Volksbewegung, die sich seit der Drosselung der Entchristlichung in ersten Anzeichen bemerkbar machte, zog einen Wechsel der politischen Orientierung nach sich. Repräsentanten in Mission distanzierten sich von den Sansculotten, richteten die Repression gegen die Ultras und setzten Verdächtige auf freien Fuß: so in Sedan, Lille und Orléans, wo der Enragé Taboureau eingekerkert wurde; in Blois und

Lyon, wo sogar Fouché alte Freunde Chaliers verfolgte; in Bordeaux, wo Tallien, um seine Unterschleife zu decken, Ultras denunzierte; in Nîmes, wo Boisset den jakobinischen Maire absetzte. In den ausbrechenden Konflikten zwischen Citras und Ultras nahmen die Konventskommissare Partei, statt ihr Wort als Schiedsrichter zu sprechen. Der heraufziehenden Gefahr bewußt, griff der Wohlfahrtsausschuß ein.

Der Nummer Vier des *Alten Cordelier* vom 24. Dezember entgegnete schon anderentags Robespierres Bericht an den Konvent *Über die Grundsätze der Revolutionsregierung.* Desmoulins hatte mit erheblichem Aufwand an Pathos („diese vom Himmel herabgestiegene Freiheit ist keine Nymphe der Oper, keine rote Mütze, kein schmutziges Hemd und kein Lumpen; Freiheit: das ist Glück, Vernunft, Gleichheit, Gerechtigkeit") die Entlassung „jener 200000 Bürger, die ihr Verdächtige nennt," reklamiert und für sicher erklärt, „daß die Freiheit fest gegründet und Europa besiegt wäre, hättet ihr einen Gnadenausschuß". Robespierre rechtfertigte den revolutionären Terror mit dem Kriegszustand und entwickelte seine Theorie der Revolutionsregierung, deren Zweck es sei, der Republik festen Grund zu geben, während der Zweck einer verfassungsmäßigen Regierung darin bestehe, sie zu erhalten.

Die Revolution ist der Krieg der Freiheit gegen ihre Feinde; die Verfassung ist das Regime der siegreichen und friedlichen Freiheit.

Weil sie sich im Krieg befindet, bedarf die Revolutionsregierung einer außergewöhnlichen Verhaltensweise:

Sie schuldet den guten Bürgern jeden Schutz der Nation, sie schuldet den Volksfeinden nichts als den Tod.

Robespierre umreißt auch ihre zentrale Stellung zwischen den beiden Flügelfraktionen:

Die Revolutionsregierung muß zwischen zwei Klippen hindurchsegeln, zwischen der Schwäche und der Tollkühnheit, dem Moderantismus und dem Exzeß: einem Moderantismus, der sich zur Mäßigung verhält wie die Impotenz zur Keuschheit; und dem Exzeß, der der Tatkraft so ähnlich sieht wie die Wassersucht der strotzenden Gesundheit.

Der Zusammenbruch der Nachsichtigen begann sich am 28. Dezember abzuzeichnen, als Billaud vom Konvent den Widerruf des Dekrets über den Rechtsausschuß erreichte. Einige Wochen noch mühte sich der Wohlfahrtsausschuß, zwischen den beiden Flügeln, die sich ineinander verbissen hatten, mit friedlichen Mitteln Balance zu halten. Am 5. Januar 1794 erschien Nummer Fünf des *Alten Cordelier*: Er richtete volles Rohr gegen Hébert, weil dieser für seinen *Père Duchesne* Geld vom Kriegsministerium, d. h. von Bouchotte erhalte – was in gewisser Weise stimmte. Schon am siebenten jedoch wurde im Jakobinerklub umgekehrt gegen den *Alten Cordelier* Anzeige erstattet; Robespierre rief Freund Camille zur Ordnung und schloß damit, dessen Zeitung zu verbrennen. Desmoulins gab zurück: „Verbrennen heißt nicht antworten!" Am achten klagte Robespierre beide Fraktionen an, der Revolutionsregierung zu drohen und sich hingegen untereinander „wie Räuber im Walde" zu verständigen. Am selben Tag, nach der Entdeckung der Bleistift„korrektur" von Fabres Hand, wurde dieser von Robespierre im Klub festgenagelt, danach in der Nacht zum 13. Januar verhaftet. Als Danton ein Wort für ihn einlegte, bekam er von Billaud zu hören: „Wehe dem, der an Fabres Seite gesessen hat und noch immer sein Geprellter ist!" Gescheitert in ihrem Angriff – noch mehr, schon kompromittiert, wurden die Nachsichtigen alsbald von einer Gegenaktion ihrer Widersacher an die Wand gedrückt.

Die Antwort der Ultras

Die Gruppe der Ultras, zuerst durch das Abrücken der Regierung vom Entchristlichungsfeldzug desorientiert und bloßgestellt durch ihre Verbindungen zu einigen der ausländischen Extremisten, dazu Opfer von Fabres Intrigen, nahm an Einfluß zu, als die Anwürfe der Citras gegen sie fehlgingen. Sie brachten den Klub der Cordeliers hinter sich, der ohne Unterlaß auf die Enthaftung seiner Altmitglieder Vincent und Ronsin drängte. Eins ihrer

Bollwerke war das Kriegsministerium geblieben, das Vincent mit entschiedenen Patrioten bevölkert hatte; mit Hébert hatten sie eine maßgebliche Stimme in der Commune und mit Momoro im Departement von Paris. Ihre Anstrengungen richteten sich vornehmlich auf die Befreiung der eingekerkerten Patrioten, die Beschleunigung des Terrors und die Straffung der Wirtschaftslenkung.
Die Kampagne für die Freilassung von Vincent und Ronsin wurde zu einem Hauptthema der Agitation in Volksgesellschaften und Sektionen. Am 31. Januar 1794 erklärten die Cordeliers, daß Unterdrückung herrsche, und verhüllten wie schon manchmal davor die Tafel mit der Erklärung der Menschen- und Bürgerrechte. Diese Vorwarnung und die Zweckmäßigkeit, der Linken einiges Entgegenkommen zu zeigen, um das Gewicht der Rechten auszutarieren, bewog die Regierung zur Freilassung der beiden Sansculottenführer am 2. Februar.
Der Erfolg beflügelte die Propagierung eines schärferen terroristischen Durchgreifens. Angestachelt durch Vincent, der aus unverschuldetem Gefängnis rachedürstend zurückkehrte, forderten die Cordeliers am 6. Februar die Bestrafung der „Unterdrücker von Patrioten“ und die „Vernichtung der unreinen Überbleibsel des Sumpfes“, d. h. eine weitere Säuberung des Konvents. Sie hatten vor allem die „Dreiundsiebzig“ im Auge, die gegen den 2. Juni Einspruch erhoben hatten, sich zwar in Haft befanden, jedoch von Robespierre vor dem Revolutionstribunal bewahrt wurden. Weiter richteten die Cordeliers ihr Feuer auf die Unterzeichner zweier antirepublikanischer Petitionen von Mai und Juni 1792, genannt die der Acht- und der Zwanzigtausend, und überschütteten am 12. Februar Hébert mit Beifall, als er in den Saal rief: „Diese ganze Clique muß für immer gestürzt werden!“ Am zwanzigsten beschlossen sie, Marats Zeitung wiederaufleben zu lassen, um „die Verräter zu entlarven, die das Volk täuschen, die Fraktionsmacher und Herrschsüchtigen, die es bestechen oder verführen wollen“.
Noch günstigere Aufnahme fand in Volkskreisen der Feldzug für eine intensivere Lenkung der Wirtschaft. Das Große Maximum hatte nur tropfenweise Abhilfen

geschaffen. Bei „Kolonialwaren" wurde es gröblichst verletzt; an Brot fehlte es in Paris nicht mehr, aber es war äußerst schlecht geworden; im Februar brach die Fleischanlieferung zusammen. Die für die Massenstimmung so kennzeichnende Feindseligkeit gegenüber den Kaufleuten stieg trotz der Einrichtung von Kontrollorganen. Zwei soziale Kategorien litten besonders: jene Handwerker, deren Gewerbe mit den Kriegsbedürfnissen in keinem Zusammenhang standen und die daher fast arbeitslos waren, und die Taglöhner. Beide meinten, daß härtere Gewaltanwendung ein geeignetes Mittel wäre, den Überfluß wiederherzustellen. Héberts Blatt trug dazu bei, die zeitweilig abgeschwächte terroristische Gesinnung wieder anzufachen. Nummer 345 brachte seinen „großen Antrag",

daß die Fleischer, die die Sansculotten wie Hunde behandeln und ihnen nur Knochen zum Nagen geben, guillotiniert werden sollten wie alle Feinde der Sansculotterie, ebenso wie die Weinhändler, die unter dem Pont-Neuf ihre Lese halten . . .

Der Gedanke an eine neue Journée nahm Gestalt an.

Der Wohlfahrtsausschuß, einen Augenblick vom Vorprellen der Nachsichtigen aufgeschreckt, war zu seiner Mittelstellung zwischen den Flügeln zurückgekehrt. Wo aber fand er unter den gegensätzlichen Tendenzen den richtigen Ruhepunkt? Robespierre erklärte sich darüber am 5. Februar in seinem Bericht *Über die Grundsätze der politischen Moral, von denen sich der Konvent leiten lassen sollte*:

Wenn die Triebfeder einer Volksregierung in Friedenszeiten die Tugend ist, so sind es in der Revolution Tugend und Terror gleichzeitig: die Tugend, ohne welche der Terror unheilvoll, der Terror, ohne welche die Tugend ohnmächtig ist. Der Terror ist nichts anderes als sofortige, strenge, unbeugsame Gerechtigkeit. Er ist also ein Ausfluß der Tugend: weniger ein besonderes Prinzip als eine Schlußfolgerung aus dem allgemeinen Prinzip der Demokratie, angewandt auf die dringendsten Bedürfnisse des Vaterlandes.

Die Krise, die sich während des Winters zusammenbraute, stellte die Frage des Verhältnisses von Volksbewegung und Revolutionsregierung, von Massenbasis und Führung der Jakobinerdiktatur in neuer Schärfe.
Es war eine soziale Krise: Zwangsbesteuerung, Preisdiktat und Reglementierung erwiesen sich als unzureichend, eine befriedigende Versorgung sicherzustellen. Die Sansculotterie fühlte sich in ihrer materiellen Existenz getroffen; sogar schleichende Lohnerhöhungen, die eine laxe Anwendung des Maximums oft zuließ, vermochten den Preisanstieg auf dem grauen und schwarzen Markt nicht zu kompensieren. Um drei Uhr morgens stellte man sich an, und es kam zu Schlägereien; dasselbe in den Markthallen, wo die Erzeugnisse der Bauernhöfe ausblieben. Hart getroffen, stellten insbesonders die Arbeiter ihre Forderungen: Die Bauleute drangen auf Lohnaufbesserung, und in den gemeinwirtschaftlichen Waffenwerkstätten, wo die Republik gegen ihre eigene Lohngesetzgebung nicht gut verstoßen konnte, hielten ernste Unruhen deshalb während des ganzen letzten Wintermonats an. Unmut brandete hoch unter dem Volk, das seine Schlüsse zog. „Was braucht man alle diese Aristokraten?“ empörte sich eine Frau am 26. Februar in der Volksgesellschaft Droits de l'Homme; „sollten alle diese Schurken, die das Volk aushungern, nicht längst unter der Guillotine sein?“
Es war ebenfalls eine politische Krise. Erfordernisse der Nationalverteidigung und ihre Auffassung von der Staatsmacht führten die jakobinische Revolutionsregierung immer mehr dazu, sich in erster Linie der verläßlichen, wennschon passiven Gefolgschaft der Volksorganisationen zu versichern, die von den Massen selbst entwickelten demokratischen Praktiken hingegen allmählich auf bürgerliche Maße zurückzuschneiden.
Die Aktivität der Sektionen und Volksgesellschaften wurde auf die Kriegsanstrengungen gelenkt und eingegrenzt: Ausrüstung eines „jakobinischen Reiters“, Salpetersammlung, Unterhalt für Kinder und Angehörige

von Soldaten – alles nützliche Dinge, jedoch fern der Großen Politik. Die Organisierung und Mobilisierung der breiten Basis wurde zunehmend den Revolutionskomitees anvertraut, die jetzt dem Weisungsrecht der Regierung unterstanden, was nicht ohne Zwischenfälle abging. Die Gemäßigten zogen daraus Nutzen, und ihre oft gehässige Propaganda vermehrte die Verwirrung. Vorkämpfer der Sansculotterie sahen die Gefahr: „Wenn ihr die revolutionäre Dynamik nur einen einzigen Augenblick einbüßt," erklärte ein Redner der Sektion L'Homme Armé am 22. Februar, „dann Adieu die Patrioten! Dann ist ihr Ende nah."

In der Ventôsekrise prallten die Gegensätze zwischen den „Patrioten von 89" und den „Patrioten von 93" aufeinander; diese selbst wiederum waren nichts anderes als der Reflex des Widerspruchs zwischen den Auffassungen des Volkes über die Organisation der Gesellschaft und jenen der revolutionären Bourgeoisie einschließlich der jakobinischen. Auf diesem Hintergrund entbrannte die Konfrontation zwischen „neuen Gemäßigten" und „Vorhut-Patrioten". Die Anhänger von Vincent und Ronsin streckten ihre Waffen nicht. Vergeblich hatte sich Collot ins Zeug gelegt, die Eintracht wiederherzustellen und am 26. Februar Cordeliers und Jakobiner – wie im Juni 1793 nach dem Schreckschuß der Adresse von Jacques Roux! – auszusöhnen. Schon am 27. jedoch wiederholten die Cordeliers halsstarrig ihr Begehren nach Verhaftung der „Verräter, die unwürdig sind, im Konvent zu sitzen", und namentlich von Desmoulins. Der Zusammenfluß von organisierter politischer Linksopposition und sozialer Unzufriedenheit der Massen bedeutete für die Revolutionsregierung eine arge Belastungsprobe. Sie wollte ihr durch einen kühnen Schachzug zuvorkommen.

Die „Ventôsedekrete" entsprangen ihren Besorgnissen. Schon am 1. Februar hatte der Konvent Unterstützungsgelder in Höhe von zehn Millionen für wirtschaftlich Schwache bewilligt. Am 21. legte Barère ein neugefaßtes Großes Maximum vor. Die Ventôsedekrete gingen weiter. Am 26. Februar (8. Ventôse) ließ Saint-Just im Anschluß an seinen Bericht über verhaftete Personen die Beschlagnahme des Eigentums der Verdächtigen dekretieren. Am 3. März (13. Ventôse) beauftragte ein zweites Dekret den Wohlfahrtsausschuß mit einem Bericht über „Maßnahmen, um alle Armen mit dem Eigentum der Feinde der Republik zu entschädigen".

Der Zwang der Umstände, hatte Saint-Just erklärt, *führt uns vielleicht zu Ergebnissen, an die wir gar nicht gedacht haben. Der Reichtum befindet sich in den Händen einer ziemlich großen Zahl von Feinden der Revolution, und die Lebensbedürfnisse bringen das arbeitende Volk in Abhängigkeit von seinen Feinden. Könnt ihr euch vorstellen, daß ein Reich bestehen kann, wenn die Beziehungen zwischen seinen Bürgern der Regierungsform widersprechen?*

Und noch:

Die Armen sind die Mächtigen dieser Erde, sie haben das Recht, zu Regierungen, die sie vernachlässigen, als Herren zu sprechen.

Er beendete seinen zweiten Bericht mit einer Herausforderung an die Monarchen: „Das Glück ist eine neue Idee in Europa."

Die Tragweite der Dekrete sollte indessen nicht überschätzt werden. Mathiez wunderte sich, daß Saint-Just „weder verstanden noch befolgt" worden sei, „sogar von jenen nicht, die er zufriedenstellen wollte". Die Revolutionsregierung war ohne Zweifel verstanden worden. Daß ein Feind der Republik kein Recht in ihr oder auf sie haben und sein Besitz Patrioten anheimfallen sollte, die sie unter Einsatz ihres Lebens verteidigten, waren unter der Sansculotterie geläufige Vorstellungen, die seit dem Frühjahr 1793 nachweislich des öfteren formuliert worden waren und Verbreitung fanden. Man kann Mathiez ebenfalls nicht folgen, wenn er in Saint-Justs Schlußfolgerungen einen „großartigen Versuch" erblickt, „aus den verworrenen Aspirationen des Hébertismus ein Sozialprogramm herauszudestillieren".

Zum ersten hatten Sansculotten und fortgeschrittene Demokraten schon viel radikalere Entwürfe einer neuen Gesellschaft vorgelegt, und zwar nicht allein bekannte revolutionäre Publizisten, die sogar den plebejischen Egalitarismus teilweise überwanden und sich auf den

Kommunismus zubewegten: L'Ange (*Unverletzliche Verfassung der allgemeinen Glückseligkeit*, 1793). Dolivier (*Versuch über die ursprüngliche Gerechtigkeit*, 1793) und besonders Boissel (2. Auflage seines *Katechismus des Menschengeschlechts*, 1792; *Die Unterhaltungen von Vater Gérard*, 1793). A. R. Ioannisjan konnte nachweisen, daß gleichzeitig und unabhängig voneinander an verschiedenen Orten ähnliche Gedanken hier mehr und dort weniger ausgereift, aber doch in einer Häufung zu Papier gebracht wurden, die es nicht erlaubt, sie als rein individuelle Ausnahmeerscheinungen zu betrachten. Diese Frottier, Casseneuve, Leger, Ducruy schöpften gleich manchem Anonymus, der sich in der Reihe F 17a des Französischen Nationalarchivs erhalten hat, aus dem Sehnen und Hoffen des Volkes, obgleich es natürlich ihre Leistung bleibt, Mosaiksteine zu einer Gesellschaftstheorie beigetragen zu haben, die ihre Krönung durch Babeuf erfahren wird.

Zum anderen entsprachen zwar Verfügungen über die Beschlagnahme des Besitzes von Verdächtigen und seine Übereignung an bedürftige Patrioten der Volksmeinung und wurden insofern von ihr gut aufgenommen; als Maßnahmen, deren Umsetzung auf sich warten ließ und, wenn überhaupt, nur langfristig fühlbar werden konnte, befriedigten sie jedoch kein unmittelbares Bedürfnis und schlossen keine Versorgungslücke. Des weiteren wird man, ohne die grundsätzliche Aufrichtigkeit der kleinbürgerlich-rousseauistischen Gleichheitsträume von Saint-Just und Robespierre in Abrede zu stellen, die Einbringung der Dekrete ausgerechnet zu diesem Zeitpunkt ebenfalls als taktische Rochade zu bewerten haben, die einer „Linkspropaganda" entgegenwirken und sie auffangen wollte. Dies mißlang. Da die Revolutionsregierung Durchgreifendes weder – auf ökonomischem Gebiet – zur Sicherstellung der Volksernährung noch – auf politischer Ebene – zur Abwendung der von den Gemäßigten ausgehenden Gefahren unternahm, erreichte die Hochspannung im März ihren Scheitelpunkt.

Unrast erfaßte die Massen in Paris. Brandreden gegen Kaufleute und Krämer, aufreizende Maueranschläge und schwirrende Gerüchte über einen bevorstehenden Aufstand erregten die Aufmerksamkeit der beiden Regierungsausschüsse und riefen bei den Cordeliers Illusionen über die Breite der aktiven Sympathien hervor. mit denen sie rechnen durften; sie ermunterten sie zu einer Aktion, die sie für entscheidend hielten, um sich von ihren rechten Gegenspielern zu befreien. Sie glaubten, die Oberhand zu gewinnen, wenn sie ihre Hektik noch um einige Grade steigerten. Hébert stellte in Nummer 350 des *Père Duchesne* nicht allein die Nachsichtigen um Danton, sondern dazu eine „neue Fraktion der Einschläferer", mit anderen Worten die Robespierristen selber an den Pranger. „Ich betrachte die heilige Guillotine als den Stein der Weisen," schrieb er und zog gegen eine, wie ihm schien, opportunistische Gleichgewichtspolitik der Regierung zu Felde:

Vergeblich wird man die Ziege und den Kohl zufriedenstellen können, vergeblich wird man die Schurken zu retten suchen, die sich gegen die Freiheit verschworen haben. Die Gerechtigkeit wird ihres Amtes walten trotz den Einschläferern ...

Hébert endete, indem er einen verblüffend nichtssagenden Wunschkatalog aufblätterte:

Garantiert allen Bürgern Arbeit, gewährt allen Alten und Kranken Unterstützung, und, um euer Werk zu krönen, organisiert sofort die Volksbildung!

Jedoch versäumten es die Führer der Cordeliers, die Erfahrung aller revolutionären Erhebungen mißachtend, die Bewegung zu organisieren und sich einer realen Verbindung zu den Massen, die auf den akuten Lebensmittelmangel empfindlicher reagierten als auf ein unbewiesenes Kapitulantentum um Robespierre, ausreichend zu vergewissern.

Die Vernichtung der „Hébertisten"

Die tragische Amputierung des linken Flügels lief schnell ab. Am 2. März verkündete Ronsin im Klub der Cordeliers die Notwendigkeit einer Erhebung; Vincent denunzierte Männer, „die sich anscheinend das Wort gegeben haben, ein desstruktives System des Moderantismus zu errichten".

Carrier schloß von der „Unterdrückung von Patrioten" auf die Pflicht zur Insurrektion, „eine heilige Insurrektion". Hébert nahm den Faden auf: „Jawohl, der Aufstand! Und die Cordeliers werden keineswegs die letzten sein, um das Signal zu geben, das die Unterdrücker zu Tode treffen soll!"

Sehr wahrscheinlich hatten die Cordeliers nicht mehr als eine Massendemonstration nach Art jener vom 5. September im Sinn, die allerdings nicht allein die politische Ausschaltung der Dantonisten, sondern ebenfalls eine veränderte Zusammensetzung der Revolutionsregierung anzielte. Saint-Just machte ihnen Vorschläge zur Güte und bot ihnen einige Posten an; Collot versuchte am 7. März ein drittes Mal, Jakobiner und Cordeliers doch noch unter einen Hut zu bringen. Ronsin entgegnete heftig, indem er sich Robespierre vornahm, der für die Wortprägung „Ultrarevolutionär" verantwortlich sei, „ein Wort, das den neuen Fraktionsmachern zum Vorwand dient, die glühendsten Patrioten zu unterdrücken"; er verlangte, „die Moderanten, die Spitzbuben, die Ehrgeizigen und Verräter schleunigst in das Nichts zurückzubefördern".

Im Gegensatz von Cordeliers und Jakobinern prallten zwei politische Linien aufeinander: Bewegung und Bewahrung. „Ein einziger Schritt zurück würde die Republik verderben," schrieb der *Père Duchesne* in seiner letzten Nummer. Den Gemäßigten erschien jeder weitere Schritt nach vorn für ihr Ideal einer konservativ-bürgerlichen Republik nicht weniger fatal.

Der Aufmarsch der Cordeliers stellte das gesellschaftliche Kräfteparallelogramm in Frage, auf dem die Handlungsfähigkeit der Regierung beruhte; so verlor der Wohlfahrtsausschuß die Geduld. In der Nacht vom 13. zum 14. März wurden die Cordeliers-Führer verhaftet und anschließend vor das Revolutionstribunal gestellt. Im Prozeß gegen sie wurde erstmalig auf systematische Weise das System des „Amalgams" geübt: Zu Hébert, den die Anklage unberechtigt zum Haupträdelsführer erhob, zu Ronsin, Vincent und Momoro gesellte die Anklage einige radikale, jedoch nicht unmittelbar zu ihrem Kreis gehörige Patrioten wie Mazuel, Schwadronsführer in der Revolutionsarmee, Vorkämpfer der Sansculotterie wie den Cordelier Ancard und Ducroquet, Kommissar zur Bekämpfung der Hortung in der Sektion Marat; ihnen mischte sie willkürlich eine „linke" Gruppe aus dem Kreis der verrufenen „Agenten des Auslandes" bei: Cloots, Proli, Desfieux, Pereira, Dubuisson – und Bankier de Kock. Alle wurden am 24. März – dem 4. Germinal – guillotiniert.

Dantons Tod

Die Dantonisten glaubten einen Augenblick lang ihre Stunde gekommen. Nummer Sieben des *Alten Cordelier*, die freilich sogleich beschlagnahmt wurde, zog, statt sich mit dem Untergang ihres linken Widerparts zufriedenzugeben, höchst ungeschickt alle Register gegen die Politik des Wohlfahrtsausschusses selber. Dieser jedoch, der sich nur nach langem Bedenken zum Schlag gegen die „Hébertisten" entschlossen hatte, beabsichtigte keinesfalls, sich von rechts unterpflügen zu lassen. Schon am 18. März hatte der Konvent den Arrest der in den Skandal der Indienkompanie verwickelten Abgeordneten Fabre, Basire, Chabot und Delaunay beschlossen; Billaud und Collot, beunruhigt über die Proskription Héberts und seiner Gefährten, überzeugten mit Unterstützung des Sicherheitsausschusses endlich den wieder und wieder abwägenden Robespierre: In der Nacht zum 30. März wurden Desmoulins, Delacroix, Philippeaux und der vorherig gewarnte Danton, der jedoch eine Flucht von sich wies („Kann man das Vaterland an den Schuhsohlen davontragen?"), festgenommen. Der Konvent billigte den Schritt nach einer Rede, in der sich Robespierre nach langem Zuwarten zur Lossage vom hervorragendsten seiner Mitstreiter aus früheren Tagen entschloß:

Ich war auch Petions Freund; als er sich entlarvte, habe ich ihn aufgegeben. Ich habe ebenfalls Beziehungen zu Roland gehabt; er hat Verrat geübt, und ich habe ihn denunziert. Wenn Danton ihren Platz einnehmen will, ist er in meinen Augen nichts weiter als ein Feind des Vaterlandes.

Den Nachsichtigen amalgamierte der Prozeß die „Auslandsagenten" Guzman und Frey, den Großspekulanten d'Espagnac, dazu General Westermann und Hérault de Séchelles als Dantons persönliche Freunde. Danton geizte nicht mit Gegenvorwürfen, und erst ein spezielles Dekret, das gestattete, jedem Angeklagten das Wort zu entziehen, der die nationale Justiz beleidige, brachte seine laute Stimme zum Verstummen. Alle bis auf Lacroix, Vertrauensmann der Regierung, wurden am 5. April – oder 16. Germinal – enthauptet.
Ein dritter Prozeß schließlich nahm ein Gerede über angebliche konspirative Heimlichkeiten in den Gefängnissen zum Anlaß, um sich der Überreste der Opposition zu entledigen: der als „Atheisten" geschmähten Chaumette und Gobel, der Witwen Desmoulins und Hébert, des Generals Dillon – von rechts und links zusammengewürfelte Schuldige und Unschuldige, die am 13. April – dem 24. Germinal – sterben mußten.

Die Abrechnung im Germinal bedeutete Einschnitt und Wende. Die gewiß abenteuerliche Unternehmung der im Prozeß mit dem oberflächlichen Etikett des „Hébertismus" behängten Cordeliersgruppe veranlaßte die Revolutionsregierung, einen Stein ins Rollen zu bringen, der auf die Dauer ohnehin nicht aufzuhalten war.
Das zerreibende Ringen mit den beiden gleich aggressiven Flügelfraktionen verschleuderte Energien, die der Wohlfahrtsausschuß im Einsatz gegen die Konterrevolution nicht missen konnte. Einer solchen Doppelbelastung unbegrenzt standzuhalten, traute er sich nicht zu. Da sich weder Citras noch Ultras einem robespierristischen Schiedsamt zu unterwerfen bereit waren, sondern ultimativ auf eine einseitige Option des jakobinischen Zentrums für eins der beiden Extreme bestanden, mußte es entweder kapitulieren oder nach beiden Seiten, doch in dosiertem Nacheinander, zuschlagen, bevor es von ihnen erdrückt wurde.
Mit den Dantonisten liquidierte es Platzhalter einer erstarkenden Schicht von Neureichen, die sich anschickten, die Ungewißheiten einer Volksrevolution und eines euro-

päischen Krieges zu einem kompromißhaften Ende zu bringen, um ohne Skrupel die bürgerlichen Früchte der Revolution in Ruhe zu verzehren, auch wenn die Sansculotterie dabei auf der Strecke blieb und die Chance eines Sieges im Felde verspielt wurde.

Die gewaltsame Unterdrückung der aufbegehrenden Cordeliers schien dem Wohlfahrtsausschuß ebenso unvermeidlich. Bei allem Entgegenkommen, das Verbündete verdienten, erklärte er sich zu keiner Zeit mit den sozialen Zielsetzungen und politischen Methoden der sansculottischen Direktdemokratie einverstanden; nie hat er daran gedacht, dem werktätigen Volk die Kommandobrücke des Staatsapparates zu übergeben. Für die Ausschüsse rechtfertigte die Bekämpfung von Feindkoalition und Konterrevolution die abstrichlose Integrierung auch der Volksorganisationen und ihre Kontrolle von oben nach unten. Wer ihnen die eine oder die andere streitig machte – ob 1793 als Enragé oder 1794 als „Hébertist", dividierte nach jakobinischer Grundauffassung ihre höchste und uneigennützigste Anstrengung auseinander.

Viele Sansculotten begannen jedoch an einer Revolutionsregierung, deren Terror auch gegen links ausschlug, zu zweifeln. Zwar hielten sich Verfolgungen an der Basis durchweg in Grenzen; sie verbreiteten indessen unter der Vorhut der Revolutionäre aus dem Volk, den *militants*, eine Unsicherheit, die das bis dahin rege politische Eigenleben in den Sektionen lähmte. Die Massen wandten sich nicht gegen den Jakobinerstaat, doch vergrößerte sich ihr Abstand zu ihm. Der unmittelbare, brüderliche Kontakt zwischen den revolutionären Behörden und den einfachen Menschen brach ab. Auf dem Gipfel ihrer Macht spürten die Robespierristen selber, daß sich ihre soziale Grundlage verengte und die Begeisterung nachließ: „Die Revolution ist erstarrt," wird Saint-Just bald in sein Tagebuch schreiben. Insofern bildete der Germinal den Prolog zum Thermidor.

2. Der Jakobinerstaat

Seit der Vernichtung der Flügelfraktionen wurde die Revolutionsregierung nicht mehr ernsthaft herausgefordert und erfreute sich ungeachtet einiger umstandsbedingter Veränderungen, die sie vornehmen mußte, einer beruhigenden Stabilität. Die Zentralisation verstärkte sich, der Konvent stimmte fast ohne Diskussion ab, d. h. zu, und die durchgekämmten Behörden gehorchten. Die Klassenbasis der Jakobinerdiktatur schrumpfte indessen gefährlich. Die Ventôsekrise erlaubte es, nach den Prozessen im Germinal alle revolutionären Kräfte auf einen Nenner zu bringen und Einrichtungen auszulöschen, die die Volksbewegung davor durchgesetzt hatte: am 27. März die Revolutionsarmee, am 1. April die Kommissare zur Bekämpfung der Hortung; die „hébertistische“ Pariser Commune wurde gesäubert, die Tätigkeit der Sektionsgesellschaften nahezu eingestellt. Was der Wohlfahrtsausschuß damit an Machtkonzentration gewann, verlor er jedoch an vertrauensvoller Unterstützung durch die werktätigen Massen.

Die Revolutionsregierung

Organisation und Charakter der Revolutionsregierung lagen im April 1794 endgültig fest. Das theoretische Rüstzeug Saint-Justs und Robespierres bestand die Bewährungsprobe zunächst glänzend.

Die Revolutionsregierung ist eine Kriegsregierung. Sie bedarf nach Robespierre „einer außergewöhnlichen Aktivität“, muß „handeln wie der Blitz“, alle Widerstände brechen, von woher sie auch kommen mögen; man kann nicht „Frieden und Krieg, Gesundheit und Krankheit der gleichen Diät unterwerfen“. Die Revolutionsregierung arbeitet also mit außerökonomischem Zwang. Ist die Gewalt, fragt Robespierre, nur dazu da, das Verbrechen zu schützen? Der Terror wird ausschließlich zum Wohl der Republik angewandt; die „Tugend, Grundprinzip der revolutionären oder demokratischen Regierung,“ gibt die Gewähr, daß sie nicht in Despotie umschlägt. Tugend aber bedeutet „die Liebe zum Vaterland und zu seinen Gesetzen, die großherzige Ergebenheit, die alle persönlichen Interessen dem Gemeinwohl einordnet“. Im System der Französischen Revolution, schließt Robespierre, „ist das Unmoralische politisch schlecht; der Verdorbene ist Konterrevolutionär“. Und so sieht er am 5. Februar 1794 das Ziel:

Wir wollen den Willen der Natur und die Bestimmung der Menschheit erfüllen, die Versprechen der Philosophen halten, die Vorsehung von der langen Herrschaft des Verbrechens und der Tyrannei freisprechen. Möge Frankreich, ehedem berühmt unter den Sklavenländern, den Ruhm aller freien Völker, die jemals gelebt haben, überstrahlen und das Vorbild der Nationen werden, der Schrecken der Unterdrücker, der Trost der Unterdrückten, die Zierde des Universums! Indem wir unser Werk mit unserem Blut siegeln, können wir wenigstens das Morgenrot der allgemeinen Glückseligkeit erglänzen sehen.

Der Konvent bleibt statutarisch der „einzige Mittelpunkt, das Triebwerk der Regierung“. In ihm ruht die Volkssouveränität, von ihm geht die oberste Gewalt aus; die Ausschüsse regieren unter seiner Aufsicht und bringen seine Dekrete zur Ausführung. Nach dem Germinal wird jedoch gerade die Exekutivgewalt zum Kernstück des ganzen Regierungssystems, und die Nationalversammlung wird ihr praktisch nachgeordnet.

Die Konventsausschüsse, 21 im „Jahr II“ (September 1793 bis September 1794), leiten oder beaufsichtigen die verschiedenen Sektoren der Verwaltung und Politik. Faktisch üben nur zwei politische Macht aus: Wohlfahrts- und Sicherheitsausschuß, daher auch vereinfacht als „die Regierungsausschüsse“ bezeichnet.

Der Wohlfahrtsausschuß, jeden Monat unverändert wiedergewählt, wurde erst auf zwölf Mitglieder aufgestockt, dann auf elf vermindert: Robespierre, Saint-Just und Couthon; die Linken Billaud-Varenne und Collot d'Herbois; Barère, Carnot, Prieur vom Departement Marne und Prieur vom Departement Côte d'Or, Jeanbon Saint-André und Lindet. Als dem „Vollzugszentrum“ unterstehen seiner unmittelbaren Inspektion alle Behörden und Beamten. Er leitet die Diplomatie, die Kriegführung durch sein topographisches Büro, die Rüstungswirtschaft durch seine Kommission für Waffen und Pulver, die Volkswirtschaft durch seine Kommission für Versorgung. Er ordnet Verhaftungen an und greift in Zuständigkeiten des Sicherheitsausschusses ein durch sein im Mai 1794 gegründetes eigenes Polizeibüro. Trotz Spezialisierung einiger Mitglieder auf bestimmte Ressorts verzichtet keiner auf seine Teilnahme an der gemeinschaftlichen Leitung von Politik und Krieg.

Vom Wohlfahrtsausschuß hängen die sechs Minister des Provisorischen Exekutivrates ab, danach die zwölf Vollzugskommissionen, die am 1. April die Ministerien ersetzen. Vom Konvent auf Vorschlag des Wohlfahrtsausschusses berufen, sind diese Kommissionen letzterem untergeordnet: „Er behält sich die Generallinie der Regierung vor und bringt dem Konvent Maßnahmen von Bedeutung in Vorschlag": Alle Initiative liegt also bei ihm, der Konvent sagt nur ja oder – theoretisch – nein.

Der Sicherheitsausschuß (Amar, Moyse Bayle, David, Lebas, Louis, Vadier, Voulland) verfestigt sich etwas später. Beauftragt mit der Durchführung des Gesetzes über die Verdächtigen, leitet er die revolutionäre Polizei und Justiz.

Die Verwaltungsorganisation wird vereinfacht. Die Departements, in der Mehrzahl zu Recht des Föderalismus und Regionalismus geziehen, haben sich nur noch um den Eingang der Steuern, öffentliche Arbeiten und den Verkauf der Nationalgüter zu kümmern. Die entscheidenden Territorialeinheiten sind klein: Distrikt und Gemeinde; ersterer beauftragt mit der „Überwachung der revolutionären Gesetze, von Maßnahmen der allgemeinen Sicherheit und Wohlfahrt," letztere mit ihrer Durchführung. Aller zehn Tage legen die Gemeindeverwaltungen dem Distrikt und die Distrikte den beiden Regierungsausschüssen Rechenschaft über ihre Tätigkeit ab.

„Nationalagenten" sitzen nach Abschaffung der Prokuratoren bei jeder Distrikts- und Gemeindeverwaltung. Sie sind gehalten, „die Anwendung der Gesetze zu verlangen und Vernachlässigungen zu verfolgen, die bei ihrer Ausführung auftreten, oder begangene Verletzungen anzuzeigen". Auch die Nationalagenten erstatten in jeder

Abb. 13 Marie Antoinette vor der Hinrichtung

Abb. 14 Der Rathausplatz am 9. Thermidor (27. 7. 1794)

Dekade den Regierungsausschüssen Bericht. Die reorganisierten Revolutionskomitees aus zwölf Mitgliedern bilden die Vollzugsorgane des Gesetzes über die Verdächtigen in jeder Gemeinde oder Sektion; allerdings bestehen sie in vielen Dörfern nicht. Sie legen ihren zehntägigen Rechenschaftsbericht dem Sicherheitsausschuß vor.

Die Zentralisierung der Regierungsgewalt wird im Frühjahr 1794 verstärkt durch die Zurückziehung der „Prokonsuln", der Volksvertreter in Mission. Anfangs mit nahezu unbeschränkten Vollmachten ausgestattet, sahen sie ihre Kompetenzen schon durch das Dekret vom 4. Dezember 1793 beschnitten. Danach erfolgte eine letzte Massenentsendung, um das Dekret, das die Revolutionsregierung kodifizierte, beschleunigt in die Tat umzusetzen; diese Abgeordneten wurden jedoch bereits dem Sicherheitsausschuß unterstellt, dem auch sie alle zehn Tage zu berichten hatten, und sie durften ihre Vollmachten nicht übertragen, weder Rekruten ausheben noch revolutionäre Steuern ausschreiben oder Preise verordnen. Am 19. April werden 21 Kommissare abberufen. Der Wohlfahrtsausschuß zieht es vor, fortab Agenten zu beschäftigen: so Jullien (von Paris), der Übergriffe von Carrier in Nantes und von Tallien in Bordeaux anzeigt, worauf beide den Laufpaß erhalten. Seltener delegiert der Wohlfahrtsausschuß eines seiner eigenen Mitglieder nach Schwerpunkten wie im Juni Saint-Just an die kriegsentscheidende Nordfront.

Die Zentralisierung konnte dennoch nicht völlig zu Ende geführt werden. Der Wohlfahrtsausschuß hatte immerhin noch mit dem Konvent und dessen anderen Ausschüssen zu rechnen; auf den Finanzausschuß unter Cambon, dessen hohes Prestige nie erschüttert wurde, erstreckte sich sein Einfluß beispielsweise nicht. Der Sicherheitsausschuß wachte eifersüchtig über seine Prärogativen und ertrug die Sonderpolizei des Wohlfahrtsausschusses nur widerwillig; die Rivalität zwischen den beiden begann Wellen zu schlagen. Auch in der Provinz machten sich trotz aller Anstrengungen des Wohlfahrtsausschusses um einheitliche Maßstäbe unterschiedliche Schattierungen bei der Durchsetzung seiner politischen Linie bemerkbar.

Die patriotischen Vereinigungen nahmen im System der Revolutionsregierung einen festen Platz ein, jedoch veränderten sich allmählich die ihnen zugedachten politischen Funktionen und ihr Verhältnis zueinander.

Der Konzentrationsprozeß der revolutionären Macht setzte sich auch auf dieser Ebene fort bis zu dem Punkt, wo im Grunde nur noch eine politische Organisation der guten Patrioten bestand: die Pariser Muttergesellschaft der Jakobiner mit Tausenden Zweigstellen und angeschlossenen, von ihr angeleiteten Klubs und Volksvereinen in allen Departements; wem sie „Korrespondenz und Affiliation" verweigerte, der war politisch so gut wie erledigt.

Im Gefolge der revolutionären Dynamik und des von ihr ausgehenden Bemühens um Reinhaltung seiner Reihen demokratisierte sich 1794 die Zusammensetzung des Jakobinerklubs: Der Anteil von Bourgeoisie und Intelligenz sank von 62 auf 57 v. H., während der Anteil der Militärs von 10 auf 11 und der Anteil der Handwerker von 28 auf 32 v. H. stieg. Die Mehrheit nicht nur der aktiven Mitglieder, sondern in noch höherem Maße ihrer weitaus zahlreicheren nichtorganisierten Gesinnungsfreunde hielt sich an den robespierrischen Führungskern und brachte dem „Unbestechlichen" volles Vertrauen entgegen.

Die Robespierristen strebten nicht danach, die Republik indirekt durch den Klub zu regieren; sie verwandten vielmehr alles Erdenkliche darauf, um die Stellung des Wohlfahrtsausschusses als Organ revolutionärer Herrschaft zu stärken. Hingegen betrachteten sie den Klub als die höchste moralisch-ideologische Autorität der Revolution, deren Aufgabe sie namentlich in der Formung eines einheitlichen Willens der revolutionären Nation erblickten. Im Namen eines solchen revolutionären Gemeinwillens, nicht als ein Wettbewerber um die Volksgunst unter anderen, verfolgten und vernichteten sie die Feinde der Nation. Man könnte sie als Vorform einer Kampf- und Kaderpartei von gemischt bürgerlich-radikalem und kleinbürgerlich-revolutionärem Klassencharak-

ter bezeichnen, die sich als zur alleinigen Führung berufene Einheitsfront der Patrioten versteht.
In der Provinz wurde sie über ein immer dichteres Netz von Volksgesellschaften wirksam, mit denen sich vom Herbst 1793 bis zum Frühjahr 1794 ganz Frankreich bedeckte und deren Zahl schwer abzuschätzen ist. Besonders hoch scheint sie im Südosten gelegen zu haben: 139 Volksgesellschaften in 154 Gemeinden des Departements Vaucluse, 132 in 382 Gemeinden des Gard, 258 in 355 Gemeinden der Drôme; sie waren es, die bei der Niederschlagung der Konterrevolution den Ausschlag gaben.
Der Anteil der Volksklassen lag durchschnittlich höher als im Mutterklub; auch in Paris stellten die Sansculotten in den Volksgesellschaften bis zu zwei Drittel der Mitglieder und demgemäß nicht selten die Leitung. Jedoch trat in der Hauptstadt eine Sonderentwicklung ein, die einen Gegensatz zwischen ihnen und dem jakobinischen Hauptquartier aufbrechen ließ.
Als der Konvent am 9. September 1793 die Permanenz der Bürgervollversammlungen in den Sektionen verbot, verwandelten die aktivsten Sansculotten im Stadtbezirk ansässige Volksgesellschaften in „Sektionsgesellschaften" oder gründeten solche neu. Sie bildeten von nun an in Paris die eigentlichen Bastionen der Volksbewegung; durch ihre Vermittlung leiteten revolutionäre Wortführer die Politik der Sektion, überwachten die Verwaltung und übten auf die Gemeindebehörden oder sogar auf Regierungsstellen einen entsprechenden Druck aus. Während sich die Jakobiner als verlängerter Arm der – letztlich von ihnen selbst bestimmten – Regierungspolitik empfanden, legten die Sektionäre Wert auf ihre Selbständigkeit als revolutionäres Teilsystem – oder „Teil des Souveräns", wie sie sich selbst bezeichneten. Umgekehrt suchten nach dem Germinal die beiden großen Ausschüsse alle revolutionären Kräfte auf eine Linie zu bringen: Als Strahlungsherd öffentlicher Meinungsbildung durfte fortan nur die Pariser Muttergesellschaft der Jakobiner in Frage kommen. Sogar die berühmten Cordeliers verschwanden, ohne daß wir etwas über eine förmliche Auflösung wüßten,

nach dem Tod ihrer Führer still und leise von der Bildfläche. Die Sektionsgesellschaften, die nicht mit Haut und Haar auf Regierungskurs einschwenkten, verstummten unter mehr oder weniger sanfter Pression: 39 allein in den Monaten Floréal und Prairial. Die Ausschüsse zerbrachen die Waffen jenes Segments der Volksbewegung, das für sie unkontrollierbar blieb. Eine beschleunigte Integration lag gewiß im Interesse einer Summierung der revolutionären Kräfte; da sie jedoch gleichzeitig eine aus den eigenen Kampferfahrungen der Masse gewachsene politische Praxis unvermeidlich mit zerstörte, stieß sie nicht auf lauter Gegenliebe und vermehrte die Elemente der Entfremdung zwischen dem jakobinischen Wohlfahrtsausschuß und der Pariser Volksklassen.

Wirtschaftslenkung 1794

Daß sich die Regierung entschloß, ihre physiokratischen Grundsätze preiszugeben und die Lenkung der Wirtschaft selbst zu übernehmen, ergab sich aus Zwangsläufigkeiten: Sie mußte die Million des Volksaufgebots verpflegen, einkleiden, ausrüsten und bewaffnen, dazu die Stadtbevölkerung versorgen, während der Außenhandel unter der englischen Blockade litt und Frankreich einer belagerten Festung glich.

Die Requisition lastete auf allen materiellen Ressourcen des Landes: Der Bauer lieferte sein Getreide, Viehfutter, Wolle und Hanf, der Handwerker seine Arbeitserzeugnisse. Bei außergewöhnlichen Umständen gaben Zivilpersonen Waffen, Schuhe, Decken oder Bettlaken ab; so beschlagnahmte Saint-Just bei den Reichen in Straßburg am 31. Oktober 1793 5000 Paar Schuhe, 1500 Hemden und am 11. November 2000 Betten für die Pflege verwundeter Soldaten. Rohstoffe wurden gesucht und gesammelt: Metalle, Tauwerk, Pergament für Kartuschen, Salpeterböden; aus eingeschmolzenen bronzenen Kirchenglocken wurden Kanonenrohre gegossen. Industrielle Unternehmer hatten unter Staatskontrolle für die Nation maximal zu produzieren und neue Techniken anzuwenden, die vom

Wohlfahrtsausschuß mobilisierte Gelehrte vervollkommneten.
Die Preiskontrolle mit dem Großen Maximum als Herzstück bildete die notwendige Ergänzung zur Requisition. Die Distrikte sorgten für die Einhaltung der Warenpreise, die Gemeinden für die Respektierung der Lohnsätze. Mit der praktischen Durchführung der neuen Gesetzesbestimmungen beauftragt, veröffentlichte die Versorgungskommission – unter Aufsicht des Wohlfahrtsausschusses – am 20. Februar 1794 einen Tarif des nationalen Maximums am jeweiligen Erzeugungsort; der Distrikt durfte Transportkosten und Handelsspannen für Grossisten (5 v. H.) und Kleinhändler (10 v. H.) aufschlagen. So beschnitt das Maximum die Spekulation und beschränkte die Freiheit des Profits.
Die Nationalisierung der Wirtschaft betraf Produktion, Außenhandel und Heeresbedarf in unterschiedlichen Graden. Dieses gesteuerte System gewann in den Augen der Sansculotten offensichtlicht eine soziale Bedeutung, wogegen sich die Regierung darauf nur als auf einen Notbehelf nationaler und revolutionärer Verteidigung in Berücksichtigung der Frontlage eingelassen hatte. Die Bourgeoisie blieb einer Nationalisierung, die ihre ökonomische Disponibilität einschränkte, unvermindert feindlich gesonnen.
In der Produktionssphäre konnte die Nationalisierung die direkte Form der Errichtung von Staatsmanufakturen annehmen oder mittelbar durch Lieferung von Rohstoffen an die Fabrikanten, durch Reglementierung und Aufsicht, Beschlagnahme und Zwangspreise wirksam werden. Die Rüstungsindustrie erhielt einen kräftigen Anstoß durch die Ingangsetzung nationaler Waffen- und Munitionswerkstätten: die Pariser Großmanufaktur zur Herstellung von Gewehren und blanken Waffen, eine von Lakanal in Bergerac und eine vom Arbeiterdeputierten Noël Pointe in Moulins gegründete, dazu die Pulverfabrik von Grenelle. Die Zahl der Staatsmanufakturen, auf die vor allem Carnot schlecht zu sprechen war, wurde hingegen nicht vermehrt, und eine Nationalisierung der Bergwerke unterblieb.

Den Außenhandel nahm die Kommission für Versorgung seit November in Obhut, schickte Vertreter ins Ausland, requirierte Handelsschiffe und errichtete in den Häfen „Nationallager". Um die Einfuhr aus Hamburg, der Schweiz, Genf und den Vereinigten Staaten zu finanzieren, beschlagnahmte sie zu Ausfuhrzwecken Wein und Spirituosen, Seiden und Leinwand; am 26. Dezember 1793 konfiszierte Cambon alle ausländischen Devisen zum Pari-Kurs. Nach der Hinrichtung der „Hébertisten" wurde die Außenhandelskontrolle laxer; zwecks Verbesserung der Versorgung suchte die Regierung jetzt die Mitarbeit von Großlieferanten; Handelshäuser der Hafenstädte wurden zu „Handelsagenturen" zusammengefaßt, die eigenen Agenten der Kommission aus dem Ausland zurückberufen. Eine solche Entwicklung kam der Handels- und Industriebourgeoisie entgegen, mußte jedoch den Widerspruch der Sansculotten erregen.

Die Zivilversorgung wurde nie nationalisiert. Die Kommission, seit dem 1. April 1794 „Kommission für Handel und Versorgung", bediente sich ihres Rechts auf Beschlagnahme im wesentlichen zugunsten des Heeres. Die insgesamt noch schwache Entwicklung der kapitalistischen Produktionsweise und das Fehlen einer brauchbaren Statistik erlaubten es nicht, den Volksbedarf genau zu errechnen und eine nationale Lebensmittelkarte einzuführen. Die Distrikte mußten soviel beschlagnahmen, als zur Versorgung der Märkte notwendig war; die Gemeindeverwaltungen hatten die Müller zu überwachen, das Backwesen zu reglementieren, eine Rationierung einzuführen. In vielen Städten wurde das Brotbacken völlig munizipalisiert; seltener, wie in Clermont, auch in Schlächterei. Für andere Erzeugnisse, außer Zucker und Seife, interessierte sich die Kommission nicht. Sie begnügte sich, das Maximum zu veröffentlichen, und der Wohlfahrtsausschuß verbot den örtlichen Behörden sogar die Requisition, um den zentralen Instanzen nicht ins Gehege zu kommen. Vergeblich suchten die Sansculotten die Einhaltung der Höchstpreise den Kaufleuten durch revolutionäre Kontrolle aufzuzwingen; der Schwarzmarkt – besonders für Erzeugnisse ab Hof – blühte beträchtlich auf. Indem der Wohlfahrtsausschuß jetzt die Produzenten – Bauern und Handwerker – stimulierte, mußte er trotz Gegenvorstellungen von seiten der Sansculotten schrittweise die Aufsicht über die Versorgung lockern; am Ende drückte er vor offenkundiger Verletzung des Maximums beide Augen zu, ausgenommen bei Brot.

Eine Wende in der Wirtschaftspolitik zeichnete sich mithin im Frühjahr 1794 ab. Der Wohlfahrtsausschuß, der für die Mittelschichten jetzt ein offenes Ohr hatte, blies Rückzug, gab den Kaufleuten Garantien und milderte die dirigistische Gesetzgebung; lediglich zugunsten der Armee und des Staates straffte er die Wirtschaftslenkung. Es konnte ihm nicht entgehen, daß eine strenge Handhabung des Maximums einen Faktor der Auflösung des alten Dritten Standes bildete: Während Bourgeois und wohlhabende Bauern es zu umgehen trachteten, riefen Meister und Budiker nach dem Versorgungsmaximum, wurden jedoch ungehalten, sobald man es ihnen selber auferlegte.

Hingegen erzürnte das Lohnmaximum die Arbeiter. Allgemeine Mobilmachung und Aufrüstung hatten 1794 nach langen Jahren erstmalig zu einer Verknappung des Angebots an Arbeitskräften geführt. Das hatten die Arbeitnehmer genutzt, um Lohnerhöhungen durchzusetzten, zumal viele von demokratischen Kräften geleitete Gemeinden, worunter Paris, die eigentlich vorgeschriebene Veröffentlichung eines Lohnmaximums absichtlich hinausschoben. Der Staat freilich kam nicht umhin, es in seinen eigenen Manufakturen anzuwenden und Verstöße der Arbeiter dagegen abzulehnen. Nach dem Germinal, der die linke Opposition mundtot gemacht hatte, unterdrückte die neue, robespierristische Gemeindeverwaltung von Paris jeden Streik- und Koalitionsversuch; der Wohlfahrtsausschuß nahm eine Haltung ein, die nicht daran zweifeln ließ, daß er Ansprüchen der Lohnempfänger Widerstand entgegenzusetzen gedachte. Er schätzte ein, daß das ganze ökonomische und finanzielle Gebäude der Republik auf dem doppelten Maximum von Preisen und Löhnen beruhe, dessen einseitige Durchlöcherung den Einsturz des Systems und den Ruin.des Assignaten durch

Inflation nach sich ziehen müsse. Gegen Arbeitsniederlegungen schritt er ein. Beim Herannahen der Ernte wurden Landarbeiter – besonders Schnitter – requiriert und zwar, was für die Betroffenen am ärgerlichsten war, zu den niedrigen amtlichen Stopplöhnen. Am 23. Juli erst wagte die Commune von Paris das Lohnmaximum zu veröffentlichen, das in der Tat – wie befürchtet – in vielen Berufszweigen eine recht willkürliche Senkung des bisher erzielten Tageslohns anbefahl. So wuchs auch die Unzufriedenheit der Arbeiter und gesellte sich dem Unwillen der von Zwangsbelieferungen überbürdeten Bauern und der durch die Geldentwertung ruinierten großen wie kleinen Rentner hinzu.

Trotzdem sollte man die Bilanz der jakobinischen Wirtschaftslenkung nicht als negativ betrachten. Sie allein hat es erlaubt, die Massenheere der Republik zu nähren und auszurüsten; ohne sie wäre ihr Sieg undenkbar gewesen. Dank ihr war dem werktätigen Stadtvolk wenigstens das tägliche Brot gesichert; die Wiederkehr des ungezügelten Wettbewerbs wird es 1795 in die allerschärfste Hungersnot stürzen.

Demokratie und Eigentum

Das Ideal einer sozialen Demokratie wurde, mit einigen Schattierungen, von den Volksklassen und den revolutionären Mittelschichten geteilt und bildete eine Voraussetzung für die Möglichkeit eines „jakobinischen Blocks". Daß die Ungleichheit des Reichtums die politischen Rechte zu einem leeren Schein erniedrigt; daß am Ursprung der Ungleichheit unter den Menschen nicht nur die Natur, sondern auch das Privateigentum steht: Das waren Gemeinplätze der fortschrittlichen Gesellschaftsphilosophie des Jahrhunderts. Seltener waren Denker, die von diesem Ausgangspunkt zu der Idee vorstießen, die Gesellschaftsordnung durch eine Abschaffung des Privateigentums an Produktionsmitteln umzustürzen. „Die Gütergleichheit ist ein Hirngespinst," hatte Robespierre am 24. April 1793 erklärt. Mit den meisten Revolutionären verurteilte er

das „Ackergesetz“, d. h. die Güterteilung, deren Propagierung der Konvent davor am 18. März einstimmig mit der Todesstrafe belegt hatte. Trotzdem bekräftigte Robespierre in derselben Rede, daß das extreme Mißverhältnis der Vermögen die Quelle vieler Übel und Verbrechen sei. Jakobiner und Sansculotten bekannten sich zu einer Gesellschaft von kleinen unabhängigen Warenproduzenten, Bauern und Handwerkern, die ihre Familie ernähren konnten, ohne auf Lohnarbeit angewiesen zu sein: ein Ideal, zugeschnitten auf das Frankreich jener Zeit, das die Sehnsucht des Kleinbauern und des Landarbeiters, des Handwerksmeisters und des Gesellen wie des Budikers und des Handlungsgehilfen verkörperte; ein Ideal, das mit den Lebensbedingungen der Mehrheit der Produzenten harmonierte, jedoch im Widerspruch stand zu dem Ruf nach „Wirtschaftsfreiheit“, die zwangsläufig zur kapitalistischen Produktion führen mußte.
Saint-Just unterstrich die soziale Orientierung dieser Eigentumsauffassung: Es soll weder Reiche noch Arme geben; der Überfluß ist eine Niederträchtigkeit. In seinen *Fragmenten über republikanische Institutionen* zog er dem Eigentum einige Grenzen durch Abschaffung der freien letztwilligen Verfügung, durch gleiches Erbrecht für direkte Abkömmlingen, durch Erbverbot in indirekter Linie und durch Rückfall an den Staat, wo keine Direktverwandtschaft vorhanden ist. Das Ziel dieser Sozialgesetzgebung sei,

allen Franzosen die Mittel zu geben, um ihre grundlegenden Lebensbedürfnisse zu befriedigen, ohne von anderem abzuhängen als von den Gesetzen.

So wird der Begriff des sozialen Rechts wiederhergestellt. Der Sansculotte faßt es vordergründig als seine wirtschaftliche Existenzgarantie. Der Jakobiner läßt die nationale Gemeinschaft – ausgestattet mit dem Kontrollrecht über die Organisation des Eigentums – eingreifen, um eine relative Besitz- und Einkommensgleichheit vor allem als einzige vorstellbare Dauersicherung einer politischen Demokratie aufrechtzuerhalten. Sie hat das Kleineigentum in dem Maße zu stützen, als die ökonomische Entwicklung zu seiner Zerstörung tendiert, mit

dem Zweck, einem neuen, unweigerlich in Machtfälle umschlagenden Monopol des Reichtums wie auch der unerwünschten Entstehung eines abhängigen Proletariats – als ständigen Unruhefaktors – zuvorzukommen.
Die Gesetze vom 26. Oktober 1793 und 6. Januar 1794 über gleiche Erbteilung – einschließlich der unehelichen Kinder und mit rückwirkender Kraft ab 14. Juli 1789, von erheblichen Auswirkungen auf die Bauern – gingen von solchen Grundsätzen aus; ebenso am 22. November 1793 die Ausdehnung des Dekrets vom 3. Juni über Ratenzahlung und Parzellierung des Emigrantenbesitzes auf alle Nationalgüter. Die größeren Landwirtschaftsbetriebe waren infolge ihres Arbeitskräftebedarfs über eine Umwandlung von Landarbeitern in Bodeneigentümer und den Aufstieg von Dorfproletariern zu unabhängigen Produzenten nicht glücklich, zumal die Ventôsedekrete den Wunsch der Robespierristen bezeugten, auch die ärmsten Sansculotten einigermaßen zufriedenzustellen. Während aber Saint-Just von einer kostenlosen Überschreibung des Eigentums der Verdächtigen gesprochen hatte, stand darüber nachher im Dekret nichts. Noch mehr: Ausführungsbestimmungen dazu wurden nie erlassen, und die Robespierristen, die aus anderem Anlaß eisern zufassen konnten, unternahmen in diesem Fall erstaunlich wenig gegen die kräftige Sabotage des bourgeoisen Elements in den eigenen Reihen. Das „städtische Denken" der Robespierristen wie der Jakobiner überhaupt scheute vor einer Vertiefung in die Substanz der Agrarfrage zurück. Sie blieben taub für die spezifischen Anliegen der Armbauern: Eine Reform der Halbpacht oder eine Aufteilung der Großpachten in Kleinbetiebe trat niemals in ihren Gesichtskreis.
Die Sozialgesetzgebung im engeren Sinn setzte Anläufe der Konstituante fort und ging gleichzeitig über sie hinaus. Dekrete vom 19. März und 28. Juni 1793 hatten die Unterstützung von Armen, Kindern und Alten festgelegt; ein Recht auf Fürsorge wurde im Gesetz vom 11. Mai 1794 im Grundsatz der sozialen Sicherheit verankert und in jedem Departement ein „Buch der nationalen Wohltätigkeit" ausgelegt. Darin sollten die Alten und Kranken,

alleinstehende Mütter und Witwen mit Kindern eingeschrieben werden; es standen ihnen eine Jahresrente und Hilfeleistungen, worunter kostenlose ärztliche Betreuung im Hause zu.
Möge Europa vernehmen, hatte Saint-Just am 3. März ausgerufen, daß ihr weder einen Unglücklichen noch einen Unterdrücker auf französischem Boden haben wollt!

Der Kult des Höchsten Wesens

Nach Robespierres Rede vom 5. Februar 1794 bildet die Tugend Grundzug und Triebfeder der Volksregierung:
Ich spreche von jener zauberkräftigen Tugend, die soviele Wunder in Griechenland und Rom bewirkt hat ...; von jener Tugend, die nichts anderes ist als Liebe zum Vaterland und zu seinen Gesetzen.
Sie galt als Korrektiv des Terrors. Der Wohlfahrtsausschuß griff hart gegen Revolutionäre durch, die Betrügereien verübten, und rief Kommissare, die auf Bereicherung aus waren, sofort zurück. Er hielt die Kampagne der Dechristianisatoren für falsch; den Laienkult, der sich herausgebildet und gut eingeführt hatte, wollte er hingegen reinigen und vervollständigen; Volkserziehung und eine republikanische Religion sollten das staatsbürgerliche Bewußtsein der Massen weiterentwickeln und festigen.
Erziehung wurde in Artikel 22 der Verfassung als eines der Menschenrechte anerkannt. Sie sollte nach Meinung der Sektion Droits de l'Homme vom 14. Juli 1793 die Bürger „die Erfüllung ihrer Pflichten und die Übung der Tugenden, republikanische Gesinnung und die Einheit der Nation“ lehren. Am 21. Oktober beschloß ein Konventsdekret die staatliche Grundschule, deren Programm die Pflege des Geistes und des Körpers, Moral und Leibesübungen kombinierte; am 19. Dezember wurde es durch ein weiteres ergänzt, das Schulpflicht und Unentgeltlichkeit des Unterrichts einführte. Ganz vom Krieg in Anspruch genommen, vernachlässigte die Revolutionsregierung jedoch trotz vieler Anmahnungen seine Verwirklichung; es fehlte ihr ebenso an Zeit wie an Geld. Mehr Eile legte sie bei der Schaffung eines Staatskults an den Tag.

Schon die Bürgerfeste hatten sich um künstlerische Ausgestaltung bemüht, für die der große David sein ganzes Genie aufbot; am 10. August 1793 führte er beim „Fest der Einheit und Unteilbarkeit“ höchstpersönlich Regie. Seit der Entchristlichung hatte in den ehemaligen Kirchen ein „Kult der Vernunft“ den Gottesdienst verdrängt. Den „Kult des Höchsten Wesens“ erfand indessen Robespierre selbst; er erhob den Anspruch, die republikanische Doktrin auf metaphysische Grundlagen zu stützen.

Seine Ausbildung im Collège Louis-le-Grand hatte ihn zum Spiritualisten gemacht; als Jünger Rousseaus verabscheute er den Sensualismus Condillacs und mehr noch den atheistischen Materialismus eines Helvétius, dessen Büste er im Jakobinerklub zerschlagen ließ. Der Unbestechliche glaubte, wiewohl nicht auf christliche Weise, an die Existenz eines Gottes und der Seele, nach seinen Ausführungen im Jakobinerklub vom 17. März 1792 vielleicht sogar an ein Leben im Jenseits. Vom Konvent beauftragt, einen Bericht über die Dekadenfeste zu geben, wies er am 7. Mai 1794 das Ziel:

Die einzige Grundlage der Gesellschaft ist die Moral ... Die Immoralität ist die Basis des Despotismus, wie die Tugend das Wesen der Republik ist. Belebt die öffentliche Moral! Befehlt so, daß gesiegt wird, aber schleudert vor allem das Laster in das Nichts zurück!

Aus subjektiver Überzeugung, vor allem jedoch als Staatsmann handelnd, der das Bedürfnis verspürte, dem Volk zu einem Kultus zu verhelfen, der politisch sinnvoll war, eingewurzelte Gewohnheiten schonte und dennoch republikanische Sitten befestigte, fuhr er fort:

In den Augen des Gesetzgebers ist alles, was den Menschen nützlich und in der Praxis gut ist, die Wahrheit ... Die Idee vom Höchsten Wesen ist ein fortgesetzter Anruf an die Gerechtigkeit, sie ist also sozial und republikanisch.

Demgemäß erklärte Artikel 1 des Dekrets vom 7. Mai, daß „das französische Volk die Existenz des Höchsten Wesens und die Unsterblichkeit der Seele anerkennt“. Vier republikanische Feste galten als Nationalfeiertage: der 14. Juli, der 10. August, der 21. Januar und der

31. Mai; überdies wurde jeder Dekadi einer bestimmten staatsbürgerlichen oder sozialen Tugend gewidmet.
Ein „Fest des Höchsten Wesens und der Natur“ weihte den neuen Kult am 8. Juni ein. Inmitten einer unübersehbaren Menschenmenge wand sich der von David arrangierte Festzug nach Klängen der großen Tonschöpfer Gossec und Méhul vom Nationalpark der Tuilerien zum Marsfeld; Robespierre, einige Tage davor zum Präsidenten des Konvents gewählt, machte den Sprecher.
Auf ausländische Teilnehmer hinterließ die Feierlichkeit einen tiefen Eindruck. Der Angestellte Girbal aus der Sektion Guillaume Tell trug in sein Tagebuch ein:
Ich glaube nicht, daß die Geschichte das Beispiel eines ähnlich großen Tages bietet. Sowohl physisch wie moralisch war er erhaben. Empfindsame Seelen werden ihm ein ewiges Gedächtnis bewahren.
Und der Konterrevolutionär Mallet du Pan schrieb: „Man glaubte ernsthaft, daß Robespierre darangegangen war, den Abgrund der Revolution zu schließen.“
Da dieses keineswegs seine Absicht war, verfehlte die konstruierte Ersatzreligion ihr politisches Ziel. Unter den Bedingungen des Frühjahrs 1794, nach den Geschehnissen des Germinal, konnte kein Dekret die unterschiedlichen sozialen und politischen Kräfte, die bisher hinter der Revolutionsregierung gestanden hatten und deren Klassengegensätze sie nun aufeinander prallen ließen, in einen und denselben Glauben, in ein und dieselbe Moral zusammenführen. Außerstande, das reale gesellschaftliche Problem einer Lösung näherzubringen, wich Robespierre auf die Allmacht der Ideen aus und spannte seinen einigenden Brückenbogen, der auf Erden nicht tragen wollte, in die Transzendenz. Tatsächlich legte der Kult des Höchsten Wesens im Schoß der Regierung selber den Keim zu einem neuen Konflikt: Die Anhänger einer gewaltsamen Entchristlichung wie die Anhänger eines indifferenten Laienstaates verziehen Robespierre sein „hohepriesterliches Dekret vom 18. Floréal“ nie.

Der Wille, begangenes Unrecht zu strafen, bildete seit 1789 einen Wesenszug revolutionärer Mentalität. Gegenüber dem „Komplott der Aristokraten" befestigten sich, wie Georges Lefebvre gezeigt hat, die „Defensivreaktion" und der „Strafwille" sowohl im Volk wie bei führenden bürgerlichen Revolutionären. Aus dem Bedürfnis, Ordnung in die spontane Volksjustiz zu bringen, waren die „ständigen Ausschüsse", die Ausschüsse für Sicherheit und das Sondergericht vom 17. August 1792 entstanden, das die Girondisten am 29. November allerdings wieder aufgehoben hatten.

In dem Maße, in dem sich die Revolutionsregierung institutionalisierte, wurde der Terror in rechtsverbindliche Formen gebracht. Das am 10. März 1793 geschaffene und im September reorganisierte Revolutionstribunal sprach nach einem vereinfachten Verfahren in letzter Instanz Recht. In den Departements wurde der revolutionäre Terror nach wie vor unterschiedlich gehandhabt; die Größe der Gefahren, mitunter auch willkürliche Deutungen schlugen sich in der Auslegung der Gesetze nieder: Einige Volksvertreter in Mission fahndeten hauptsächlich nach Feuillants, andere nach „Föderalisten". Die Einführung der Wirtschaftslenkung vermehrte die Zahl der Verdächtigen durch hortende Reiche und Erzeuger oder Händler, die gegen das Maximum verstießen. Die Entchristlichung schließlich lenkte den Terror auf konstitutionelle Priester, die zu lange zögerten, ihr Amt niederzulegen, wie gegen Gläubige, die auf ihren Kirchgang beharrten.

Nach der Vernichtung der Flügelfraktionen erfuhr auch der Terror eine Zentralisierung. Bisher gegen Feinde der Revolution auf ihrer jeweiligen Etappe im allgemeinen gerichtet, erfaßte er jetzt vor allem spezifische Gegner der Regierungsausschüsse, die gleichzeitig ihre Kontrollen verschärften. Ein Dekret vom 16. April ordnete an, sämtliche der Verschwörung Verdächtigen dem Pariser Tribunal zu überstellen, und am 8. Mai wurden die örtlichen Revolutionstribunale und -kommissionen mit zwei

Ausnahmen aufgelöst: Das Tribunal von Arras bestand bis zum 10. Juli, und in Orange wurde am 10. Mai, bedingt durch besondere Verhältnisse, sogar eine neue Volkskommission eingesetzt.

Der sogenannte „Große Schrecken" setzte mit dem Gesetz vom 22. Prairial (10. Juni) ein. Augenblicksumstände hatten Pate gestanden: Am 20. Mai war ein Revolverattentat auf Collot versucht worden. Am 23. wurde Cécile Renault festgenommen, die es mit einem Messer auf Robespierre abgesehen zu haben schien; jedenfalls bekräftigte sie offen ihre konterrevolutionäre Überzeugung. Das „Aristokratenkomplott" zeigte sich so am Vorabend des wiederbeginnenden Feldzuges gegen die Koalition immer noch höchst lebendig und fachte die Leidenschaft der Sektionen an, die Schuldigen sühnen zu lassen. Die Zeit impulsiver Abrechnungen war indessen vorbei. „Es geht nicht darum, Exempel zu statuieren," erklärte Collot, der das Dekret einbrachte, „sondern unbelehrbare Satelliten der Tyrannei auszurotten."

Voruntersuchung und Verteidigung wurden abgeschafft; die Geschworenen konnten sich mit moralischen Beweisen begnügen; der Gerichtshof hatte nur die Wahl zwischen Todesurteil und Freispruch. Die Definition des Volksfeindes wurde in Artikel Sechs erweitert: Wer die Pläne von Frankreichs Feinden begünstigt, indem er Patrioten verfolgt und verleumdet; wer Defätismus zu säen, die Sitten zu verderben, Reinheit und Energie der revolutionären Grundsätze zu ändern unternimmt; wer auf diese oder jene Weise, offen oder versteckt, Anschläge gegen die Freiheit, die Einheit, die Sicherheit der Republik verübt oder bemüht ist, ihre Festigung zu hindern.

Während dieser letzten Periode wurde die Praxis des Amalgams verallgemeinert. Der erweiterte Begriff des Aristokratenkomplotts erlaubte es, im selben Verfahren Angeklagte zu beschuldigen, zwischen denen keine Verbindung bestand, die aber infolge ihrer Umtriebe gegen die Nation als mitverantwortlich betrachtet wurden. Von März 1793 bis zum 10. Juni 1794 fanden in Paris 1251 Hinrichtungen statt, von da ab in den wenigen Wochen bis zum 9. Thermidor 1376. Die Köpfe fielen

nach dem Ausspruch des Öffentlichen Anklägers „wie Dachziegel".
Engels spottete über die Meinung, jedem einzelnen Geköpften sei recht geschehen, „zuerst denen, die Robespierre köpfen ließ, und dann dem Robespierre selbst", und urteilt: „Zu solchen Kindereien führt es, wenn im Grund ganz gutmütige Leute dem Drang, haarsträubend zu erscheinen, freien Lauf lassen." Bei einer Bilanzierung des Terrors gilt es allerdings zu unterscheiden. Die Zahl des festgenommenen Verdächtigen setzen einige Autoren mit 100000 an, anderen scheinen 300000 nicht unwahrscheinlich. Die Zahl der Todesopfer schätzt Donald Greer auf 35000 bis 40000 einschließlich der Hinrichtungen ohne Urteil wie in Nantes und Toulon: ein Bruchteil des Blutzolls, den die bewaffnete Konterrevolution des In- und Auslandes dem revolutionären Frankreich auferlegte. Die Zahl der Todesurteile durch das Pariser Revolutionstribunal und andere Sondergerichte bezifferte Greer auf 16594: 16 v. H. davon in Paris, 71 v. H. in den Hauptregionen des Bürgerkrieges. Die Motive decken sich damit: In 76 v. H. der Fälle handelt es sich um Rebellion oder Hochverrat an der Nation; Gesinnungstaten (refraktäre Agitation, Föderalismus, Verschwörungen) stehen für 19. v. H., ökonomische Delikte (Banknotenfälschung, Veruntreuung) nur für ein Prozent. Nach der sozialen Zusammensetzung entstammten 83 v. H. dem alten Dritten Stand (Bourgeois 25, Bauern 28 und Sansculotten 31 v. H.), dem Adel 8,5 und dem Klerus 6 v. H. „In solchen Kämpfen," bemerkt Lefebvre, „haben jedoch Überläufer mit noch weniger Schonung zu rechnen als die ursprünglichen Gegner." Außerdem ist auf absolute und relative Größen zu achten: Adel und Klerus machten zusammen keine drei Prozent der Bevölkerung aus, und ihr Anteil an Emigration und Deportation war im Verhältnis weitaus der höchste. Immerhin bestätigt auch die Aussage der Zahlen, daß der Terror wesentlich Instrument der nationalen und revolutionären Verteidigung gegen Meuterei und Verrat war. Als Bestandteil des Bürgerkrieges trennte er von der Nation nichtassimilierbare Elemente ab, aristokratische oder solche, die ihr Geschick an jenes der

Abb. 15 Babeuf

Abb. 16 Das Panthéon

Aristokratie gekettet hatten: Nach einem Wort von Marx war *„der ganze französische Terrorismus* nichts als eine *plebejische Manier*, mit den *Feinden der Bourgeoisie*, dem Absolutismus, dem Feudalismus und dem Spießbürgertum, fertigzuwerden". Er stattete die Regierungsausschüsse mit der Zwangsgewalt aus, die ihnen erlaubte, die Staatsautorität wiederherzustellen und die Wohlfahrt der Republik Gut- und Böswilligen als oberstes Gesetz aufzuerlegen. Er trug dazu bei, das Gefühl der nationalen Solidarität zu wecken, und erlaubte vor allem die Durchsetzung der für die Kriegsanstrengungen zur Rettung der Nation unabdingbare Wirtschaftslenkung. In diesem Sinne war der revolutionäre Terror – ungeachtet seiner vielen schmerzhaften Miß- und Fehlgriffe – ein Faktor des Sieges.

Die Volksarmee

Um ein Massenheer unterhalten zu können, war die Lenkung der Wirtschaft der Regierung übertragen worden; um das Volk zu veranlassen, sich bis zum letzten Mann in den Kampf zu werfen, arbeitete eine soziale Demokratie an der Verbesserung seines Loses und eine republikanische Moral an der Förderung staatsbürgerlichen Verantwortungsbewußtseins.

Den Armeen hat die Revolutionsregierung ihre ganze Tatkraft gewidmet. Die Truppenstärke überstieg im Frühjahr 1794 – vielleicht erstmalig in der Geschichte überhaupt – eine Million Mann. Ihre Herkunft war unterschiedlich: Linienregimenter, Freiwilligenbataillone, Rekruten der „Aushebung der 300000" und des Volksaufgebots, die jedoch sämtlich im Winter zu Halbbrigaden umgruppiert wurden. So war auch die Armee „nationalisiert" worden.

Die Offizierskader wurden durchgekämmt und aufgefrischt. Der Konvent hatte die Offizierswahl eingeführt, die schon in der Nationalgarde in Kraft war, jedoch auch das Dienstalter berücksichtigt. Laut Gesetz vom 21. Februar 1793 wählten die Soldaten ihre Unteroffiziere. Für zwei

Drittel der höheren Grade bezeichneten sie drei Kandidaten mit einem Grad unter dem zu vergebenden; die Chargen dieses Grades, mithin die Gleichrangigen, wählten dann unter den drei Vorgeschlagenen. Das letzte Drittel blieb der Beförderung von Berufsoffizieren reserviert. Die Generäle wurden durch die Exekutive ernannt, ein Drittel nach dem Dienstalter, zwei Drittel nach Ermessen.

Faktisch eignete sich der Wohlfahrtsausschuß auch darin ausgedehnte Rechte an und delegierte z. B. oft seine Vollmachten an Volksvertreter in Mission, die in Offiziersernennungen eingriffen. Immerhin wurde der Grundsatz der freien Wahl der unteren Grade stets peinlich eingehalten. Auf dem Sieb dieser Auswahl erschien allmählich ein Generalstab: Marceau, Hoche, Kléber, Jourdan und soviele andere, umgeben von Offizieren, die sich sowohl durch militärische Tüchtigkeit wie durch Bürgersinn auszeichneten. Zwecks Ausbildung eines neuen Offizierskaders organisierte ein Dekret vom 1. Juni 1794 die „Mars-Schule“: Jeder Distrikt entsandte sechs junge Leute dorthin, „um durch eine revolutionäre Erziehung alle Kenntnisse und Fertigkeiten eines republikanischen Soldaten zu erwerben“.

Die Disziplin wurde wiederhergestellt, am 27. Juli 1793 die Todesstrafe für Plünderer und Deserteure verkündet. „Liebt die Disziplin, die siegen macht,“ hatte Saint-Just im Brumaire der Rheinarmee zugerufen. Indessen behandelten die Feldgerichte, unerbittlich gegen aufgegriffene Emigranten und Rebellen, einfache Soldaten mit Milde. Vor allem verstand es die Revolutionsregierung, die Armee demokratisch zu erhalten. Politische Erziehung ging deshalb mit dem Exerzierdienst einher; die Soldaten von 1794 besuchten Volksgesellschaften und lasen die patriotische Presse. Zum 16. März 1794 kennt man eine Liste von Zeitungen, die der sansculottisch gesinnte Bouchotte auf Kosten seines Ministeriums an die Armeen sandte: Die Spitze hielt der *Père Duchesne*; es folgten das *Journal der Freien* von Duval, das *Journal der Montagne*, Organ des Jakobinerklubs, und der *Antiföderalist* von Jullien (von Drôme).

Die revolutionäre Armee schlug sich für das Ende der Privilegien, die Abschaffung der Feudalität, die Vernichtung des Despotismus. Feind war ebensogut der Konterrevolutionär, der Refraktär, der Emigrant wie England, Preußen oder Österreich. Indem er die Republik mit Freiheit und Gleichheit in eins setzte, gelang es dem Wohlfahrtsausschuß, die Staatsbürger in Uniform zu überzeugen, daß sie ihm auch in ihrer Eigenschaft als Kombattanten gehorchen mußten.
Der Militärkommandant war der Zivilgewalt streng untergeordnet. Die Armee war nur das Werkzeug einer Politik, die der Revolutionsregierung zustand; die Kriegführung fiel unter ihre Kompetenz. Nachdem Lafayette und Dumouriez Verrat geübt hatten, versicherte sich der Wohlfahrtsausschuß des Gehorsams schwankender Generäle durch den Terror. Custine, Houchard, Biron, Beauharnais, Westermann, Dillon und andere endeten unter dem Fallbeil. Nachlässigkeit oder Unfähigkeit erschien als Beweis mangelnden Bürgersinns. Die Reden Saint-Justs, der an militärischen Fragen großen Anteil nahm, sind voll von Aussprüchen der Art: „Man wird den Generälen erst nach Kriegsende Lobreden halten."
Sogar auf dem Kriegsschauplatz übten die Volksvertreter in Mission faktisch unbegrenzte Vollmachten der Zivilgewalt aus. Am Vorabend des Feldzugs von 1794, am 20. April, ließ Billaud dem Konvent folgende Warnung zukommen:
Wenn man zwölf Armeen unter dem Zelt hat, muß man nicht nur den Abfall fürchten und ihm zuvorkommen. Einfluß und Ehrgeiz eines unternehmenden Anführers, der sich plötzlich hervortut, sind ebenfalls zu fürchten. Die Geschichte lehrt uns, daß auf diese Weise alle Republiken zugrunde gegangen sind. Eine Militärregierung ist die schlimmste nach der Theokratie.
Taktik und Strategie wurden gemäß den neuen politischen und sozialen Notwendigkeiten, aber auch Möglichkeiten, verändert. Genährt, ausgerüstet und bewaffnet dank der materiellen Mobilisierung, die endlich ihre Früchte trug, besaßen die Heere der Republik jetzt das zahlenmäßige Übergewicht über die Feindkoalition. Zwar war die Be-

waffnung noch jene des Ancien régime: das Gewehr Modell 1777 mit genauem Schuß auf 100 m und die Artillerie Gribeauvals, hauptsächlich Kanonen, die Vierpfundkugeln 400 m weit schossen. Schon am 10. Oktober 1793 jedoch hatte Saint-Just erklärt: „Die Kriegskunst der Monarchie sagt uns nicht mehr zu. Das Kriegssystem der französischen Armeen muß die Stoßtaktik sein.“

Die neue Taktik wurde erzwungen von den Ausbildungsmängeln der Truppe. Die Soldaten des Jahres II kämpften im allgemeinen in Schützenketten, die das Terrain nutzten; danach gingen sie zum Sturmangriff mit dem Bajonett über. Die Kolonne wurde am Ende die eigentliche taktische Einheit, leichter zu handhaben als die traditionelle Linienformation. Aus einer Neugliederung ging 1794 die Division aus zwei Infanteriebrigaden, zwei Kavallerieregimentern und einer Batterie hervor, zusammen 8000–9000 Mann.

Die Strategie unterlag Änderungen aus dem Bedürfnis, die große Masse der verfügbaren Männer auszunutzen. Carnot befürwortete den pausenlosen massierten Angriff, konzentriert auf einige entscheidende Punkte. Am 2. Februar 1794 formulierte der Wohlfahrtsausschuß seine Doktrin:

Als allgemeine Regel gelten: Immer in Massen handeln und zwar offensiv; strenge Disziplin üben; die Truppe stets in Bewegung halten, ohne sie zu erschöpfen; in den Festungen nur das zu ihrem Schutz unbedingt Notwendige belassen ... bei jeder Gelegenheit den Kampf mit der blanken Waffe aufnehmen und den Feind beharrlich verfolgen bis zu seiner vollständigen Vernichtung.

Schnelligkeit der Bewegung, offensive Stoßkraft und Kampfesmut auf dem Schlachtfeld eher denn gekonnte Manöver bildeten die Voraussetzungen des Erfolges, weil die Truppenführung der revolutionären Moral dieser Soldaten des Volkes in jeder Situation vertrauen konnte. Die Bauern- und Handwerkersöhne wußten, wofür und wogegen sie sich schlugen: Sie fochten ihren eigenen Krieg.

Im Juni 1794 zeichnete sich als Frucht methodischer und wahrhaft gigantischer Anstrengungen des Wohlfahrtsausschusses und der ganzen Nation der Sieg ab. Jedoch brach im selben Augenblick die politische Krise wieder auf; in ihr zerfiel der Führungskern der Revolutionsregierung selber.

3. Thermidor

Am Frühjahrsende häuften sich die Schwierigkeiten, auf die der Wohlfahrtsausschuß im Konvent und bei den Volksklassen der Hauptstadt stieß: Während sich in der Nationalversammlung Kräfte der revolutionären Bourgeoisie gefährlich umgruppierten, zerriß das Band, das Revolutionsregierung und Sansculotterie unter jakobinischer Leitung trotz so vieler Belastungen noch zusammengehalten hatte. Die gewaltigen Kriegskosten beschleunigten ungeachtet aller gegenteiligen Bemühungen die Inflation, und die angespannte Wirtschaftslage machte ihrerseits die volle Aufrechterhaltung des Terrors nach Auffassung der Ausschüsse unvermeidlich. Andererseits schien gerade mit dem von ihr schließlich davongetragenen Sieg Sinn und Zweck der revolutionär-demokratischen Jakobinerdiktatur erfüllt; ihre bürgerlichen Nutznießer erachteten ein Fortbestehen der harten Herrschaft als nunmehr entbehrlich und ihren ferneren Interessen abträglich. Von den Volksmassen isoliert, erlagen die Robespierristen einem konzentrischen Angriff.

Fleurus

Die Außenpolitik des Wohlfahrtsausschusses war wesentlich Kriegspolitik. Die von Danton – vor allem gegenüber den englischen Whigs – betriebene elastische Verhandlungstaktik wurde aufgegeben, weil sie Wasser auf die Mühlen der Citras trieb. Der Wohlfahrtsausschuß tat von seiner Seite nichts, um Zerwürfnisse unter den Koalierten auszuschlachten oder um die Polen zu unterstützen, die sich 1794 unter Tadeusz Kościuszko gegen die Teilungsmächte erhoben hatten. Dagegen behandelte er die Neutralen pfleglich. Schon nach einer Rede Robespierres am 18. November 1793 hatte der Konvent seinen Willen kundgetan, deren Belange streng zu achten, und gab ihnen Kenntnis von seinen „Gefühlen der Rechtlichkeit, Wohlgewogenheit und Wertschätzung“: Praktisch bedeutete das die Einstellung des weltweiten „Propagandakrieges“.

Bei Feldzugsbeginn hatte der Herzog von Coburg vom Meer bis Namur staffelförmig Aufstellung genommen. Die starke französische Nordarmee unter Pichegru sollte in Richtung Ypern angreifen, die kleine Ardennenarmee gegen Charleroi und die Moselarmee unter Jourdan gegen Lüttich vorgehen. Pichegru konnte Coburg nicht hindern, Landrécis zu nehmen, schlug ihn jedoch am 18. Mai bei Tourcoing; damit war die Grenze nördlich der Schelde gesichert. Der Wohlfahrtsausschuß gruppierte folglich die Ardennen- und die Moselarmee um, verstärkte sie und warf sie gegen Charleroi, das am 25. Juni kapitulierte. Im selben Augenblick befand sich Coburg, bei Ypern abermals geschlagen, auf dem Rückzug; um seine Etappe zu sichern, griff er Jourdan bei Fleurus am 26. Juni an und erlitt nach einem blutigen Schlachttag eine entscheidende Niederlage. Saint-Just hatte Anteil an dem Sieg, indem er die Kolonnen ohne Unterlaß zum Sturm vorgehen ließ; er weigerte sich jedoch, davon dem Konvent zu berichten.

Die Besetzung Belgiens folgte schnell. Jourdan und Pichegru vollzogen in Brüssel ihre Vereinigung, dann drängte Pichegru Engländer und Holländer nach Norden, Jourdan die Österreicher nach Osten zurück; ersterer besetzte Antwerpen und letzterer Lüttich – genau am 9. Thermidor.

An der Pyrenäenfront erstürmte Dugommier am 1. Mai das Lager von Boulou und drang in Katalonien ein; am Westabschnitt fiel am 25. Juli San Sebastian.

Während sich die britische Flotte im Bunde mit Paoli, dem Führer der insularen Separatisten, Korsikas bemächtigte, behaupteten sich die republikanischen Geschwader im Atlantik. Vom 28. Mai bis 1. Juni lieferte die aus Brest ausgelaufene französische Flotte bei Quéssant der englischen zur Deckung eines großen amerikanischen Getreidegeleitzuges eine Schlacht. Die französischen Verluste waren sehr hoch, jedoch mußten die Engländer

beidrehen, und die lebenswichtige Ladung erreichte die Bretagne.
Durch eine äußerste Anstrengung schien die Jakobinerdiktatur den Sieg vollenden, die Koalierten zum Frieden zwingen zu können. Gerade als dieses Ziel in greifbare Nähe zu rücken schien, zerfiel jedoch die Revolutionsregierung.

Der unmögliche Ausgleich

Der Auflösungsprozeß zeigte verschiedene Gesichter. Während sich der Apparat der Jakobinerdiktatur verstärkte, schwächten sich ihr sozialer Rückhalt am Volk und ihr politischer im Konvent unaufhörlich ab. Die Differenzen mit dem Sicherheitsausschuß und die Uneinigkeit im Wohlfahrtsausschuß selbst schürzten den letzten Knoten.
Der Wohlfahrtsausschuß hatte nach Rückberufung der großen Terroristen von ihren Missionen vor allem eine Wiederherstellung der gerichtlichen Zentralisierung bei der Unterdrückung von Staatsfeinden beabsichtigt, die Durchführung des Gesetzes jedoch entglitt ihm: Der Sicherheitsausschuß fälschte seinen Sinn, indem er die unterschiedlichsten Strafsachen amalgamierte, um Angeklagte in „Massenschüben" aburteilen zu können, und Gerüchte oder aufgebauschte Indizien über „Verschwörungen in den Gefängnissen" zum Vorwand nahm, um die Hinrichtungen zu beschleunigen. Frankreich hingegen wurde des Terrors müde; seine Übersteigerung nach Erlaß des Prairialgesetzes vereinbarte sich ganz und gar nicht mit dem strahlenden militärischen Sieg, der eine „Schreckensherrschaft" von solchen Ausmaßen schon als überflüssig und willkürlich erscheinen ließ. „Wir verstehen darunter – schrieb Engels an Marx – die Herrschaft von Leuten, die Schrecken einflößen; umgekehrt, es ist die Herrschaft von Leuten, die selbst erschrocken sind. La terreur, das sind großenteils nutzlose Grausamkeiten, begangen von Leuten, die selbst Angst haben, zu ihrer Selbstberuhigung." Und Engels nennt sie bei Namen, den „überängstigten, sich

als Patriot gebärdenden Bourgeois", den „kleinen hosenscheißenden Spießbürger"und „den bei der terreur sein Geschäft machenden Lumpenmob".

Die Geschäftswelt und besondes die aufblühende Großspekulation ertrugen mißmutig die Regierungskontrolle über die Wirtschaft; sie wünschten, baldmöglichst zu jener völligen Freigabe von Produktion und Zirkulation zurückzukehren, die ihnen die Revolution 1789 zum Geschenk gemacht hatte. Sie witterten einen Anschlag auf das Eigentumsrecht, als die bisher hinausgeschobene Durchführung der Ventôsedekrete mit der Schaffung von Volkskommissionen zur Klassifizierung der Verdächtigen plötzlich näherzurücken schien.

Die Volksmassen entfernten sich seit dem Germinal nach und nach von der Revolutionsregierung. Während des Frühjahrs 1794 stellt man unter dem trügerischen Schein von eintönigen Loyalitätsbekundungen für Konvent und Ausschüsse einen unheilbaren Verfall der politischen Aktivität in den Sektionen fest, eine wachsende Gleichgültigkeit, wenn nicht Abneigung der Pariser Sansculotten gegenüber Behörden, auf deren Tun und Lassen sie keinen Einfluß mehr hatten. Die Ursachen hierfür waren sowohl sozialer als auch politischer Natur.

Die Bürgervollversammlungen der Sektionen waren schon aus dem Tritt gebracht worden, als das Dekret über die Revolutionsregierung im Dezember 1793 sämtliche Wahlen bis Kriegsende untersagt hatte; gerade in der freien Selbstbestimmung ihrer Beamten und Funktionäre in Gemeinde und Sektion hatten die Sansculotten eine wesentliche Garantie ihrer politischen Rechte erblickt. Danach setzte eine verdeckte Verfolgung von Revolutionären ein, die des „Hébertismus" verdächtig waren: ein bequemes Schlagwort, das erlaubte, sektionäre Kader zu treffen, die dem System einer Direktdemokratie weiter anhingen. Einige schnell unterdrückte Versuche sektionärer Agitation bezeugten das Weiterbestehen einer solchen Opposition: Als die Sektion Marat den Kult des Volksfreundes wiederaufleben ließ, parierten die beiden Ausschüsse am 22. Mai mit dem Verbot von „Festen einzelner Gruppen von Bürgern"; ebenso schnell mußten die Sektionen Anfang Juli „brüderliche Gastmähler" abblasen, die in vielen von ihnen als sansculottische „Ersatzorganisationen" aus dem Boden geschossen waren, unter deren Maske aber auch Konterrevolutionäre schlüpfen konnten.

Sozial gesehen, nahmen die Volksklassen an der Neuausrichtung der Wirtschaftspolitik Anstoß. Die nach ihrer Säuberung robespierristisch eingestellte Commune unter Payan, mit Fleuriot-Lescot als Maire, „rehabilitierte" den Handel. Zwar blieben die Festpreise der Hauptnahrungsmittel unverändert, jedoch requirierte die Regierung keine, und es gab sie folglich oft nicht; sie begnügte sich damit, Brot zu beschaffen, dessen Verteilung den Gemeindebeamten zufiel. Indem die Commune plötzlich Wert auf die Feststellung legte, daß kein Gesetz Privatpersonen verbot, Lebensmittel von auswärts kommen zu lassen; indem sie jeden festzunehmen drohte, der den Handel behinderte, begünstigte sie Durchstechereien und unterhöhlte selber das Maximum. Sie kam den Erzeugern und den Meistern entgegen, jedoch zu Lasten der ärmsten Sansculotten, der Arbeiter und sonstigen Lohnempfänger. Als im Mai der Preisanstieg bei Bedarfsgütern im Gefolge der Veröffentlichung eines neuen Maximums und des Nachlassens der Kontrollen unter den Arbeitern eine Bewegung für Lohnerhöhung hervorrief, die verschiedene Gewerbezweige ergriff, wurde sie von der Commune in Anwendung des Gesetzes Le Chapelier scharf unterdrückt.

Die Veröffentlichung des für Paris geltenden Lohnmaximums am 5. Thermidor war der Höhepunkt dieser arbeiterfeindlichen Restriktionspolitik. An sich bedeutete die Lohnskala weiter nichts als die Anwendung des Gesetzes vom 29. September 1793, faktisch bescherte sie den Arbeitern jedoch teilweise starke und willkürliche Lohneinbußen; einem Steinmetz der Pantheon-Werkstätten standen danach statt fünf Livres Tageslohn weniger als vier zu. Es wog schwer, daß sich die Unzufriedenheit eben in jenem Augenblick Bahn brach, als die Commune einer Unterstützung durch das Volk am meisten bedurft hätte.

Im Konvent hatte sich eine antirobespierristische Opposition in der Zwischenzeit um die abberufenen Terroristen – die Linken Carrier und Fouché und die Korrupten Barras, Fréron und Tallien – neu gesammelt. Die gestürzten Prokonsuln, die für ihre Person – vermutlich zu Recht – Gefahr spürten, liehen ihren Beistand neuen „Nachsichtigen", deren Wünsche mit Fleurus erfüllt waren und die deshalb jetzt nach einer schleunigen Beendigung des Terrors riefen; sie hofierten den „Sumpf", der die Revolutionsregierung immer nur als zeitweilige Aushilfe in kritischen Zeiten ertragen hatte. Welche Ursache sollte der Konvent haben, sich die Vormundschaft der Ausschüsse noch länger gefallen zu lassen, nachdem die Koalition abgeschlagen und keine Journée der Volksmassen mehr zu befürchten war? Zwischen einem Konvent, der ihres harten Jochs überdrüssig, und einer Sansculotterie, die von ihr heillos enttäuscht war, hing die robespierristische Revolutionsregierung im leeren Raum.
Als sich auch noch die beiden Ausschüsse untereinander zerstritten, besiegelten sie ihren Untergang.
Der Sicherheitsausschuß verzeichnete die Übergriffe des Wohlfahrtsausschusses in seine Zuständigkeiten mit stillem Ingrimm. Männer wie Amar, Vadier und Voulland, die extremistischen Tendenzen nicht allzu fern standen, wollten den Terror verlängern, der ihnen ihre Autorität verlieh; als Atheisten nahmen sie Robespierre die Drosselung der Entchristlichung und die Protektion des Höchsten Wesens übel; außer David und Lebas waren sie aus persönlichen wie aus prinzipiellen Erwägungen dem Unbestechlichen feindlich gesonnen.
Wäre er einig geblieben, hätte der Wohlfahrtsausschuß diese Opposition wohl neutralisieren können; gerade das jedoch brachte er nicht zustande. Robespierre war infolge seiner glänzenden Dienste am Vaterland in den Augen des revolutionären Frankreich zum wahren Regierungsoberhaupt geworden. Streng gegenüber anderen wie gegen sich selbst, nahm er keine Rücksicht auf Empfindlichkeiten seiner Kollegen; kontaktarm, übte er gegenüber der Mehrheit des Ausschusses eine Zurückhaltung, die ihm entweder als Berechnung oder als Hochmut angekreidet

wurde: Pose des Diktators, der im Kommen war? Dieser Vorhalt, schon von den Girondins, dann von den Cordeliers gegen den Unbestechlichen erhoben, wurde im Wohlfahrtsausschuß von Carnot und von Billaud wiederholt, der am 20. April dem Konvent erklärt hatte:

Jedes Volk, das eifersüchtig über seine Freiheit wacht, muß auf der Hut bleiben, sogar vor den Tugenden der Männer, die hervorragende Stellungen bekleiden.

Übertroffen wurden die Gegensätze der Temperamente und die Kompetenzkonflikte zwischen „militärischen Fachleuten“ und „dilettantischen Zivilisten“ von Divergenzen der gesellschaftlichen Orientierung. Der „jakobinische Block“ löste sich sogar an der Spitze, im Wohlfahrtsausschuß selbst, gewissermaßen in seine natürlichen Bestandteile auf. Obwohl aufopferungsvolle Patrioten, waren Carnot und Lindet im Grunde gesetzte Bourgeois, die eine Wirtschaftslenkung ungern hinnahmen und nichts von sozialer Demokratie hielten. Billaud und Collot neigten zu entgegengesetzten Standpunkten und vermißten an Robespierre eher einen Schuß „Sansculottismus“. Verärgert über Zweideutigkeiten des Sicherheitsausschusses, in dem Vadier den Kult des Höchsten Wesens lächerlich zu machen suchte aus Anlaß einer Catherine Théot, die sich für die Mutter Gottes ausgab und nebenher etwas für Robespierre übrig hatte, stellte dieser am 29. Juni seine Mitarbeit im Wohlfahrtsausschuß, der ihm in der Angelegenheit nicht folgen wollte, gereizt ein: „Rettet das Vaterland ohne mich!“ Die Hoffnung, daß sich seine Unentbehrlichkeit bald herausstellen würde, trog: Der freiwillige Rückzug begünstigte seine Widersacher; die Linken und die Rechten verbanden sich gegen die „Einmannherrschaft“ oder das „Triumvirat“ Robespierre – Saint-Just – Couthon.

Der Versuch, die beiden Ausschüsse in einer Vollsitzung am 22. und 23. Juli auszusöhnen, gelang nur an der Oberfläche; der Streit fraß sich weiter. Ihren Mitgliedern war klar geworden, daß die Revolutionsregierung zerfallen mußte, wenn keine Übereinkunft gefunden wurde, um dem Angriff der „Korrupten und neuen Nachsichtigen“ zu widerstehen. Während Saint-Just und Couthon einen

Vergleich befürworteten, lehnte Robespierre ab; seine Absicht ging dahin, eine sich anbahnende Allianz zwischen seinen Gegnern innerhalb der Bergpartei und dem „Sumpf", der ihn bisher unterstützt hatte, im Keim zu ersticken.

Robespierres Sturz

Ohne vorherige Beratung mit seinen beiden Freunden entschloß sich Robespierre, den Konflikt vor den Konvent zu bringen. Indem er ihn zum Richter über die Aufrechterhaltung der Revolutionsregierung machte, ging er ein großes Risiko ein, da er angesichts der Stimmung in der Pariser Sansculotterie auf sie dabei nicht rechnen konnte.
Am 26. Juli – dem 8. Thermidor – machte er in der Nationalversammlung „Beuteterroristen, maskiert als Nachsichtige," für die Ausschreitungen des Terrors verantwortlich. Indem er sich jedoch versagte, Namen zu nennen, stürzte er sich ins Verderben: Alle, die sich etwas vorzuwerfen hatten, verstanden höchste Alarmstufe und rannten um ihren Kopf. Während sich Robespierre am Abend im Jakobinerklub Beifall spenden ließ, nachdem es im Konvent schon auf des Messers Schneide gestanden hatte und die aus den Fugen geratenen Ausschüsse schwankten, handelten seine Gegner. In dieser Nacht verschworen sich Abgeordnete der Montagne, die seit langem oder auch erst im Zuge der letzten Entwicklungen Robespierres Untergang im Schilde führten, mit dem „Sumpf", dem sie die Einstellung des Terrors versprachen: ein Gelegenheitsbündnis der Opportunisten und der Antirobespierristen von rechts bis links mit der Furcht als alleinigem Kitt zu erfolgverheißender Stunde, in der Napoleons künftiger Polizeiminister Fouché die erste Probe seiner konspirativen Meisterschaft ablegte.
Am 9. Thermidor – dem 27. Juli – begann die Sitzung des Konvents um elf Uhr. Um Mittag nahm Saint-Just das Wort; er sollte als Berichterstatter die von Robespierre angekündigte Anklage vorbringen und sich zum Streit im Wohlfahrtsausschuß äußern. Von da ab rollte alles sehr schnell ab. Die von den Verschwörern verabredete

Obstruktionstaktik schloß Saint-Just und nach ihm auch Robespierre unerbittlich den Mund. Die Verhaftung von Hanriot, Kommandant der Nationalgarde, und Dumas, Präsident des Revolutionstribunals, wurde beschlossen. Inmitten eines unglaublichen Tumults schlug ein obskurer Abgeordneter Louchet das Anklagedekret gegen Robespierre vor; es wurde ohne Gegenstimme angenommen. Sein Bruder Augustin verlangte sein Schicksal zu teilen. Der Konvent fügte ihnen Couthon und Saint-Just hinzu. Lebas ersuchte um die Ehre, an der Proskription teilzuhaben. Robespierre resignierte: „Die Republik ist verloren, die Gauner triumphieren."

Es war kurz vor zwei Uhr nachmittags. Die Commune erhob sich auf die Schreckensnachricht hin; ihr Unternehmen war jedoch schlecht organisiert und wurde noch schlechter geleitet. Gegen drei Uhr forderten Fleuriot-Lescot und Payan die Mitglieder des Generalrats auf, sich in ihre Sektionen zu begeben, um die Sturmglocke zu läuten. Gegen sechs Uhr versammelten sich die Sektionen; von Zweifeln zerrissen, entsandten schließlich nur sechzehn von achtundvierzig einige Abteilungen ihrer Nationalgarde zum Schutz der Commune vor das Rathaus auf dem Grève-Platz.

Die Kanoniere, Vorhut der Sansculotterie, bewiesen mehr revolutionäre Initiative als die Infanteriebataillone. Gegen zehn Uhr verfügte die Commune über 17 von 30 in der Hauptstadt verbliebenen Artilleriekompanien mit 32 Geschützen, während sich dem Konvent nur die Gardekompanie unterstellte. Einige Stunden lang besaß die Commune mithin eine erdrückende artilleristische Überlegenheit – ein entscheidender Trumpf, wenn sich ein Führer gefunden hätte. Die für verhaftet erklärten Abgeordneten waren befreit worden; sie hatten das Rathaus erreicht und berieten dort fruchtlos mit ihren Parteigängern. Inzwischen fing sich der Konvent wieder, erklärte die zögernden „Rebellen" außerhalb des Gesetzes und beauftragte Barras mit der Sammlung von Truppen. Gemäßigte Sektionen stellten ihre Nationalgarde zu seiner Verfügung, während gleichzeitig Léonard Bourdon das Bataillon der Gravilliers heranführte. Die vor dem

Rathaus versammelten Nationalgarden und Kanoniere der Commune blieben hingegen diese ganze Zeit über sich selbst überlassen und erhielten weder Anweisungen noch Verpflegung. Als sie die Kunde von der ausgesprochenen Ächtung der „aufständischen Commune" erreichte und dennoch von dieser keine Aufklärung über den weiteren Gang der Dinge erfolgte, wurden sie kopfscheu und begannen den Platz allmählich zu räumen. Gegen zwei Uhr morgens marschierten Barras und Bourdon auf das Rathaus und besetzten es im Handstreich; die Commune gab sich kampflos geschlagen. Am 28. Juli abends wurden der schwerverwundete Robespierre, Saint-Just, Couthon und 19 ihrer Anhänger ohne Urteil geköpft. Tags darauf folgte ihnen mit 71 ihrer Gesinnungsfreunde der größte „Schub" der Revolution.

Die Verantwortung für die Niederlage, nimmt man den mißlungenen Aufstand für sich, fällt auf die Führer der Commune und auf die Robespierristen, die nicht zu handeln wußten. Trotz der Stärke des zentralen Regierungsapparates und des Abfalls zahlreicher Sektionsbehörden, besonders der seit langem gezähmten und verbeamteten Revolutionskomitees, waren die Sansculotten noch zu Tausenden – obgleich manche vielleicht halben Herzens – zum Rathaus geeilt, um ihr Leben in die Schanze zu schlagen. Wenn sich das als vergeblich herausstellte, so deshalb, weil Robespierre und die Seinen bitter und stoisch, d. h. aber entschlußlos, dem Gnadenstoß entgegensahen, statt auf den Grève-Platz herniederzusteigen und sich an die Spitze der in so vielen Journéen erprobten Kämpfer zu stellen.

Die tiefere historische Notwendigkeit des Neunten Thermidor lag indessen in der inneren Widersprüchlichkeit der revolutionär-demokratischen Jakobinerdiktatur selber begründet.

Robespierre, den Jaurès einmal den jüngeren Bruder von Rousseaus *Savoyardischem Vikar* genannt hat, ließ sich von den Klassengegensätzen, die im Frühjahr 1794 in ihrer ganzen Schärfe aufbrachen, entwaffnen. Der Revolutionsregierung und ihrem Terror hatte er eine gedankliche Rechtfertigung zu geben vermocht; zu einer exakten

Analyse der sozialökonomischen Wirklichkeit war er indessen auf Grund seiner Weltanschauung und Gesellschaftsauffassung nicht fähig. Bei allem Streben nach der Aufrechterhaltung von Gleichgewichten im jakobinischen Block blieb er eingezwängt in seine eigenen kleinbürgerlichen Schranken: Der geschichtlichen Aufgabe der Bourgeoisie viel zu bewußt, um sich gänzlich an die Sansculotterie anzuschließen, war er jedoch auch wieder viel zu aufgeschlossen für die Bedürfnisse der Volksmassen, um vor der Bourgeoisie, nachdem er für sie die unvermeidliche Schmutz- und Schwerarbeit des Aufräumens unter ihren Feinden verrichtet hatte, Gnade zu finden. Der Mohr konnte gehen – und nicht er allein.

Die Revolutionsregierung hatte sich auf verschiedene und sogar gegensätzliche Elemente gegründet und entbehrte folglich eines homogenen Klassenbewußtseins. Die Jakobiner, die ihr Gravitationszentrum bildeten, konnten ihr die erforderliche Armatur nicht geben, denn auch sie vertraten keine einzelne Klasse, und noch weniger waren sie eine disziplinierte Klassenpartei. Das Regime der revolutionär-demokratischen Jakobinerdiktatur vom „Jahr II“ beruhte auf einer Interpretation der sozialen Beziehungen und der Demokratie, deren Konsequenzen ihm zum Schicksal werden mußten.

Auf politischer Ebene schälte sich ein Grundwiderspruch zwischen montagnardischer Bourgeoisie und Pariser Sansculotterie, zwischen den Vorkämpfern der Sektionen und der Revolutionsregierung heraus. Der revolutionäre Krieg verlangte eine Regierung mit Autorität, und den Sansculotten war das sogar bewußt, da sie zu ihrer Schaffung ja beitrugen. Die Erfordernisse der Nationalverteidigung traten indessen damit auch in Gegensatz zur Demokratie, die Montagnarden wie Sansculotten anriefen, obwohl sie von ihr unterschiedliche Vorstellungen hegten. Die demokratische Praxis der Sansculotten tendierte spontan zur Direktherrschaft der gesellschaftlichen Basis, während die Revolutionsregierung diese als unvereinbar mit einer erfolgreichen Führung des Krieges ansah. Aufsicht über die Gewählten durch ein Mandat des Volkes für ihre jederzeitige Abberufung und

offene Stimmabgabe: Dies und anderes zeigte, daß sich die sektionären Wortführer mit keiner formalen Demokratie zufrieden gaben. Von hier zu dem Interesse der Bourgeoisie an einer liberal-parlamentarischen Repräsentativdemokratie führte keine Brücke. Die Sansculotten hatten eine starke Regierung verlangt, um die Aristokratie zu vernichten: sie verziehen der Revolutionsregierung nicht, daß diese sie selber zum Gehorsam zwang.
Das Problem ihrer Wechselbeziehung stellte sich noch auf einer anderen Ebene. Gerade infolge ihrer Erfolge sah die Sansculotterie seit dem Sommer 1793 ihre besten Kader dahinschmelzen. Viele Kämpfer, die damit nicht notwendigerweise nur den eigenen Ehrgeiz befriedigten oder die Sorge um ihr Fortkommen behoben, betrachteten die Einsetzung in ein öffentliches Amt als gerechten Entgelt für ihre revolutionäre Ergebenheit. Die Handlungsfähigkeit der Revolutionsregierung hing im übrigen davon ab, daß die Verwaltungen mit guten Sansculotten bevölkert wurden. Die sich daraus ergebenden Folgen beleuchtet jedoch beispielhaft die Wandlung der Revolutionskomitees. Hervorgegangen aus den volkstümlichsten Elementen, bildeten sie ursprünglich den militantesten Sektor des Revolutionskaders. Der wachsende Umfang ihrer Aufgaben absorbierte ihr Tageswerk; man mußte sie also besolden. Danach wurden aus den Streitern gewissenhafte Beamte, die Weisungen – von oben, nicht mehr von unten – um so loyaler ausführten, als sie fürchten mußten, bei Aufsässigkeit die erworbenen Vorteile einzubüßen. Eine solche Entwicklung ergab sich zwangsläufig aus der Verschärfung des Klassenkampfes und hatte durchaus ihr Gutes, indem bewußte Potenzen der Volksbewegung in den Staatsapparat eingingen und die revolutionäre Macht verstärkten. Daraus resultierte jedoch ebenfalls eine Verdünnung der Massenbewegung und eine Veränderung in ihrem Verhältnis zur jakobinischen Regierung. Die politische Betätigung der sektionären Organisationen sah sich gehemmt, der kritische Geist des Mitdenkens und die Kampffreudigkeit der nicht mehr zum Mitregieren aufgerufenen Massen schwächten sich unweigerlich ab.

Mit der Einfrierung der Volkskontrolle über die Behörden vertiefte sich der Graben zwischen Regierenden und Regierten, und der bürgerliche Grundzug der Revolutionsregierung trat gegenüber den Volksklassen, die sie an die Macht gebracht hatten, deutlicher hervor. Die antifeudale Begeisterung der werktätigen Menschen ging natürlich nicht so weit, sich mit Vorrang für die Festigung einer kapitalistischen Ausbeuterordnung in einem Unterdrückerstaat der Bourgeoisie bis zum letzten Blutstropfen zu schlagen, denn in sozialökonomischer Hinsicht waren die Diskrepanzen ebenso unüberwindlich. Der Wohlfahrtsausschuß hatte der Wirtschaftslenkung zugestimmt, weil er an Maximum und Requisition nicht vorbeikam, wenn er einen großen Krieg durchstehen wollte, während die Sansculotten viel mehr ihre eigene Existenz im Auge hatten. Wie demokratisch die Revolution auch geworden war, sie blieb ihrem Charakter nach nichtsdestoweniger bürgerlich; so konnte die Regierung Höchstpreise für Bedarfsgüter nicht ohne gleichzeitige Höchstlöhne festlegen: Sie hatte ein „Gleichgewicht“ zwischen Unternehmern und Lohnempfängern aufrechtzuerhalten. Dieser auf das Bündnis von Jakobinern und Sansculotten gegründeten Politik wurde jedoch, da sie die Unternehmerfreiheit einengte und den Profit schmälerte, sogar von seiten der montagnardischen Bourgeoisie entgegengewirkt, die, wo sie konnte, gegen das Maximum nach Kräften verstieß, während die Arbeiter, die unter der Preisspirale litten, diese durch Lohnerhöhungen ausgleichen wollten. Es versteht sich von selbst, daß in einer bürgerlich strukturierten Gesellschaft die Schiedssprüche des Wohlfahrtsausschusses letzten Endes zugunsten der Besitzenden und Produzenten ausfallen mußten, wie der Pariser Lohntarif vom 5. Thermidor beweist. Da sie keine saubere Klassenwurzel besaß, war die gelenkte Wirtschaft vom Jahr II von vornherein eine schiefe Angelegenheit, nicht mehr als ein Notbehelf auf Zeit.
Die Revolutionsregierung wurde in Robespierre und seinen Mitstreitern zu Tode getroffen. Jene humanitäre „Republik der Gleichheit“, die ihnen vorgeschwebt hatte, entschwand ins Reich der edlen Träume. Das nimmt der

revolutionär-demokratischen Jakobinerdiktatur nichts von ihrer geschichtlichen Leuchtkraft: Bar einer festen Klassengrundlage, konnte ein solcher von kleinbürgerlichen Radikalen gesteuerter Zwischenzustand nicht unbegrenzt andauern, und seine Fortentwicklung über eine kapitalistische Eigentumsordnung hinaus lag im 18. Jahrhundert noch gänzlich außerhalb des Bereichs der gesellschaftlichen Möglichkeiten. Dem damals im Kampf gegen die Feudalität Erreichbaren jedoch auf revolutionäre Weise, zu jedem Opfer furchtlos bereit, unwiderruflich und unumkehrbar zum alles entscheidenden Durchbruch verholfen zu haben, wird für immer die heroische Leistung der „Jakobiner mit dem Volke“ bleiben.

KAPITEL X

Der Rücklauf der Revolution: Vom Thermidor zum Kaiserreich

1. Die Herrschaft der Thermidorianer und das Ende der Volksbewegung: 1794–1795

Der Umsturz vom 9. Thermidor wird bisweilen als konterrevolutionär und noch häufiger als Schlußakt der Revolution gekennzeichnet. Beides ist ungenau.

„Am 27. Juli fiel Robespierre, und die Bourgeois-Orgie begann," schrieb Engels an Kautsky. Sie leitete weder objektiv noch subjektiv eine Wiederkehr feudalabsolutistischer Verhältnisse ein. Ihre Initiatoren handelten nicht im Auftrag der Konterrevolution; sie ließen sich vom Streben nach einer Gesellschaftsordnung leiten, die eindeutig auf der kapitalistischen Produktionsweise beruhte. Sie hielten sich somit im Rahmen der geschichtlichen Hauptaufgabe einer bürgerlichen Revolution; unleugbar verschaffte freilich die gezielte Schwächung der demokratischen Kräfte royalistischen Umtrieben einen gefährlichen Bewegungsspielraum.

Die Machtergreifung durch die thermidorianische Bourgeoisie beendete nicht die Revolution, wohl aber ihre Aufstiegsphase, die in der revolutionär-demokratischen Jakobinerdiktatur gegipfelt hatte; mit dem Thermidor, der insofern zweifellos einen tiefen Einschnitt bewirkte, setzte eine rückläufige Entwicklung voll ein. Während die Verschwörer ihren verkappten Staatsstreich als Befreiung von der terroristischen Tyrannei eines Einzelnen ausgaben, bestand ihre tatsächliche Arbeit darin, das Volk „nach Hause zu schicken" und einer mehr noch gegen die Massen als gegen die Restauration des Ancien régime abgesicherten Republik der Eigentümer Gestalt zu geben. Allerdings erreichten sie sogar ihr Nahziel, diese in einer entsprechenden Verfassung zu verankern und ihre internationale Anerkennung durchzusetzen, nicht ohne neue schwere Kämpfe, in deren Verlauf die fortgeschrittensten revolutionären Kader in die Defensive gezwungen und schließlich politisch ausgeschaltet wurden.

Die Verschwörung war gelungen, weil für einen Augenblick der Wunsch, die „Allmacht" des robespierristischen Zentrums zu brechen, Opposition von rechts und links in der Aktion zusammenführte und die vom Wohlfahrtsausschuß immer mehr verunsicherten Sansculotten abseits standen. Der Fall des Unbestechlichen wurde nahezu einmütig gutgeheißen und sogar von Babeuf begrüßt.
Barère beeilte sich am 28. Juli zu erklären, daß nach der erfolgten „Säuberung" die Revolutionsregierung in bewährter Weise weitermachen wolle. Diese Illusion hielt einen Tag vor. Schon am 29. dekretierte der Konvent die monatliche Erneuerung eines Viertels aller Ausschußmitglieder. Prieur von Côte d'Or und Jeanbon Saint-André wurden als erste aus dem Wohlfahrtsausschuß abgewählt; zuletzt behauptete vom „Großen Komitee des Jahres II" nur Carnot – als „Vater des Sieges" – seinen Sitz. Der Sicherheitsausschuß entledigte sich seiner Robespierristen ebenso.
Auf Antrag Cambons brach der Konvent die Vormachtstellung der beiden „großen" Ausschüsse, indem er 16 gleichberechtigte Fachausschüsse schuf und dem *Comité de Salut public* lediglich Militärwesen und Diplomatie beließ. Dem Sicherheitsausschuß verblieben die Polizeiangelegenheiten, jedoch wurde ihm seine schärfste Waffe, der revolutionäre Terror, entwunden. Schon am 1. August war das Prairialgesetz aufgehoben worden; Fouquier-Tinville wurde verhaftet, das Revolutionstribunal am 10. August umgestaltet, um nunmehr den Thermidorianern zu dienen. Am 24. erfolgte der Hauptschlag gegen das System der Revolutionsregierung: Die Revolutionskomitees wurden zu Kreis- und Distriktsausschüssen „zusammengefaßt" – reine Regierungseinrichtungen, in denen sich die Bourgeoisie des Steuers bemächtigte. Während die meisten Verdächtigen aus der Haft entlassen wurden, liquidierte der „neue Kurs" die ruhmreiche Pariser Commune. Das Tagegeld von zwei Livres, das bedürftigen Bürgern die Teilnahme an den Sektionsversammlungen ermöglicht hatte, wurde gestrichen und damit das plebejischste Element aus ihnen ferngehalten.

Angesichts der Zerstörung der revolutionär-demokratischen Organe leisteten die linken Thermidorianer den rechten nur schwachen Widerstand; mitunter liehen sie ihnen sogar Unterstützung. Das half indessen blutwenig. Ein wüstes Pamphlet von Méhée de la Touche, betitelt *Robespierres Schweif*, eröffnete am 26. August den konzentrischen Angriff auf sie; Billaud-Varenne und Collot d'Herbois sahen sich genötigt, ihre Ämter niederzulegen.
Die Montagne büßte im Konvent jeden Einfluß ein und zerfiel. Eine kleine Gruppe, *la Crête* („Kamm" oder „Schopf") genannt, suchte jakobinische Stellungen zu behaupten. Mehrheitlich jedoch stieg, wie die Pariser witzelten, „der Berg zur Ebene herab". Diese beherrschte im Bunde mit abgefallenen Montagnarden und „reumütigen Terroristen" als Partei der Mitte die Versammlung. Ihre erklärte Politik zielte auf eine „Vereinigung aller Patrioten von 1789", d. h. eine annähernde Rückkehr zum Werk der Konstituante, allerdings auf dem Boden der Republik. Lehnte sie Wirtschaftslenkung und soziale Aspekte der Demokratie ab, so wies sie immerhin jedes Paktieren mit Royalisten und Emigranten von sich; am 15. November kodifizierte sie die Todesstrafe für diese und erhielt die antiklerikalen Verfügungen vom „Jahr II" aufrecht.

Der politische Kampf

Die Zersetzung und der schließliche Auseinanderfall des „Blocks der Jakobiner mit dem Volke" führten namentlich in Paris zur Herausbildung dreier politischer Hauptströmungen. Eine „neuhébertistische" Linke, die sich auf die Sektion Muséum und den „Wählerklub" (*Club électoral*) stützte, forderte die Wiederherstellung der Commune und die Verfassung von 1793, verharrte jedoch in starrer Verurteilung des Robespierrismus. Sie übersah den sozialen Charakter des Umsturzes und wollte an eine Verteidigung „demokratischer Freiheiten" durch die Thermidorianer glauben.
Damit trug sie zur Isolierung der jakobinischen Gruppierung bei, die nach Wiedereröffnung des Klubs am 29. Juli

den Versuch unternahm, ihre Reihen durch den Ausschluß von Überläufern zu festigen. An ihrer Spitze standen Männer wie Carrier, Audouin und Chasles; am 5. September gab sich der Klub ein Programm. Er verfügte über zwei oder drei Zeitungen, konnte sich die Unterstützung von acht bis zehn Sektionen sichern und setzte am 21. September die Überführung Marats ins Pantheon durch.

Die Oberhand behielten jedoch die Gemäßigten, die alle Schattierungen vom konservativen Republikaner bis zum mehr oder weniger verschämten konstitutionellen Monarchisten aufwiesen. Sie geboten über eine reich subventionierte Presse, die von Ausfällen gegen die Jakobiner strotzte und weder Lindet noch Cambon, den „Henker der Rentiers", schonte. Ihren Stoßtrupp bildeten zügellose Banden; diese „Stutzer" (*muscadins*) setzten sich aus der „Goldenen Jugend" (*jeunesse dorée*) der „guten Familien", aus Handlungsgehilfen und verlumpten Elementen – besonders Drückebergern und Deserteuren – zusammen. Sie terrorisierten, mit Schlagstöcken ausgerüstet, Straßen, Lokale und Theater; organisiert wurden sie von den Abtrünnigen Fréron und Tallien und mehr als geduldet von der „gesäuberten" Staatsmacht mit dem Sicherheitsausschuß an der Spitze.

Die mit ihren Erfolgen kühner werdende Reaktion, die die öffentliche Meinung beherrschte, seitdem der Wagen der Revolution zurückrollte, trieb den zögernden Konvent weiter nach rechts, als er es selbst beabsichtigte. Am 16. Oktober traf er die Jakobiner an der Wurzel, indem er Kollektivpetitionen und die Affiliation von Klubs und Volksgesellschaften untereinander verbot. Am 11. November überfiel Fréron mit seinen Schlägern den Klub in der rue Honoré; das darauffolgende Handgemenge nahm der Gesetzgeber zum Anlaß, ihn anderentags förmlich zu schließen. Von der Massenbewegung isoliert, nannte ihn Levasseur in seinen *Erinnerungen* einen „machtlosen Hebel", unfähig, sich zur Wehr zu setzen und die demokratischen Kräfte in den Kampf zu werfen. Dem Wählerklub, der nach dem Verbot der Jakobiner für einen kurzen Augenblick die Volksopposition in seinen

Reihen vereinigte, als der Vormarsch der Gemäßigten alte Feindschaften unter den Linken verstummen ließ, erging es nicht besser: Aus seinem Versammlungssaal vertrieben, löste er sich Ende November auf.

Die Eroberung der Sektionen wurde den Rechten durch den Wegfall der beiden noch einigermaßen koordinierenden Pariser Widerstandszentren erleichtert. Die Banden setzten Bürgerversammlungen ebenso unter physischen wie moralischen Druck und schalteten im Herbst bewährte revolutionäre Kämpfer mit wenigen Ausnahmen von ihrer Leitung aus.

Nachdem sich Reaktionäre der Einrichtungen und Ämter bemächtigt hatten, holten sie zum Schlag gegen Personen aus. Carrier wurde für seine Tätigkeit in Nantes am 16. Dezember hingerichtet. Die Gebeine Marats und anderer Revolutionäre wurden aus dem Pantheon wieder entfernt. Insbesondere jedoch richtete sich jetzt unter der Losung, gegen „Blutsäufer“ und „Gleichmacher“ (*niveleurs*) vorzugehen, die Haßkampagne gegen hervorragende Revolutionäre an der Basis, die größtenteils ihrer politischen Rechte und natürlich der Funktionen, die sie noch innehatten, beraubt wurden; in der Provinz steigerte sie sich zu Morden an Jakobinern und Sansculotten.

Der Konvent ermutigte solche Ausschreitungen nicht, schob ihnen jedoch auch keinen Riegel vor. Er nahm die überlebenden Girondins, die Robespierre vor der Hinrichtung geschützt hatte, und einige andere Ausgeschlossene oder Zurückgetretene, insgesamt 78, erneut in seine Reihen auf. Am 2. März 1795 verfügte er die Festnahme von Barère, Billaud, Collot und Vadier: Die linken Thermidorianer fielen selbst in die Grube, die sie anderen geschaufelt hatten.

Wirtschaft und Gesellschaft

Die kriegsbedingte jakobinische Wirtschaftslenkung hatte schlecht und recht funktioniert, solange sie der revolutionäre Terror gegen Sabotage, Spekulation und Durchstecherei einigermaßen abschirmte. Sobald dieses In-

strument entfiel, erlangten die Gesetzesbrecher Vorteil. Obwohl der Konvent im September die Gültigkeit des Maximums um ein Jahr verlängerte und die – schon im November etwas abgemilderten – Requisitionen beibehielt, fand er keinen Gehorsam mehr: Der übermächtig werdende Schwarzmarkt setzte sich über jede Festpreisregelung unbeanstandet hinweg.
Die Reprivatisierung der Rüstungswerkstätten und insbesonders der großen nationalen Waffenmanufaktur von Paris nahm einige Monate in Anspruch. Gleichzeitig wurde das staatliche Außenhandelsmonopol abgebaut. Den entscheidenden Einbruch erreichte die Freihandelspartei am 24. Dezember mit der bedingungslosen Aufhebung des Maximums. Sie lief auf eine ungehemmte Inflation hinaus: Der Assignat, der im Thermidor noch 31 v. H. seines Nennwertes behauptete, fiel zum Jahresende auf 20, zum April 1795 auf acht und zum Juli auf ganze drei Prozent. Die Lebenshaltungskosten lagen folglich schon im Frühjahr 1795 zehnmal höher als im „Normaljahr" 1790. Zur Blockierung des Seehandels und zur Unlust der Bauern, für ein sich immer rascher entwertendes Papiergeld zu verkaufen, traten die Folgen der schlechten Ernte von 1794: Im strengen Winter begann der Hunger erstmalig seit 1789 wieder in aller Schärfe umzugehen. Im Frühjahr 1795 stieg der freie Brotpreis auf etwa 20 Livres für das Pfund, und gleichzeitig mußte die ohnehin bescheidene, durch Brotkarten gesicherte Tagesration auf ein oder sogar auf ein halbes Pfund herabgesetzt werden.
Die Liberalisierung des Wirtschaftssystems wirkte sich auf die einzelnen Gesellschaftsklassen gegensätzlich aus. Ihre unstreitigen Gewinner waren Großspekulanten und Heereslieferanten, unter denen der Bankier Ouvrard die neue Millionärsschicht am sichtbarsten vertrat, Aufkäufer von Nationalgütern, Importeure und Devisenschieber. In den Salons edelgeborener Kurtisanen wie der nunmehrigen Madame Tallien und der Witwe Josephine Beauharnais, in Spielhpöllen und auf rauschenden Bällen begegneten sie Angehörigen der alten Finanzoligarchie, der renommierten Geschäftswelt, Großagrariern, davongekommenen

Ehemaligen und korrupt gewordenen Abgeordneten mit Leuten wie Barras an der Spitze und handelten mit ihnen politische Vorentscheidungen aus; sie bildeten die Schmutzkrone der neuen herrschenden Klasse und versippten bisweilen miteinander. Jakobinische Sittenstrenge wich einer demonstrativen Zurschaustellung von Luxus und ausgefallenen Modetorheiten, republikanische Askese einer öffentlich propagierten Lebensgier: Ausschweifungen, die für erzwungene lange Enthaltung schadlos halten sollten, schändeten das Andenken der großen revolutionären Schlachten.
Marktfähige Parzellenbauern sanierten sich, indem sie Schulden, Pachten und Steuern in Banknoten abzahlten und anderenteils ihre begehrte Ware gegen Hartgeld losschlugen. Einige Angehörige der städtischen Mittelschichten vermochten sich in den Tanz um das Goldene Kalb einzureihen oder in hohe Staatsämter aufzusteigen; vereinzelt gelang es sogar ausnehmend geschickten linken Thermidorianern wie dem Exoratorianer und Exterroristen Fouché, sich diesem Milieu erfolgverheißend gleichzuschalten.
Mit furchtbarer Härte trafen Geldentwertung und Teuerung hingegen Rentner und Sparer, Beamte, Angestellte und Lohnarbeiter, deren Einkommen für den freien Markt nicht ausreichte. Ihre Kaufkraft reduzierte sich um ein Mehrfaches, was wiederum über die „zweite Verarmung" ihrer Kundschaft – zusammen mit der erschwerten Rohstoffbeschaffung – zu Arbeitslosigkeit unter den Handwerkern führte: nunmehr jedoch nicht der Luxusindustrie, wie zu Beginn der Revolution, sondern fast aller Gewerbezweige und auch der Verteiler. Die Sterblichkeit stieg besonders in den Armenvierteln der Hauptstadt, die bei den ungewöhnlichen Kältegraden des Winters 1794/95 die Heizungskosten nicht erschwingen konnten, in beängstigendem Ausmaß. Dazu ging den Bäckern oft das Mehl aus, so daß sie nicht einmal die gekürzten Brotrationen ausgeben und die Hausfrauen den ersatzweise gelieferten Reis mangels Feuerung nicht zubereiten konnten.
Die demokratische Opposition gruppierte sich in Paris um überlebende Volksgesellschaften wie die „Verteidiger

der Menschenrechte" und die „Freunde der Freiheit und Menschlichkeit", die vorwiegend von einfachen Leuten aufgesucht wurden. Das große Elend ließ eine sansculottische Patriotenpartei in mehreren Sektionen erstarken; in sechs von ihnen – zwei von drei des Faubourg St. Antoine und vier im Zentrum – erlangte sie das Übergewicht. Babeuf widerrief am 18. Dezember 1794 seine Verurteilung des „Systems von Robespierre"; fortan erkannte er nur zwei Parteien als im Felde stehend an: Die „Goldene Million" und das 25-Millionen-Volk der Sansculotten, das er am 28. Januar 1795 in seiner Zeitung *Le Tribun du Peuple* zum Aufstand rief; Lebois im *Volksfreund* sekundierte ihm. und politisch heimatlos gewordene Jakobiner schwenkten auf seine Linie ein.
Polizeilicher Wachsamkeit entging nicht, daß der schreiende Kontrast zwischen neuem Reichtum und alter Armut, den die Jakobinerdiktatur etwas eingeebnet hatte, die verzweifelten Massen zur Empörung trieb; sie registrierte Kundgebungen ihres steigenden Unmuts. Vor der Drohung einer Volkserhebung rückten alle Fraktionen der Rechten und der Mitte zusammen. Am 8. Februar löste die beunruhigte Regierung die Gesellschaft der Verteidiger der Menschenrechte auf. Sie schritt zur vorbeugenden Festnahme bekannter Revolutionäre, in denen sie mögliche Führer einer Erhebung vermutete – darunter auch Babeuf. Die Rechte drang in die Leitungen mehrerer der noch – oder wieder – sansculottisch beeinflußten Sektionen ein; an „verläßliche" Bürger wurden hundert Gewehre je Sektion ausgegeben.
Unter solchen Bedingungen gingen alte Vorkämpfer der Sektionen in den Untergrund; im März 1795 häuften sich Meldungen über ihre geheimen Zusammenkünfte, und ein einfallsreiches System illegaler Beitrags- und Spendensammlungen erlaubte es, einen wahren Plakat- und Flugschriftenfeldzug zur Vorbereitung einer Insurrektion zu organisieren.

Der Bodengewinn der Reaktion erschreckte die Mitte im Konvent und verbesserte damit vorübergehend die Stellung der kleinen Minderheit unentwegter Montagnarden. Diese sah es nicht ungern, wenn im Monat März mehr und mehr Abordnungen der hungernden Sektionen vor den Schranken der Nationalversammlung erschienen und der Ton ihrer Ansprachen immer bitterer wurde: Sie seien „nahe daran, alle Opfer zu bedauern, die sie für die Revolution gebracht hätten," erklärten die Vorstädte St. Marceau und St. Jacques am 17. März; St. Antoine zog am 21. für die Jakobinerverfassung vom Leder und nahm die „Sklaven des Reichtums" aufs Korn. Gleichzeitig mehrten sich Aufläufe und Lebensmittelunruhen; Tumulte in der Sektion Gravilliers hielten am 27. und 28. März unvermindert an. Am 30. eroberten die Sansculotten zehn Sektionen zurück, und tags darauf forderte die Sektion Quinze-Vingts aus St. Antoine vom Konvent die Zustimmung zu einem politischen Programm: eine gewählte Commune, die Wiederzulassung der Volksgesellschaften und die Verfassung von 1793. Sie gab damit das Signal zum Aufstand vom 12. Germinal (1. April 1795).

Der Germinalaufstand verriet jedoch alle Schwächen einer kaum noch organisierten Volksbewegung, deren meiste Anführer zerstreut oder verhaftet waren. Er besaß weder einen Leitungskopf noch ein fest umrissenes Ziel und verlief als eine Demonstration, deren Teilnehmern es genügte, den Konvent zu besetzen und nach Reden und Gegenreden ihre Wünsche: die Verfassung und Maßnahmen gegen die Hungersnot, mit heftigen Gesten vorzutragen. Als die Nationalgarde der wohlhabenden Stadtviertel eingriff, entfernten sich die Tausende ohne ernsthaften Widerstand. Einer am 2. April wiederaufflackernden Bewegung in St. Antoine begegnete der Konvent mit der Verhängung des Belagerungszustandes, was zur „Wiederherstellung der Ordnung" ausreichte.

Der Rückschlag wog schwer, und die Rechte kostete ihren Triumph aus: Billaud, Collot, Vadier und Barere (der jedoch unterwegs entwich) wurden ohne Gerichtsurteil nach Cayenne verbannt, 16 Montagnarden, worunter Cambon und Amar, eingekerkert oder auf Festung geschickt. Am 6. Mai wurde Fouquier-Tinville zusammen mit 14 Geschworenen des alten Revolutionstribunals zum Tode verurteilt. Die Verfassung von 1793 endlich, die man bisher durch entsprechende „organische Gesetze" angeblich nur entschärfen wollte, erfuhr jetzt die Kennzeichnung, unter der Fuchtel der „Dezemvirn" von der Furcht diktiert gewesen zu sein.

Die Hemmungslosigkeit der Reaktion und die Verschärfung des Lebensmittelmangels trieben die Volksmassen noch einmal auf den Kampfplatz.

Am 10. April verfügte der Konvent die Entwaffnung aller, die sich in den Sektionen aktiv für die Ziele der Revolutionsregierung, d. h. der Jakobinerdiktatur eingesetzt hatten: ein wahres Gesetz gegen Verdächtige, diesmal jedoch gegen die treuesten Verteidiger der Revolution gerichtet. Es entzog 1600 von ihnen die Bürgerrechte.

Gleichzeitig schien der Kampf gegen die Hungersnot für die Armen, die ihr wehrlos ausgesetzt waren, ausweglos. Es lag nahe, die politische Katastrophenlage unmittelbar mit der wirtschaftlichen zu verknüpfen. Mit wiederkehrender Häufigkeit mußte die Polizei von befremdlichen Meinungsäußerungen berichten wie der folgenden:

Unter der Herrschaft Robespierres floß Blut, und es fehlte nicht an Brot;, heute, wo kein Blut mehr fließt, fehlt es aber. Es müßte Blut fließen, damit es wieder Brot gibt.

Die Sektionen blieben folglich in Bewegung: Montreuil erklärte sich am 29. April in Permanenz, in Bonnet de la Liberté kam es am 30. zu Zusammenstößen. Maueranschläge und Pamphlete mit Aufrufen zum Handeln tauchten erneut auf; die Flugschrift *Aufstand des Volkes, um Brot zu erhalten und seine Rechte zurückzuerobern*, gab den stürmischen Sektionsversammlungen vom 19. Mai die Losung: Brot und die Verfassung von 1793!

Am frühen Morgen des 1. Prairial (20. Mai) erhob sich nach St. Antoine und St. Marceau der ganze Osten von Paris. Der Aufmarsch zog sich in die Länge, um drei Uhr nachmittags jedoch überfluteten die Volksbataillone den

Konvent; der rechte Abgeordnete Féraud wurde dabei erschlagen und sein Haupt auf eine Pike gespießt. Im Tagungssaal verlas der Kanonier Duval im allgemeinen Tumult den programmatischen *Aufstand des Volkes.* Jedoch unternahmen die Aufständischen nichts, um sich der Mitglieder der Regierung zu bemächtigen, die in aller Ruhe abwarteten, bis sich die montagnardischen Abgeordneten öffentlich kompromittiert hätten.
Tatsächlich überredeten Duroy und Romme die verängstigte Versammlung zur Annahme von Dekreten über die Permanenz der Sektionen und die Befreiung verhafteter Patrioten; Soubrany erwirkte sogar die Absetzung des Sicherheitsausschusses. Kurz vor Mitternacht indes traten abermals Nationalgarden der bürgerlichen Westviertel, wie abgesprochen, auf den Plan und drängten die noch verbliebenen bewaffneten Abteilungen hinaus. Vierzehn Abgeordnete, die in die Falle gegangen waren, nahmen sie fest.
Am 21. Mai gab es einen zweiten Auftrieb; das Volk stürmte das Rathaus und wieder den Konvent. Diesmal flohen dessen Kanoniere, jedoch vertaten die Aufständischen nun ihre letzte Chance: Sie ließen sich durch wortreiche Verhandlungen und Versprechungen täuschen. Der Redner ihrer Abordnung, der die harten Forderungen vom Vortag energisch wiederholte, gab sich danach mit dem Bruderkuß des Präsidenten zufrieden, wonach die Massen das Gebäude räumten.
Am 22. beorderte die Regierung – erstmalig seit 1789 – reguläre Armeeinheiten nach der Hauptstadt. Zusammen mit rechtsgerichteten Nationalgarden schlossen sie in der Nacht den Faubourg St. Antoine als das Herz des Aufstandes ein und zwangen ihn am 23. Mai – dem 4 Prairial – zur Waffenstreckung.

Die Niederlage der Volksbewegung

Die Repression erfolgte auf zwei Ebenen. Die juristische besorgte eine Militärkommission, die 37 Angeklagte zu zeitlichen Strafen und 36 zum Tode verurteilte. Unter diesen befanden sich fünf der Führer des Aufstandes – auch Duval und der tapfere Mulatte Delorme; weiterhin sechs der Abgeordneten, die sich mit der Volksaktion solidarisiert hatten. Sie erdolchten sich in stoischer Haltung: Dusquesnoy, Gujon und Romme, die sogleich verschieden; Bourbotte, Duroy und Soubrany, die als Sterbende aufs Schafott geschleppt wurden. Rühl und Maure nahmen sich das Leben, als die Verfolger auch nach ihnen griffen. Der Freitod der „letzten Montagnarden" zog den Schlußstrich unter die Linke des Konvents.

Tiefgreifender noch war in ihren Konsequenzen die Unterdrückung der Volksbewegung in den Sektionen von Paris. Während das Revolutionstribunal am 31. Mai liquidiert und alle Urteile gegen Teilnehmer an der föderalistischen Revolte von 1793 aufgehoben wurden, erfolgte die Festsetzung oder Entwaffnung von rund 3000 der erprobtesten Revolutionäre unabhängig davon, ob sie am Aufstand teilgenommen hatten oder nicht.

In der Provinz steigerte sich die Abrechnung bereits seit April stellenweise zum weißen Terror. Vielerorts tolerierten die Behörden Übergriffe der „Goldenen Jugend" oder schickten sie sogar vor. Organisierte Verbände von Totschlägern drangen in die Gefängnisse ein und ermordeten festgenommene Demokraten: in Lons-le-Saulnier, Bourg, Montbrison und Saint-Etienne, in Aix, Lyon und Marseille. Hingerichtet wurde in Nîmes, Tarascon und der jakobinischen Hochburg Toulon, wo sich die Sansculotten bis zuletzt zur Wehr setzten. Obwohl all dies oft unter hämischem Applaus der Aristokraten geschah, tat die thermidorianische Bourgeoisie wenig oder nichts, um den Schandtaten Einhalt zu gebieten. Mißbilligte sie zuweilen die Form, in der sie geschahen, so lag ihr andererseits selbst daran, die Volkskräfte in ihrem Nerv getroffen zu wissen, um sie als politischen Faktor ein für allemal abzuschütteln.

Jakobiner und Sansculotten, getrennt geschlagen, traten nacheinander vom Schauplatz der Geschichte ab. Die Jakobiner büßten in dem Augenblick ihr echtes revolutionäres Mandat ein, als sie aufhörten, „Jakobiner mit dem Volk" zu sein. Die vielschichtige Sansculotterie wiederum, auf sich ganz allein gestellt, war außerstande, der Bourgeoisie eine alternative, sozial orientierte Demokratie abzuringen, deren Verwirklichung zu diesem Zeitpunkt eine volle Entfaltung der Produktivkräfte ebenso wie die neuerrichtete Klassenherrschaft der Kapitalisten gefährden mußte. Insofern wohnte der Niederlage der Sektionen im Prairialaufstand eine ebensolche Gesetzmäßigkeit inne wie dem Sturz der Revolutionsregierung am 9. Thermidor.

Dennoch ist die schöpferische Leistung der dynamischen Volksmassen in der Großen Revolution nicht wegzudenken. Sie waren es, die vom ersten Tag an, besonders aber seit 1792, ihr vorwärtstreibendes Element gebildet hatten. Sie waren es, die das Hochziehen des kühnen Gerüsts der revolutionär-demokratischen Jakobinerdiktatur ermöglichten; sie waren es, die ihm seine revolutionäre Einmaligkeit gaben und den Heeren der Republik zum Sieg über die internationale Konterrevolution verhalfen; sie waren es schließlich, die als letzte die Barrikade räumten. Für ein Menschenalter zurückgetrieben in den Pferch der Knechtschaft, hat das werktätige französische Volk dennoch seine eigenen stolzen revolutionären Kampftraditionen begründet, die in den Klassenschlachten der Söhne und Enkel weiterleben werden.

2. Die Republik der Eigentümer: 1795–1797

Auch nach Ausschaltung der Sansculotterie verfolgte das Besitzbürgertum die schreckhafte Erinnerung an den jakobinischen Versuch einer von den Volksmassen mitgetragenen Demokratie. Den Sieg in der Tasche wähnend, wünschte es eine Wiederholung der im eisernen „Jahr II" gemachten Erfahrungen um jeden Preis zu vermeiden: die Einschränkungen der persönlichen wie der politischen Freiheit, der Freiheit des Profits vor allem, und dazu auferlegt von einer Plebs, die es nicht als seinesgleichen ansah.

Nach der Niederschlagung des Prairialaufstandes gingen die Spitzen der neuen Bourgeoisie daran, ihre ungeteilte Herrschaft mit der Direktorialverfassung endlich zu institutionalisieren. In welchem Geiste, verriet Boissy d'Anglas, einer ihrer Schöpfer, am 23. Juni 1795:

Ihr müßt das Eigentum des Reichen garantieren ... Die staatsbürgerliche Gleichheit, das ist alles, was ein vernünftiger Mensch verlangen kann ... Die absolute Gleichheit ist ein Hirngespinst.

Der Silberstreif des Friedens

Ohne eigenes Zutun ernteten die Thermidorianer die Früchte der jakobinischen Landesverteidigung. Nach der Entscheidungsschlacht bei Fleurus warf die Sambre-Maas-Armee die Österreicher hinter den Rhein zurück und nahm Köln, während die Mosel-Maas-Armee die Pfalz besetzte. Die Nordarmee überquerte Ende Dezember 1794 die gefrorenen Maas- und Rheinmündungen und bemächtigten sich der reichen Niederlande; die durch das Eis blockierte holländische Flotte nahmen Husaren bei der Insel Texel im Handstreich. In Spanien stießen die Franzosen bis Bilbao und zum Ebro vor.

Parallel dazu zerfiel die Feindkoalition. Preußen zog im Westen Truppen ab und verstärkte sie im Osten, um bei der Dritten Teilung Polens nicht zu kurz zu kommen; zur Rückendeckung trat es mit Frankreich in Verhandlungen, die am 5. April 1795 den Frieden von Basel herbeiführten. Sein Kriegsaustritt hatte die Neutralisierung ganz Norddeutschlands zur Folge.

Am 16. Mai schlossen die zur „Batavischen Republik" gleichgeschalteten Niederlande Frieden und ergänzten ihn durch ein Militärbündnis, das eine starke französische Besatzung im Lande beließ. Am 22. Juli folgte der Friedensschluß mit dem bourbonischen Spanien, das sich ein Jahr darauf ebenfalls auf eine gegen England gerichtete Allianz einließ. So blieb auf dem Festland außer süddeutschen und italienischen Kontingenten nur Österreich im Felde, das sich weigerte, die am 1. Oktober 1795 ausgesprochene Eingliederung Belgiens und die „natürliche" Rheingrenze als vollzogene Tatsachen hinzunehmen.

Die Thermidorianer waren zur herkömmlichen Geheimdiplomatie zurückgekehrt. Im Einklang damit schrieben sie – nach heftigen Auseinandersetzungen in den eigenen Reihen – die völkerbefreienden Grundsätze der Revolution ab und bekannten sich zu einem Annexionismus im Klasseninteresse der nach Macht- und Markterweiterung strebenden französischen Großbourgeoisie.

Zur Diplomatie nahmen sie desgleichen gegenüber der bewaffneten Konterrevolution im Innern ihre Zuflucht. Sie gewährten den royalistischen Haufen in Vendée und Bretagne außer einer Amnestie in zwei Abkommen vom Februar und April 1795 weitreichende Sonderbedingungen: Rückerstattung ihrer beschlagnahmten Güter oder, falls sie schon verkauft waren, eine angemessene Entschädigung; Befreiung vom Militärdienst und das Recht, ihre Waffen zu behalten; Ausdehnung der Religionsfreiheit auf die eidverweigernden Priester.

Der Konvent hatte mit der ökonomisch begründeten Einstellung der Gehaltszahlungen an verfassungstreue Geistliche am 18. September 1794 Staat und Kirche faktisch getrennt; am 30. Mai 1795 stimmte er einer Rückgabe der Kirchengebäude zu und begnügte sich, den Geistlichen einen Eid auf Einhaltung der Gesetze abzuverlangen. Die erhoffte Beruhigung der Gemüter trat jedoch nicht ein: Nun rivalisierten mit dem offiziellen staatsbürgerlichen „Dekadenkult" der Republik ungehindert die konstitutionelle Kirche, die Bischof Grégoire reorganisierte; die „*soumissionaires*" unter den Refraktären, die sich nach dem Rat von Abbé Emery dem Eid unterwarfen, und die unversöhnlichen Romtreuen, die ihre Kulthandlungen illegal und oft auf provozierende Weise vornahmen.

Dies war um so bedenklicher, als der Royalismus durch die Haltung der Regierung – Verfolgung der Demokraten auf der einen Seite, Nachgiebigkeit gegenüber Rechtskräften auf der anderen – ohnehin Aufwind erhielt. Emigranten und Refraktäre kehrten als königliche und bisweilen als britische Agenten insgeheim nach Frankreich zurück. Sie stärkten jener Fraktion den Rücken, die sich nicht auf eine Unterwanderung der Thermidorianerherrschaft beschränkte, sondern sich anheischte, ihren Sturz herbeizuführen. Eine von der britischen Flotte gedeckte Landung zweier Emigrantenabteilungen auf der südbretonischen Halbinsel Quiberon am 27. Juni sollte das

Signal zum allgemeinen Aufstand geben. Jedoch rührten sich nur einige Verbände der Chouans unter Cadoudal; Hoche konnte sie leicht zurückschlagen und das Expeditionskorps einschließen. Nach Erstürmung der Halbinsel am 21. Juli wurden bewaffnete und in englischer Uniform aufgegriffene Emigranten als Landesverräter erschossen. Damit brach der erste offene Ansturm der Konterrevolution zusammen.

Die Direktorialverfassung

Unfreiwillig hatten die Royalisten, indem sie die gespenstische Wiederkehr des Ancien régime an die Wand malten, zur Stärkung der Republik beigetragen. Der wendige *Moniteur*, der noch am 5. Juni die Ausrufung einer konstitutionellen Monarchie durch den Konvent für möglich gehalten hatte, entzückte sich anläßlich des 14. Juli über die „unerwarteten und seit langem vergessenen Klänge“ der Marseillaise, die auf den Straßen von Paris gesungen wurde; die „Goldene Jugend“ bezog nun ihrerseits von Soldaten und Werktätigen Prügel.

Das Zentrum im Konvent verteilte nach links kleine Zugeständnisse, um die im Augenblick eingeschüchterte Rechte verhandlungsreif zu schießen. Gestützt auf die imponierenden außenpolitischen Erfolge und die Wiederherstellung der Staatsautorität in den westlichen Departements, verfügte es über eine gesicherte Ausgangsposition. Die Verfassung, über deren Entwurf die Versammlung bis zum 22. August debattierte, ging so aus einem Kompromiß zwischen einer Mehrheit konservativer Republikaner und einer Minderheit konstitutioneller Monarchisten hervor.

Die Verfassung sprach die Klassenanliegen des wohlhabenden Bürgertums ziemlich unverblümt aus. Die „Grundsätze von 1789“, nicht zu sprechen von jenen des Jahres 1793, mußten sich erhebliche Abstriche gefallen lassen. Daß die Menschen frei und gleich von ihrer Geburt an sind und bleiben, wurde vorsorglich aus den Menschen- und Bürgerrechten gestrichen, die Gleichheit in Artikel

Zwei ausdrücklich als Gleichheit vor dem Gesetz und sonst nichts definiert; die sozialen Rechte fielen unter den Tisch. Hervorgehoben wurden die Heiligkeit des Eigentums und die uneingeschränkte Verfügung des Eigentümers über dasselbe. Das Klassenwahlrecht kehrte in der vereinfachten Form zurück, da: Steuerzahler als Aktivbürger zu den Primärwahlen zugelassen waren; die rund 30000 Elektoren, aus deren Abstimmungen der Gesetzgebende Körper hervorging, hatten hingegen Vermögen und ein entsprechend hohes Einkommen nachzuweisen.
Die Gewaltentrennung wurde zum Fundament der Staatsordnung erklärt. Der Gesetzgebende Körper (*Corps législatif*) zerfiel in den Rat der Alten, eine Art Erste Kammer, und den Rat der Fünfhundert, der Gesetze und Resolutionen einzubringen hatte, die der Rat der Alten prüfte und in Kraft setzte. Die Exekutive bestand aus einem Direktorium (*Directoire*); seine fünf Mitglieder ernannten die Alten aus einer Vorschlagsliste der Fünfhundert. In seine Kompetenz fiel die Berufung der sechs Fachminister, die kein Kollegium bildeten; es war verantwortlich für die innere und äußere Sicherheit der Republik und verfügte über die Armee, durfte diese indessen nicht befehligen; es überwachte Verwaltung und Gerichtsbarkeit, nicht jedoch die von sechs gewählten Beauftragten geleitete Staatskasse. Über den Gesetzgebenden Körper hatte es keine Gewalt und durfte ihn folglich auch nicht auflösen, in jährlichen Teilwahlen wurde jeweils ein Drittel der Abgeordneten erneuert. Von den Direktoren selbst war ebenfalls jährlich einer auszuwechseln.
Die Verwaltung wurde ein zweites Mal dezentralisiert und vereinfacht. Während die Zuständigkeiten des Departements eine Erweiterung erfuhren, geriet der unter der Jakobinerdiktatur aufgewertete Distrikt in Wegfall. Kleine Landgemeinden faßte administrativ der Kanton zusammen; Paris umgekehrt, das seine Commune und seinen Maire einbüßte, wurde in mehrere „Munizipalitäten" zerschlagen. Immerhin war das Direktorium in Departement wie Gemeinde durch einen ernannten Kommissar vertreten, der vor den gewählten Körperschaften die beamtete

Ständigkeit voraus hatte; schließlich durfte die Regierung nach Artikel 196 in die Tätigkeit der Verwaltungen bis zur Neuwahl derselben auch von oben korrigierend eingreifen.

Die Inkraftsetzung der Verfassung war gewagt, solange Krieg und Wirtschaftskrise anhielten, das Schwert des Staatsbankrotts über den Häuptern der Direktoren schwebte. Insbesonders scheute die thermidorianische Bourgeoisie eine Wiedereinschaltung der Volkskräfte in die politische Auseinandersetzung und die Diktatur einer Versammlung oder eines Einzelnen. Dagegen baute sie zahlreiche Sicherungen wie die jährlichen Teilwahlen auf allen Ebenen ein, die jedoch ihre Einrichtungen nur noch anfälliger machten. Andererseits traf sie keinerlei Vorsorge für die Schlichtung von Konflikten zwischen Legislative und Exekutive.

Der Aufstand im Vendémiaire und das Ende des Konvents

Der Konvent kannte die Mißstimmung im Volk und bangte um den Ausgang der Wahlen für den Gesetzgebenden Körper. Um einen Erdrutsch zu verhindern, bestimmte er am 22. August, daß zwei Drittel der 750 Abgeordneten seinen eigenen Reihen zu entnehmen seien. Diese Mogelei sicherte der bestehenden Konventsmehrheit unabhängig vom Wahlglück auch in der neuen Versammlung eine Schlüsselstellung.

Ein Plebiszit bestätigte die Verfassung mit etwa einer Million Stimmen gegen 50 000, allerdings bei mehr als 50 v. H. Enthaltungen. Das listige Dekret über die „zwei Drittel“ ging mit nur 205 000 gegen 108 000 Stimmen durch; am 23. September erklärte der Konvent die „Verfassung vom Jahr III“ für angenommen.

In Paris waren die „zwei Drittel“ von allen außer einer Sektion mit Empörung abgelehnt worden. Die Konterrevolutionäre lasen diesem Ergebnis die Möglichkeit ab, aufgebrachte Werktätige durch eine demagogische Protestaktion gegen die Regierung hinter sich zu scharen. Nach einer wüsten Agitation erklärten sich am 3. Oktober sieben Sektionen im Aufstand. Der Militärkommandant von Paris, „Prairialsieger“ Menou, deckte die Drahtzieher, die eine Zentralkommission bildeten, 20000 Mann zusammenzogen und den größten Teil der Hauptstadt besetzten Eine solche Beendigung seiner Amtszeit wollte der Konvent denn doch nicht einstecken. Er schuf sogleich einen Verteidigungsausschuß unter Barras, widerrief die Entwaffnung der „Terroristen“, stellte drei Schutzbataillone aus bewährten Patrioten auf und übertrug bisher kaltgestellten, weil jakobinischer Sympathien verdächtigen Offizieren die Leitung der operativen Maßnahmen. Von Barras beauftragt, zerschlug am 5. Oktober insbesondere General Napoléon Buonaparte die gegen den Konvent Anrückenden durch Kartätschenfeuer.

Obgleich die nachfolgende Repression ungleich milder ausfiel als die vorausgegangene gegen das Volk, besiegelte der „13. Vendémiaire“ den Bruch zwischen den konstitutionellen Monarchisten und dem Kern der Thermidorianer. Zu ihrem Leidwesen mußten diese die Unmöglichkeit einsehen, ihren Anteil an den bürgerlichen Errungenschaften der Revolution in einer ausgehandelten Verständigung mit Kräften zu retten, die infolge ihrer politischen Abhängigkeit von den royalistischen Ultras der Emigration und dem feudalen Europa nicht nur hinter 1792, sondern teilweise sogar hinter 1789 zurückstrebten und deshalb keinen Pardon zu geben gewillt waren. So hielt denn die thermidorianische Bourgeoisie, weniger der Neigung als der Not gehorchend, am unverwässerten republikanischen Prinzip fest. Sie gebot dem weißen Terror in der Provinz Einhalt, und am Tage seiner Auflösung, am 26. Oktober, verabschiedete sich der Konvent mit einer politischen Generalamnestie, die den eingekerkerten Revolutionären wenigstens die Tore der Gefängnisse öffnete.

Das erste Direktorium

Die Wahlrechnung der Thermidorianer war nicht ganz aufgegangen. Die wiedergewählten Konventsmitglieder waren zumeist maßvolle Rechte, einige allerdings geheime

Anhänger des Königtums wie Boissy d'Anglas und der ehemalige Girondist Lanjuinais. Montagnardische Überläufer gleich Fréron und Tallien fielen durch und mußten nachgeschoben werden. Das neugewählte Drittel bestand vorwiegend aus Monarchisten. Die Direktoren standen infolgedessen vor einer schweren Aufgabe. Immerhin hatten alle fünf: Barras, La Revellière, Letourneur, Reubell und Carnot, der den verzichtenden Sieyès ersetzte, 1793 für die Hinrichtung Ludwigs XVI. gestimmt und galten der aristokratischen Partei als „Königsmörder", mit denen ein Ausgleich undenkbar schien. Ihre Regierungserklärung umfaßte die Stichworte: Bekämpfung des Royalismus, Verzicht auf Rache, Herstellung des allgemeinen Friedens, Wiederbelebung der Wirtschaft und Sanierung der Finanzen, kurz: „an die Stelle des mit Revolutionen unzertrennlich verbundenen Chaos" eine feste bürgerliche Ordnung zu setzen. Die „Zuckungen" der Revolution sollten der Vergangenheit angehören, ihre brauchbaren Resultate zugunsten einer republikanischen Mitte als ruhender Pol in harmonisch ausgewogenem gesetzlichen Gleichgewicht auf den engen Grundlagen des Eigentums und des Wahlzensus verteidigt werden. All dies überstieg indessen die Kapazität des Direktoriums bei weitem. Es gelang ihm nie, eine Massenbasis auch nur unter den Aktivbürgern zu gewinnen.
Im Gesetzgebenden Körper stützte es sich auf eine Majorität aus etwa 300 „thermidorianischen" Republikanern und auf eine eigene Hausmacht von über 200 Abgeordneten, die sich um die Direktorialverfassung zusammenschlossen. Die monarchistische Opposition war durch ihre Spaltung in eine konstitutionelle Mehrheit und eine Minderheit verbohrter Konterrevolutionäre geschwächt. Entschiedene Demokraten waren weder im Rat der Alten noch unter den Fünfhundert anzutreffen.
Die nationale Einheit sah so aus, daß im Januar 1796 die Chouans wieder losschlugen. Zwar zersprengte sie Hoche binnen einiger Monate, und ihre Führer wurden erschossen oder kapitulierten, so daß im Juni die „Westarmee" endlich aufgelöst werden konnte. Jedoch hatte dieser Mißerfolg des frontalen royalistischen Widerstandes

nur zur Folge, daß sich eine Strategie des parlamentarischen Weges durchsetzte: auch die nächsten Wahlen zu gewinnen und die Republik sodann auf verfassungsmäßigem Wege zu beseitigen.

Die Direktoren und besonders ihr leitender Kopf Barras – erst Graf, dann Terrorist, zuletzt einer der Regisseure des 9. Thermidor und Sieger im Vendémiaire – behielten die rechte Gefahr im Auge. Sie beließen deshalb der Linken einen gewissen Spielraum und stützten sogar Duvals *Zeitung der Freien* (*Journal des hommes libres*); einige Klubs durften ihre Pforten öffnen, darunter am 16. November 1795 der wahrhaft demokratische Pantheonklub mit über tausend Mitgliedern. Tolerierte das Direktorium vorerst die Propaganda der Jakobiner Drouet, Amar und Robert Lindet, so ging ihm Babeuf, der am 6. November in seinem wiedererscheinenden *Volkstribun* die Revolution als Krieg zwischen Patriziern und Plebejern, zwischen Reichen und Armen deutete, zu weit. Noch ärgerlicher mußte es sich festgenagelt fühlen, wenn der Verfasser den Schluß zog, daß die Revolution bis zum 9. Thermidor vorwärtsgekommen, seitdem jedoch zurückgewichen sei. Es verfügte am 5. Dezember seine Festnahme, die Babeuf vermied, indem er untertauchte.

Jede Festigung des Regimes hatte eine Ordnung der Wirtschaft und der Finanzen zur Voraussetzung. Damit erlitt das erste Direktorium indessen völligen Schiffbruch. Die Ersetzung der Assignaten durch „Territorialmandate" versetzte dem Papier den letzten Stoß. Sie erlaubten den Spekulanten, Nationalgüter für ein Trinkgeld zu erwerben, während das Pfund Brot 150 Livres kostete und Bettler sich weigerten, kleine Scheine anzunehmen. Da zudem die Ernte auch 1795 mager ausgefallen war, mußte die Regierung ihr letztes Gold für Getreideeinfuhren zusammenscharren und dennoch die Brotration zum Stützpreis auf 75 Gramm kürzen. Die Leiden des Volkes übertrafen 1796 noch diejenigen des Vorjahres, und Polizeiberichte meldeten, daß es besonders unter den Arbeitern bedrohlich gärte. Aus der Befürchtung, daß jakobinische Oppositionszirkel der aus Verzweiflung geborenen Unzufriedenheit zum Sammelpunkt dienen könnten, schloß die Regierung am 26. Februar 1796 den Pantheonklub, verfolgte Journalisten der Linken und entließ jakobinisch orientierte oder dafür geltende Beamte.

Babeuf und die Verschwörung der Gleichen

Die Direktoren täuschten sich: Im Frühjahr 1796 konzentrierte sich die Linke auf andere Weise in Babeufs „Verschwörung der Gleichen".

François Noël Babeuf, 1760 in St. Quentin als Sohn kleiner Leute geboren, der sich in Anspielung auf die beiden römischen Volkstribunen Gracchus nannte, hatte Einblick in den Kampf der pikardischen Bauerngemeinden gegen grundherrliche Übergriffe und kapitalistische Großpacht gewonnen und sich kommunistischen Gedankengängen zugewandt. 1786 stellte er sich als Lösung der Eigentumsfrage auf dem Lande „Kollektivfarmen" von 20 bis 50 Familien vor; er ging folglich nicht nur von einer gerechten Verteilung des Gesellschaftsprodukts, sondern von einer Vergesellschaftung der Produktion selber aus.

Die Revolution und ihre Rückschläge vertieften Babeufs Einsichten. Er durchschaute die Unhaltbarkeit eines „Ackergesetzes", für das er anfänglich eingetreten war, und betrachtete die von der jakobinischen Wirtschaftslenkung und Heeresverwaltung erzielten Ergebnisse als Beweise für eine durchführbare Abschaffung des Privateigentums an Produktionsmitteln. Sein eigenes – nach Engels noch „ganz rohes" – System, wie er es am 28. Juli 1795 in einem Brief an Germain beschrieb, wies allerdings Züge eines Teilungskommunismus auf, der die industrielle Revolution und die von ihr erzeugten spezifischen Klassenantinomien noch nicht kannte. Seine Theorien bewegten sich von den moralisierenden kommunistischen Zukunftsvisionen der Aufklärung zum utopischen Industriesozialismus eines Saint-Simon – und zwar keineswegs als Einzelerscheinung: Mehr als einen Autor hatte ja die Revolution mitgerissen, die soziale Frage über den Tag hinauszudenken, um festzustellen, was Gleichheit nun wirklich sei und wie sie sein könne.

Babeufs herausragende Leistung bestand in der Suche nach dem Weg, seine Ideen in revolutionäre Wirklichkeit umzusetzen. Angesichts der Unfähigkeit der Direktorialregierung auf der einen Seite und des fürchterlichen Massenelends unter dem entwaffneten und desorientierten Volk auf der anderen hielt er es für notwendig und möglich, die Gesellschaft, die ihm vorschwebte, durch Gewalt zu errichten. Gemeinsam mit Filippo Buonarroti schuf er in der „Verschwörung der Gleichen“ die erste kommunistische Aktionspartei der Geschichte, um deren winzigen innersten Kreis von Eingeweihten sich mit dem ausschließlich politischen Ziel, eine Machtergreifung vorzubereiten, Jakobiner und Neuhébertisten scharten. In das am 30. März 1796 gegründete Aufstandskomitee traten neben Babeuf, Buonarroti, Darthé und Sylvain Maréchal die Jakobinerführer Antonelle und Lepeletier ein; die Propaganda in jedem der zwölf neugeschaffenen Stadtkreise (*arrondissements*) von Paris wurde durch einen „Agenten“ verantwortlich geführt.

In den Methoden verband den kunstvollen Schlachtplan, in den Buonarroti die organisatorischen Erfahrungen der Freimaurerei einbrachte, nichts mehr mit der weithin spontanen sansculottischen Volksbewegung: Eine Leitungsgruppe als „Gegendirektorium“, das sich seinerseits auf einen Geheimbund geeichter Revolutionäre stützte, von denen die meisten auch nur die Nahziele des Programms kannten; die Verschwörer „rechneten“ auf die Stoßkraft der demokratischen Kader vom Jahr II, nach der reaktionären Presse „Babeufs 30000 Mann“, die indessen bis zur Stunde X ahnungslos waren über alles, was man von ihnen erwartete. Die breiten Massen hofften die Organisatoren über deren alte Anführer „mitzuziehen“; für den Aufbau der „revolutionären Diktatur“ blieben sie zunächst außer Betracht. Die „Gleichen“ gedachten keine Nationalversammlung einzuberufen, sondern mit einer Minderheit überzeugter Revolutionäre solange zu regieren, bis sie die kommunistische Gesellschaft und ihre Einrichtungen fest gegründet hätten. Ob die starke jakobinische Mehrheit den „theoretischen“ Babouvisten darin zu Gefallen gewesen wäre, muß natürlich auch bei Gelingen des Handstreichs bezweifelt werden.

Das Direktorium verhielt sich gegenüber der Propaganda, die Babeuf mit großer Energie betrieb, uneinheitlich. Barras wollte sie als Stichkarte gegen den Royalismus in Reserve halten und bis auf weiteres schonen; Carnot, der sich ganz den Konservativen verbunden hatte, setzte indessen seinen gegenteiligen Standpunkt um so eher durch, als Babeuf ein unter Umständen einflußreiches Geheimkomitee ehemaliger montagnardischer Konventsabgeordneter am 7. Mai 1796 zum Anschluß bewegen konnte. Schon am 10. Mai wurden er und seine engsten Mitarbeiter mit Hilfe des Verräters Grisel aufgespürt und verhaftet. Eine für den Aufstand zum Teil gewonnene Polizeilegion war schon davor aufgelöst worden, und der Versuch jakobinischer Kräfte, die Soldaten des Lagers von Grenelle zur Erhebung zu bringen, scheiterte am 10. September.

Die „Gleichen“ wurden in eisernen Käfigen vor ein Militärgericht nach Vendôme gebracht; der absichtlich in die Provinz verlegte und dort verschleppte Prozeß endete mit der Erschießung von Babeuf und Darthé am 27. Mai 1797.

Babeuf hatte aus dem Thermidor die Lehre von der letztlichen Unvereinbarkeit bürgerlicher und sozialistischer Revolutionsziele nicht nur im Geiste gezogen, sondern danach gehandelt. Auch nach seinem unvermeidlichen Scheitern verlor er die Gewißheit nicht, daß eine „zweite, andere und letzte“ Revolution mit Notwendigkeit kommen müsse; er lebt unter ihren unvergessenen Vorläufern fort.

Für die unmittelbare Geschichte des Direktoriums hingegen bedeutete die „Verschwörung der Gleichen“ lediglich eine Episode, deren Ausgang die Positionen der Rechten verstärkte. In den Augen der Zeitgenossen verblaßte sie rasch vor der Wende, die das Kriegsglück 1796/97 nahm.

Die Armee hatten schon die Thermidorianer vernachlässigt, nachdem die ärgste Bedrohung gewichen war. Der erbärmliche Zustand der Staatsfinanzen, die völlige Reprivatisierung des Rüstungswesens und die Aushöhlung der republikanischen Disziplin ließen 1795 von 1100000 Mann auf dem Papier ganze 450 000 im Felde. Trotz ihrer Schrumpfung durch die Friedensschlüsse von 1795 gewann daher die Feindkoalition am Jahresende sogar das zahlenmäßige Übergewicht zurück.

Das Direktorium unternahm nichts, um der Drückebergerei zu steuern; es rief auch keine neuen Jahrgänge unter die Fahnen, so daß 1796 immer noch die unter dem Volksaufgebot 1793/94 Einberufenen beisammen waren: eine Armee, die deshalb weit demokratischer eingestellt war als das „Zivil". Für manchen Revolutionär bedeutete dieses Heer, das die Windungen und Krebsgänge des Thermidor, Prairial, Vendémiaire und schließlich die konservative Mittelstandspolitik der uneinigen fünf Direktoren schwer verstand und verdaute, letzte Zuflucht. Die Soldaten bewahrten ihren Haß auf Krone, Adel und Priester. Da sie jedoch kein politisches Hinterland mehr sahen, wandten sie ihre Loyalität in Feldlagern auf erobertem Gebiet mehr und mehr militärischen Führern zu, unter denen sie es zu etwas bringen konnten. In dem Maße, in dem der Patriotismus seinen republikanischen und humanitären Gehalt einbüßte, wich er nationaler Eitelkeit, dem Geist des Abenteuers und der Sucht nach Kriegsruhm. Damit schlug allen Vorbeugungsmaßregeln des Direktoriums zum Trotz die Stunde des siegreichen Generals. Offen blieb eigentlich nur, welches.

Buonapartes Feldherrngenie, das revolutionären Fortschritt unvergleichlich in Kriegskunst umzusetzen wußte, beantwortete die Frage.

Für geleistete Dienste von Barras im März 1796 mit dem Oberkommando auf dem Nebenkriegsschauplatz in Oberitalien entschädigt, strich er das korsische „u" aus seinem Namen. Schon sein erster Feldzug verschlug Europa den Atem; im März 1797 marschierten seine Truppen in Richtung Semmering und Wien; am 18. April unterzeichneten die bestürzten Österreicher mit ihm den Vorfrieden von Leoben. Das Direktorium mußte sich der Initiative seines ebenso erfolgreichen wie selbstherrlichen Heerführers um so mehr beugen, als gleichzeitig seine eigene Existenz auf dem Spiel stand und eines „starken Degens“ bereits nicht mehr entbehren konnte.

3. Der Weg zum 18. Brumaire: 1797–1799

Die Ausbreitung monarchistischer Tendenzen führte zu Konflikten des Direktoriums mit der „verseuchten“ Legislative. Da ihm sein Klassencharakter verbot, das Volk aufzurufen, mußte es sich in die Abhängigkeit der Militärs begeben, wenn es die Widerstände brechen wollte. Der Friedensschluß mit Österreich erlaubte eine gewisse Konsolidierung der republikanischen Einrichtungen; der Ausbruch des Zweiten Koalitionskrieges stellte sie jedoch sogleich wieder in Frage und erwies die Unmöglichkeit, die Regierung auf dem schmalen thermidorianischen Gesellschaftssockel wirklich zu stabilisieren. Um ihre soziale und ökonomische Klassenherrschaft ungefährdet zu erhalten, unterwarf sich die Bourgeoisie dem politischen Diktat des stärksten Ordnungshüters.

Der Staatsstreich vom 18. Fructidor

Das Direktorium hoffte bei den Wahlen im Frühjahr 1797 befriedigend abzuschneiden. Die Ernte war 1796 gut ausgefallen. Bonapartes Siege sorgten für Stimmung; der Krieg ernährte nun den Krieg, und die in Gold eingehenden Kontributionen erleichterten die Rückkehr zur Hartgeldwährung. Die Beendigung der Inflation half jedoch verarmten Sparern nicht auf die Beine und erhöhte die Arbeitslosigkeit; beides machte das Direktorium nicht beliebter. Seine geflissentliche Sorglosigkeit gegenüber der seit einem Jahr mit ausländischer Unterstützung ausgezeichnet organisierten Wühlarbeit royalistischer Agenturen rächte sich schwer: Seine Anhänger wurden in den

Wahlen vernichtend geschlagen, und es verlor im Gesetzgebenden Körper die Arbeitsmehrheit.

Während sich die erfolgreichen Monarchisten über die Art ihres Vorgehens nach wie vor nicht einigen konnten, entschloß sich Barras mit Reubell und La Revellière zum Staatsstreich. Sowohl Hoche wie Bonaparte stellten Truppen zur Verfügung, die am 4. September 1797 Paris widerstandslos besetzten. Der Rat der Alten und die Fünfhundert beugten sich den vom „Triumvirat" vorgeschlagenen Sondermaßnahmen: Die Wahlergebnisse wurden größtenteils für nichtig erklärt, 177 Abgeordneten ihre Mandate entzogen, 65 Personen deportiert und 42 Zeitungen verboten. Die gesetzlichen Bestimmungen gegen Emigranten und Priester wurden aufgefrischt, Klubs hingegen wieder zugelassen und die Vollmachten der Direktoren erweitert.

Der „18. Fructidor des Jahres V" hatte der Reaktion Einhalt geboten und unter Verletzung der parlamentarischen Spielregeln eine künstliche Majorität gerettet; die Väter der „Verfassung vom Jahr III" hatten als erste mit ihr manipulieren müssen, um sich an der Macht zu halten. Und dies war ihnen nur gelungen, weil sich die beiden berühmtesten Heerführer bereit gefunden hatten, für die Republik einzustehen.

Das aus dem Staatsstreich hervorgehende Zweite Direktorium, dem statt des verbannten Konservativen Carnot der Girondist François de Neufchâteau angehörte, fürchtete einen Druck der Militärs auf die Politik nicht übermäßig, da gleichzeitig der Landkrieg erlosch, auf den sich der Nimbus der Generäle gründete. Im Frieden von Campo Formio, den allerdings Bonaparte nach eigenen Vorstellungen aushandelte, trat Österreich am 17. Oktober Belgien und die Lombardei ab und erhielt dafür das von Bonaparte vorausschauend für diesen Zweck eroberte Gebiet der ehemaligen Republik Venedig; die endgültige Festlegung der Rheingrenze, die der Zustimmung der deutschen Reichsstände bedurfte, sollte ein nach Rastatt einberufener Kongreß besorgen.

Die Maßnahmen nach dem 18. Fructidor verdienen nicht die Bezeichnung eines „direktorialen Terrors“. Die Polizei sah lediglich Konterrevolutionären schärfer auf die Finger; bereits bestehende Gesetze zum Schutz der Republik wurden strikter befolgt als bisher und Unruhen in der Provinz im Keim erstickt. Ausgeprägter war der antiklerikale Kurs des Zweiten Direktoriums.
Aus dieser Schwenkung zogen die Neujakobiner Nutzen; sie fanden sich in „Verfassungszirkeln“ zusammen und beunruhigten das Direktorium, das sich auf die nächsten Teilwahlen unter der Losung „Weder Terror noch Reaktion! Weder Königtum noch Diktatur!“ vorbereitete. Die Regierung schob diese Wahlen von 1798 zusammen, indem sie die Spaltung von Elektorenkollegien mit unerwünschten Mehrheiten – so in Paris – zuließ, um sodann selbst zu entscheiden, wessen Kandidat als gewählt zu gelten habe. Da das allein noch nicht ausreichte, um genügend „Royalisten und Anarchisten“, wie es jetzt hieß, die Bestätigung zu verweigern, entdeckte ein Gesetz vom 22. Floréal (11. Mai) eine „Verschwörung mit doppelter Verzweigung“. Es „florealisierte“, d. h. entfernte 106 linke wie rechte Abgeordnete und schleuste dafür 191 Regierungskandidaten in den Gesetzgebenden Körper ein.
Die Abstimmungsmajorität war so zwar – bis zur nächsten Kraftprobe – hergestellt und die Autorität des Direktoriums erhöht, seit die „bereinigten“ Räte keine ernsthafte Opposition mehr wagten. Obgleich sich niemand einer Täuschung darüber hingab, mit welchen Mitteln sie erschlichen war, verschaffte sie dem Direktorium eine etwa einjährige Atempause, die es zur Überholung des bürgerlichen Staatsapparates nutzen konnte.
Finanzminister Ramel schuf mit Hilfe eines „Zweidrittel-Staatsbankrotts“ seit Ende 1797 die französische Staatsrente des 19. Jahrhunderts und 1798 ein Steuersystem, das auch wieder auf indirekte Steuern zurückgriff. Den Haushalt auszugleichen und die Korruption auszutilgen, gelang freilich dem Directoire nie; es blieb von den Börsianern und Staatslieferanten abhängig.

Die Wirtschaft erholte sich nur allmählich; Gewerbe und Handelsumsätze lagen noch 1798 unter dem Stand von 1789. François de Neufchâteau als Innenminister tat jedoch viel zur Stimulierung einer kapitalistischen Landwirtschaft; im Herbst 1798 eröffnete er auf dem Marsfeld die erste nationale Industrieausstellung und ließ eine erste allgemeine Volkszählung durchführen. Der technische Fortschritt setzte sich vorerst in der Baumwollspinnerei durch. Die Konzentration des Kapitals fand jedoch immer noch vorwiegend in der Handelssphäre statt, und der Typ des alten Manufakturkapitalisten, der wie Boyer-Fonfrède, Chaptal oder Oberkampf Verleger, Groß-, kaufmann und Bankier in einem war, überwog.
Die wirtschaftlichen Schwierigkeiten blieben eine der Hauptursachen der politischen Schwäche des Direktoriums. Da Einschränkungen des Konsums oder gar des Profits für die Bourgeoisie nicht mehr zur Debatte standen, suchte sie ihre Passiva vor allem den eroberten Ländern aufzubürden. 1797/98 schien sich das vielversprechend anzulassen. Sobald jedoch die Erwerbungen wieder verloren gingen und die Armeen nach Frankreich zurückströmten, mußten die Direktoren auf Kosten ihrer Popularität die Lasten auf die eigenen Steuerzahler zurückwälzen, womit das ökonomische Problem abermals in ein politisches hinüberwuchs.

Das Direktorium und Europa

England, das seine kolonialen Eroberungen nicht herausgeben wollte, führte mit der Republik weiterhin Krieg. Der stärkere Kapitalismus saß am längeren Hebel, und durch nichts vermochte Frankreich die britische Seeherrschaft auszugleichen. Die demokratische Bewegung, die 1796/97 auch die englische Flotte ergriffen hatte, wurde von der herrschenden Klasse blutig unterdrückt. Nachdem sie ihre Festlandsdegen vorübergehend eingebüßt hatte, stellte die britische Bourgeoisie die nationale Gefahr in den Vordergrund, die von der neuen Hegemonialmacht auf dem Kontinent ausging, die sich zudem – ob-

gleich schließlich erfolglos – mit aufständischen Iren verband und mit einer Landung in England selbst drohte. Revolutionäre Ideale hatte die direktoriale Republik der Eigentümer jenseits des Kanals nicht mehr anzubieten, und der Dichter Coleridge verabschiedete 1798 den Menschheitstraum einer jungen Generation in der Ode *France*. Es blieb die Rivalität zweier um die Vorherrschaft konkurrierender, kapitalistisch organisierter Nationen.
Tragischer vollzog sich der Untergang der revolutionären Bewegungen, die ihre Hoffnung auf Frankreich gesetzt hatten, in den umkämpften Grenzgebieten. Von den Niederlanden über Belgien und die Rheinlande bis zur Schweiz und nach Oberitalien hatten demokratische Gruppen, vereinzelt oder zur Patriotenpartei anschwillend, in den Heeren der französischen Republik Freunde und Befreier von Feudalität, Pfaffen- und Fürstenknechtschaft begrüßt. Davon war tatsächlich einiges – hier mehr, dort weniger – in Erfüllung gegangen. Jedoch sahen sich Frankreichs Nachbarvölker – im Nebeneffekt sozusagen – samt und sonders um ihre politische Unabhängigkeit betrogen: Die wenigsten wünschten gleich den Savoyarden und Elsässern von sich aus in der größeren französischen Nation und in deren Staat aufzugehen; den meisten war es verständlicherweise darum zu tun, zur eigenen bürgerlichen Nation auszureifen oder immerhin, dieser – wie in Deutschland und in Italien – einen Grundstein zu legen.
Die nachthermidorianische Bourgeoisie in Frankreich versprach sich davon nichts und war stark genug, den Besetzten ihren Willen aufzuzwingen. Da sich fortschrittliche Patrioten dazu selten hergaben, wurden die „jakobinischen" Kräfte wie in Frankreich selbst ausgemerzt und durch gefügige Gemäßigte, bürgerliche Geschäftemacher und karrieristische Opportunisten ersetzt. Die Befreiten verwandelten sich in Eroberte.
Belgien, die südlichen Niederlande und das Rheinland wurden Frankreich unmittelbar zugeschlagen, jedoch auch die „Schwesterrepubliken" zu politischen, ökonomischen und militärischen Anhängseln Frankreichs herabgewürdigt. 1798 wurde die Batavische Republik nach

Ausstoßung der Demokraten „reorganisiert“, die patrizisch-oligarchische Eidgenossenschaft der Schweizer Kantone zwar in die einheitliche Helvetische Republik umgegossen, an der das Directoire jedoch zuallererst der in Bern beschlagnahmte Staatsschatz und sodann ihr strategisches Aufmarschgelände interessierte; das Veltlin und Genf wurden von der „Helvetik“ abgetrennt.

Die von Bonaparte mit tatkräftigem Beistand italienischer Jakobiner begründete und von vielen Hoffnungen begleitete Cisalpinische Republik verwandelte das Direktorium durch „Verträge“ geradezu in eine französische Kolonie. Seine Instruktionen an den bevollmächtigten Minister Trouvé in Mailand vom Juni 1798 drückten die Vorstellungen, die es von der Rolle der Schwesterrepublik hatte, offenherzig aus: Sie hätte sich darauf zu beschränken, „ausschließlich den Interessen der Französischen Republik zu dienen; sie muß mächtig genug werden, um uns nützlich zu sein, und niemals mächtig genug, um uns zu schaden;“ unter den Behörden sei „das Gefühl ihrer Schwäche und Unterlegenheit“ zu pflegen. Insbesonders traf die Verfolgung Jakobiner wie Ranza und Gioia, die vor allem als Vorkämpfer der nationalen Einheit Italiens auftraten. Das Direktorium seinerseits erstrebte gewiß ein republikanisches und bürgerliches, jedoch unbedingt ein zersplittertes Italien. Das bekamen ebenso die Ligurische Republik – ehemals Genua – und Rom zu spüren, das nach Besetzung durch französische Truppen Anfang 1798 die Republik ausrief, während der Papst nach Siena verbracht wurde. Dem König von Sardinien und Piemont preßte das Direktorium im Juni 1798 neue Zugeständnisse ab und zeigte sich dafür zu der Gegenleistung erbötig, ihm die Unterdrückung seiner Demokraten zu erleichtern.

Nicht einen Bund freier Völker, sondern offene oder verschleierte Einverleibung, die Herauspressung von Reichtümern und das Vorschieben militärischer Stützpunkte hatte das Direktorium zu seinem Leitsatz erhoben. Als seine Vorzugsverbündeten betrachtete es nicht mehr revolutionäre Demokraten; innerhalb wie außerhalb Frankreichs zeigte es sich an der Niederhaltung von Regungen der „Anarchie“ vital interessiert.

[…]s alles schloß nicht aus, daß gegenüber dem euro-[…]ischen Kontinentalblock auch das Directoire den geschichtlichen Fortschritt vom Feudalismus zum Kapitalismus vertrat. Insofern die „Fürstenverschwörung" immer noch nicht geneigt war, die vollzogene Revolution als unabänderlich hinzunehmen und vielmehr die Restauration des Ancien régime nach wie vor aktiv weiterbetrieb, zwang sie die Direktoren, die sich dazu gewiß nicht drängten, in die Rolle von Verteidigern revolutionärer Errungenschaften ihrer bürgerlichen Republik.

Der Frieden von Campo Formio bedeutete hierin keine Wende. Er lief auf eine Erholungspause hinaus, in der sich die Mächte gegen Frankreich umgruppierten. Die Aggressionspolitik des Direktoriums, das die günstige Lage 1798 maximal zu nutzen suchte, erleichterte es der britischen Diplomatie, ihre Isolierung zu durchbrechen und die Gegner Frankreichs zur Zweiten Koalition 1798–1801) zusammenzuschließen.

Der Ausbruch des Zweiten Koalitionskrieges

Das Direktorium hatte in Bonapartes Plan eingewilligt, Ägypten zu besetzen, um von dort aus Englands Stellung im Mittelmeer und in Indien zu erschüttern, nachdem eine direkte Landung auf der Insel als zu gewagt zurückgestellt werden mußte. Zweifellos war es der Regierung auch nicht unlieb, den tatendurstigen Feldherrn weitab von Frankreich beschäftigt zu wissen.

Bonaparte entschlüpfte der englischen Flotte, besetzte Malta, ging in Ägypten an Land und schlug das Heer der Mamluken am 21. Juli 1798 in der Schlacht bei den Pyramiden. Am 1. August jedoch vernichtete Nelson das bei Abukir ankernde französische Geschwader und schnitt damit das Expeditionskorps von seinen Heimathäfen ab.

Die Aktivierung der französischen Orientpolitik trieb den Zaren Paul I. (1796–1801) an die Seite der Türkei und Englands. Österreich, vom französischen Vorprellen nach Rom und anschließend nach Neapel aufgescheucht, traf Gegenmaßnahmen und gewährte den russischen Truppen Durchmarschrecht. Im Gegenzug erklärte ihm das Direktorium am 12. März 1799 den Krieg. England hielt die entstehende Zweite Koalition, der im Oktober auch Schweden beitrat, durch Subsidienzahlungen beisammen.

Der Kongreß zu Rastatt flog nicht nur auf. Die Ermordung der abreisenden französischen Gesandten setzte ein Zeichen, daß das aristokratische Europa den Krieg als gegen die revolutionäre Nation gerichtet verstand, „zur Ausrottung des französischen Übels," wie Sieyès recht treffend bemerkte. Infolgedessen geriet diese Nation ihrerseits in Bewegung und verlangte, den Krieg revolutionär zu führen. Es hob ihre Entschlossenheit, daß im Frühjahrsfeldzug die Armeen Frankreichs an allen drei Hauptfronten zum Rückzug gezwungen wurden und alsbald Italien – bis auf Genua – an den russischen Heerführer Suworow verloren ging.

Der letzte Vorstoß der Linken

Die nationale Krise entzog dem Direktorium den festen Boden. Die Beschwörung des bewährten Doppelgespenstes „des Royalismus und der Anarchie" nützte ihm wenig: Bei den Erneuerungswahlen im März 1799 wurden von 187 amtlichen Kandidaten 121 geschlagen. Zwar änderte das die Mehrheitsverhältnisse nicht grundlegend, da die Stimmgewinne der Jakobiner auf Kosten der Monarchisten, nicht der thermidorianischen Mitte gingen. Unter dem Eindruck der Niederlagen im Felde, die von royalistischen Aufständen im Westen begleitet wurden, orientierte sich jedoch der Gesetzgebende Körper um: Das Gros der Thermidorianer rückte zur Verteidigung der Republik näher an die erstarkten Jakobiner heran, und diese neue Mehrheit der linken Mitte ergriff gegen die Direktoren die Offensive.

Beide Räte, die Alten und die Fünfhundert, erklärten sich in Permanenz. Für den turnusmäßig ausscheidenden Reubell wählten sie Sieyès, dessen Vorbehalte gegen

erfassung kein Geheimnis waren; sie annullierten Mandat des Rech[illegible] Treilhard und ersetzten ihn [illegible]rch den Dantonisten [illegible]ohier, Justizminister von 1793. [illegible]arras hing den Mantel gegen seine alten Kollegen in den Wind. Der Gesetzgebende Körper übte Vergeltung für den „22. Floréal“: Der „Staatsstreich vom 30. Prairial“ (18. Juni) stürzte Merlin und La Revellière; der „Königsmörder“ Ducos und ein zufällig greifbarer General Moulin ersetzten sie. Auch die Regierung wurde ausgewechselt: Bernadotte wurde Kriegsminister, Cambacérès Justizminister, Fouché Polizeiminister, Robert Lindet Finanzminister. Das Direktorium hatte seine Macht schlagartig eingebüßt, und „Demokraten von 1793“ übernahmen in der Stunde der Gefahr die Staatsgeschäfte.
Die Pressefreiheit wurde wiederhergestellt, und patriotische Klubs meldeten sich zu Wort. Am 6. Juli hielt die Gesellschaft der Freunde der Gleichheit und der Freiheit, nach ihrem Lokal Manegeklub benannt, seine erste Sitzung ab und wählte Drouet, den Held von Varennes und Gefährten Babeufs, zu seinem „Regulator“. Die jakobinische Minderheit riß den Gesetzgebenden Körper mit: Um der Situation zu begegnen, ließ er den Energischsten den Vortritt. Mit der Wehrpflicht wurde Ernst gemacht und ein Aufgebot von fünf Jahrgängen komplett ins Feld geschickt, den Wohlhabenden eine Zwangsanleihe von 100 Millionen – in Gold – auferlegt, ein Geiselgesetz zur Bekämpfung bewaffneter konterrevolutionärer Banden erlassen.
Zwei Monate lang behaupteten die Jakobiner die Führung. Als sich die Spitzen der Bourgeoisie über den Rückgriff auf Methoden vom Jahr II Gedanken zu machen und um die Heiligkeit ihres Eigentums zu zittern begannen, rückten die Thermidorianer von ihren unheimlichen Bundesgenossen jedoch wieder ab. Am 13. August ließ Fouché den Manegeklub schließen, und das Ausbleiben von Protesten zeigte, daß es den „Jakobinern ohne Volk“ nicht gelungen war, die Massen nochmals zu mobilisieren, um sich aus ihnen ein Rückgrat zu schaffen.
Im Rat der Fünfhundert behauptete sich die Linke etwas länger. Nach der Landung eines anglo-russischen Korps

in Holland beantragte General Jourdan am 13. September, das Vaterland in Gefahr zu erklären. In der stürmischen Debatte schien es Bonapartes Bruder Lucien „besser, die verfassungsmäßigen Vollmachten des Direktoriums zu erweitern, als sich von einer revolutionären Gewalt fortreißen zu lassen“. Er traf den Kern des Problems: Um der Katastrophe zu begegnen, mußte man zwischen zwei möglichen Wegen wählen: sich wie 1793 auf das Volk stützen – oder die Exekutive verstärken.
Jourdans Antrag unterlag mit 171 gegen 245 Stimmen. Die „Stärkung der Exekutive“ führte indes zu keiner Aufwertung des restlos diskreditierten Direktoriums. Es gab dafür einen anderen Bewerber, seit Bonaparte am 9. Oktober unerwartet bei Fréjus einer Fregatte entstiegen war und sich spornstreichs nach Paris begeben hatte.

Der 18. Brumaire

Die Lage auf den Kriegsschauplätzen hatte sich entspannt. Das anglo-russische Korps in Holland kapitulierte gegen freien Abzug, und die Schweiz wurde zurückerobert. Erbittert über hinterhältige österreichische Intrigen, rief der Zar Suworows Armee zurück. Dennoch war der Frieden noch weit, und die öffentliche Meinung traute es Bonaparte zu, ihn zum zweiten Mal zu erzwingen.
Kritischer erschien die innerfranzösische Situation. Die Chouans wurden kühner: Sie besetzten Le Mans und vorübergehend sogar Nantes. Zum Frühjahr 1800 standen wieder Wahlen bevor: Ob sie die Royalisten oder die Jakobiner gewannen – das Direktorium hing weiter am seidenen Faden. So wurde der Tadel an der Verfassung allgemein. Nicht freilich wegen ihres Klassenwahlrechts, sondern wegen ihrer liberalen Bestimmungen, des übertriebenen „Gleichgewichts“ zwischen den Gewalten und der alljährlichen Teilerneuerung der beiden Räte. Bearbeitet von Benjamin Constant und Madame de Staël, neigten einflußreiche Kreise der Bourgeoisie zu einer Verfassungsrevision. Nur eine starke und beständige

Regierung, hatte Benjamin Constant schon 1797 geschrieben, könne „die Sicherheit der Person und die Unverletzlichkeit des Eigentums“ verbürgen. Da die neue Bourgeoisie die Souveränität der Nation nicht opfern konnte, ohne sich selbst und ihre gewonnenen Stellungen aufzugeben, mußte sie eine Kombination ihrer ökonomischen und sozialen Klassenherrschaft mit einer handlungsfähigen Exekutive anstreben. Wie die Dinge lagen, bedeutete dies die Übergabe der ausführenden Gewalt an einen Feldherrn, den mit der Gloriole des Sieges Autorität umgab.

Die Klassensituation erklärt, warum den „Brumairiens“ der Erfolg leicht fiel. Die Thermidorianer hatten einem auf Bewahrung eingestellten, also konservativ gesinnten Besitzbürgertum die gesellschaftliche Vorrangstellung und die politische Macht verschafft; das Direktorium behauptete und festigte sie. Die Anspannung von 1799 bewies jedoch, daß der Schoß, der Revolutionen gebar, noch fruchtbar war und die von der Bourgeoisie errungenen Privilegien immer noch nicht als unantastbar gelten konnten: Kaum waren sie an der Scylla des Royalismus heil vorbeigesegelt, drohten sie an der Charybdis demokratischer Forderungen der Volksmassen zu zerschellen.

Den langfristigen Operationen der kapitalistischen Geschäftswelt war mit einer fortwährend schaukelnden Regierung und unabsehbarer Kriegsverlängerung, die gar schon wieder Zwangsanleihen begleiteten, schlecht gedient. Nach zehn Jahren der Unruhe und halsbrecherischer Spekulationen drängte es sie zur Investition in eine sanierte Wirtschaft. Sie rief nach dem „wirklichen“, dem „Ordnungsfaktor“ Staat.

Seine Massenbasis bildeten die drei Millionen Parzellenbauern. Diese sperrten sich gegen eine Wiederkehr von Feudallasten oder des Zehnten und hingen insofern der neuen Ordnung an. Sie mißbilligten indessen ebenfalls städtische „Unruhestifter“, die sie bisweilen mit konterrevolutionären Banden und Banditenunwesen auf dem flachen Land in einen Topf warfen. Ihnen war diejenige Regierung recht, die ihnen erlaubte, ihren endlich befreiten Acker in Frieden möglichst unbelästigt zu bestellen und nicht, wie unter dem Direktorium, von nicht abreißenden Veränderungen geschüttelt zu werden. Auch sie warteten auf den „starken Mann".

Sieyès war seit dem Sommer zum Staatsstreich entschlossen; es galt, den geeigneten Ausführenden zu finden. Hoche, dem die meisten Sympathien zuflogen, war 1797 gestorben, der bereitwillige Joubert in der Schlacht gegen Suworow bei Novi am 15. August gefallen. Pichegru hatte sich längst als Feind der Republik entlarvt, und der halbroyalistische Zauderer Moreau fühlte sich überfordert.

Bonaparte lief in diese Kombinationen – durch Vermittlung Talleyrands – geradezu hinein und stimmte nach kurzer Auslotung des Kräfteverhältnisses zu. Die Vorbereitungen nahmen einige Wochen in Anspruch; finanziert wurden sie vornehmlich von bangenden Staatslieferanten. Die Propaganda der Konspiratoren verband geschickt die Sehnsucht nach einem allgemeinen Frieden mit dem Versagen der Verfassung und dem Bürgerschreck eines „egalitären Terrorismus".

Bei der Durchführung des Staatsstreichs am 18. und 19. Brumaire (9./10. November 1799) unterliefen einige Versehen, die jedoch das präzise Eingreifen der Bonaparte ergebenen Truppen bereinigte. Die Mehrheit des Rates der Alten und eine Minderheit der Fünfhundert erklärten am Abend des 10. November das Direktorium für nicht mehr bestehend; sie schlossen 62 widersetzliche Abgeordnete aus dem Gesetzgebenden Körper aus. Eine aus den drei Konsuln Sieyès, Ducos und Bonaparte bestehende „Exekutivkommission" wurde mit allen Vollmachten der Staatsleitung bekleidet und eine weitere Kommission zur Revision der Verfassung gebildet, deren Ziel vor allem in der Sicherung der Republik, des Repräsentativsystems, der Gewaltenteilung, Freiheit, Gleichheit, Sicherheit und des Eigentums zu bestehen hätte. Der *Moniteur* vom 14. November kommentierte:

Frankreich wünscht etwas Großes und Dauerhaftes. Die Labilität hat es zugrunde gerichtet, es ruft die Beständigkeit an. Es will nicht das Königtum; dieses ist in Acht getan. Es wünscht jedoch Einheit in den Handlungen der Gewalt, die die Gesetze vollzieht. Es wünscht einen unabhängigen und freien Gesetzgebenden Körper ... Es wünscht als seine Vertreter friedliche Konservative, nicht turbulente Neuerer. Es möchte endlich die Frucht von zehn Jahren Opfer ernten.

Für die Bourgeoisie handelte es sich darum, die Ära der Revolution unumstößlich zum Abschluß zu bringen. Den Umwälzungen sollte die Konsolidierung folgen, der gesellschaftliche Primat des bürgerlichen Eigentums für alle Zeiten seine Bestätigung finden. Insofern reihte sich nach den „Menschenrechten" von 1789 und dem 9. Thermidor auch der 18. Brumaire in eine logische Kette des Übergangs vom Feudalismus zum Kapitalismus ein. Bonaparte selbst setzte zu seiner Kennzeichnung die Worte ähnlich wie der Leitartikler des *Moniteur*:

Wir haben den Roman der Revolution beendet; man muß ihre Geschichte beginnen und sehen, was es an Wirklichem und Möglichem in der Anwendung ihrer Grundsätze gibt.

Die Frage blieb, ob die „Brumairianer" und der von ihnen auf den Schild Gehobene darunter dasselbe verstehen würden und zu verstehen wünschten.

4. Vom Konsulat zum Kaiserreich

Die gesellschaftliche Bilanzierung der Revolution, deren aufsteigende Linie im Thermidor gebrochen worden war und aus der sich die Volksmassen nach dem Scheitern des Prairialaufstandes zurückgezogen hatten, stand 1799 einigermaßen zu Buche. Die Internationalisierung des Klassenkonflikts indessen verwehrte der französischen Bourgeoisie die einfache Festschreibung ihres Besitzstandes und zwang sie, ein bonapartistisches Ausnahmeregime in Kauf zu nehmen. Dieses wiederum erwies sich als ein Zwischenzustand, dem ebensowenig Dauer beschieden sein konnte wie der revolutionär-demokratischen Vision des „Jahres II". Insofern, als im fortgesetzten Ringen zwischen den alten und den neuen Gesellschaftskräften Europas Grundsätze und Konsequenzen der antifeudalen Revolution immer wieder zur Diskussion gestellt wurden und weitere Räume ergriffen, blieb jedoch auch noch die „napoleonische" Ära ihrem revolutionären Ausgangspunkt in einigen ihrer wesentlichen Aspekte unlösbar verhaftet.

Der erste Konsul

Bonaparte überspielte diejenigen, die gehofft hatten, sich seiner als eines politisch unerfahrenen Schlachtengottes bedienen zu können. Er schnitt eigenhändig die „Konsularverfassung vom Jahr VII“ ganz auf die Person des „Ersten Konsuls“ zu und stellte Sieyès, Ducos und Barras kalt; als Mitkonsuln akzeptierte er die bedeutungslosen Cambacérès und Lebrun. Von einer Gewaltenteilung blieb praktisch nichts übrig: Von den beiden Kammern hatte keine etwas zu sagen; die Armee, die straff gegliederte Verwaltung, deren tragende Säulen in den Departements direkt ernannte Präfekten wurden, und nach Abschluß eines Konkordats mit dem neuen Papst Pius VII. auch der Klerus unterstanden der Gewalt des Ersten Konsuls.
Seiner Doppelrolle als Wiederhersteller von Ordnung und Prosperität und als Friedensbringer wurde er zunächst gerecht. Eine von Royalisten gezündete Höllenmaschine zum Anlaß nehmend, ließ er eine starke Gruppe gefürchteter Jakobiner deportieren, und die Chouans legten ihrerseits die Waffen nieder.
Mit der Schlacht bei Marengo hatte Bonaparte im Juni 1800 Italien zurückgewonnen, und nach Moreaus Sieg bei Hohenlinden im Dezember gab der Wiener Hof die Partei verloren: 1801 trat Kaiser Franz im Frieden von Lunéville auch names des Deutschen Reiches das linke Rheinufer ab und bestätigte im übrigen die Bestimmungen von Campo Formio. 1802 kam der Kompromißfrieden von Amiens mit England zustande. Die Industrie erholte sich, die Börse reagierte freundlich, und der Kurs der Rente stieg. Bonaparte stieß auf keinen Widerstand, als er sich im gleichen Jahr durch Volksabstimmung zum alleinigen Konsul auf Lebenszeit erhöhen ließ.

Kaiser Napoleon

Erst damit, meint Georges Lefebvre, überschritt der ungetreue Erbe der Revolution seinen Rubikon.
Die Fortentwicklung zu einer absoluten Monarchie bürgerlichen Typs wurde durch den Wiederausbruch des Krieges

mit England 1803 beschleunigt. Bonaparte mußte erkennen, daß ihm seine erschöpften äußeren Gegner wieder nur einen Waffenstillstand zuerkannt hatten: Nie würden sie aus freien Stücken seine Vorherrschaft über Europa hinnehmen. Für den Usurpator indessen gab es kein Zurück: Er konnte sich den alten Kräften weder ein- noch unterordnen und daher nur weiter siegend behaupten: „Eine Regierung wie die unsrige muß, um sich zu festigen, blenden und in Erstaunen setzen. Sie muß an der Spitze stehen oder unterliegen." So gesehen, war und blieb Bonaparte der Gefangene und Gehetzte seines steilen Aufstiegs. Mit all seinen Eroberungszügen lief er einem unerreichbaren status quo hinterher.

Der Konsul auf Lebenszeit suchte seine institutionelle Schwäche 1804 durch die Annahme des Kaisertitels auszugleichen. Weder führte jedoch die Aufrichtung einer plebiszitär bestätigten Dynastie in die Familie der legitimen Kronenträger zurück, noch konnte die Häufung kriegerischen Ruhms die Unterdrückung der bürgerlichen Freiheiten zudecken. Die Logik seiner exponierten Stellung zwang den Exjakobiner im Purpur, im Innern die Zügel der Despotie anzuziehen und jenseits der Grenzen weitere Throne zu stürzen, „angestammte" Herrschaften hinwegzufegen und der europäischen Feudalordnung tödliche Schläge zu versetzen. Seine Armeen marschierten unter dem Gesang der Marseillaise hinter der Trikolore nach Wien und Berlin, nach Warschau und Madrid. Tausendjährige Gesellschaftsformen und Vorurteile barsten unter ihrem Anprall, und zukunftsträchtige Kräfte setzte ihr Zusammenbruch frei. Wie lautstark das Kaiserreich die demokratische Botschaft der Revolution verleugnen mochte: Für die britischen Rivalen wie für die Alte Ordnung Europas blieb es das Sturmtief, das gegen sie heraufzog. Daher mußte auch dieser Kampf ausgefochten werden bis zur Vernichtung des einen oder des anderen Kombattanten.

Napoleon, der durch aufeinanderfolgende Siege über Österreich, Preußen und Rußland 1805 die Dritte und 1806/07 die Vierte Koalition zersprengt hatte, befand sich auf dem Erfurter Kongreß 1808 auf dem Gipfel seiner Macht. Während er noch glaubte, mit dem verbündeten Zaren Alexander die Landkarte nach Tyrannenart zurechtschneiden und eine europäische Friedensordnung nach eigenem Geschmack Willigen und Unwilligen auferlegen zu können, erspähte sein instinktsicherer Außenminister Talleyrand erste Risse im Gebälk, die ihn Vorsorge für einen Absprung treffen ließen. Das *Empire* begann sich in seinen Widersprüchen zu verfangen.

Die Revolution wechselt ihre Fahnen

Aus der einen und unteilbaren nationalen Republik war ein Großreich geworden, das seine Polypenarme bis Lübeck und Rom streckte. Dieses „Frankreich der 130 Departements“ umgab sich überdies mit einem Kranz von Satelliten: In den ehemaligen Schwesterrepubliken und anderswo wurden Thrönchen gezimmert für Napoleons Brüder und Schwestern; die Fürsten des „Rheinbundes“ dienerten vor ihrem „Protektor“; französische Garnisonen lagen in den Festungen an Weichsel und Oder, während die „Illyrischen Provinzen“ seit 1809 Österreich von der Adria abschnitten. Eingeschnürt von einem solchen Sicherheitsgürtel, mußten schließlich sogar Habsburger und Hohenzollern als Zwangsverbündete im kaiserlichen Troß mitmarschieren.

Die Mißachtung der Interessen und Gefühle aller Klassen der Bevölkerung verschonte auch Frankreich selber nicht. Während der Kaiser im Code Napoléon 1804 das vorbildliche Bürgerliche Gesetzbuch des Jahrhunderts vorlegte und das Kapital der Produktionssphäre ermutigte, tilgte er 1807 die letzten Spuren eines verfassungsmäßigen Zustandes. Er schuf einen neuen Adel, dem er aufgab, mit dem alten zu verschmelzen. Dynastische Überlegungen begannen sein Staatsdenken zu verschatten. Eines Kronprinzen bedürftig, trennte er sich von der kinderlosen Josephine Beauharnais, ehelichte 1810 mit der Tochter Franz II. eine Großnichte Marie Antoinettes und nannte Ludwig XVI. seinen „armen Onkel“.

Dieweil er den noch in Bruchteilen gehüteten Nachlaß der Revolution verschleuderte, zögerten seine äußeren

Gegner nicht mehr, sich gegen ihn auf ihren Grundsatz zu berufen: Schonungslosen Kampf der Unterdrückung durch eine Fremdherrschaft! In ihrer Bedrängnis waren sie bereit, von Revolutionären und notfalls gar von Napoleon Lehre anzunehmen.

Er hatte bisher Potentaten bekriegt und bezwungen. Seit 1808 vertrat ihm in Spanien erstmalig ein zu den Waffen greifendes Volk, vor dem seine zur Routine erstarrenden Methoden versagten, den Weg. Je weniger es ihm gelang, die „Wunde" an seiner Westflanke zu schließen, desto heftiger regten sich nationale Befreiungsbewegungen auch in Deutschland und Italien. Zweifellos mischten sich unter sie Bestrebungen legitimistischer Konterrevolutionäre, die sich keinen Deut um die Nation scherten, sondern ihre sozialen Privilegien gegen den niederreißenden Emporkömmling verteidigten; Männer des Fortschritts hatten unter ihnen keinen leichten Stand. Jedoch führte gerade der immer ausgeprägtere Raubcharakter von Napoleons Aggressionskriegen dazu, ihrer Abwehr das Trennende zeitweilig unterzuordnen; mitunter, wie in Preußen, begriffen sogar Teile der Feudalklasse die Unausweichlichkeit von Strukturreformen nach französischen Leitbildern. Standen die englische Handelskonkurrenz und die Fürsten Europas nicht an, sich des aufflammenden Freiheitswillens der geknechteten Völker ausgiebig zu bedienen, so freilich nicht, um den Verderber, sondern die „letzte Ausgeburt" der Revolution zur Strecke zu bringen. Die Aussicht auf einen Generalangriff bot sich, nachdem Napoleon 1812 auch Rußland überfiel und die Überspannung des Bogens mit dem Totalverlust seiner „Großen Armee" büßen mußte.

Waterloo

Hätte Napoleon mit der militärischen die politische Lahmlegung des Zarenreiches erreicht, so verlor die Seemacht ihren letzten Festlandstrumpf, und das *Grand Empire* mochte am Ziel sein. England steuerte daher seinerseits eine Endlösung an: den Sturz Napoleons.

Rußlands Weiten wurden zur Hoffnung der internationalen Feudalreaktion wie des patriotischen Widerstandes. Um den Petersburger Hof sammelte sich die Emigration der einen wie der anderen: Stein, Clausewitz und Arndt gleich de Maistre und Pozzo di Borgo. In Wien wartete Scharnhorst, in Amerika Moreau auf seine Stunde der Vergeltung.

Wie labil sich die Situation in Frankreich selbst gestaltete, bewies Malets Putsch vom 25. Oktober 1812: Mit Hilfe eines einzigen plump gefälschten Bulletins über Napoleons Tod rief er „im Namen Moreaus" eine Provisorische Regierung aus. Die Köpenickiade scheiterte am Mißtrauen des Bastillestürmers Hulin, jedoch mußte es nachdenklich stimmen, wenn ein obskurer General im Ruhestand den Präfekten übertölpeln, den Polizeiminister gar verhaften und das „Kaiserreich abschaffen" konnte, ohne auf Gegenfragen der beamteten Würdenträger zu stoßen.

Das Land hatte bereits schwierige Jahre durchlaufen: Mißernten 1810 und 1811, eine Krise der infolge der Blockade an Baumwollmangel krankenden Textilindustrie, Schwarzgeschäfte mit Importwaren, Kreditstockungen. Das Unbehagen der Bourgeois rumorte aber tiefer. Sie waren zu nüchtern, um dem imperialen Abenteuerertum unbegrenzt über den Weg zu trauen. Politische Bevormundung durch den harschen Artilleristen mochte zu ertragen sein, solange er neue Märkte freischoß. Von Rüstungskonjunkturen war zeitweilig gut leben; im Dauerzustand des Krieges jedoch überwogen nicht nur fiskalische, sondern gesamtökonomische Folgewirkungen. Wehe dem „Allmächtigen", wenn er zuletzt gar noch verlor!

Von der Zensur überwacht, warb die literarische Opposition dennoch, bissigen Zweifel säend, in den Salons um politisches Gehör: Germaine de Staël als Exponent der liberalen Monarchie, Chateaubriand als klerikaler Legitimist. Die „Glaubensritter" als verschworene Unversöhnliche setzten 1812 wie 1792 auf die Niederwerfung Frankreichs durch eine ausländische Intervention: „Sie wurden Knecht, um noch Tyrann zu sein" (Béranger, *Kosakenlied*).

Wer oder was jedoch konnte auf Napoleon folgen? Alle Grundlagen der Republik hatte er kompromittiert und anschließend vernichtet. Das Lilienbanner der Bourbonen, vorangetragen von „Ehemaligen", schreckte immerhin: Daher die Bedenken von Demokraten, sich gegen das Empire zu stellen. Sie verteidigten – mit Skrupel zwar – ein geringeres Übel. Die schwer mißhandelten werktätigen Vorstädter dachten darüber nicht anders als der Enragé Varlet, der Sansculotte Vingternier, der Terrorist Jeanbon Saint-André und die Söhne Babeufs.

Das Landvolk blieb in seiner Mehrheit kaiserlich gesonnen. Ihm hatte Napoleon die Gaben der Revolution erhalten. Jedoch drückten es Steuern, Konskriptionen, Hunderttausende gefallener Söhne – ohne abzusehendes Ende. Wird sich der rechnende Bauernverstand nicht sagen, daß nach so langer Zeit schließlich niemand mehr in der Lage sein werde, ihm seinen Acker wieder zu entreißen, komme was wolle?

Dem ohne Heer aus Rußland zurückgekehrten Kaiser unterwarf sich die Nation murrend. Es blieb ihm nach dem Aderlaß keine andere Wahl, als Nationalgarden und unausgebildete Rekruten zu mustern, die im Mai 1813 mit dem Sieg bei Lützen zur Kampagne antraten.

Den Völkern, auf denen die Faust des Eroberers lastete, dünkte die schlechteste eigene Regierung besser als ein fremdes Joch. Patrioten wiegten sich in der Hoffnung, durch tätigen Anteil am Befreiungswerk die Gangart ihrer Monarchen zu verändern: Zwangen sie dem feigen Hohenzollern nicht das Bündnis mit Rußland auf? Gegen Napoleon waren sich freisinnige Cortes und schwärzeste spanische Orden, enttäuschte britische Radikale und Tories, italienische Geheimbündler und Kardinäle, Feuerköpfe des „Tugendbundes" und ostelbische Junker einig. Die verzerrende Maßlosigkeit eines Heinrich von Kleist wurde zur verbreiteten Stimmung: „Schlagt ihn tot! Das Weltgericht fragt euch nach den Gründen nicht!"

Napoleon behauptete sich im Felde, bis Österreichs Anschluß der Koalition zu einem durch nichts mehr auszugleichenden Übergewicht verhalf. Die Rheinbundfürsten fielen ebenso eilfertig ab, wie sie einst herbei gelaufen waren. Nach verlorener „Völkerschlacht" bei Leipzig (16.–19. Oktober 1813) mußte Napoleon Deutschland räumen. Keine Kriegskunst vermochte mit einer Handvoll Ausgedienter und Siebzehnjähriger die über alle Grenzen eindringenden Verbündeten aufzuhalten. In Paris gewann vorbereitete Subversion jetzt die Oberhand; während die Arbeiterviertel die Fäuste ballten. intervenierten beim schwankenden Oberkommandierenden Marmont die Bankiers. Am 31. März 1814 hielten unter dem Blumenhagel der feinen Leute „unsere Freunde, die Feinde" ihren Einzug in die Hauptstadt. Die Marschälle fielen von Napoleon ab, und Talleyrand veranlaßte den Senat, seine Absetzung auszusprechen: er fügte sich in die Verbannung nach Elba.

Gewiß beleidigte Ludwig XVIII. als „König der Koalition" eine Nation, die zwanzig Jahre die Weltereignisse angeführt hatte; war sie den gestrandeten Eroberer satt, so deshalb über das aus England „heimkehrende" Sinnbild ihrer Niederlage keinesfalls entzückt. Blaublütige und Ultramontane „säuberten" die Kommandohöhen, in West und Süd begann blutige Abrechnung von unten. Manchen schien jetzt erst die Revolution ganz verloren: das rückte Napoleon wieder näher in ihren Blickkreis.

Er bediente sich der Umstände, kehrte am 1. März 1815 nach Frankreich zurück und zog, ohne einen Schuß abzufeuern, am 20. in Paris ein. Um „die Revolution wiederzubeginnen," wie er behauptete?

Dazu hätte er den Opferwillen des Volkes annehmen, eine revolutionäre Diktatur, die es von ihm erwartete, aufrichten müssen. Er zog statt dessen gekränkte Republikaner an sich, wollte es mit der liberalen Aprilverfassung ihren Notabeln – von Fouché und Carnot bis Benjamin Constant – recht machen. Die Bourgeoisie indessen war ihn ein für allemal leid: Er hatte genug getan – und genug gekostet; nun störte er ihre Kreise. Sie übte Abstinenz und vermied, sich bloßzustellen. Die „Hunderttageherrschaft" des Geächteten, gegen den bereits die vereinten Großmächte losmarschierten, ruhte allein auf den Schultern von Veteranen, die als Freiwillige den Kaiseradlern folgten. Mit ihnen ging sie am 18. Juni bei Waterloo unter.

Noch einmal begehrte St. Antoine auf und erbot sich in rauher Verzweiflung, sogar den kümmerlichsten revolutionären Bodensatz vor Invasion und Restauration des Gottesgnadentums zu schützen. Erst als Napoleon davor zurückschrak, seine Laufbahn als „König der Jacquerie" zu beschließen, rollten die Sansculotten von Paris schweigend ihre letzten Fahnen ein. „Freiheit und Gleichheit" zogen sich, wie Jacques Roux vorausgesagt hatte, unter dem weißen und schwarzen Terror in noch tiefere Kellerlöcher zurück.

Mit dem Triumph einer Heiligen Allianz der Könige an Stelle jener von den Jakobinern gesuchten „heiligen Allianz der Völker" begann ein anderer Abschnitt der Weltgeschichte. Es klang wie ohnmächtige Gewissensbeschwichtigung, wenn ausgerechnet der Gefangene auf Sankt Helena den Siegern sein „Trotzdem!" entgegenschleuderte:

Nichts wird fortan die großen Grundsätze unserer Revolution zerstören oder auslöschen können!

Das Erbe der Revolution

Die objektiven Ziele der Revolution wurden trotz des Untergangs ihrer Helden verwirklicht:

Das Interesse der Bourgeoisie in der Revolution von 1789 – schreibt Marx in der „Heiligen Familie" –, weit entfernt „verfehlt" zu sein, hat alles „gewonnen" und hat „den eingreifensten Erfolg" gehabt, so sehr der „Pathos" verraucht und so sehr die „enthusiastischen" Blumen, womit dieses Interesse seine Wiege bekränzte, verwelkt sind. Dieses Interesse war so mächtig, daß es die Feder eines Marat, die Guillotine der Terroristen, den Degen Napoleons wie das Cruzifix und das Vollblut der Bourbonen siegreich überwand.

Das Überdauernde war gewiß nicht heroisch: Statt eines blauweißroten Dreiklangs aus Freiheit, Gleichheit und Brüderlichkeit kapitalistische Ausbeutungsformen und Eigentumsverhältnisse samt dem modernen Klassenstaat der Bourgeoisie als dazugehörigem Überbau – der entgegen aller vorzeitigen Versprechung von Wolkenschlössern konkrete, wiewohl schmucklosere geschichtliche Auftrag, den die Umstürzer der politischen und sozialen Weise erfüllen mußten und mit Vehemenz erfüllt haben. Er verlieh Leistungen, Einrichtungen und Leitsätzen der bürlichen Gesellschaft Flügel, die Erde zu umwandern.

Das Direktorium und Bonaparte hatten diese Grundtendenz nicht in Frage gestellt, sondern im Gegenteil befestigt und vertieft. 1815 mochte die Restauration eher einen gegenteiligen Eindruck hervorrufen und für den Hausgebrauch den Aufstand durch das Legitimitätsprinzip für ebenso widerlegt halten wie die Aufklärung

durch die Romantik. Der Schein trog jedoch hier wie dort. Der eiserne Besen der Revolution hatte den Boden Frankreichs so blank gefegt, daß es auch den verbissensten Vertretern einer aristokratischen Reaktion nicht gelingen konnte, an feudale Relikte anzuhaken, um sie wiederzubeleben. Ihre Rückkehr an eine politische Macht, deren Zugriff sich die veränderte ökonomische und soziale Wirklichkeit des Landes entzog, mußte Episode bleiben; in der Tat bereitete ihr schon 1830 die Julirevolution – im Vorbeigehen sozusagen – ein Begräbnis vierter Klasse. „Jeder, der die Geschichte bewußt betrachtet, wird sagen, daß die Französische Revolution, obwohl man sie zerschlug, trotzdem gesiegt hat . . .“: so Lenin.
Sie war nicht eine schlechthin bürgerliche, sondern eine bürgerlich-demokratische Revolution und drückte, nach Marx, mehr noch die Bedürfnisse der damaligen Welt als jenes Weltausschnittes aus, in dem sie vorfiel. Eröffnete sie ein neues Großkapitel der französischen Geschichte, so schlug der Sieg über die Feudalität in Frankreich, dem stärksten ihrer Kettenglieder, zugleich Bresche in das Gesamtsystem europäischer Feudalherrschaft: nirgends konnte es sich von den erlittenen Hammerschlägen und Zerrüttungen wahrhaft erholen. Der Zusammenstoß mit ihr war sein Anfang vom Ende und das Jahr 1815 gewährte nicht mehr als eine Galgenfrist: Erfahrungen und Begriffe, Ideen und Ideale, die in der Französischen Revolution zu Fleisch und Blut gekommen waren, übersprangen alle Verbotstafeln. Von der jungen Generation wiederaufgenommen, glitten sie über verästelte Kanäle in die revolutionären und demokratischen Bewegungen, die ein nachfolgendes Zeitalter befruchteten und begeisterten. Über die Carbonari stand das italienische Risorgimento auf ihren Schultern, über die Dekabristen die revolutionäre Bewegung Rußlands, über Miranda und Bolivar die Unabhängigkeitsrevolution Spanisch-Amerikas. Napoleon hatte im Orient und mit „Illyrien“ in Südosteuropa Fenster zur Neuzeit aufgestoßen; die Hymne des Jakobiners Rhigas sang der griechische Freiheitskrieg der Hetäria. Die Revolution lebte in Hegels Dialektik und in Beethovens Symphonien, in Byrons und Puškins

Reimen; sie wühlte in Büchner und Heine, in Mazzini und Petöfi. Marx und Engels schöpften aus ihrer kritischen Aneignung. Mit vollem Recht sagte Lenin:

Nicht umsonst nennt man sie die Große. Für ihre Klasse, für die sie wirkte, für die Bourgeoisie, hat sie so viel getan, daß das ganze 19. Jahrhundert, jenes Jahrhundert, das der gesamten Menschheit Zivilisation und Kultur gebracht hat, im Zeichen der Französischen Revolution verlief. Dieses Jahrhundert hat überall in der Welt nur das durchgesetzt, stückweise verwirklicht und zu Ende geführt, was die großen französischen bürgerlichen Revolutionäre geschaffen hatten, die den Interessen der Bourgeoisie dienten, auch wenn sie sich dessen nicht bewußt waren und das durch die Worte Freiheit, Gleichheit und Brüderlichkeit verschleierten.

In dieser Revolution war wie in keiner anderen zuvor das Volk als Hauptkraft in den Vordergrund getreten. Gewiß dominierte das Klassenanliegen der Bourgeoisie, die eine heranreifende neue Produktionsweise repräsentierte und folglich den erzielbaren Fortschritt gegenüber der Feudalordnung vertrat. Darin unterschied sich die französische von früheren bürgerlichen Revolutionen nicht prinzipiell. Anders verhielt es sich mit der Schub- und Triebkraft der Massen, der ausgebeuteten Bauern und städtischen Werktätigen.

Die Sansculotten holten die Entscheidung dreimal aus dem Feuer: am 14. Juli 1789, am 10. August 1792 und am 2. Juni 1793. Sie schnitten diese Zäsuren der Revolution, obwohl das einfache Volk keinmal an die Macht gelangte, sondern den aufeinanderfolgenden Hauptabteilungen der Mittelklasse „in plebejischer Manier" dazu verhalf. Die Massen räumten mit der Bastille das Ancien régime fort, beim Sturm auf die Tuilerien die Monarchie und mit der Zernierung des Konvents die bürgerlichen Halbheiten der Gironde. Auf ihren starken Armen trugen sie die Diktatur des Großen Wohlfahrtsausschusses. Mit wachsender Eigenverantwortung reifend, zwangen sie die am besten postierte, weil höchstentfaltete unter den antifeudalen Gruppen, über den Schatten eines ängstlichen Klassenegoismus zu springen, um zu führen, und zwar entschlossen zu führen, so sie nicht selber in

den Malstrom geraten wollte; Jaques Roux war berechtigt, den Sansculotten zuzurufen, daß die Revolution ihr Geschenk an eine Nation sei, der sie nicht befahlen und daher von ihr als Stiefkinder mit Brosamen abgespeist und schließlich gewaltsam abgemustert wurden.
Dem opferwilligen Einsatz des Volkes verdankte die Revolution ihre aufsteigende Linie und deren Kulmination im Jakobinerstaat. Ihn setzten die Sansculotten in den Stand, sie in den Grenzen der Möglichkeiten ihrer Zeit gegen den inneren und äußeren Feind folgerichtig zu Ende zu führen. Die bürgerliche Revolution in Frankreich konnte insofern zum klassischen Vorbild einer demokratischen Revolution werden.
Der bestimmende Eintritt der Volksmassen in den Revolutionsprozeß prägte daher den nationalen Traditionen Frankreichs ihren besonderen Stempel auf; man kann sagen, daß ein tiefgreifender Demokratismus seinen nationalen Charakter mitgeformt hat und das gesamte öffentliche Leben fortan beeinflußte – Anziehungspunkt auch für andere Völker, die sich am Kampfgeist des „Mutterlandes der Revolutionen“ 1830, 1848 und 1871 aufrichteten.
Jedoch wirkte die Französische Revolution noch in einer weiteren Richtung fort.
Wenn auch – schreibt Friedrich Engels – *im ganzen und großen das Bürgertum beanspruchen durfte, im Kampf mit dem Adel gleichzeitig die Interessen der verschiednen arbeitenden Klassen jener Zeit mit zu vertreten, so brachen doch bei jeder großen bürgerlichen Bewegung selbständige Regungen derjenigen Klasse hervor, die die mehr oder weniger entwickelte Vorgängerin des modernen Proletariats war ...*
Die Forderung der Gleichheit wurde nicht mehr auf die politischen Rechte beschränkt, sie sollte sich auch auf die gesellschaftliche Lage der einzelnen erstrecken; nicht bloß die Klassenprivilegien sollten aufgehoben werden, sondern die Klassenunterschiede selbst.
Weil die Revolution zwar den allgemeinen gesellschaftlichen Fortschritt beförderte, jedoch dieses unter dem Vorzeichen der Bourgeoisie unternahm und nicht anders

unternehmen konnte, mußte sie einen der revolutionären Demokratie immanenten Klassenwiderspruch auch nach außen werfen. Indem sansculottische Alternativen auf die Jakobiner drückten, zwangen sie nicht nur diese zum Erkundungsvorstoß an die äußerste Belastungsgrenze einer bürgerlichen Republik; jenseits von Marat erspähten sie selbst, wie schon Michelet gesehen hatte, *terra incognita*, unbekanntes Land einer nicht mehr bürgerlichen Revolution: einer Gesellschaft, frei von Unterdrückung, weil frei von Ausbeutung. Ungefüges und bruchstückhaftes Wunschdenken, das jedoch aus sich verfestigender Erkenntnis floß, daß die geschehende Revolution damit überfordert würde, Auftakt und Türöffner wohl, nicht jedoch Ausführender einer solchen zweiten Verwandlung sein könne, deren Vorstellung sich von einem plebejischen Egalitarismus zu einem aus Literatur in Aktion umschlagenden Kommunismus vorwärtstastete.
Natürlich konnte der arbeitenden Menge Glück auf Erden durch eine Volksherrschaft nicht nur kein Jakobiner verschreiben; sie selber hätte es beim damaligen Stand der Produktivkräfte nicht vermocht, wären 1794 mit den Cordeliers Handwerker aus den Sektionen oder 1796 Babeufs Revolutionsdirektoren an die Macht gelangt: Die Klasse, die eine Vergesellschaftung der Produktionsmittel als Realvoraussetzung einer nicht nur deklamierten Emanzipation des Menschen in ihr Programm aufnehmen konnte und von ihrer Stellung im Produktionsprozeß her sogar aufnehmen mußte, hatte den Schauplatz der Auseinandersetzung noch nicht betreten. Sie begann sich soeben erst – und infolge der Revolution konzentrierter – aus dem Konglomerat einer älteren Ständeordnung als Klasse für sich zur antikapitalistischen Führungskraft hochzuarbeiten. Der ihren Taten vorauseilende Gedanke wurde aus der Aufdeckung von Widersprüchen der jakobinisch-sansculottischen Demokratie, der Widersprüchlichkeit jeder ökonomisch nicht untermauerten Gleichheit und damit des Scheincharakters jeder auf sozialer Ungleichheit beruhenden Freiheit geboren. Im Babouvismus erschienen, im Einzelnen noch

verworren, jedoch die Kampflosungen von Enragés und Hébertisten bereits hinter sich lassend, Abschaffung des Privateigentums und Vergesellschaftung als Bedingung, damit wirkliche Volksmacht – das gemeinsame Ziel der revolutionären Linken – möglich werde: Erster politisch vertretener Entwurf einer klassenlosen Gesellschaft, entstiegen den Klassenschlachten der Revolution und aus ihnen geschlußfolgert, von Buonarroti als brennende Lunte weitergereicht an die Wegsucher zu Sozialismus und Kommunismus, dem beschieden sein wird, die Revolution von 1789 auf einer höheren weltgeschichtlichen Stufe aufzuheben.

Seinen Urquell fand Karl Marx in der revolutionären Bewegung der französischen Volksmassen. Sie

... hatte die kommunistische Idee hervorgetrieben ... Diese Idee, consequent ausgearbeitet, ist die Idee des neuen Weltzustandes.

So ragt die Große Revolution der Franzosen hervor als ein Meilenstein auf dem langen Weg aus dem feudalen Mittelalter in unsere sozialistische Gegenwart, gehaßt oder bewundert – je nachdem, auf welche Seite der Barrikade sich ihr Betrachter stellt.

Zeittafel

1763	Ende des Siebenjährigen Krieges
1772	Erste Teilung Polens
1772	Diderot legt den letzten Band der *Enzyklopädie* vor
1773	Gründung des „Großorients" der französischen Freimaurer in Paris und Aufhebung des Jesuitenordens durch den Papst
1774	Ludwig XVI. Nachfolger Ludwigs XV.
1774–76	Reformministerium Turgot-Malesherbes
1775	Hungersnot und „Mehlkrieg"
1776	*Erklärung der Menschenrechte* in Philadelphia
1776–81	Erstes Ministerium Necker
1778	Tod von Voltaire und Rousseau
1778–83	Frankreich nimmt am Amerikanischen Unabhängigkeitskrieg gegen England teil
1780	Kaiser Josef II.
1781	Kant: *Kritik der reinen Vernunft*
1781–88	Rousseaus postume *Bekenntnisse*
1783–87	Ministerium Calonne
1784	Beaumarchais: *Die Hochzeit des Figaro*
1784	James Watt: Dampfmaschine
1786	Französisch-englischer Handelsvertrag
1786–87	Gescheiterte Erhebung der niederländischen Patriotenpartei
1787	Erste ergebnislose Notabelnversammlung; Entlassung Calonnes und Berufung von Loménie de Brienne

1787–92	Russisch-türkischer (1788–91 auch österreichisch-türkischer) Krieg

1788

Mai–Juli	Höhepunkt des Konflikts zwischen Regierung und Parlements; Aufruhr in Paris, Rennes, Grenoble, Dijon, Toulouse, Pau
Sommer	Schwere Mißernte im größten Teil Frankreichs
21. 7.	Versammlung von Vizille im Dauphiné
8. 8.	Beschluß über die Einberufung der Generalstände
24. u. 26. 8.	Entlassung Briennes und zweite Berufung Neckers
Herbst	Gründung des „Klubs der Dreißig" in Paris
6. 11.–12. 12.	Zweite ergebnislose Notabelnversammlung
27. 12.	Bestätigung der doppelten Kopfzahl des Tiers und Zulassung der Pfarrer zu den Wahlkollegien des Ersten Standes

1789

24. 1.	Einberufung der Generalstände und Erlaß einer Wahlordnung
Januar–Mai	Hungerrevolten in Südost- und Nordostfrankreich
Februar–März	Höhepunkt des Flugschriftenkrieges; Sieyès: *Was ist der Dritte Stand?*
27. 4.	Erstürmung der Manufakturen von Réveillon und Henriot durch die Arbeiter
30. 4.	Gründung des Bretonischen Klubs, Keimzelle des Jakobinerklubs
5. 5.	Eröffnung der Generalstände
17. 6.	Konstituierung zur Nationalversammlung

20. 6.	Ballhausschwur
23. 6.	Ludwig XVI. weicht vor dem Widerstand der Nationalversammlung zurück
9. 7.	Erklärung der Nationalversammlung zur Konstituante
11. 7.	Entlassung Neckers:
12. 7.	Beginn des Volksaufstandes in Paris
14. 7.	Fall der Bastille
20. 7.	Beginn der „Großen Furcht"
Juli–August	Die „Munizipalrevolution"
4. 8.	Die „Nacht des 4. August"
11. 8.	Ende des grundherrlichen Feudalregimes
26. 8.	*Erklärung der Menschen- und Bürgerrechte*
12. 9.	Erste Nummer von Marats *Volksfreund*
5. 10.	Zug der Frauen nach Versailles:
6. 10.	Rückkehr des Königs nach Paris
2. 11.	Nationalisierung des Kirchengutes
19. 12.	Gesetz über die Assignaten

1790

Januar	Bauernunruhen in West- und Mittelfrankreich
Januar	Gründung des Cercle social durch Bonneville und Fauchet
12. 1.	Ausrufung der „Vereinigten Belgischen Staaten"
2. 2.	Gründung der ersten „Brüderlichen Gesellschaft"
13. 2.	Aufhebung der Klöster
20. 2.	Kaiser Leopold II. Nachfolger Josefs II.
26. 2.	Einführung der Departementsverfassung
18. 3.	Niederlage der liberalen Vonckisten in Belgien
6. 4.	Beginn eines „Religionskrieges" katholischer Konterrevolutionäre gegen die hugenottische Bourgeoisie in Südfrankreich

27. 4.	Erste Erwähnung des Klubs der Cordeliers
April–Juni	Bauernerhebungen in der Saintonge und im Bourbonnais
21. 5.	Umwandlung der 60 Pariser Distrikte in 48 Sektionen
19. 6.	Abschaffung des Adels
12. 7.	„Zivilverfassung des Klerus“
14. 7.	„Fest der Föderation“ am Jahrestag des Bastillensturmes
27. 7.	Konvention von Reichenbach
16. 8.	Abschaffung der Feudalgerichte
4. 9.	Rücktritt Neckers
6. 9.	Abschaffung der Parlements
21. 10.	Frankreichs neue Nationalflagge: die „Trikolore“
29. 10.	Erhebung der freien Mulatten auf Haiti
31. 10.	Aufhebung der Binnenzölle
November	Rückeroberung Belgiens durch die Österreicher
23. 11.	Einführung der allgemeinen Grundsteuer
14. 12.	Erste Protestnote Leopolds II. gegen revolutionäre Maßnahmen im Elsaß
	Héberts Zeitung *Le Père Duchesne*
	Burke: *Betrachtungen zur Französischen Revolution*
	Radiščev: *Reise von Petersburg nach Moskau*

1791

2. 3.	Gesetz d'Allarde über Zunft- und Gewerbefreiheit
10. 3. u. 13. 4.	Verdammung der bürgerlichen Kirchenordnung durch den Papst
2. 4.	Tod Mirabeaus
3. 5.	Annahme einer Verfassung in Polen
14. 6.	Gesetz Le Chapelier: Streik- und Koalitionsverbot
16. 6.	Auflösung der Nationalwerkstätten
20.–21. 6.	Gescheiterter Fluchtversuch Ludwigs XVI.

14. 7.	Die Tübinger Studenten Hölderlin, Hegel und Schelling pflanzen einen Freiheitsbaum
16. 7.	Erste Spaltung des Jakobinerklubs und Gründung des Klubs der Feuillants
17. 7.	Blutbad auf dem Marsfeld
21. 6., 22. 7. u. 4. 8.	Dekrete über freiwillige Landesverteidigung
22. 8.	Beginn des großen Sklavenaufstandes auf Haiti
27. 8.	Deklaration von Pillnitz
14. 9.	Eid Ludwigs XVI. auf die Verfassung „von 1791“
1. 10.	Zusammentritt der Legislative
20. 10.	Brissot eröffnet die Propaganda für den Krieg
12. 11. u. 19. 12.	Veto des Königs gegen Dekrete über Emigranten und Refraktäre
3. 12.	Geheimes Ersuchen Ludwigs XVI. um eine preußische Intervention
29. 12.	Bewilligung der ersten Kriegskredite
	Th. Paine: *Die Menschenrechte*

1792

2. 1.	Dritte Rede Robespierres gegen den Krieg: „Niemand liebt gestiefelte Missionare“
23.–24. 1.	„Zuckerunruhen“ in Paris
26. 1.	Sieg der Kriegspartei im Jakobinerklub
Februar–März	Wiederaufleben der Bauernunruhen
7. 2.	Österreichisch-preußische Militärkonvention
1. 3.	Kaiser Franz II. Nachfolger Leopolds II.
15.–23. 3	Berufung von Girondisten in die Regierung
20. 4.	Kriegserklärung der Legislative
25. 4.	Rouget de l'Isle: *Kriegsgesang der Rheinarmee* (später: die „Marseillaise“)

1. 5.	Petition Doliviers zur Verteidigung ländlicher „Unruhestifter": Grundsatzkritik an bürgerlichen Eigentumsauffassungen
4. 6.	Beschluß über ein „Lager der Föderierten" in Paris
9. 6.	Flugschrift L'Anges für ein Getreidemaximum
13. 6.	Entlassung der Girondeminister
20. 6.	Massendemonstration gegen die Obstruktionspolitik des Königs
11. 7.	Erklärung des Vaterlandes in Gefahr
25. 7.	*Manifest* des Herzogs von Braunschweig
25. u. 30. 7.	Ankunft der Brester und Marseiller Freiwilligen in Paris
4. 8.	Bildung einer Aufstandsleitung
10. 8.	Bildung der revolutionären Commune und Erstürmung der Tuilerien unter der Roten Fahne
11. 8.	Bildung eines Provisorischen Vollzugsrates, Einberufung eines „Konvents"
14.–28. 8.	Agrargesetze zwecks Gewinnung der Bauern für die Republik
19. 8.	Fahnenflucht Lafayettes zu den Österreichern
26. 8.	Arbeiteraufstand unter Chalier und Dodieu in Lyon
26. u. 28. 8.	Erteilung des französischen Bürgerrechts an Klopstock, Campe, Schiller und andere fortschrittliche Ausländer
2. 9.	Kapitulation der Festung Verdun
2.–5. 9.	Septembrisaden in Paris
8. 9.	Verhaftung Momoros wegen „Angriffen auf das Eigentum"
8.–9. 9.	Senkung des Brotpreises in Tours nach einer Arbeitererhebung
20. 9.	Kanonade von Valmy
20. 9.	Zusammentritt des Konvents
21. 9.	Abschaffung der Monarchie: am 22. 9. beginnt das „Jahr I" der Französischen Republik

10. 10.	Ausschluß Brissots und zweite Spaltung des Jakobinerklubs
23. 10.	Gründung eines Jakobinerklubs in Mainz
6. 11.	Sieg bei Jemappes
19. 11.	Beginn des „Propagandakrieges"
November–Dezember	Höhepunkt der Bauernunruhen in der Beauce
2. 12.	Wahlen zur Pariser Commune: Chaumette Generalprokurator, Hébert 2. Stellvertreter
11. 12.	Beginn des Prozesses gegen den König
	Boissel: kommunistisch vertiefter *Katechismus des Menschengeschlechts*

1793

13. 1.	Zweite Teilung Polens
21. 1.	Hinrichtung Ludwigs XVI.
1. 2.	Kriegserklärung an England und die Niederlande
14. 2.	Wahl von Pache zum Maire von Paris
24. 2.	Dekret über die Aushebung von 300000 Mann
25.–26. 2.	Der Pariser „Ladensturm"
7. 3.	Kriegserklärung an Spanien
9. 3.	Einrichtung der „Volksvertreter in Mission"
9.–10. 3.	Mißglückte Insurrektion unter Varlet und anderen
10. 3.	Einsetzung des Revolutionstribunals
10.–11. 3.	Ausbruch der royalistischen Rebellion in der Vendée
17. 3.	Eröffnung des Rheinischen Konvents in Mainz
18. 3.	Niederlage von Dumouriez bei Neerwinden
18. 3.	Todesstrafe für Befürworter des „Ackergesetzes"
21. 3.	Einrichtung der Revolutionskomitees
21. 3.	Erklärung des Rheinischen Konvents auf Antrag Georg Forsters für den Anschluß an Frankreich

4. 4.	Fahnenflucht von Dumouriez zu den Österreichern
6. 4.	Gründung des Wohlfahrtsausschusses auf Antrag Dantons
19. 4.	Beschluß des Departements Hérault über eine „Reichensteuer“
4. 5.	Dekret über das – Erste oder „Kleine“ – Maximum
Mai	Gründung einer „Gesellschaft revolutionärer Republikanerinnen“
20. 5.	Dekret über eine Milliarde Zwangsanleihe
24. 5.	Verhaftung von Hébert und Varlet
29. 5.	Antijakobinischer Aufruhr und Verhaftung Chaliers in Lyon
29.–30. 5.	Gründung eines revolutionären Zentralkomitees im Pariser Bischofspalais
31. 5.–2. 6.	Volksaufstand und Sturz der Gironde
3., 5. u. 10. 6.	Demokratische Bodengesetze des Konvents
6.–13. 6.	Eröffnung des Bürgerkrieges durch die Girondisten
24. 6.	Annahme der „Jakobinerverfassung“
25. 6.	Petition von Jacques Roux: das „Manifest der Enragés“
27. 6.	Schließung der Börse
10. 7.	Ausscheiden Dantons aus dem Wohlfahrtsausschuß
13. 7.	Ermordung von Jean Paul Marat
14. 7.	Scheitern des Vorstoßes der Girondetruppen aus der Normandie auf Paris
17. 7.	Dekret über vollständige und entschädigungslose Abschaffung der Feudalrechte
17. 7	Hinrichtung Chaliers in Lyon
23. 7.	Kapitulation von Mainz
26. 7.	Einführung der Todesstrafe für Warenhortung
27. 7.	Zuwahl Robespierres in den Wohlfahrtsausschuß
1. 8.	Grundsatzbeschluß über Einführung des metrischen Systems
10. 8.	Nach ihrer Ratifizierung durch eine Volksabstimmung Verkündung der

	Verfassung, die jedoch nicht in Kraft tritt
23. 8.	Gesetz über das Volksaufgebot („levée en masse“)
24. 8.	Verbot der Aktiengesellschaften
27. 8.	Auslieferung Toulons und des Mittelmeergeschwaders an die Engländer durch Girondisten und Royalisten
4. 9.	Arbeiterdemonstration in Paris
5. 9.	Letzte Journée der Revolution: Die Volksmassen zwingen den Konvent zu schärferem revolutionären Durchgreifen
5. 9.	Verhaftung von Jacques Roux
6. 9.	Wahl der Linken Billaud-Varenne und Collot d'Herbois in den Wohlfahrtsausschuß
9. 9.	Dekrete über eine Pariser Revolutionsarmee und die Gewährung von Tagegeldern für bedürftige Teinehmer an Sektionsversammlungen, deren Permanenz jedoch verboten und deren Polizeihoheit eingeschränkt wird
17. 9.	Gesetz über die Verdächtigen: Beginn der „Terreur“
29. 9.	Dekret über das Allgemeine oder „Große“ Maximum
27. 10.	Einführung des republikanischen Kalenders von Romme
29. 10.	Rückeroberung von Lyon
10. 10.	Beginnender Ausbau einer „Revolutionsregierung“
10. 10.	Fouché eröffnet in Nevers die Entchristlichungskampagne
16. 10.	Sieg bei Wattignies
30. 10.	Verbot aller Frauenklubs
31. 10.	Hinrichtung der Girondeführer
10. 11.	„Fest der Freiheit und der Vernunft“ in Notre-Dame
22. 11.	Eröffnung der Kampagne der „Nachsichtigen“ durch Danton
4. 12.	Dekrete über die Organisation der Revolutionsregierung

5. 12.	Desmoulins: *Der alte Cordelier*, Nr. 1
19. 12.	Rückeroberung von Toulon
19. u. 25. 12.	Grundsatzbeschlüsse des Konvents über allgemeine Schulpflicht
23. 12.	Ende der „Großen Armee" der Vendéer mit der Niederlage bei Savenay
31. 12.	Héberts Angriff auf Desmoulins: Eröffnung der Hauptschlacht zwischen „Citras" und „Ultras"

1794

4. 2.	Dekret über Abschaffung der Sklaverei
10. 2.	Freitod von Jacques Roux
12. 2.	Offensive der Cordeliers gegen die Revolutionsregierung
26. 2. u. 3. 3.	Die „Ventôsedekrete"
März–Dezember	Aufstand der Polen unter Kościuszko
24. 3.	Hinrichtung der „Hébertisten"
27. 3.	Auflösung der Pariser Revolutionsarmee
1. 4.	Abschaffung des Vollzugsrates, der Ministerien und der Komissare zur Bekämpfung der Warenhortung
5. 4.	Hinrichtung der Dantonisten
13. 4.	Hinrichtung Chaumettes
10. 5.	Robespierristische Säuberung der Commune
23.–24. 5.	Mordanschläge auf Collot und Robespierre
Mai–Juli	Streikwelle in Paris
8. 6.	Fest des „Höchsten Wesens"
10. 6.	Das „Gesetz vom 22. Prairial"
25. 6.	Toussaint L'Ouverture verbrüdert sich mit dem Konvent
26. 6.	Sieg bei Fleurus
23. 7.	Veröffentlichung eines Pariser Lohnmaximums, das die Lage der Arbeiter verschlechtert
27. 7.	Neunter Thermidor: Sturz Robespierres
28.–29. 7.	Hinrichtung Robespierres und seiner Anhänger

15. 8.	Chappes optischer Telegraph gelangt zum Einsatz
24. u. 31. 8.	Abbau des Systems der Revolutionsregierung
22. 10.	Eröffnung einer Technischen Hochschule
12. 11.	Schließung des Jakobinerklubs
8. 12.	Rückberufung der girondistischen „Dreiundsiebzig“ in den Konvent

1795

19. 1.	Eroberung von Amsterdam
8. 2.	Entfernung der sterblichen Reste von Revolutionären aus dem Pantheon
3. 3.	Wiedereröffnung der Börse
1. 4.	Germinalaufstand
5. 4.	Frieden von Basel mit Preußen
20.–23. 5.	Prairialaufstand
31. 5.	Aufhebung des Revolutionstribunals
23. 8.	Dekret über Auflösung der letzten Volksgesellschaften
23. 9.	Verkündung der „Direktorialverfassung“
5. 10.	Niederschlagung des royalistischen Vendémiaireaufstandes, u. a. durch General Buonaparte
26. 10.	Auflösung des Konvents
26. 10.	Dritte Teilung Polens
3. 11.	Regierungsantritt des fünfköpfigen Direktoriums
16. 11.	Eröffnung des jakobinisch-babouvistischen Pantheonklubs

1796

30. 3.	Bildung eines Aufstandskomitees unter Babeuf
10. 4.	Beginn von Bonapartes Italienfeldzug

10. 5.	Verhaftung Babeufs und der „Gleichen"
18. 6.	Bündnis Frankreichs mit dem bourbonischen Spanien

1797

April–Juni	Matrosenaufstände in der englischen Flotte
27. 5.	Hinrichtung von Babeuf und Darthé
4. 9.	Staatsstreich vom 18. Fructidor
30. 9.	„Zweidrittelbankrott" und Währungsstabilisierung
17. 10.	Frieden von Campo Formio mit Österreich

1798

11. 5.	„Kleiner Staatsstreich" vom 22. Floréal
19. 5.	Beginn von Bonapartes Expedition nach Ägypten
16. 11.	Bildung der Zweiten Koalition gegen Frankreich

1799

18. 6.	Linksschwenkung des Rates der Fünfhundert
8.–9. 11.	„18. Brumaire": Absetzung des Direktoriums, Bonaparte Erster Konsul
1800	Gründung der Bank von Frankreich; Gesetz über die Präfekten
1800	Schlacht von Marengo
1800	Gründung von New Lannark durch Robert Owen
1801	Frieden von Lunéville
1802	Frieden von Amiens
1802	Wiederherstellung der Sklaverei in den französischen Kolonien

1802	Bonaparte Konsul auf Lebenszeit; Verkündung des Konkordats
1803	Reichsdeputationshauptschluß
1803	Wiederausbruch des Krieges mit England
1803	Fabrikgesetz und Einführung des Arbeitsbuches
1803	Beethoven: *Eroica*
1804	Napoleon I., Kaiser der Franzosen
1804	Bürgerliches Gesetzbuch – 1807: *Code Napoléon*
1805	Dritter Koalitionskrieg: Schlachten von Trafalgar und Austerlitz, Frieden von Preßburg
1806	Rheinbund und Ende des Heiligen Römischen Reiches
1806	Vierte Koalition: Schlacht von Jena und Auerstedt; Verhängung der Kontinentalblockade
1807	Frieden von Tilsit; Gründung des Großherzogtums Warschau
1807	Beginn der Steinschen Reformen in Preußen
1807–08	Fichte: *Reden an die deutsche Nation*
1808	Schaffung eines kaiserlichen Neuadels
1808	Erhebung Spaniens gegen die Franzosenherrschaft
1808	Jacquards mechanischer Webstuhl
1808	Fourier: *Theorie von den vier Bewegungen*
1809	Fünfter Koalitionskrieg; Frieden von Schönbrunn
1810	Dynastische Heirat Napoleons mit Marie Louise von Habsburg
1810	Beginn des Unabhängigkeitskrieges von Spanisch-Amerika
1811	Strafgesetzbuch: *Code pénal*
1811	Mißernte und Wirtschaftskrise in Frankreich
1812	Untergang der „Großen Armee“ im Rußlandfeldzug
1813	Befreiungskriege; Völkerschlacht von Leipzig
1814	Erste Restauration der Bourbonen

1814	Stephenson: Lokomotive
1814–15	Wiener Kongreß
1815	Napoleons „Hundert-Tage-Herrschaft“, Schlacht bei Waterloo
1815	Zweite Restauration der Bourbonen und „Heilige Allianz“

Literaturauswahl

Die großen Geschichten der Französischen Revolution aus dem 19. Jh. sind inhaltlich veraltet, jedoch bedeutsam als Zeugnisse historiographischer Schulen und Strömungen, die ihre Verfasser oft mitbestimmten: *Thiers* (1823—1827) und *Mignet* (1824) im Sinne eines großbürgerlichen Protestes gegen bourbonische Reaktion; der Liberale *Lamartine* (1847), der Demokrat *Michelet* (1847—1853) und der kleinbürgerliche Sozialist *Louis Blanc* (1847—1862) als „Achtundvierziger"; der Positivist *Tocqueville* (1856), der Konterrevolutionär *Taine* (1876—1893) und sein erfolgreicher Widersacher *Aulard* (1901), Anwalt der Dritten Republik.
Hinweise auf Werke von *Karl Marx, Friedrich Engels* und *V. I. Lenin* mit wichtigen Belegstellen über die Französische Revolution finden sich in: *Weltgeschichte,* Bd VI, Berlin 1969, S. 830 f.
Gesamtüberblicke über die französische und außerfranzösische Literatur bieten *W. Markov,* Jacques Roux oder vom Elend der Biographie, Berlin 1966; *A. Gérard,* La Révolution française, mythes et interprétations (1789—1970), Paris 1970; *J. Godechot,* Les révolutions (1770—1799), Paris 1970; *J. R. Suratteau,* La Révolution française, certitudes et controverses, Paris 1973; *E. Schmitt,* Einführung in die Geschichte der Französischen Revolution, München 1976.
Wer Klarheit über Quellenlage und Hilfsmittel gewinnen oder weiterforschen möchte, konsultiert *P. Caron,* Manuel pratique pour l'étude de la Révolution française, Paris ²1947.

1. Gesamtgeschichte der Revolution

a) Quellen und Dokumente

Gazette nationale ou le Moniteur universel, réimpression, Paris 1863.

Archives parlementaires, de 1787 à 1860, 1. Reihe: 1787-1799, Bd 1—82, Paris 1867—1914; fortgesetzt ab 1962 mit Bd 83 ff.
M. Tourneux, Bibliographie de l'histoire de Paris pendant la Révolution française, 5 Bde, Paris 1890—1913.
A. Tuetey, Répertoire général des sources manuscrites de l'histoire de Paris pendant la Révolution française, 11 Bde, Paris 1890—1914.
A. Monglond, La France révolutionnaire et impériale, 6 Bde, Paris 1930—1949.
A. Martin / G. Walter, Catalogue de l'histoire de la Révolution française, 6 Bde, Paris 1936—1969.
Die Französische Revolution. Eine Dokumentation, hrsg. von W. Grab, München 1973.

b) Darstellungen

J. Jaurès, Histoire socialiste de la Révolution française, 4 Bde, Paris 1901—1904; neu hrsg. von A. Mathiez in 8 Bden, 1922, u. von A. Soboul in 7 Bden, 1968—1973.
P. Kropotkin, Die Französische Revolution (deutsche Parallelausgabe, hrsg. von G. Landauer), Leipzig 1909, Weimar [3]1948.
A. Mathiez, La Révolution française, 3 Bde, Paris 1922—1927; dt. Zürich 1940, Hamburg 1950.
K. Griewank, Die Französische Revolution 1789—1799, Berlin 1948 u. Neuausg. (Köln).
M. Göhring, Geschichte der Großen Revolution, 2 Bde, Tübingen 1950—1951.
G. Lefebvre, La Révolution française, Paris 1951 u. Neuausg.
A. Z. Manfred, Die französische bürgerliche Revolution am Ende des 18. Jahrhunderts (1789—1794), Berlin 1952, nach der 1. russ. Ausg., Moskau 1950; 2., veränd. russ. Ausg.: Velikaja francuzskaja buržuaznaja revoljucija XVIII veka (1789—1794), Moskau 1956.
A. Soboul, Précis d'histoire de la Révolution française, Paris 1962 u. Neuausg.; dt. Frankfurt 1973, [2]1976.
J. Massin, Almanach de la Révolution française, Paris 1963.
H. Koplenig, Geburt der Freiheit. Gestalten und Ereignisse. Frankreich 1789/1794, Berlin u. Wien 1964.
F. Furet / D. Richet, La Révolution, Paris 1965—1966, [2]1973; dt. Frankfurt 1968.
C. Mazauric, Sur la Révolution française. Contribution à l'histoire de la révolution bourgeoise, Paris 1970.

2. *Die Revolution und Europa*

A. Sorel, L'Europe et la Révolution française, 8 Bde, Paris 1885—1904, ²1908—1911.

J. Hansen, Quellen zur Geschichte des Rheinlandes im Zeitalter der Französischen Revolution, 1789—1801, 4 Bde, Bonn 1931—1938.

J. Droz, L'Allemagne et la Révolution française, Paris 1949.

K. Benda, A magyar jakobinusok iratai, 3 Bde, Budapest 1952—1957; ders., Die ungarischen Jakobiner, in: Maximilien Robespierre (1961).

F. Donath / W. Markov, Kampf um Freiheit. Dokumente zur Zeit der nationalen Erhebung, 1789—1815, Berlin 1954.

H. Voegt, Die deutsche jakobinische Literatur und Publizistik 1789—1800, Berlin 1955.

J. Godechot, La Grande Nation. L'expansion révolutionnaire de la France dans le monde (1789—1799), 2 Bde, Paris 1956.

M. M. Strange, Russkoe obščestvo i francuzskaja revoljucija, Moskau 1956.

J. Streisand, Deutschland von 1789 bis 1815, Berlin 1959, ²1961.

E. Wangermann, From Joseph II to the Jacobins' Trial, London 1959, dt. Wien/Frankfurt/Zürich 1966.

B. Leśnodorski, Les jacobins polonais, Paris 1965; ders., Die polnischen Jakobiner während des Aufstandes von 1794, in: Maximilien Robespierre (1961).

S. Bernstein, Amerikanische Freunde der Französischen Revolution, in: Maximilien Robespierre (1961).

H. Scheel, Süddeutsche Jakobiner. Klassenkämpfe und republikanische Bestrebungen im deutschen Süden Ende des 18. Jahrhunderts, Berlin 1962, ²1971.

M. Buhr, Die ursprüngliche Philosophie Johann Gottlieb Fichtes und die Französische Revolution, Berlin 1965.

Jakobinische Flugschriften aus dem deutschen Süden Ende des 18. Jahrhunderts, hrsg. von H. Scheel, Berlin 1965.

W. Grab, Norddeutsche Jakobiner. Demokratische Bestrebungen zur Zeit der Französischen Revolution, Hamburg 1967.

C. B. Cone, The English Jacobins, New York 1968.

F. G. Dreyfus, Sociétés et mentalités à Mayence dans la seconde moitié du dix-huitième siècle, Paris 1968.

Occupants — occupés 1792—1815, hrsg. von R. Devleeshouwer, Brüssel 1969.

Deutsche revolutionäre Demokraten. Eine Dokumentation in 4 Bden, hrsg. von W. Grab, Stuttgart 1971—1973.

Die Mainzer Republik, hrsg. von H. Scheel, T. I.: Protokolle des Jakobinerklubs, Berlin 1975.

C. Träger, Die französische Revolution im Spiegel der deutschen Literatur, Leipzig 1975.

3. *Problemkreise*

K. Kautsky, Die Klassengegensätze von 1789. Zur hundertjährigen Gedenkfeier der großen Revolution, Stuttgart 1889; vgl. dazu Engels an Kautsky vom 20. Februar 1889, in: *Marx/Engels,* Werke, Bd 37, Berlin 1967, S. 154—158.

La Société des Jacobins, hrsg. von A. Aulard, 6 Bde, Paris 1889—1897.

H. Cunow, Die Parteien der großen französischen Revolution und ihre Presse, Berlin 1912.

G. Lefebvre, Les paysans du Nord pendant la Révolution française, Lille 1924 u. Neuausg.

A. Mathiez, La vie chère sous la Terreur, Paris 1927, ²1973.

C. L. R. James, The Black Jacobins. Toussaint L'Ouverture and the San Domingo Revolution, New York/Toronto 1938, ²1963.

A. Latreille, L'église catholique et la Révolution française, 2 Bde, Paris 1946—1950, ²1970.

G. Landauer, Briefe aus der französischen Revolution, 2 Bde, Frankfurt 1919, Potsdam ²1948.

J. Godechot, Les institutions de la France sous la Révolution et l'Empire, Paris 1951, ²1968; ders., La contre-révolution, doctrine et action (1789—1804), Paris 1961.

G. Semmer, Ca ira. 50 Chansons, Chants, Couplets und Vaudevilles aus der Französischen Revolution, Berlin 1958.

G. F. Rudé, The Crowd in the French Revolution, London 1959, ²1967; dt. München/Wien 1961.

J. Bruhat, Maximilien Robespierre und die Kolonialprobleme, in: *Maximilien Robespierre* (1961).

J. M. Sacher, Dviženie „bešenych", Moskau 1961.

M. Bouloiseau, Etude de l'émigration et de la vente des biens des émigrés (1792—1830), Paris 1963.

R. Herrnstadt, Die Entdeckung der Klassen, Berlin 1965.

A. R. Ioannisjan, Kommunističeskie idei v gody Velikoj francuzskoj revoljucii, Moskau 1966.

B. Plongeron, Conscience religieuse en révolution. Regards sur l'historiographie religieuse de la Révolution française, Paris 1969.

Studien über die Revolution, hrsg. von M. Kossok, Berlin 1969, [2]1971; *Studien zur vergleichenden Revolutionsgeschichte* (ders.), Berlin 1974; *Rolle und Formen der Volksbewegung im bürgerlichen Revolutionszyklus* (ders.), Berlin u. Glashütten (Taunus) 1976.

A. V. Ado, Krest'janskoe dviženie vo Francii vo vremja Velikoj buržuaznoj revoljucii konca XVIII veka, Moskau 1971.

Aujourd'hui l'Histoire, hrsg. von F. Hincker / A. Casanova, Paris 1974.

Reden der Französischen Revolution, hrsg. von P. Fischer, München 1974.

F. Stübig, Erziehung zur Gleichheit, Ravensburg 1974.

Die Debatte um die Französische Revolution, hrsg. von W. Grab, München 1975.

Die Französische Revolution, hrsg. von E. Schmitt, Köln 1976.

E. Guibert, Voies idéologiques de la Révolution française, Paris 1976.

W. Markov, Volksbewegungen der Französischen Revolution, Frankfurt 1976.

F. Gauthier, La voie paysanne dans la Révolution française. L'exemple de la Picardie, Paris 1977.

4. *Biographisches*

(Babeuf)

F. N. Babeuf, Ausgewählte Schriften, hrsg. von G. u. C. Willard, Berlin 1956.

V. M. Dalin, Babeuf-Studien, hrsg. von W. Markov, Berlin 1961.

K. H. Bergmann, Babeuf. Gleich und Ungleich, Köln/Opladen 1965.

V. Dalin / A. Saitta / A. Soboul, Inventaire des manuscrits et imprimés de Babeuf, Paris 1966.

V. M. Dalin, Gracchus Babeuf, 1785—1794, Moskau 1976.

(Buonarroti)

A. Saitta, Filippo Buonarroti, 2 Bde, Rom 1950—1951, [2]1972.

(Carnot)

M. Reinhard, Le grand Carnot, 2 Bde, Paris 1950—1952.

(Chaumette)

Papiers de Chaumette, hrsg. von F. Braesch, Paris 1908.

J. M. Sacher, Anaksagor Chaumette, antireligioznik XVIII veka, Moskau 1930; ders., Die Ideenwelt von Anaxagoras Chaumette und ihr Verhältnis zum Robespierrismus, in: Maximilien Robespierre (1961).

(Danton)
Danton (Redner der Revolution, Bd 8), hrsg. von P. Fröhlich, Berlin 1926.
L. Barthou, Danton, Paris 1932.
C. Fridland, Danton, Moskau 1934, Neuausg. 1965.

(Georg Forster)
Georg Forster, Werke, hrsg. von d. Akad. d. Wissensch. der DDR, Berlin 1958 ff.
W. Rödel, Forster und Lichtenberg. Ein Beitrag zum Problem deutsche Intelligenz und Französische Revolution, Berlin 1960.
Georg Forster, Werke, hrsg. von G. Steiner, 4 Bde, Leipzig (1971).

(Frölich)
G. Steiner, Der Traum vom Menschenglück. Leben und literarische Wirksamkeit von Carl Wilhelm und Henriette Frölich, Berlin 1959.

(Hébert)
L. Jacob, Hébert le Père Duchesne, chef des sans-culottes, Paris 1960.
A. Soboul, Le Père Duchesne, Paris 1973.

(Marat)
Jean Paul Marat, Ausgewählte Schriften, hrsg. von C. Mossé, Berlin 1954.
J. Massin, Marat, Paris 1960.
A. Z. Manfred, Marat, Moskau 1962.

(Napoleon)
E. V. Tarle, Napoleon, Moskau 1936 u. Neuausg.; dt. Berlin 1959 u. Neuausg.
G. Lefebvre, Napoléon, Paris 1936 u. Neuausg.
J. Massin, Almanach du Premier Empire, Paris 1965.
W. Markov, Napoleone, Mailand 1967.
Napoléon Bonaparte, Oeuvres littéraires et écrits militaires, hrsg. von J. Tulard, 3 Bde, Paris 1967—1969.
A. Z. Manfred, Napoleon Bonaparte, Moskau 1971, ^{2}1973.

(Robespierre)
Oeuvres de Maximilien Robespierre, 10 Bde, Paris 1912—1967.
J. Massin, Robespierre, Paris 1956; dt. Berlin 1963, ^{2}1972.
Maximilian Robespierre, Habt Ihr eine Revolution ohne Revolution gewollt? Reden, hrsg. von K. Schnelle, Leipzig o. J.
Maximilien Robespierre, 1758—1794, hrsg. von W. Markov, Berlin 1958, ^{2}1961.

Actes du Colloque Robespierre, hrsg. von A. Soboul, Paris 1967.

(Jacques Roux)

W. Markov, Die Freiheiten des Priesters Roux, Berlin 1967; ders., Jacques Roux, Scripta et acta, Berlin 1969; ders., Exkurse zu Jacques Roux, Berlin 1970.

(Saint-Just)

A. Soboul, Saint-Just. Discours et rapports, Paris 1957, [2]1972.

(Talleyrand)

E. V. Tarle, Talleyrand, Moskau 1939 u. Neuausg.; dt. Leipzig 1950 u. Neuausg.

5. *Zeitabschnitte*

a) Der Vorabend der Revolution

A. de Tocqueville, L'Ancien Régime et la Révolution, Paris 1856 u. Neuausg.; dt. Leipzig 1867 u. Neuausg.

B. Groethuysen, Die Entstehung der bürgerlichen Welt- und Lebensanschauung in Frankreich, 2 Bde, Halle (Saale) 1927-1930.

D. Mornet, Les origines intellectuelles de la Révolution française (1715—1787), Paris 1933 u. Neuausg.

E. Labrousse, Esquisse du mouvement des prix et des revenus en France au XVIIIe siècle, 2 Bde, Paris 1933; ders., La crise de l'économie française à la fin de l'Ancien Régime et au début de la Révolution, Paris 1944.

Ph. Sagnac, La formation de la société française moderne, 2 Bde, Paris 1945—1946.

M. Göhring, Weg und Sieg der modernen Staatsidee in Frankreich, Tübingen 1946, [2]1947.

Grundpositionen der französischen Aufklärung, hrsg. von W. Krauss / H. Mayer, 2 Bde, Berlin 1955—1965.

V. P. Volgin, Die Gesellschaftstheorie der französischen Aufklärung, Berlin 1965.

J. Egret, La pré-révolution française 1787—1788, Paris 1962.

J. Proust, Diderot et l'Encyclopédie, Paris 1962.

W. Krauss, Studien zur deutschen und französischen Aufklärung, Berlin 1963.

K. Schnelle, Aufklärung und klerikale Reaktion. Der Prozeß gegen den Abbé Laurens, Berlin 1963.

R. Desné, Les matérialistes français de 1750 à 1800, Paris 1965.

E. Schmitt, Repräsentation und Revolution, München 1969.

Histoire économique et sociale de la France, hrsg. von F. Braudel u. E. Labrousse, Bd II: 1660—1789, Paris 1970.

R. Robin, La société française en 1789: Semur-en-Auxois, Paris 1970.

A. Soboul, La civilisation et la Révolution française, Bd I: La crise de l'Ancien Régime, Paris 1970 (mit ausführl. Bibliographie).

Die Französische Revolution. Anlässe und langfristige Ursachen, hrsg. von E. Schmitt, Darmstadt 1973.

L. S. Gordon, Studien zur plebejisch-demokratischen Tradition in der französischen Aufklärung, Berlin 1973.

Französische Aufklärung, hrsg. von W. Schröder, Leipzig 1974.

b) 1789 – 2. 6. 1793

Actes de la Commune de Paris pendant la Révolution (1789—1792), 15 Bde, hrsg. von S. Lacroix, Paris 1894—1914; Nachlieferungen 1942—1955.

F. Braesch, La Commune du Dix Août 1792, Paris 1911.

G. Lefebvre, La Grande Peur de 1789, Paris 1932, ²1970; ders., Quatre-vingt-neuf, Paris 1939, ²1970.

B. Hyslop, Répertoire critique des cahiers de doléances pour les Etats Généraux de 1789, Paris 1933; Supplément, Paris 1952.

A. Soboul, 1789, «L'an I de la liberté», Paris 1939 u. Neuausg.

P. Chauvet, L'insurrection parisienne et la prise de la Bastille, Paris 1946.

Recueil des documents relatifs aux séances des Etats Généraux, mai — juin 1789, hrsg. von G. Lefebvre / A. Terroine, bisher T. I—II, Paris 1953—1974.

P. Fröhlich, Die große Zeitwende. Von der Bürokratie des Absolutismus zum Parlament der Revolution, Frankfurt 1957.

M. J. Sydenham, The Girondins, London 1961.

Th. Paine, Die Rechte des Menschen, hrsg. von W. Mönke, Berlin 1962.

J. Godechot, Le 14 Juillet. La prise de la Bastille, Paris 1965.

M. Reinhard, La chute de la royauté, Paris 1969.

J. P. Bertaud, Les origines de la Révolution française, Paris 1971.

M. Vovelle, La chute de la monarchie (1787—1792), Paris 1972.

R. Reichardt, Reform und Revolution bei Condorcet, Bonn 1973.

c) 2. 6. 1793 — 27. 7. 1794

Recueil des actes du Comité de Salut public, hrsg. von A. Aulard, 27 Bde, Paris 1889—1933; Supplément I, T. 1—2, 1966—1971.

P. Caron, Paris pendant la Terreur. Rapports des agents secrets du ministre de l'Intérieur, 6 Bde, Paris 1910—1964.

H. Calvet, L'accaparement à Paris sous la Terreur. Essai sur l'application de la loi du 26 juillet 1793, Paris 1933.

D. Greer, The Incidence of the Terror during the French Revolution. A Statistical Interpretation, Cambridge (Mass.) 1935.

M. Eude, La Commune robespierriste, Paris 1937.

P. Sainte-Claire Deville, La Commune de l'an II, Paris 1946.

G. Lefebvre, Questions agraires au temps de la Terreur, La Roche-sur-Yon 1954.

W. Markov, Grenzen des Jakobinerstaates, in: Grundpositionen der französischen Aufklärung, Bd I (1955); ders., Die Jakobinerfrage heute, Oulu 1967.

Die Sansculotten von Paris. Dokumente zur Geschichte der Volksbewegung 1793—1794, hrsg. von W. Markov / A. Soboul, Berlin 1957.

A. Soboul, Les sans-culottes parisiens en l'an II. Histoire politique et sociale des sections de Paris, 2 juin 1793 — 9 thermidor an II, La Roche-sur-Yon 1958, Paris ^{2}1962; gekürzt dt.: Die Sektionen von Paris im Jahre II, hrsg. von W. Markov, Berlin 1962.

A. Soboul, Les soldats de l'an II, Paris 1959.

G. F. Rudé, Die Arbeiter und die Revolutionsregierung, in: Maximilien Robespierre (1961).

R. C. Cobb, Les Armées révolutionnaires: Instrument de la Terreur dans les départements, avril 1793 — floréal an II, 2 Bde, Paris 1961—1963; ders., Etudes d'histoire révolutionnaire. Terreur et subsistances (1793—1795), Paris 1965.

V. G. Revunenkov, Marksizm i problema jakobinskoj diktatury, Leningrad 1966; ders., Parižskaja kommuna 1792—1794, Leningrad 1976.

A. Z. Manfred, La nature du pouvoir jacobin, in: La Pensée, Nr 150, 1970.

M. Bouloiseau, La République jacobine, 10 août 1792 — 9 thermidor an II, Paris 1972.

d) 1794 – 1799

Ph. Buonarroti, Conspiration pour l'égalité, dite de Babeuf, Brüssel 1828; hrsg. von R. Brécy / A. Soboul in 2 Bden, Paris 1957; dt. Stuttgart 1919.

Paris pendant la réaction thermidorienne et sous le Directoire, hrsg. von A. Aulard, 5 Bde, 1898–1905.

G. Lefebvre, Les Thermidoriens, Paris 1937 u. Neuausg.; ders., Le Directoire, Paris 1946 u. Neuausg.

A. Galante Garrone, Babeuf e Buonarroti, Turin 1948.

E. V. Tarle, Germinal und Prairial, Berlin 1953 (1. russ. Ausg. Moskau 1937, dt. Übers. nach der 2. Ausg. 1951).

K. Tønnesson, La défaite des Sans-culottes. Mouvement populaire et réaction bourgeoise en l'an III, Oslo/Paris 1959.

C. Mazauric, Babeuf et la Conspiration pour l'égalité, Paris 1962.

Babeuf et les problèmes du babouvisme, hrsg. von A. Soboul, Paris 1963.

A. Soboul, Le Directoire et le Consulat, Paris 1967 u. Neuausg.

M. Dommanget, Babeuf et la Conjuration des Egaux, Paris 1970.

I. Woloch, Jacobin Legacy. The Democratic Movement under the Directory, Princeton 1970.

D. Woronoff, La République bourgeoise de Thermidor à Brumaire, 1794–1799, Paris 1972.

Personenregister

Geographisches Register